湖北发展研究报告

武汉大学湖北发展问题研究中心
武汉大学发展研究院　组编

武汉大学出版社

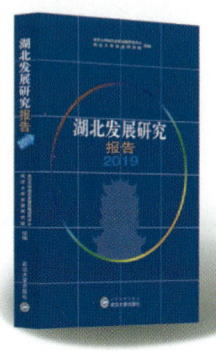

湖北发展研究 2019 报告

报告统筹人： 李　光

报告撰写人： 王启飞　王耀辉　云昭洁　牛婧红　田思媛　宁晓静
（以姓氏笔画为序）
朱　巍　朱昌明　乔亚兰　庄子银　刘　钒　刘　陶
刘义胜　刘莹佳　安　然　李　光　李　好　李　欢
李　勇　李青原　李春香　李静晶　杨　炎　杨　奕
肖艳丽　肖雪刚　吴晗晗　何科方　余序洲　邹　蔚
邹　薇　邹进泰　宋玮维　张　毅　张世恒　张凌云
张欲晓　陈　丹　陈　莹　陈　雷　陈世强　陈亮恒
陈梦雪　范欲晓　尚肖刚　尚斌斌　昌　诚　易江格
易晓波　赵　霞　赵荣凯　胡华涛　胡雅洵　姜　昊
姚　艳　桂进波　夏　野　夏　媛　徐干城　殷　潇
高　蒙　高　毅　高程程　涂　瑜　黄　涛　盛建新
彭　锐　彭智敏　程　晨　童　欣　曾　焱　雷　浩
蔡　萌　樊增增　黎苑楚　颜慧超

《湖北发展研究报告2019》由武汉大学湖北发展问题研究中心、武汉大学发展研究院组织研究和出版，并获湖北省普通高校人文社会科学重点研究基地建设基金、武汉大学人文社会科学发展基金支持。

目 录

湖北建设经济强省研究
中共湖北省委政策研究室
武汉大学经济与管理学院 联合课题组 ································· 1

以科技创新推进湖北省质量变革、效率变革、动力变革的重要举措研究
武汉大学发展研究院课题组 ··· 78

湖北省深化"互联网+放管服"改革研究
——努力打造"数字化、整体性、服务型"政府
华中科技大学课题组 ·· 102

湖北省防范化解金融风险研究
黎苑楚 陈 丹 ·· 116

我国光纤光缆技术引进、消化、吸收、再创新的实践探索
——以"武汉·中国光谷"长飞光纤光缆为例
李 光 ··· 140

湖北创新型省份建设进展评估及深入推进对策研究
颜慧超 等 ·· 153

持续推进湖北长江经济带绿色发展
湖北省社会科学院课题组 ·· 171

湖北科技信用体系构建的现状与对策研究
湖北省科技信息研究院课题组 ······································ 183

湖北省制造业发展绩效研究
邹蔚 等 ……………………………………………………………… 204

湖北省老工业城市转型发展问题研究
刘钒 尚肖刚 ……………………………………………………… 238

湖北省高新技术产业开发区创新驱动发展研究
武汉光谷创新发展研究院课题组 ………………………………… 250

统筹推进湖北省脱贫攻坚与乡村振兴的路径研究
肖艳丽 邹进泰 …………………………………………………… 259

湖北省高等学校创新创业教育改革发展现状及对策
李好 ………………………………………………………………… 270

湖北省海外人才创业园区发展的实践探索
——以武汉留学生创业园为例
何科方 ……………………………………………………………… 283

加快打造"中国·武当"世界一流旅游品牌研究
李光 乔亚兰 ……………………………………………………… 293

高质量建设湖北省物流示范园区的对策研究
余序洲 李欢 曾焱 ……………………………………………… 309

湖北省老年人长期照护保障机制研究
——基于不同国家和地区老年人长期照护保障实践经验
张欲晓 殷潇 ……………………………………………………… 332

湖北省地球空间信息产业现状与对策研究
武汉科学技术情报中心·武汉知识产权保护中心联合课题组 … 344

武汉：以多元主体协同共治推进东湖治理
黄涛 等 …………………………………………………………… 356

武汉：建设国家中心城市迫切需要高质量新型智库
武汉大学发展研究院课题组 ……………………………………… 382

湖北省2018年国民经济和社会发展主要指标
易晓波 摘编 ……………………………………………………… 390

后 记
………………………………………………………………………… 391

湖北建设经济强省研究

中共湖北省委政策研究室
武汉大学经济与管理学院　　联合课题组

湖北历史悠久，几千年前就有人类生息。湖北省位于中国内陆腹地中心、长江中游，因地处洞庭湖以北而得名。清朝康熙六年，湖北左司改为湖北省，省名一直沿袭至今，简称为"鄂"。目前，湖北省国土总面积18.59万平方公里，常住人口5900多万人，设有12个直辖市、1个自治州、1个林区、3个直管市、21个县级市、39个县。湖北是万里长江径流里程超千公里的唯一省份，是三峡工程所在地、南水北调中线工程核心水源区，被称为"千湖之省""鱼米之乡"，武汉市东湖新技术开发区被誉为"中国光谷"，荆门市屈家岭被誉为"中国农谷"。湖北省拥有灿烂悠久的历史、深厚丰富的文化底蕴，"汉阳造"闻名全国，武昌首义彪炳史册，是我国近代工业的重要发祥地、革命斗争的重要策源地，也是我国近现代许多重要事件的发生地。

中华人民共和国成立70年来，在党中央的正确领导下，湖北坚持以马克思列宁主义、毛泽东思想、邓小平理论、"三个代表"重要思想、科学发展观、习近平新时代中国特色社会主义思想为指导，坚持"一个中心、两个基本点"的基本路线，坚持把发展作为第一要务，聚精会神搞建设，一心一意谋发展，全省上下团结一心、步调一致，解放思想、与时俱进、顽强拼搏、锐意进取，经济发展与社会进步不断迈上新台阶。

党的十八大以来，湖北省高举习近平新时代中国特色社会主义思想伟大旗帜，认真贯彻党的十八大、十九大精神，深入落实习近平总书记两次视察重要讲话和重要指示批示精神，增强"四个意识"，坚定"四个自信"，做到"两个维护"，统筹推进"五位一体"总体布局，协调推进"四个全面"战略布局，坚持稳中求进工作总基调，贯彻新发展理念，落实高质量发展要求，统筹做好稳增长、促改革、调结构、惠民生、防风险、保稳定工作，各项事业取得历史性成就、发生历史性变革，实现了从一个经济比较落后的农业省份到经济大省的巨大飞跃。2018年，湖北省地区生产总值达3.94万亿元，按可比价计算，比1952年24.51亿元增长215倍，比1978年151亿元增长53倍，占全国位次从2016年起持续保持在第7位，改革开放后40年（1979—2018年）年均增速10.5%。人均地区生产总值达到66616元（超过10000美元），按可比价计算，比1952年90元增长98倍，比1978年332元增长41倍，比2012年增加27646元。地方一般公共预算收入达3307.03亿元，比1952年3.81亿元增长867倍，比2012年1823.05亿元增长81.4%。社会消费品零售总额达18333.6亿元，比2012年9682.4亿元增长89.3%。城乡居民人均可支配收入分别为34454.63元、14977.82元，分别是1980年的83倍、88倍。

2017年11月，中共湖北省委十一届二次全会向全省发出了"全面建设社会主义现代化强省"的进军号角，提出了"坚持发展第一要务，加快转型升级，推动新型工业化、信息化、城镇化、农业现代化同步发展，建设经济强省；坚持农业农村优先发展，大力实施乡村振兴战略，加快推进农业农村现代化，建设农业强省；坚持创新驱动发展，激发和凝聚社会创造力，着力推进科技成果转化和产业化，显著提升科技进步对经济社会发展的贡献率，建设创新强省；坚定文化自信，聚力打造湖北文化品牌，推动文化事业和文化产业发展，建设文化强省；更加重视人才的创造活力和引领支撑作用，聚天下英才而用之，建设人才强省；坚持生态优先、绿色发展，加快生态文明体制改革，推行绿色生产和消费，建设生态强省"的奋斗目标。省委十一届二次全会将建设"经济强省、农业强省、创新强省、文化强省、人才强省、生态强省"等"六个强省"，作为湖北省全面建设社会主义现代化强省的战略重点，并把建设"经济强省"摆在"六个强省"的首要位置。此举充分表明，建设经济强省在湖北全面建设社会主义现代化强省进程中，具有举足轻重的战略意义和重要影响。

一、湖北建设经济强省的重要意义

建设经济强省，是践行习近平总书记提出"四个着力""四个切实"嘱托的核心内容，是湖北省全面建设社会主义现代化强省的重要举措。建设经济强省，必须坚持以高质量发展为根本，以打赢三大攻坚战为重点，以供给侧结构性改革为主线，以改革开放创新为动力，以实施乡村振兴战略为抓手，以保障和改善民生为目的。建设经济强省，必须着力推动质量变革、效率变革、动力变革，大力加快构建现代化经济体系，全力推进经济快速健康可持续发展，为确保实现湖北全面建设社会主义现代化强省的奋斗目标，提供坚实基础、强大支撑和根本保障。

（一）建设经济强省是践行习近平总书记"四个着力""四个切实"嘱托的核心内容

2013年7月，习近平总书记视察湖北时赋予湖北省"建成支点、走在前列"的历史使命，提出了"着力在推进经济发展方式转变和产业结构调整上取得新突破，着力在推进农业现代化上不断取得新成果，着力在保障和改善民生上不断取得新进展，着力在生态文明建设上取得新成效"的"四个着力"工作要求，为湖北省推进改革发展稳定指明了前进方向、提供了根本遵循。

2018年4月，习近平总书记视察湖北、考察长江，提出了"切实推进高质量发展、切实实施乡村振兴战略、切实做好民生工作、切实加强作风建设"的"四个切实"重要要求。习近平总书记于4月26日下午在武汉主持召开深入推动长江经济带发展座谈会并发表重要讲话，深刻阐述了长江经济带发展和湖北省改革发展的一系列根本性、方向性、全局性问题，为长江经济带和湖北省经济社会发展把脉定向、掌舵领航，对新时代湖北省做好改革发展稳定工作，提出了新的要求、赋予了新的使命。

建设经济强省，要求湖北省上下坚持以习近平新时代中国特色社会主义思想为指导，全面贯彻落实党的十八大、十九大精神，牢记习近平总书记视察湖北"四个着力""四个切实"嘱托，以锐意进取、永不懈怠的精神状态和敢闯敢干、一往无前的奋斗姿态，统筹推进"五位一体"总体布局，协调推进"四个全面"战略布局，坚持稳中求进工作总基调，贯彻落实新发展理念，着力推进全省经济持续健康发展，奋力谱写新时代湖北省高质量发展新篇章。

（二）建设经济强省是湖北全面建设社会主义现代化强省的重要举措

党的十九大报告提出了建设社会主义现代化强国的指导思想、宏伟蓝图和实现路径。湖北省委十一届二次全会提出了湖北省全面建设社会主义现代化强省的奋斗目标，明确分"三步走"战略：即到2020年，全面建成小康社会；从2020年到2035年，形成与中部地区崛起重要战略支点相适应的经济实力和战略功能，在转变发展方式上走在全国前列，基本实现社会主义现代化；从2035年到本世纪中叶，全省物质文明、政治文明、精神文明、社会文明、生态文明水平全面提升，实现治理体系和治理能力现代化，经济社会发展综合实力和竞争力位居全国前列，全面建成富强民主文明和谐美丽的社会主义现代化强省。

建设经济强省，是湖北省实行全面建设社会主义现代化强省奋斗目标的重要举措。全省上下必须坚持社会主义市场经济改革方向，坚持解放和发展社会生产力，坚定不移把发展作为建设经济强省的第一要务，坚持以人民为中心的发展思想，积极践行创新、协调、绿色、开放、共享的发展理念。

推进经济强省建设，要求湖北省理清发展思路，明确发展方向，把建设经济强省摆在全面建设社会主义现代化强省的突出位置，加快推动全省经济转型升级，加快推动新型工业化、信息化、城镇化、农业现代化同步发展,加快构建现代化经济体系,推动全省经济持续健康发展。

(三) 建设经济强省是实现高质量发展的必然要求

当前,世界经济正面临百年未有之大变局,我国仍处在并将长期处在重要战略机遇期。实践证明,我国推动质量变革、动力变革、效率变革,全面深化供给侧结构性改革,建设现代化经济体系和现代化强国,是实现高质量发展的必由之路。

湖北省目前还处于高质量发展爬坡过坎的关键时期,必须认清形势、把握机遇,坚持不懈地建设经济强省。要加快质量强省建设,开展质量提升行动,形成全过程、全方位质量管理体系,全面提高产品质量、服务质量、工程质量、管理质量,推进农业产品绿色化标准化、工业产品高端化智能化、服务产品个性化精细化,增加优质产品和服务的有效供给。在汽车、机械、建筑、电子信息、纺织服装、食品、医药、新材料等优势领域,培育一批高质量标杆企业和品牌产品,对标国际标准,打造"湖北品牌",全面提升湖北省产品在国际国内市场的知名度、美誉度和影响力。

湖北建设经济强省,要大力弘扬劳模精神、劳动精神和工匠精神,加大产业工人队伍建设改革力度,积极开展"湖北工匠"培育选拔行动,建设知识型、技能型、创新型劳动者大军。

事实证明,只有不断加快经济转型升级,不断培育经济发展新动能,不断推进高质量发展,湖北省才能实现建设经济强省目标。

(四) 建设经济强省与建设农业强省、创新强省、文化强省、人才强省、生态强省等相辅相成、内在统一

湖北省委十一届二次全会提出,全面建设社会主义现代化强省,战略重点包括建设经济强省、农业强省、创新强省、文化强省、人才强省、生态强省等"六个强省","这六个强省"是相辅相成、内在统一的逻辑关系,是相互支撑、密切关联的有机整体,充分体现了湖北建设现代化强省的总体要求。

党的十九大报告明确指出，我国社会主要矛盾已经转化为人民日益增长的美好生活需要和不平衡不充分的发展之间的矛盾。"六个强省"建设的根本目的是，始终坚持以人民为中心的发展思想，着力保障和改善民生，加强和创新社会治理，不断满足人民群众日益增长的美好生活需要。

建设经济强省，是从根本上解决现阶段基本矛盾的一项重要举措，是湖北省夯实建设农业强省、创新强省、文化强省、人才强省、生态强省的坚实基础，是实现湖北全面建设社会主义现代化强省奋斗目标的根本保障。

二、湖北建设经济强省的现状分析

党的十八大以来，在以习近平同志为核心的党中央坚强领导下，全省上下认真贯彻落实习近平新时代中国特色社会主义思想和党的十八大、十九大精神，深入学习贯彻习近平总书记两次视察湖北时的重要讲话精神，牢记嘱托、担当使命，真抓实干、砥砺奋进，保持了经济持续健康发展和社会大局稳定。尤其是在落实高质量发展要求，不断增强经济综合实力方面取得显著成绩：2018年，全省地区生产总值达3.94万亿元，位居全国第七；湖北省地区生产总值占全国位次自2016年起一直保持在第七位。

(一)"经济强省"的定义

建设经济强省，应该与农业强省、创新强省、文化强省、人才强省、生态强省等紧密结合，集中体现全省的综合经济实力。作为经济强省，不论在经济总量、产业结构、质量效益方面，还是在民生福祉、生态保护、社会治理等方面，均应有较大的优势和较快的发展。

湖北建设经济强省，就要在保持经济总量扩大、运行平稳、质效提升的同时，推动全省经济高质量发展。为此，本课题组结合高质量发展的多层次、复合型指标要求，从经济总量规模、供给侧结构、需求侧结构、政府财政金融、居民生活收入和生态环境等6大方面指标,对湖北省经济发展的规模、结构、动能、环境、趋势等现状,进行全面分析和综合评估。

课题组还分别计算出全国31个省市自治区(未含港澳台地区)经济发展的各项指标得分,并进行综合排名,整体考察2012—2017年经济发展的总体表现,在各二级指标内选取得分最高的前5个省(市)作为该指标的第一梯队,综合6个二级指标后选出表现最优的前5个省(市)作为经济强省。同时在综合分析各个年度、各级指标上,把湖北省的发展情况与经济强省状况进行多层次的比较分析。

表1为2012—2017年全国"经济强省"指标的总得分和排名情况。我们从中不难发现,广东、江苏、浙江和山东等省近年来一直稳居全国前五名,广东省更是连续4年蝉联榜首,在经济发展上具有绝对的领先优势;江苏省和浙江省紧随其后,位居第二、三位;山东省近年来排名有所下降,从2012年的第二位下落到第五位。此外,直辖市上海和北京也有不错的表现,上海市近6年有4次进入全国前五,且近两年稳定在第四名,北京市基本上在第五、第六名波动。

表1　全国"经济强省"指标得分及排名情况(2012—2017年)

	2012年		2013年		2014年		2015年		2016年		2017年	
	得分	排名	得分	排名	得分	排名	得分	排名	得分	排名	得分	排名
北　京	0.48	5	0.49	6	0.51	6	0.55	5	0.58	6	0.55	6
天　津	0.42	16	0.42	16	0.43	17	0.45	15	0.46	17	0.38	25
河　北	0.45	11	0.41	19	0.42	18	0.42	20	0.46	18	0.44	20
山　西	0.38	20	0.36	27	0.35	28	0.35	26	0.39	25	0.41	23
内蒙古	0.38	24	0.38	25	0.40	20	0.36	25	0.43	23	0.37	30
辽　宁	0.46	7	0.46	12	0.41	19	0.36	24	0.35	28	0.42	21
吉　林	0.40	18	0.37	26	0.38	24	0.37	22	0.44	21	0.39	24
黑龙江	0.38	21	0.39	23	0.38	25	0.38	23	0.41	24	0.41	22

续表

	2012年		2013年		2014年		2015年		2016年		2017年	
	得分	排名	得分	排名	得分	排名	得分	排名	得分	排名	得分	排名
上海	0.45	13	0.49	5	0.51	5	0.55	6	0.59	4	0.59	4
江苏	0.67	1	0.65	1	0.62	2	0.65	2	0.67	2	0.66	2
浙江	0.54	4	0.56	4	0.56	4	0.59	3	0.63	3	0.62	3
安徽	0.46	10	0.46	11	0.45	12	0.47	12	0.53	8	0.50	9
福建	0.46	8	0.48	8	0.48	7	0.50	7	0.53	7	0.53	7
江西	0.43	15	0.41	18	0.43	16	0.48	10	0.49	12	0.47	13
山东	0.62	2	0.61	3	0.58	3	0.58	4	0.58	5	0.58	5
河南	0.47	6	0.47	9	0.47	9	0.48	11	0.50	11	0.49	12
湖北	0.45	12	0.48	7	0.47	8	0.49	8	0.52	9	0.50	10
湖南	0.45	14	0.46	10	0.46	11	0.48	9	0.52	10	0.49	11
广东	0.58	3	0.63	2	0.63	1	0.66	1	0.70	1	0.71	1
广西	0.38	22	0.40	20	0.40	22	0.43	17	0.47	16	0.44	17
海南	0.35	26	0.40	22	0.40	21	0.42	18	0.45	20	0.44	18
重庆	0.38	25	0.40	21	0.44	14	0.46	13	0.49	13	0.46	14
四川	0.46	9	0.46	13	0.46	10	0.44	16	0.49	14	0.50	8
贵州	0.38	23	0.43	14	0.44	15	0.45	14	0.49	15	0.46	16
云南	0.40	19	0.42	15	0.40	23	0.40	21	0.45	19	0.46	15
西藏	0.27	31	0.22	31	0.29	31	0.29	31	0.33	31	0.37	29
陕西	0.41	17	0.42	17	0.45	13	0.42	19	0.44	22	0.44	19
甘肃	0.31	29	0.33	28	0.36	27	0.34	28	0.37	26	0.30	31
青海	0.32	28	0.32	29	0.33	30	0.30	30	0.35	30	0.37	26
宁夏	0.31	30	0.32	30	0.33	29	0.33	29	0.36	27	0.37	28
新疆	0.35	27	0.38	24	0.36	26	0.34	27	0.35	29	0.37	27

综合上述表现，我们选取广东、江苏、浙江、山东和上海等5个省（市），作为全国"经济强省"，这5个经济强省在总量规模、需求侧结

构、供给侧结构、财政金融、民生收入以及生态环境等6个方面，均有较为突出的表现。

通过对6大类指标的历年数据和排名情况进行比较（见表3），我们在各分类指标上选取了表现突出的省（市）作为"经济强省"。具体来看，在"总量规模"方面，广东、江苏、山东、浙江等省拥有较高的GDP和产业增加值，持续稳居全国前五名，河南省紧随其后，4次进入并稳定在第五名，具有很强的发展势头。因此选取广东、江苏、山东、浙江、河南等省为"总量规模类"第一梯队。这些得分较高的省市在GDP、第二产业增加值、第三产业增加值和规模以上工业资产等方面，均具有显著优势。

在"供给侧结构"方面，我们选取江苏、浙江、山东、北京和广东等省市作为"供给侧机构类"的第一梯队。江苏省在2012—2017年连续6年高居榜首，山东省连续5年位居第二，直至2017年被广东省超过排至第三。此外，这些省份的民营经济和民间投资十分活跃，高新技术产业非常发达，第三产业GDP占比也较高。

在"需求侧结构"方面，广东省连续6年位居第一，江苏省和山东省实力较为接近，长期处于第二、三位，河北省近6年当中有4次排进全国前五。广东、江苏和浙江等东部沿海省份，在进出口领域拥有较为突出的优势，山东省在货运领域表现抢眼。因此，我们选取广东、江苏、山东、浙江和河北等省作为"需求侧结构类"第一梯队。

在"财政金融"方面，北京、上海、江苏、广东等省市在财政收入和金融发展方面具有绝对优势，广东省近6年来蝉联冠军，其财政实力和金融发展水平可见一斑。另外，山东省虽然自2012年位列第五之后就被挤出前五，但随后连续5年稳居第六，可见山东省经济发展态势良好并且十分稳健，其财政实力、金融发展水平不容小觑，但是面临着后来居上省份的巨大压力。浙江省后来者居上，2012年到2017年一路高歌猛进，继超过山东省之后又先后超越北京市、江苏省和上海市，位次稳步上升，2017年高居第二，仅次于广东省。因此，我们选取北京、上海、江苏、广东、浙江等省市作为"财政金融类"的第一梯队，这些省市在财政、金融方面，具有国内一流水平。

在"民生收入"方面，浙江省在2013—2016年连续4年高居榜首，江苏省在2017年超过浙江省，排名全国第一。河北省的收入和消费情况在全国排名靠前，近6年有4次排进全国前五名。此外，直辖市北京、天津和上海的表现也较优异，均2次排进全国前五。由此，我们选择浙江、江苏、山东、上海、河北等省市作为"民生收入类"的第一梯队。这些省市均位于我国东部沿海地区，在城镇及农村居民收入、住户存款以及低收入人口和贫困发生率等方面有显著优势，说明这些省市不管是城镇还是农村，城乡人均收入高、低收入贫困人口少，使其占据领先位置。

在"生态环境"方面，我们选取海南、云南、福建和上海等省市作为"生态环境类"的第一梯队。其中，海南省6年来稳居第一位，且得分高出其他省市较多，在保护生态环境方面有绝对的优势。云南省和福建省在"空气优良率"上有相对优势，福建省在2012—2017年连续6年位于前五名，云南省2014年进入并稳定在前五名，上海市在"能耗电耗水平"上有优异表现。

综合分析以上各分类指标的表现，广东省、江苏省和山东省在总量规模、供给侧结构、需求侧结构、财政金融和民生收入等5个方面，均属于第一梯队。其中，广东省毫无疑问在诸多指标中均拔得头筹，是绝对的经济强省；浙江省、上海市紧随其后，在多个指标中得分较高，迈入第一梯队。海南省、云南省、福建省虽然在生态环境上表现出众，但由于其他指标得分较低，未能进入全国"经济强省"行列。

因此，广东省、江苏省、山东省、浙江省和上海市等5省（市），在经济发展方面表现突出，排名领先，可称为全国"经济强省"。

湖北省2012—2017年期间，总排名在第10位附近波动。尽管2018年湖北GDP达到3.94万亿元，自2016年起持续居全国第七位，但是综合其他指标分析表明，湖北省整体表现呈中等偏上，与全国第一梯队相比仍有一定的距离，还需不懈努力、拼搏进取、奋力直追。

（二）指标和数据的选取

1. 指标体系的建立

在本课题研究中，我们选取 6 个二级指标、38 个三级指标（如表 2 所示），建立全国"经济强省"的指标体系，综合考察经济规模、结构、动能、环境、趋势、民生等 6 个方面。

表 2　　　　　　　　全国"经济强省"指标体系

一级	二级指标	三级指标	备注
经济强省	1. 总量规模	1. GDP 及其增速	
		2. 第一产业、第二产业和第三产业增加值	
		3. 规模以上工业企业单位数及企业资产总计	
	2. 供给侧结构	1. 第三产业产值在 GDP 中的占比	
		2. 研发投资规模占比（在 GDP 中的占比；在固定资产总投资中的占比）	
		3. 高新技术产业产值及其占比	
		4. 专利申请与获批数	
		5. 民间投资规模及其占比	
		6. 民营经济产值及其占比	
		7. 民营经济主体数与营收总额	
		8. 生产品出口价格指数 PPI	逆
		9. 企业每百元产值平均成本	逆
	3. 需求侧结构	1. 固定资产投资规模及其增速	
		2. 全社会零售商品消费总额及其增速	
		3. 限额以上单位消费总额及其增速	
		4. 进出口总额及其增速，进口总额及其增速，出口总额及其增速	
		5. 发电需求量及其增速	
		6. 铁路和公路货运量及其增速	

续表

一级	二级指标	三级指标	备注
经济强省	4. 财政金融	1. 财政收入及其增速	
		2. 地方一般公共预算总收入及其增速	
		3. 税收收入及其在地方财政收入中的占比	
		4. 银行存款余额及其增速	
		5. 上市公司数目和上市公司市值总额	
		6. 企业税费负担	逆
	5. 民生收入	1. 城镇居民家庭可支配收入及其增速	
		2. 农村居民家庭纯收入及其增速	
		3. 城乡居民收入差距（比值）	逆
		4. 居民消费价格指数 CPI	逆
		5. 房地产平均价格	逆
		6. 城乡恩格尔系数	逆
		7. 住户存款余额及其增速	
		8. 城镇低收入人口数占比	逆
		9. 农村贫困发生率	逆
	6. 生态环境	1. 废水排放总量	逆
		2. PM2.5 平均浓度	逆 省会城市数据
		3. 空气质量优良天数	省会城市数据
		4. 废气中烟粉尘排放量	逆
		5. 每万元地区生产总值能耗、电耗水平	逆

备注：表中的"逆"指标为逆向指标，指标值越大，得分越低。由于数据的可获得性，空气质量只采用省会城市指标。

2. 指标说明

我们对这 38 个三级指标数据进行标准化处理，并按以下公式计算得分。

正向指标（指标越高，得分越高）的数据得分计算公式为：

　　某省分值=（该省指标值-最小值）/（最大值-最小值）；

逆向指标（指标越高，得分越低）的数据得分计算公式为：

　　某省分值=（最大值-该省指标值）/（最大值-最小值）。

"民间投资规模"，使用全社会固定资产投资减去国有固定资产投资减去外商固定资产投资减去港澳台投资得出。

"固定资产投资规模及其增速"，用"全社会固定资产投资完成额及其增速"表示。

"发电需求量及其增速"，用"电力消费总量（实物量）"代替。

"企业税费负担"，用企业所得税来表示，对于某些年份一些指标数据缺失的情况，只考虑其他已有数据的加权得分。

"城乡居民收入差距"，用"城镇居民可支配收入/农村居民纯收入"比值来表示。

"恩格尔系数"，用"食品烟酒消费支出/总消费支出×100%"计算。

"城镇低收入人口数"，用享受城市居民最低生活保障人数表示。

"农村贫困发生率"，由于有个别省市的数值较小，统计不显著，故对这些省市的得分均取最高值1分。

关于指标的计算，我们对各项三级指标进行等权重加权，得到各单项得分，再对二级指标进行等权重加权，得到总得分和总排名。

3. 数据说明

我们选取各省市年度数据，其中"PM2.5平均浓度"和"空气质量优良天数"指标用省会城市数据代替。所有数据来源于2011—2017年《中国统计年鉴》和各省市统计年鉴、各省市《国民经济与社会发展统计公报》，以及《中国火炬统计年鉴》《中经网数据库》《中国农村贫困监测报告》《中国能源统计年鉴》，等等。

(三) 湖北省经济发展的现状（省际比较与排名）

根据我们建立的指标体系，统计分析计算出2012—2017年各省市

6大经济发展指标得分，并对其进行排名（见图1）。我们发现，湖北省经济发展的总体得分在全国位居中等偏上，持续在第9位上下，其中2013年排名最高达到第7位，到2017年逐步下降至第10位。

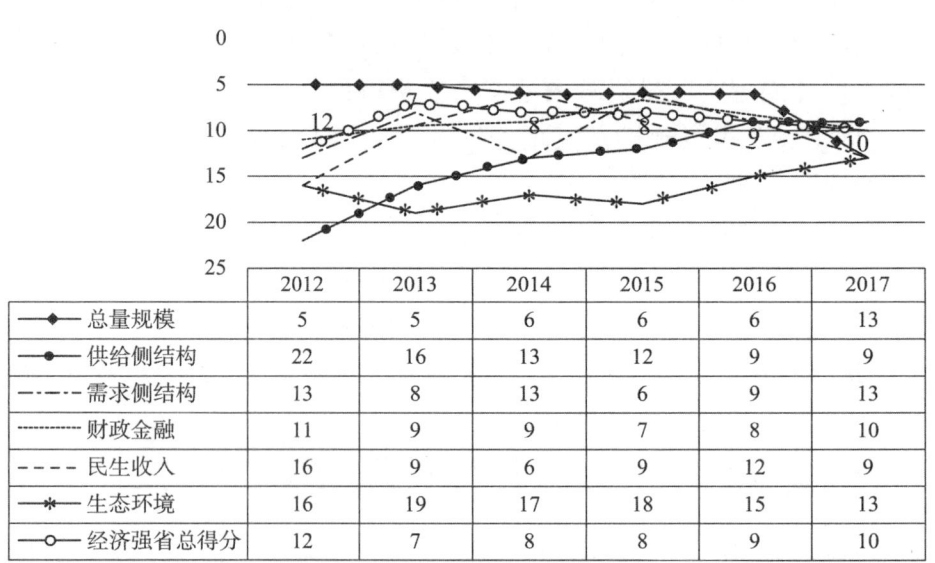

图1 湖北省近年各指标排名情况

具体来看，湖北省在"总量规模"类指标得分方面一直处于前列，在2016年以前都位居第5、6位。但到2017年，由于GDP增速放慢，且第一、二产业增加值较低，使总量规模排名大幅下降至第13名，这应引起足够重视。在"供给侧结构"和"生态环境"两个方面略有不足，排名较为靠后。但近年来有逐渐提升的趋势，供给侧结构已从第22名上升至第9名，生态环境也从最低的19位上升至第13位，继续保持这两方面的提升态势，也是湖北省建设"经济强省"的重要条件。在"需求侧结构""财政金融"和"民生收入"上，湖北省的表现一般，一直在第9名上下波动，其中财政金融方面的表现较为稳定，想要整体提升这3项指标目前有一定困难，仍需继续努力。对比其他省市，湖北省2017年的总排名为第10（见表3），其中总量规模、需求侧结构和生态环境表现相对较差，排名第13位，"供给侧结构"和"民生收入"两类指标得分较高，排第9位，整体来看波动幅度不大。

由表3可见，2017年排在前五名的省市为第一梯队的广东、江苏、浙江、上海和山东等省市，这些省市地处东部沿海地区，在总量规模、供给侧结构、需求侧结构、财政金融和民生收入等5个方面表现优异，虽然在生态环境方面略有欠缺，但不影响总体得分和排名。湖北省与这些经济强省之间还存在一定差距，尤其是在总量规模和需求侧结构上差距比较明显，想要追赶还需要快速改善和提升。

表3　　　　　　　　　2017年各省市得分及排名情况

	总量规模		供给侧结构		需求侧结构		财政金融		民生收入		生态环境		经济强省	
	得分	排名	得分	排名	得分	排名	得分	排名	得分	排名	得分	排名	得分	排名
北　京	0.54	11	0.51	5	0.38	19	0.58	5	0.63	9	0.67	11	0.55	6
天　津	0.37	29	0.30	17	0.24	30	0.15	29	0.62	11	0.62	15	0.38	25
河　北	0.45	20	0.32	14	0.46	12	0.39	8	0.64	7	0.35	30	0.44	20
山　西	0.55	8	0.21	28	0.33	25	0.36	10	0.54	20	0.45	29	0.41	23
内蒙古	0.28	31	0.27	25	0.41	17	0.20	26	0.55	18	0.49	27	0.37	30
辽　宁	0.42	25	0.29	19	0.38	20	0.30	18	0.59	15	0.53	23	0.42	21
吉　林	0.35	30	0.29	19	0.32	26	0.13	30	0.54	20	0.69	10	0.39	24
黑龙江	0.45	19	0.28	22	0.32	27	0.23	22	0.54	20	0.64	14	0.41	22
上　海	0.54	10	0.48	6	0.47	8	0.60	4	0.65	5	0.78	4	0.59	4
江　苏	0.77	2	0.64	1	0.66	2	0.62	3	0.70	1	0.59	19	0.66	2
浙　江	0.61	5	0.54	3	0.59	5	0.65	2	0.70	1	0.62	15	0.62	3
安　徽	0.53	12	0.36	9	0.47	10	0.43	7	0.61	13	0.61	18	0.50	9
福　建	0.56	7	0.36	9	0.49	6	0.35	14	0.67	4	0.78	4	0.53	7
江　西	0.46	17	0.30	17	0.42	16	0.39	8	0.56	17	0.70	9	0.47	13
山　东	0.64	4	0.54	3	0.61	3	0.47	6	0.68	3	0.53	23	0.58	5

续表

	总量规模		供给侧结构		需求侧结构		财政金融		民生收入		生态环境		经济强省	
	得分	排名	得分	排名	得分	排名	得分	排名	得分	排名	得分	排名	得分	排名
河南	0.56	6	0.35	12	0.49	7	0.36	10	0.64	7	0.55	21	0.49	12
湖北	0.51	13	0.36	9	0.45	13	0.36	10	0.63	9	0.66	13	0.50	10
湖南	0.46	18	0.44	7	0.46	11	0.33	16	0.60	14	0.67	11	0.49	11
广东	0.87	1	0.60	2	0.72	1	0.86	1	0.65	5	0.58	20	0.71	1
广西	0.43	22	0.29	19	0.43	15	0.23	22	0.54	20	0.75	7	0.44	17
海南	0.43	23	0.28	22	0.31	28	0.29	19	0.47	27	0.85	1	0.44	18
重庆	0.47	15	0.35	12	0.36	22	0.22	24	0.62	11	0.73	8	0.46	14
四川	0.64	3	0.37	8	0.47	9	0.36	10	0.57	16	0.62	15	0.50	8
贵州	0.40	26	0.31	15	0.43	14	0.28	20	0.52	24	0.79	2	0.46	16
云南	0.51	14	0.31	15	0.40	18	0.28	24	0.51	25	0.79	2	0.46	15
西藏	0.44	21	0.27	25	0.36	23	0.34	15	0.44	29	—	—	0.37	29
陕西	0.54	9	0.28	22	0.51	5	0.28	20	0.51	25	0.50	26	0.44	19
甘肃	0.38	28	0.15	31	0.23	31	0.11	31	0.35	31	0.55	21	0.30	31
青海	0.38	27	0.17	30	0.28	29	0.19	27	0.46	28	0.76	6	0.37	26
宁夏	0.43	24	0.21	28	0.35	24	0.18	28	0.55	18	0.51	25	0.37	28
新疆	0.47	16	0.22	27	0.37	21	0.31	17	0.39	30	0.48	28	0.37	27

此外，2017年，北京、福建、四川和安徽等省市的总体排名也在湖北之前，位居第6至第9位。分析比较发现，北京市拥有供给侧结构和财政金融方面的优势，这两个指标在全国排第5位，明显好于湖北省；福建省在民生收入和生态环境方面有领先优势，使其跻身湖北之前排名第4位；四川省在总量规模上有绝对的优势，单项排名全国第3，其第一、三产业增加值高，规模以上工业企业单位数多，使总体排名位居湖北之前；安徽省与湖北省得分情况差距不大，仅在"财政金融"

方面略有领先。

综上分析所述,湖北省虽然与全国"经济强省"的第一梯队相比距离较远,但若能发挥独特优势,挖掘自身潜力,深化供给侧结构性结构,保护和改善生态环境,并恢复总量规模至原有水平,有望赶超安徽、四川等省,可将综合排名上升至第7、8位。

下面,我们就湖北省在各分类指标上的表现和趋势,进行全面分析比较,以期进一步查找湖北的相对优势和不足之处。

1. 总量规模

近年来,湖北省在"总量规模"方面表现良好,在全国一直处于第5、第6位,但2017年突然下降至第13位(见表4)。

表4　　　　　　　湖北省近6年"总量规模"得分和排名情况

年份	GDP	GDP增速	第一产业增加值	第二产业增加值	第三产业增加值	规模以上工业企业单位数	规模以上工业企业资产总额	总量规模得分	排名
2017	0.39	0.66	0.49	0.48	0.35	0.89	0.36	0.51	13
2016	0.40	0.93	1.00	0.80	0.49	0.08	0.32	0.57	6
2015	0.40	0.29	0.40	0.79	0.37	0.82	0.48	0.51	6
2014	0.40	0.83	0.43	0.47	0.46	0.19	0.60	0.48	6
2013	0.39	0.75	0.54	0.52	0.37	0.97	0.42	0.57	5
2012	0.38	0.52	0.68	0.76	0.35	0.77	0.35	0.54	5

纵向对比发现,2016年以前湖北省总量规模的整体表现比较好,均为第5或者第6名,其中在2016年GDP增速和第一、二产业增加值得分较高。而在2017年,GDP增速的得分降到0.66,第一、二产业增加值的得分均较上年出现较为明显的下滑,2017年第一、二产业增加值的得分分别只有0.49、0.48,第三产业增加值得分也出现下滑,2017年得分0.35,只相当于2012年的水平,从而使整体排名下降到13名。总体来看,在"总量规模"方面,湖北省波动较大的子指标是GDP增速、第一产业增加值、规模以上工业企业单位数等3项,其他

子指标得分的波动相对平稳。

横向考察各省市2017年总量规模类指标的得分情况，可以发现，广东、江苏、四川、山东、浙江等省排名全国前五（见图2）。对总量

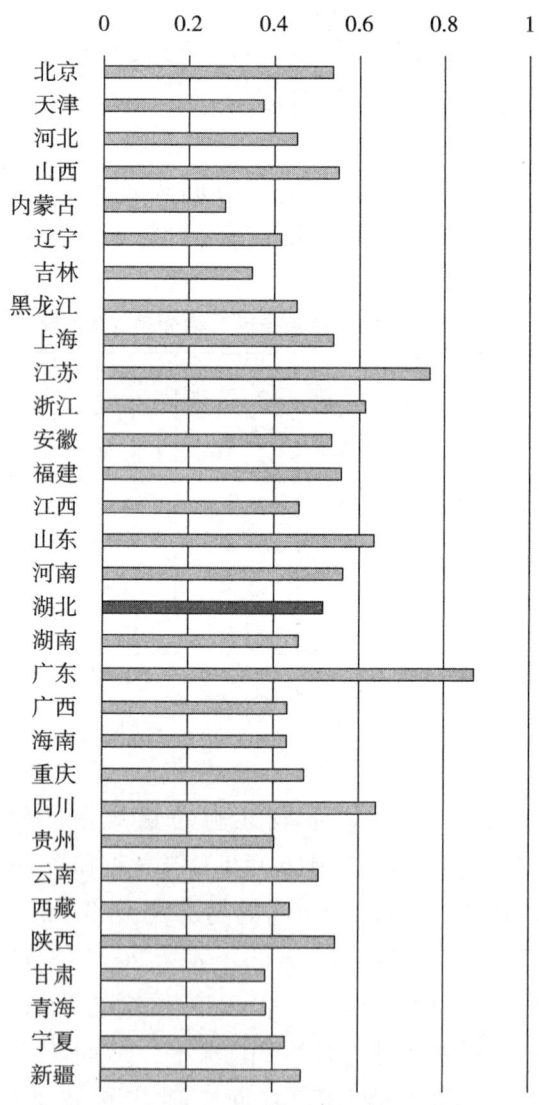

图2 各省市2017年总量规模得分

规模类具体子指标的对比发现,湖北省在 GDP 增速、第一产业增加值、规模以上工业企业单位增加数和规模以上企业资产统计等指标上,表现差强人意,排名分别为第 19、25、25、19 位,低于平均水平;其余各项指标均排在第 15 位以内,处于中上等水平。总体而言,从总量规模类得分来看,湖北省总量规模与排在第 10~15 位的省份差距不大。因此,只要我们迅速补齐发展短板,应该能够实现进位。

2. 供给侧结构

近年来,湖北省在"供给侧结构"方面进步十分明显,排名逐年递增,从 2012 年的第 23 名上升至 2017 年的第 10 名(见表5)。

表5　湖北省近 6 年"供给侧结构类"指标得分情况

年份	第三产业产值在GDP中的占比	研发投资规模在GDP和固定资产投资中的占比	高新技术产业产值及其占比和专利申请与获批数	民间投资规模及其占比	民营经济产值及其占比	民营经济主体数与营收总额	生产品出口价格指数PPI	企业每百元产值平均成本	供给侧结构得分	排名
2017	0.11	0.24	0.25	0.68	0.40	0.26	0.74	0.20	0.36	10
2016	0.11	0.23	0.31	0.63	0.39	0.26	0.46	0.38	0.35	10
2015	0.11	0.23	0.30	0.73	0.42	0.25	0.03	0.29	0.30	15
2014	0.14	0.23	0.26	0.66	0.41	0.23	0.09	0.25	0.28	13
2013	0.14	0.23	0.23	0.69	0.41	0.24	0.07	0.25	0.28	17
2012	0.17	0.23	0.19	0.53	0.38	0.21	0.11	0.17	0.25	23

纵向对比发现,湖北省高新技术产业增长较快,民间投资规模进步明显。值得注意的是,生产品出口价格指数得分在 5 年间增长近 7 倍,从而拉动湖北省供给侧结构整体排名,在 2016 年明显上升至第 10 名。总体来看,湖北省在"供给侧结构"指标上稳中有进,虽在第三产业产值占 GDP 比例的得分方面略有下降,但其他指数均有所提高。

横向考察各省市 2017 年供给侧结构的得分情况,江苏、广东、山东、浙江、北京等省市,在"供给侧结构"方面位居全国前五,而湖北省排位第 10（见图 3）。通过省际比较还发现，湖北省在"第三产业产值在 GDP 占比"和"企业每百元产值平均成本"两项指标表现有所欠缺，分别排第 21 和 23 位。其余指标均处于 9~11 位。此外，排名靠前的省市基本位于我国东部沿海地区，这些省市的民营经济和民间投资

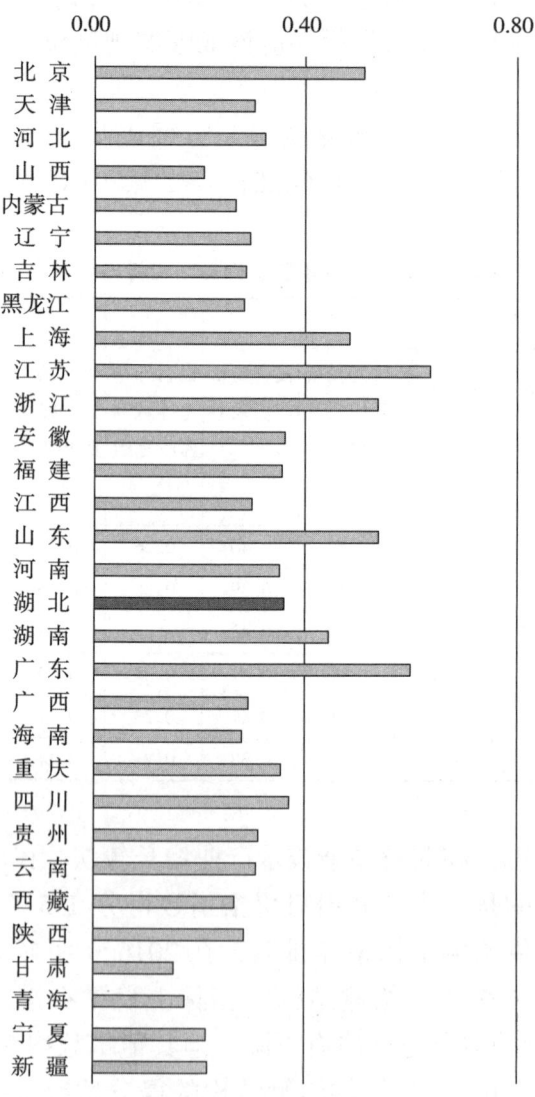

图 3　各省市 2017 年供给侧结构得分

十分活跃，而且高新技术产业比较发达，第三产业在GDP的占比相对较高。湖北省近年来在民营经济和高新技术方面进步显著，还需要继续扩大研发投资规模，提高第三产业在GDP的比重，并且还需有效地降低企业成本。

3. 需求侧结构

湖北省近年在"需求侧结构类"方面表现良好，处在全国第10位左右，最低排名第13位，2015年取得最高排名第6位（见表6）。

表6　湖北省近6年"需求侧结构"指标得分情况

年份	固定资产投资规模及其增速	全社会零售商品消费总额及其增速	限额以上单位消费总额及其增速	进出口总额及其增速；进口总额及其增速；出口总额及其增速	发电需求量及其增速	铁路和公路货运量及其增速	需求侧结构得分	排名
2017	0.68	0.61	0.19	0.26	0.46	0.48	0.45	13
2016	0.72	0.64	0.44	0.29	0.34	0.40	0.47	9
2015	0.71	0.72	0.44	0.32	0.31	0.37	0.48	6
2014	0.70	0.69	0.31	0.23	0.24	0.38	0.43	13
2013	0.63	0.57	0.43	0.20	0.26	0.27	0.39	8
2012	0.57	0.66	0.29	0.10	0.20	0.26	0.35	13

纵向对比发现，湖北省在需求侧结构类波动较大。在需求侧结构排名较好的年份（2013年、2015年、2016年），主要是在固定资产投资、全社会零售商品消费总额、限额以上单位消费总额及其增速等方面有较好的表现；2010年排名较低（第13位），主要短板是进出口表现不佳，得分仅为0.10分；2017年排名较低（第13位），主要是在"限额以上单位消费总额及其增速"这项指标上得分较低，仅得0.19分。

横向考察各省市2017年需求侧结构的得分情况（见图4），广东、

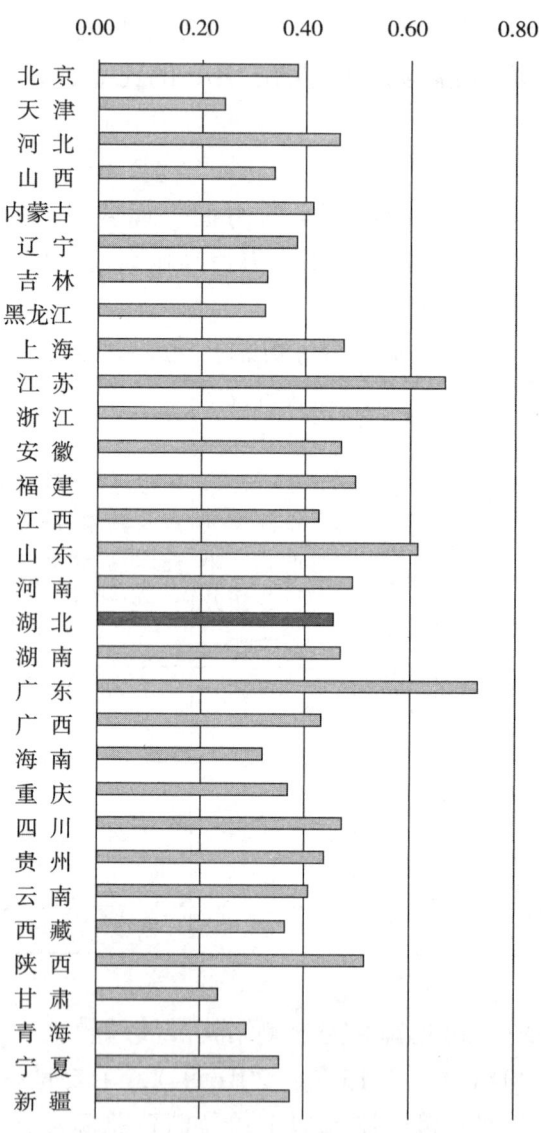

图4 各省市2017年需求侧结构得分

江苏、山东、浙江、陕西等省位居全国前五,湖北省排位第13位。对比分析发现,2017年湖北省在"固定资产投资和零售商品消费"方面表现较好,位居第 7 和第 6 位;在"发电需求量和铁路公路货运量"方面与第一梯队差距逐年缩小;在"限额以上单位消费总额"和"进出口"方面,但是表现不佳,分别排名第 22 和 18 位。

4. 财政金融

近年来,湖北省在"财政金融"方面表现良好,排名在第 10 位左右,2015 年达到最高位第 7 位,随后出现下滑趋势,2016 年以后回落至第 9、10 位(见表 7)。

表7　　　　湖北省近 6 年"财政金融类"指标得分情况

年份	财政收入及其增速		地方一般公共预算总收入及其增速		税收收入	税收收入在地方财政收入中的占比	银行存款余额及其增速		上市公司数目和上市公司市值总额		企业税费负担	财政金融类得分	排名
2017	0.52	0.45	0.28	0.57	0.24	0.22	0.24	0.67	0.16	/	0.24	0.36	10
2016	0.53	0.39	0.29	0.52	0.25	0.36	0.24	0.71	0.17	/	0.20	0.37	9
2015	0.54	1.00	0.31	0.94	0.27	0.33	0.23	0.10	0.19	0.08	0.21	0.38	7
2014	/	/	0.31	0.61	0.28	0.32	0.26	0.39	0.21	/	0.22	0.33	9
2013	/	/	0.30	0.84	0.27	0.31	0.26	0.48	/	/	0.23	0.38	9
2012	0.48	0.36	0.28	0.21	0.25	0.42	0.25	0.49	/	/	0.22	0.33	11

纵向对比发现,湖北省 2015 年财政收入和公共预算得分较高且增速最快,使得 2015 年在近 6 年中表现最好,但增速波动较大,导致总排名起伏波动。地方一般公共预算指标、地方税收指标、银行存款指标等表现比较稳定,企业税费负担指标略有上升,波动不大。上市公司数目偏少,特别是 2017 年新增上市公司仅 1 家,得分呈下降趋势;上市公司总市值仅有 2015 年的数据,其得分仅 0.08,说明与发达省份相比差距较大。

横向考察各省市 2017 年财政金融的得分情况发现(见图 5),排名前五且遥遥领先的省市依次是广东、浙江、江苏、上海和北京等省市,

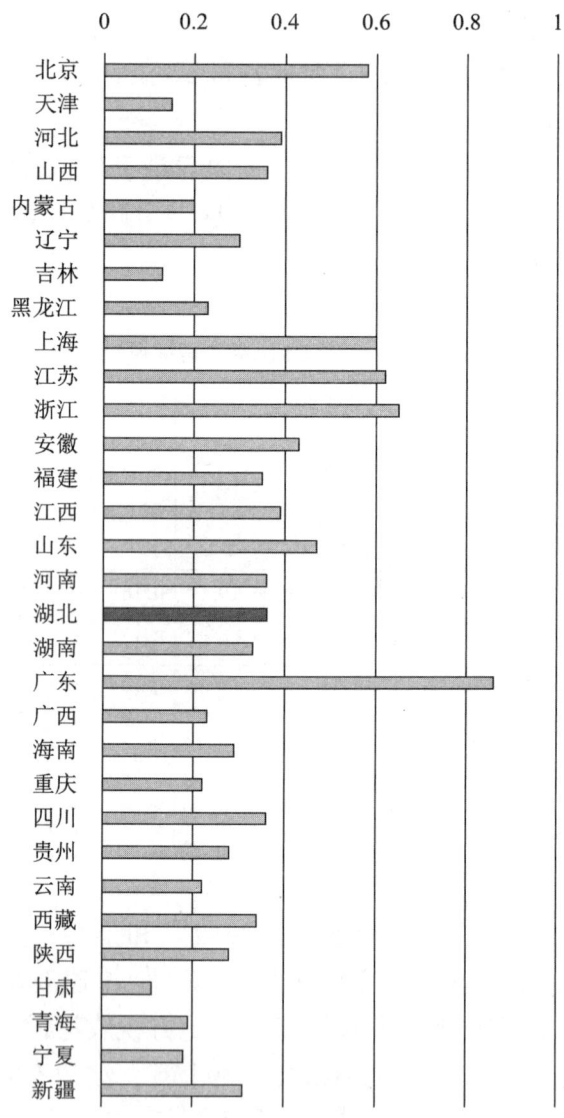

图 5 各省市 2017 年财政金融得分

湖北省位列第 10。通过比较发现，湖北省财政收入、公共预算和银行存款余额表现较好，高于总得分，但在上市公司数目上略有不足，得分仅有 0.16。总体来看，湖北省 2017 年在财政金融方面排名在第 10 位左右，处于中上水平。

5. 民生收入

湖北省近 6 年在"民生收入"方面表现良好，在全国排第 10 位左右，其中 2014 年的排名最高达到第 8 位，2016 年名次下降到第 13 位，2017 年通过加快民生事业投入，提高城乡居民收入，又回升到第 10 位。

纵向对比发现，湖北省城乡居民收入水平不够高，但是居民收入的增速相对表现较好。2014 年居民收入的增速有较高得分，城镇和农村的得分分别为 0.8、0.61，且住户存款余额的增速也较快，从而使湖北省在 2014 年的排名达到第 8 位。近两年，城镇居民收入增速表现较好，但是农村居民收入增速偏低（2016、2017 年农村居民收入增速的得分分别仅为 0.22、0.26），2016 年消费价格指数的得分也偏低，致使该年排名下降至 13 位。2017 年居民消费价格指数表现较好，居民存款余额、城镇低收入人口占比等指标均出现改善，因此，排名回升至第 10 位。

横向考察各省市 2017 年民生收入的得分情况（见图 6），江苏、浙江、山东、福建、上海等省市位居全国前五，湖北省排名第 10 位。对比发现，湖北省在城乡收入差距和农村居民收入上表现较好，位列第 7 位和第 9 位。另外，湖北省城乡差距较小，城市低收入人口占比和农村贫困发生率与第一梯队省市的差距也不大，有继续追赶的潜力。但是，在城乡恩格尔系数和房地产平均价格上得分低于平均水平，排名第 21 位和 23 位，其他的各项指标均在 11~14 位，这表明湖北省总体上排名中等靠前。

总体看来，湖北省在居民收入增速指标上波动较大，在城乡恩格尔系数、住户存款余额和城镇低收入人口占比方面有所提高，其他各项指标得分波动不大。

表8 湖北省近6年"民生收入类"指标得分情况

年份	城镇居民家庭可支配收入		农村居民家庭人纯收入		城乡居民收入差距	居民消费价格指数CPI	房地产平均价格	城乡恩格尔系数		住户存款余额		城镇低收入人口数占比	农村贫困发生率	民生收入得分	排名
	城市	增速	农村	增速				城镇	农村	余额	增速				
2017	0.13	0.54	0.29	0.26	0.71	0.68	0.89	0.55	0.84	0.37	0.64	0.82	0.72	0.63	10
2016	0.12	0.94	0.29	0.22	0.71	0.48	0.89	0.57	0.86	0.36	0.61	0.82	0.72	0.62	13
2015	0.11	0.21	0.30	0.59	0.73	0.55	0.91	0.51	0.89	0.35	0.76	0.69	0.74	0.61	9
2014	0.11	0.80	0.31	0.61	0.73	0.64	0.91	0.45	0.86	0.32	0.76	0.62	0.76	0.64	8
2013	0.11	0.45	0.30	0.76	0.73	0.65	0.91	0.42	0.75	0.30	0.58	0.58	0.77	0.61	13
2012	0.16	0.62	0.25	0.44	0.68	0.50	0.87	0.49	0.67	0.29	0.45	0.58	0.76	0.56	16

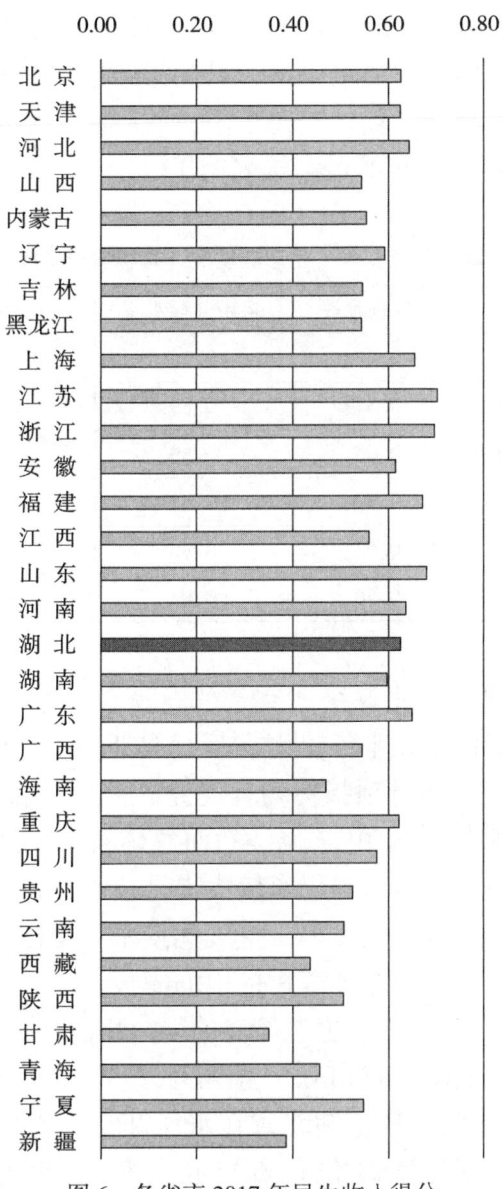

图6 各省市2017年民生收入得分

6. 生态环境

湖北省近6年在"生态环境类"方面处在中游水平。最低排名第

19位（出现在2013年、2015年），近3年来，湖北省采取有力措施保护长江、汉江和省内湖泊的水质量，严控污染排放和改善空气质量，同时促进绿色发展，降低能耗、电耗水平，"生态环境类"指标改善比较明显，2017年取得近6年的最高排名第13位。

表9　湖北省近6年"生态环境类"指标得分情况

年份	水质优良率	空气优良率	能耗电耗水平	生态环境得分	排名
2017	0.7	0.59	0.75	0.66	13
2016	0.71	0.57	0.89	0.72	15
2015	0.66	0.45	0.89	0.67	19
2014	0.67	0.49	0.87	0.68	17
2013	0.66	0.53	0.86	0.68	19
2012	0.66	0.56	0.83	0.68	16

纵向对比发现，湖北省在"空气优良率"上表现相对较差，2013年和2015年生态环境总排名较为靠后，是近6年中最低的第19位。2017年湖北省评比的各分项指标均表现优良，"空气优良率"取得历年的最高分0.59，整体排名第13位。然而总体看来，湖北省在生态环境的表现还有待提高，其排名也仍有较大提升空间。目前，湖北省在能耗电耗水平上有起伏，水质优良率、空气优良率等指标上尽管取得了可喜的改善，但仍是湖北省生态环境指标中的短板。

横向考察各省市2017年生态环境的得分情况（见图7），海南、云南、贵州、福建、上海等省市在"生态环境类"位居全国前五，湖北省排名第13位。比较发现，湖北省在水质和空气优良率方面表现均不理想，指标排名分别为第24位和第15位，最终导致总排名处于中游水平，位于第13位。

7. 分析总结

近年来，湖北省经济发展状况良好，但是与全国经济强省第一梯队的差距比较明显。总体上看，湖北省属于全国"经济强省"第二梯队。

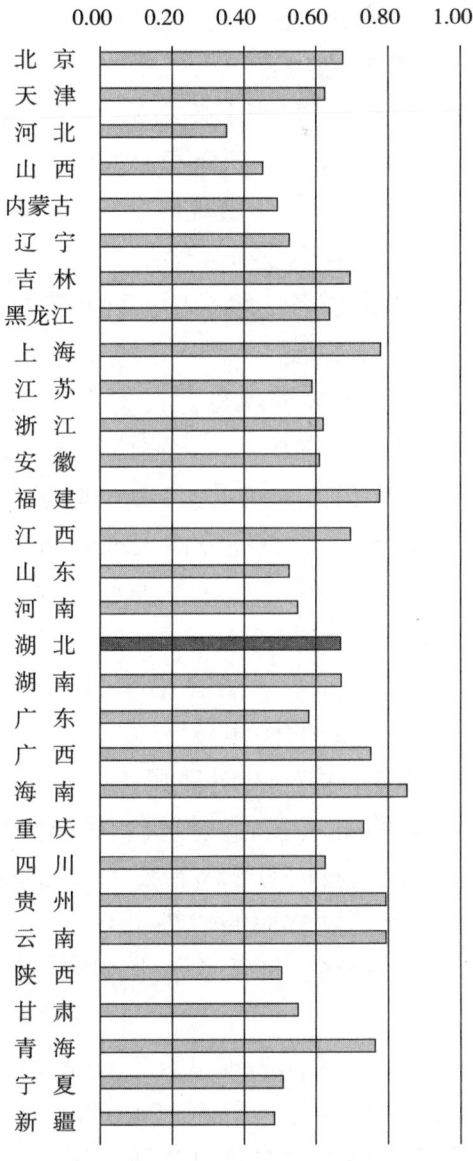

图 7 各省市 2017 年生态环境得分

湖北省近年来在"供给侧结构"和"生态环境"方面有显著提升，但在"总量规模"上 2017 年表现不佳，从原先的第 5、第 6 位下降至第 13 位，其他方面表现平稳，总体处于全国中等偏上水平。与第一梯队经济强省相比，湖北省在除生态环境以外的其他 5 个方面均有相当的差距，尤其是在"总量规模""需求侧结构"和"财政金融"上，得分和排名相差较远。若湖北省能发挥自身的优势，保持"供给侧结构"和"生态环境"的提升，并恢复总量规模至原有水平，有望超过安徽、四川等第二梯队省市，可将排名上升至第 7、8 位。

下面，我们具体就湖北省各二级指标的现状进行小结，从而更好地找到差距、查找原因、寻求突破。

湖北省"总量规模"指标表现良好，一直处于第 5、第 6 名，但 2017 年下降至第 13 名。湖北省在第二产业增加值和第三产业增加值排名相对靠前，应继续保持这方面优势。GDP 增速、第一产业增加值、规模以上企业增加值和资产统计这些方面表现较弱，拉低了湖北省在总量规模类的表现得分。广东、山东、江苏等省在近 6 年来"总量规模"的表现，一直位于全国前五，在 GDP、第二产业增加值、第三产业增加值等方面有绝对优势，河南省一直在第 5 名上下徘徊，发展得也较好。这些省份是湖北学习追赶的榜样。

湖北省"供给侧结构"指标表现良好，近 6 年来排名基本逐年递增，2016 年为第 10 名。湖北省在研发投资、民营经济和高新技术方面排名靠前且进步较快，说明省内对于高新技术和民营经济的扶持力度较大且收效显著，应继续保持这方面的优势。但第三产业产值占比较低，企业每百元产值平均成本较高，拉低了湖北省在供给侧结构类的表现得分，需要进一步改善。

湖北省"需求侧结构"指标表现良好，在第 10 名上下波动，2015 年排名最高达到第 6 名，2017 年下降至第 13 名，表现不够稳定。湖北省近年来"固定资产投资规模及其增速"和"全社会零售商品消费总额及其增速"一直处于全国前列，"发电需求量及其增速"和"铁路和公路货运量及其增速"逐年缩小与优势省份的差距，但在进出口领域的追赶态势逐步减缓，2015 年后出现了倒退。2017 年湖北省在"限额以上单位消费总额及其增速"的得分出现了骤降，从 2016 年的 0.44 降至 0.19，需要引起高度重视。

湖北省"财政金融"指标表现良好，排名在第 10 名左右，其中 2015 年排名最高达到第 7 名，随后出现稍微下降。在指标得分中，湖北省总体表现平稳，没有太大波动，财政收入及其增速、地方一般公共预算收入增速和银行存款余额增速表现较好，而上市公司数目较少且上市公司市值不够大，则严重制约了湖北省的金融发展。湖北省应该在保持既有财政收入、地方一般公共预算收入和银行存款余额等方面优势的同时，增加上市公司数目、提高地方税收收入等，以实现固长板、补短板。与第一梯队相比，发现广东、浙江、江苏、上海、北京和山东等东部沿海省市，近 6 年以来一直稳居前列，其财政收入和金融发展水平遥遥领先，是湖北省发展应该努力追赶的目标。中部省份中安徽省、河南省表现最好，也与湖北省发展水平比较接近，湖北省可以取长补短，以第一梯队为远期目标，以安徽、河南等中部省份为近期目标，进一步加快金融业发展，壮大财政实力。

湖北省"民生收入"指标表现良好，排名在第 10 名上下波动，其中 2014 年排名最高达到第 8 名，2016 年下降至第 13 名。湖北省在城乡收入差距和农村居民家庭纯收入方面排名靠前，说明省内农村居民的收入较高，城乡差距较小，应继续保持这方面优势。在城市低收入人口占比和农村贫困发生率方面得分与第一梯队省市相近，有一定追赶优势，说明湖北省在脱贫方面表现优良。在房地产平均价格和城镇恩格尔系数方面得分较低，说明省内房价偏高，城市生活成本较高，拉低了全省在民生收入类的表现得分，需要进一步改善。对比第一梯队的经济强省，湖北省需要在城乡居民收入和低收入贫困率方面向其看齐，同时，还需要进一步降低房价和城市生活成本。

湖北省"生态环境"指标的表现不佳，近 6 年排在第 15 名左右，其中 2015 年排名最低为第 19 名，2017 年上升至第 13 名。湖北省"能耗电耗水平"相对较低，在"水质优良率""空气优良率"两项指标上不理想，严重拉低了湖北省在"生态环境类"的整体表现。湖北省需要在改善水质和提升空气优良率方面，采取强有力措施，才能提升整体生态环境水平。

综合上述二级指标，湖北省在固定资产投资规模、零售商品消费总额、农村居民收入以及城乡差距等方面有一定优势，在政府财政税收、公共预算以及银行存款等金融领域也有优良的表现。近年来，湖北省脱贫攻坚有一定成效，农村贫困发生率和城市低收入人口占比在逐步减小，在第二三产业增加值、研发投资、高新技术、道路运货量、发电需求量等方面也有显著的提升。

不足的是，湖北省第三产业产值占 GDP 比重较低、企业每百元产值平均成本较高、进出口方面进步较缓、上市公司数目少，营商环境改善较慢，制约了湖北经济总体的发展。此外，在民生、生态环境指标上也存在一定问题，如房价和城市生活成本偏高，空气和水资源质量较差等，这使得湖北省的总排名未能进入全国前列。

因此，湖北省还需加强营商环境建设，深化供给侧结构性改革，不断改善生态环境，加快补齐发展短板，缩小与全国第一梯队经济强省的差距，稳步推进湖北经济强省建设。

三、湖北建设经济强省的独特优势

素有"九省通衢""鱼米之乡"美誉的湖北，区位优越、资源丰富、科教发达、交通便利，建设经济强省具有多方面的独特优势。下面，我们从湖北省独有的科教、区位、交通、产业基础、水资源等方面的优势，进行综合分析。

（一）科教优势

湖北是科教大省，科教资源富集，拥有科研院所密布、科研设施设备先进、科研人才众多、科技成果丰硕等诸多优势。湖北是全国主要是科教密集区与产业先行区之一，拥有丰富科教资源积累与基础科研设施，传统产业和新兴产业基础良好。但是，这些优势都属于要素优势，是基础性、潜在性优势，不直接体现为生产力。只有大力推动科技成果转化应用，实现产业化、商品化，才能使资源要素优势转化为发展优势，释放巨大发展能量。因此，在盘活资源存量、推动实体经济发展、实施战略新兴产业的突破上，湖北大有前景并大有可为。

1. 人才资源

湖北省拥有人力资源优势，主要体现在高等人才培养和高等教育水平上。湖北作为传统教育大省，拥有高校128所，其中本科学校68所，专科学校60所。湖北省每年培养的高等人才数量名列前茅，2017年湖北普通高等学校在校学生数近140万人，毕业生数近42.8万人。2017年获得大学及以上学历的人口占6岁以上人口总数的8.94%，其中本科学历比例为8.50%，研究生学历比例为0.44%；拥有重点大学数量较多，其包括有2所"985"高校（武汉大学、华中科技大学）和7所"211"高校（武汉大学、华中科技大学、中南财经政法大学、华中师范大学、武汉理工大学、中国地质大学（武汉）、华中农业大学），在全国处于领先地位。2018年"孔雀东南飞"现象得到较大改善，湖北省对人才的吸引力加强，全省高校毕业生留鄂比例超过60%，其中，武汉市2018年留住了40.6万名大学生。

截至目前，湖北省专业技术人才388万人，其中高级技能人才246万人。两院院士67人，各类研发人员23.53万人。其中，入选国家"千人计划"528人、"万人计划"217人，入选省"百人计划"512人。长江学者特聘教授56名，杰出青年56名，入选"青年千人计划"的学者184名，入选"优秀青年科学基金"的学者107名，总数排在全国第5位。目前，湖北省拥有28所国家重点实验室。在2018年度国家科学技术奖励大会上，湖北省共有26项成果（通用类）获奖，获奖数量保持全国前列。

相比于其他省市，湖北省应该采取一系列有效措施，留住大学生、引进优秀人才，力争在新一轮人才竞争中占据有利位置。

2. 人文传承

湖北省历史灿烂悠久、人文底蕴浓厚。从夏王朝时期起，夏文化的影响就已到达江汉地区。商朝建立后，湖北即被纳入商的版图。春秋战国时期，南方诸国逐渐统一于楚，开创了独放异彩的楚文化，拥有深远的文化基础和历史渊源。前已述及，湖北省是我国近代工业的重要发祥地、革命斗争的重要策源地，也是我国近现代许多重要事件的发生地。比如，"汉阳造"闻名全国，武昌首义彪炳史册。

2018年4月27日至28日，国家主席习近平在湖北武汉会见来华进行非正式会晤的印度总理莫迪。习近平主席和莫迪总理共同参观湖北省博物馆精品文物展，一同欣赏具有悠久灿烂历史的中华文明、特别是荆楚文化，并就加强中印两个文明古国交流互鉴、推动不同文明和谐共处和对话，交换了意见。习近平主席指出："荆楚文化是悠久的中华文明的重要组成部分，在中华文明发展史上地位举足轻重。"

湖北省省会城市武汉，位于湖北江汉平原东部，宋、元、明、清以来就是全国重要名镇，现存的革命遗址、名胜古迹有武昌起义军政府旧址、八七会议会址、归元寺、黄鹤楼、东湖风景名胜区等。位于武汉东湖之滨的湖北省博物馆，则被誉为荆楚文化的渊薮殿堂，馆藏文物丰富。其中，于1978年在湖北省随州市出土的曾侯乙文物最具代表性，曾侯乙编钟等被称为"镇馆之宝"。

襄阳市位于湖北省西北部，资源丰富，园林较多，城西的隆中山为"三顾茅庐""隆中对"的发生地，现有鹿门寺、隆中诸葛亮故居、杜甫墓等胜迹。荆州市位于湖北省中部偏南，从春秋战国到五代十国，先后有34代帝王在此建都，城内古物古迹众多，有楚纪南故城遗址、八岭山古墓群、明代城垣等古建筑。随州市位于江汉平原与中原之间的过渡丘陵带，传为神农小牛耕耨之乡，以烈山氏后代著称，古城保存有一段土筑城垣、汉东楼和护城河遗迹，城郊保存了大批古墓葬和古文化遗迹，其中著名的曾侯乙编钟等珍贵文物出土于城西郊的擂鼓墩。钟祥市位于湖北省中部，造就了楚辞文学家宋玉、楚歌舞艺术家莫愁女等一批在历史上产生深远影响的人物。

(二) 区位优势

1. 区位

湖北省位于祖国中部、处于长江中游，得"中"独厚，"九省通衢"，是万里长江径流里程超千公里的唯一省份，向东沿长江黄金水道通江达海，向西沿中欧班列接丝绸之路直达欧洲和中亚，是长江经济带与"一带一路"交会的重要节点。同时，湖北省也处于长江经济带与京广沿线经济带的联结点上，极易产生扩散与积聚的经济传导效应，在全国经济发展格局中具有承东启西、接南转北的战略大支点作用和较强的节点传导效应。

2. 地势

湖北省地势西高东低，东西北三面环山，中间低平。地貌类型多样，有沃野千里的江汉平原，也有连绵起伏的丘陵岗地以及层峦迭嶂的广大山区，省内有丰富优质的农业资源，可耕地面积为523.6万公顷，人均耕地面积0.0887公顷。全省山地大致分为四大块，提供了丰富的气候资源、矿物资源、生物资源。全省丘陵主要分布在鄂中和鄂东北，地势起伏较小，丘间沟谷开阔，土层较厚，宜农宜林。省内主要平原为江汉平原和鄂东沿江平原。其中，江汉平原由长江及其支流汉江冲积而成，面积4万多平方千米，整个地势由西北微向东南倾斜，大部分海拔20~100米，地面平坦，湖泊密布，河网交织，水资源丰富；鄂东沿江平原属于江湖冲积平原，西起武汉，东抵黄梅附近，为长江中游平原的组成部分，沿江湖泊众多，只是形态上不及江汉平原宽阔坦荡。

3. 资源

(1) 矿产资源。

湖北省矿产资源总量较为丰富，种类较为齐全，居全国中游。全省已发现矿产143种，其中，已探明储量的矿产98种（含亚种），包括能源矿产5种、金属矿产40种、非金属矿产51种、地下水及矿泉水各1种。

（2）森林植被。

全省自然地理条件优越，海拔高低悬殊，树木垂直分布层次分明，森林植被呈现出普遍性与多样化的特点。全省已发现的木本植物有105科、370属、1300种，这在全球同一纬度所占比重是最大的。全省的草本植物有2500种以上，其中药材达500种以上。

（3）动物资源。

湖北省在动物地理区划系统中，属于东泽界、华中区。据统计，湖北省有陆生脊椎动物562种，其中两栖类45种、鸟类415种、哺乳动物102种。全省被国家列为重点保护的野生动物112种。

（4）水力资源。

湖北省是三峡工程所在地、南水北调中线工程核心水源区，境内水力资源丰富，总蕴藏量为4200万千瓦，其中可开发利用的水力资源为3133万千瓦，居全国第四位。

长江三峡水利枢纽工程：位于湖北省宜昌市境内的长江西陵峡段，1994年正式动工兴建，2003年开始蓄水发电，2009年全部完工，是世界上规模最大的水电站，也是中国有史以来建设最大型的工程项目。三峡工程电站大坝高程185米，蓄水高程175米，水库长2335米，总投资954.6亿元人民币，安装32台单机容量为70万千瓦的水电机组。如今，三峡工程全面发挥防洪、发电、航运、供水及环境生态等综合效益，成为全世界最大的水力发电站和清洁能源生产基地。2018年4月24日，习近平总书记考察三峡大坝时深情地说："三峡工程是国之重器"，"真正的大国重器，一定要掌握在自己手里"。

葛洲坝水利枢纽：位于湖北省宜昌市境内的长江三峡末端河段，1971年5月开工兴建，1988年12月全部竣工。最大坝高47米，总库容15.8亿立方米。总装机容量271.5万千瓦，年均发电量140亿千瓦时，是世界上最大的低水头大流量、径流式水电站，具有发电、航运、泄洪、灌溉等综合效益。

南水北调中线工程：从湖北丹江口水库调水北送，缓解我国北方缺水困境。丹江口大坝加高后，水库正常蓄水位达到170米，输水干渠地跨河南、河北、北京、天津4省市。

除长江三峡、葛洲坝之外，湖北著名的水电站还有清江隔河岩水电站、丹江口水电站、高坝洲水电站、水布垭水电站等。

(三) 交通优势

有"九省通衢"之称的湖北，交通十分便利，交通网络涉及东南西北、四面八方，交通可及度非常高。省会武汉是全国综合交通枢纽，是京广高铁南北大动脉的中心点。近年来，湖北省不断加大交通等基础设施建设力度，加快构建现代化交通体系，已经初步形成了"货畅其流、人便其行"的交通新格局。

1. 铁路

目前，湖北省境内拥有国家铁路主要干线15条，包括6条高速铁路、9条普速干线，形成纵贯南北、横穿东西的铁路路网。2018年，全省铁路营运里程达4341.7公里，比1949年净增3999.7公里，其中高铁2583.36公里，占铁路营业总里程的61.3%。如今从武汉出发，乘坐高铁可直达25个省（市、自治区）。武汉与周边相邻省会城市可以在2~3小时抵达，与全国主要经济区域中心城市可在4~5小时即可达到。

2. 空路

截至2017年底，全省拥有民用机场6个，民航机场体系渐具规模，航线网络覆盖率大幅提高，航空运输保障能力快速提升。其中，中部最大的国际机场——武汉天河国际机场拥有基地航空4家，通达国内外航点总数119个，中国国内城市72个，国际及地区城市47个；拥有国内外航线总数170条，中国国内航线117条，国际及地区航线53条。2017年武汉天河机场旅客吞吐量1312.9万人次，其中国际旅客吞吐量262.63万人次，多年保持中部第一；货邮吞吐量18.5万吨，运输起降架次18.3万架次。截至2018年底，全省民航航线300条，其中国际和地区航线62条，旅客吞吐量3109万人次，居中部第一，货邮吞吐量23万吨。

3. 陆路

2017年，湖北省公路总里程突破26.95万公里，居全国第三位。其中，高速公路通车里程达到6251公里；二级及以上公路里程达到34837公里；农村公路总里程达到23.5万公里；全省三级及以上高等级航道达到1930公里。现已基本形成了以武汉等大中城市为中心，"干支配套、网状连接、深度通达、功能齐全"的公路运输网络。截至2018年底，全省公路总里程达27.5万公里，比1949年净增27.2万公里，实现100%的县市通国道、100%的乡镇通国省道、100%的建制村通沥青（水泥）路。高速公路总里程达6366.86公里，实现县域全覆盖，形成"七纵五横三环"高速公路网。其中，省会武汉入选全国首批"智慧交通""综合运输服务"示范城市。全省公路总里程、农村公路总里程进入全国前3名，推出了"最美水上公路"、最美"壁挂公路""畅安舒美"示范公路等一批生态环保示范路品牌。宜巴高速率先在全国获得全球道路环境类成就奖，湖北境内已建成跨长江桥梁24座，其中武汉市境内有13座。

4. 水路

2017年，湖北省内河航道里程达到9066公里，高等级航道达到1930公里，高等级航道总里程进入全国前3名。湖北省支持多式联运发展，武汉、黄石两个项目先后列入国家多式联运示范工程，江海直达常态运营，交通物流成本有效降低。2014年，武汉新港集装箱吞吐量首次突破100万标箱大关，成为长江中游第一大港、全国内河最大汽车滚装港口，跻身世界内河集装箱港口第一方阵，2017年，武汉新港货物吞吐量突破1亿吨，迈入世界一级内河港口行列。2017年，全省共完成集装箱吞吐量167万标箱，箱量创历史新高；全省港口吞吐量达到3.69亿吨，其中长江干线完成港口吞吐量3.2亿吨。近年来，湖北省加速推进港航建设，长江280公里荆江航道提升到3000吨级，汉江兴隆以下提升为千吨级航道，江汉运河全面贯通。截至2018年底，全省内河通航里程达到8667公里，港口码头泊位1018个，其中生产性泊位963个。港口货物吞吐量3.5亿吨，港口集装箱吞吐量193.6

万标准箱。

(四) 产业基础优势

1. 规模

从全省情况来看，2017年，全省GDP总量在1000亿元以上的城市有10个；GDP总量在4000亿元以上的城市有2个；GDP总量在1万亿元以上的城市只有武汉市。全省GDP总量最低的是神农架林区，GDP仅为26亿元；GDP尚未突破1000亿元的城市有7个。

从"一主两副"来看，2017年，武汉市实现生产总值1.34万亿元，逼近1.5万亿元关口，名义增速为13.08%，GDP总量位居全省第一；襄阳市实现生产总值4065亿元，名义增速为10.03%，GDP总量位居全省第二；宜昌市实现生产总值3857亿元，名义增速为3.98%，GDP总量位居全省第三。其中，襄阳市首次超越宜昌市位居第二。

从人均GDP来看，2017年，武汉市人均GDP位居全省第一，为12.45万元；宜昌市人均GDP位居第二，为9.3万元；鄂州市人均GDP位居第三，为8.48万元。

2. 产业

2017年，湖北省第一产业完成增加值3759.69亿元，增长3.6%；第二产业完成增加值16259.86亿元，增长7.1%；第三产业完成增加值16503.40亿元，增长9.5%。湖北省近年来在GDP增速和第一产业增加值上波动较大，但都处于全国靠前水平，其中2016年位居第5名。而在第二产业增加值和第三产业增加值方面，湖北省排名拥有较大优势，金融业和盈利性服务业增长明显，后者增长率高达17.8%。湖北省不仅在第三产业进步明显，湖北省的传统优势行业也稳步发展。下面，我们对冶金、汽车、纺织、建材等四大传统优势产业进行分析。

冶金工业是湖北省的支柱产业之一，已形成了包括矿山采选、冶炼、加工开发、设计等比较完整的工业体系。2017年，有色行业增加值实现较快增长，规模以上有色金属冶炼和压延加工业增加值增速为14.4%，同比增长1.3个百分点，高于全省规模以上工业增速7个百分点，占规模工业比重为1.8%，主要产品产量保持增长，冶金行业重点企业运行良好，冶金行业的效益显著提升。

汽车行业一直是湖北省的龙头行业，2017年产业发展再上新台阶。一是汽车产业运行好于全省工业。2017年，全省规模以上汽车工业增加值增长14.5%，同比加快0.6个百分点；全年汽车产量累计增长10%，主要运行指标明显快于全省工业。二是东风汽车集团增长强劲。2017年，累计销售汽车412.1万辆，市场份额稳居行业第二；出口汽车6.5万辆，占全国汽车出口总量的10%，在前五家汽车集团增幅领先。三是重点企业发展实现跨越。上汽通用武汉公司2017年产量达70.6万辆，占上汽通用集团整车产量1/3以上，产值达554.9亿元。东风本田全年产销汽车71.4万辆、72.7万辆，增速大幅增长，成为全省首个年产值突破千亿元的单体企业。东风小康公司2017年全年累计销售汽车40.2万辆，利润总额增长19.8%，增速高于行业平均水平。湖北新楚风汽车股份有限公司2017年产销新能源商用车1.3万辆，跃居全国第二。

湖北纺织工业国有、乡镇、三资、民营多种经济成分共同发展，在沿长江两岸100公里范围内集中了一批名牌服装骨干企业，是中西部最大服装加工集散密集区。2017年，全省规模以上纺织工业增加值同比增长6.0%，高于全国纺织工业1.2个百分点；全行业主营业务收入同比增长9.3%，高于全国5.2个百分点；利润总额同比增长4.8%；税金总额增长2.5%。

湖北是全国建材大省，是平板玻璃、石膏、机制砖瓦等建材产品的最早产地之一。华新水泥厂单产量居全国第一位，葛洲坝水泥厂是全国大坝水泥生产基地。2017年，全省建材工业经济生产增速明显放缓，建材产品均价同比上涨，建材行业完成主营业务收入同比增长6.6%，规模以上建材工业消耗1070万吨标准煤，单位主营收入能耗同比下降1.8%。

3. 开发区发展情况

湖北省拥有19个国家级开发区（其中经济开发区7家、高新区9

家、海关特别监管区3家），另有84个省级开发区。其中，7大国家级经济开发区主导产业涵盖汽车、电子信息、生物医药和装备制造等领域。

武汉东湖高新技术开发区（又称"中国光谷"）是继中关村之后，我国第二个自主创新示范区。根据由科技部火炬中心、中国高新区研究中心联合编写的《国家高新区创新能力评价报告2017》，中国光谷2016年以3708.4亿元GDP在全国"146+1"个高新区中蝉联全国第二，一举成为"世界一流高科技园区"，且占武汉市GDP比重高达31.1%。报告显示，2016年各类创投机构在光谷投入5亿以上的项目资金为28.81亿元，超过了上海张江和北京中关村，总体上位居全国第二名。另据报告显示，截至2016年底，全省企业净利润总额排名前十的国家高新区中，东湖高新区位列北京中关村、上海张江、深圳之后，排名第四位。

从开发区内上市企业数量来看，武汉东湖高新区排在北京中关村、上海张江、深圳之后，与广州并列排第四位。2016年，省内国家高新区创新能力总指标加权增长率超过10%的省份中，湖北省居第七位，是当年"创新的国际化"指标加权增长率最高的省份。同时，武汉的科技转化能力不输创新实力。2016年，企业完成的技术合同交易额超过50亿元的国家高新区有9家，武汉东湖高新区名列第五位。武汉东湖高新区2016年众创空间达66家，数量跻身前三，被点赞"进一步推动了承载创业活动的新型孵化器和创业空间的专业化、市场化、多元化发展"。

目前，武汉东湖高新区正在加快推动光电子信息、激光、地球空间信息、汽车电子、信息安全等16个国家级专业产业化基地建设，以促进产业集群创新发展。同时，着眼新兴产业培育，在集成电路、新型显示、人工智能、VR/AR、3D打印、跨境电商等领域，实施领先战略，推进跨越发展。

(五) 水资源优势

湖北拥有"千湖之省"美誉，淡水资源丰富，坐拥长江、汉江两条大江和发达的江汉水网。丹江口水库是亚洲第一大人工淡水湖，是南水北调工程的中线水源头。湖北省水力资源居中国第4位，地表水体积占中国第10位，通航河流229条，目前通航里程9066公里，居全国第6位。

1. 大江

湖北省境内的长江支流有汉水、沮水、漳水、清江等。长江及其支流汉江是湖北境内最重要的两条河流，流域面积占全省93%。长江岸线资源，因其不可再生性和稀缺性，被沿江各省份视为产业聚集、经济开发的宝贵资源。湖北省境内长江干流河长1151公里，两岸岸线总长2156公里。目前，已利用662公里，占岸线总长的30.7%，在长江流域中拥有最长长江岸线，得天独厚。此外，全省过境容水量约有6338亿立方米，因而有丰富径流量可供调蓄利用。水力资源丰富，可开发水能达3308万千瓦。

湖北省现有港口51个，其中，主要港口4个（武汉、黄石、荆州、宜昌）、重要港口19个、一般港口28个。港口旅客吞吐量基本维持在1500万人次左右的水平，其中进口量10258万吨，出口量9632万吨。

2. 大湖

湖北省境内淡水湖泊众多，现存的湖泊面积为2438.6平方千米，面积大于1平方公里以上的湖泊为217个，其中洪湖、梁子湖面积均在200平方公里以上。

湖北省具有得天独厚的渔业资源优势，全省现有水域总面积2500万亩，宜养水面1360万亩，居全国第一。养殖水面种类涵盖淡水渔业的所有类型，水质良好，水生生物资源极其丰富，不仅提供了优质的种质资源，而且还提供了优质低廉的饵料资源。湖北省渔业资源丰富，生产成本低，水产品品质好，在国际国内水产品市场占有明显的比较优势，不仅大宗常规水产品占据着国内的主要市场，特色产品也畅销海内外。湖北不仅江河纵横，湖泊遍布，而且库塘众多，拥有内陆水域的各种类型。开发以水为特色的旅游资源，在全省已占重要地位。长江三峡曾被评为全国风景名胜十佳，省内17个市州都有以水为品牌的著名旅游景观。

3. 生态保护

长江是中华民族的母亲河，是我国最重要的生态廊道和生态屏障。长江流域是中华文明的发祥地，是我国最重要的人口密集地和经济重心。2009年，湖北省就作出建设长江经济带的决定，将推进长江经济带生态保护、建设生态文明示范带作为重要内容。近年来，湖北坚持"共抓大保护、不搞大开发"，把生态保护、绿色发展作为优先选项，把修复长江生态环境摆在压倒性位置，追求质量更优、效益更好的发展，实现生态保护和经济发展"双赢"，为永葆长江母亲河生机活力，担当湖北责任、彰显湖北作为。

湖北省是党的十八大以后国家批准的首个生态省建设试点省份。目前，省级以上生态示范市、县、乡镇、村和环保模范城市达到2266个，省级以上森林城市（镇）、绿色示范乡村达到2921个。湖北省积极推进山水林田湖生态保护与修复，在全国率先开展生态红线划定试点，出台湖北省生态保护红线划定方案和管理办法，全省33.4%的国土面积纳入生态保护红线管理。二氧化硫、化学需氧量、氨氮以及氢化物等4项主要污染物削减率，分别完成国家下达任务的165.5%、143.8%、248.4%和256.8%。湖北省大力发展循环经济，推进6大类20个国家循环经济示范试点建设，成为全国示范试点单位最多的省份之一。全面加强大气污染防治，2018年1—10月，全省17个重点城市PM10、PM2.5与去年同期相比分别下降20%、21%，优良天数增加10%。全面加强水污染防治，加大污水治理力度，城市污水处理率达到90%，城镇污水处理率达到86%，145个黑臭水体中整改销号66个。

近年来，湖北省牢固树立"绿水青山就是金山银山"的理念，坚持生态立省战略，加大生态环境保护力度，加快绿色发展步伐，生态文明建设取得积极成效。主要体现在以下几个方面：

(1) 水质量状况良好。2018年,主要河流监测断面中,水质优良符合Ⅰ—Ⅲ类断面比例为87.0%。21个主要湖泊水域总体水质保持稳定,水质Ⅲ类水域占比23.8%。11座主要水库水质符合Ⅰ类标准36.4%,Ⅱ类27.2%,Ⅲ类36.4%。

(2) 空气质量不断改善。2018年,纳入国家考核城市空气质量优良天数比率为76.7%。颗粒物浓度持续下降,其中可吸入PM10、PM2.5浓度同比分别下降8.8%、9.6%。

(3) 污染防治力度加大。湖北省颁布实施《湖北省土壤污染防治条例》《湖北省土壤污染防治行动计划工作方案》,落实国家土壤污染防治行动计划。加大资金投入力度,综合防治重金属污染。切实抓好农业面源污染治理,重点推进畜禽养殖污染防治、废弃物资源化利用和化肥农药减量化。

(4) 节能降耗成效突出。党的十八大以来,湖北省加快发展低能耗低排放产业和建设节能减排降碳工程,单位产出能耗水平大幅下降。2013—2017年,全省单位GDP能耗分别下降4.13%、5.24%、7.66%、4.97%、5.54%,五年累计下降24.7%。

(5) 国土绿化效果明显。湖北省始终积极响应国家"封山育林、绿化祖国"号召,截至2018年底,全省完成造林1497.6万亩,其中消灭荒山629.4万亩;封山育林667.5万亩、森林抚育887.9万亩、义务植树7.18亿株。

四、湖北建设经济强省亟待解决的问题

影响和制约湖北建设经济强省的因素仍然不少,比如,实体经济发展不充分、不平衡,产业链条不长、竞争能力不强,区域经济合作结构不优、效率欠佳,创新动力不足、营商环境不优,等等。因此,湖北省急需破解这些困扰发展的难题,大力发展实体经济,实施创新驱动战略,加强区域协作,完善营商环境,发展民营经济,补齐拉长建强产业链条,加快推进湖北高质量发展。

（一）发展不充分

1. 实体经济

2017年，湖北省GDP总量全国排名第7位，GDP增速排名19位。规模以上工业企业数减少1199个，全国排名第25位。

2017年，湖北省每万人市场主体只有浙江的2/3，市场主体增长10.7%，在中部居第四位，比河南、安徽、湖南等省分别低7.2、6.7、5个百分点。先进制造业发展不够快，生产性服务业发展比较滞后。

外部环境之变和经济转型之痛叠加，对实体经济特别是民营经济影响较大，民营企业、中小微企业困难突出。湖北省民营经济占全省经济总量55.5%，比河南、湖南、江西、安徽等省分别低8.5、3.3、2.6、2.3个百分比，全省20强企业中仅有5家民营企业。

2. 主要产业

产业竞争力不够强，产业链脆弱，没有充分发挥创新优势。传统产业急需加速改造和升级，汽车等支撑产业受到强烈冲击。新的产业增长点、大的骨干项目支撑不够。第三产业产值在GDP中的占比只有46.5%，全国排名第21位，远落后于北京市的80.6%、上海市的69.2%等，第三产业发展滞后，严重影响了GDP的增速。每百元主营业务收入中的成本为84.79，与每百元产值平均成本最小值的74.1差距超过10元。

截至2018年末，湖北省上市公司的数目为101家，在中西部也少于四川省（120）、湖南省（104）、安徽省（103）。广东省以586家的总数排名第一，浙江省431家、江苏省400家分居第二和第三，北京市、上海市和山东省分别为316家、283家和194家跟随其后，这些上市公司正是地区经济实力的核心所在。目前，湖北省上市公司不多、不强仍然是短板。

3. 营商环境

公平竞争的市场机制尚不完善，政策效应有待进一步释放，企业综合成本较高，政府服务意识和应对风险能力有所欠缺。此外，用地成本、用能成本、用水成本、税费成本、资金成本、物流成本和用工成本等方面也较高,有待进一步完善和提升。2017年,湖北省限额以上单位消费总额为17798.99亿元,与上海市的95340.33亿元存在着相当大的距离。与2016年相比,2017年的限额以上单位消费总额下降了3个百分点,不增反降。

2018年,国务院第五次大督查围绕"营商环境七项重要指标"对全国各省份进行评估。湖北省在用气、用水、用电报装等3项指标上,分别列第10、14和15位,企业开办指标列第17位,获得信贷指标列第21位,房产交易登记、工程建设项目报建审批指标分别列第25、27位。

(二) 发展不平衡

1. 区域不平衡

湖北省区域发展不平衡,最为突出的是"一主"武汉"一城独大"的格局长期未能改变。2017年,武汉经济规模占全省比重近40%,地方一般公共预算收入占全省近一半。1—11月,有2个市州规上工业增加值增速、4个市州民间投资增速均不及全省的一半。"两副"襄阳、宜昌支撑不足,对全省发展的贡献有所下降,"多极"发展格局远未形成。

2. 城乡不平衡

湖北省城乡居民收入水平、消费水平和生活质量等还存在明显差距。2017年,全省的城镇居民可支配收入为31889.4元,增速为8.52%,农村家庭的纯收入为13812.1元,增速为8.54%,城乡居民收入的差距为2.31,总体来说,城乡差距处于中等水平,对比城乡居民收入比最低值1.85(天津市),仍然有一定差距。城镇的恩格尔系数为30.73,与最低值北京市的19.84差距稍大;农村的恩格尔系数为28.65,与最低值北京市24.74比较接近。可见,相对于北京市的城区来说,湖北省的城区恩格尔系数仍然较大,城镇化还存在着较大的发展空间,农村的恩格尔系数与之比较接近。

3. 产业结构不优

湖北省第三产业占比仍低于全国 6.5 个百分点，高技术制造业占规上工业的比重也低于全国 5 个百分点。新兴产业支撑力不强，传统产业占比 60% 以上。

（三）高质量发展不足

1. 创新驱动不足

创新投入和体制机制不足，2017 年，湖北省研发投入低于全国平均水平 0.16 个百分点，发明专利申请受理量、授权量占全部专利比重不到 40% 和 20%，规模以上工业企业建有研发机构的比重不到 7%，科技成果省内转化不足，企业承接科技成果转化能力较弱，依靠更多先发优势的引领型发展偏弱。

2. 经济增长新动能不足

新旧动能转化不够，湖北省固定资产投资与经济总量之比为 91%，比全国平均水平高 13.3 个百分点。"四新经济"发展不足，仅以芯片产业为例，全省芯片产业的企业数目，远低于上海、深圳、北京、成都、南京等地。2018 年，湖北省芯片产业总产值尚不足 200 亿元，而深圳市芯片产值达 668 亿元，上海市计划在 2020 年超过 2000 亿元芯片产值。

（四）民生和生态环境不够优

1. 房价偏高

2017 年，全国的房地产平均价格为 7892 元/平方米，湖北省的平均房价水平为 7675 元/平方米，虽然低于全国平均水平，但相对于工资水平来看，房价还是偏高。

2. 环境不优

废水排放总量作为衡量水质优良率的标准，湖北 2017 年全年排放了 272694 万吨，污水排放量过多，使水质受损。空气优良率的主要指标包括废弃中烟粉尘排放量、PM2.5 的平均浓度、空气质量达到及好于二级的天数。2017 年，湖北省废弃中烟粉尘排放量为 18.80 万吨，分析数据可看到西藏自治区只有 0.66 吨，北京市 2.04 吨；湖北省 PM2.5 的浓度为 55/m³，排名靠前的西藏自治区和海南省均只有 20/m³；湖北省空气质量达到及等于二级的天数有 255 天，一年当中有接近 1/3 的时间空气质量低于二级。整体分析可以看到，湖北省的空气质量情况比较严峻，环境形势不容乐观。

五、湖北与外省建设经济强省的情况对比

通过与外省尤其是东部发达省份进行分析比较，可以了解外省在建设经济强省方面的优势，能使我们从中寻找湖北与全国"经济强省"的差距，继而采取相应措施，奋起直追。

（一）与东部发达省份的对比

为了更好地了解湖北省经济强省的目标和与外省的差距，我们对比分析东部部分发达省份的经济强省指标（见图 8 和表 10）。主要选取第一梯队的经济强省：广东、江苏、浙江和山东等省，研究湖北省目前距离第一梯队经济强省的相差程度，确定追赶目标，具体分析湖北省的优势与不足，为促进湖北省经济发展提供参考。

表 10　湖北与东部发达省份 2017 年各指标得分排名情况

	总量规模		供给侧结构		需求侧结构		财政金融		民生收入		生态环境		"经济强省"指标	
	得分	排名	得分	排名	得分	排名	得分	排名	得分	排名	得分	排名	得分	排名
广东	0.87	1	0.60	2	0.72	1	0.86	1	0.65	5	0.58	20	0.71	1
江苏	0.77	2	0.64	1	0.66	2	0.62	3	0.70	1	0.59	19	0.66	2
山东	0.64	4	0.54	3	0.61	3	0.47	6	0.68	3	0.53	23	0.58	5
浙江	0.61	5	0.54	3	0.59	4	0.65	2	0.70	1	0.62	15	0.62	3
湖北	0.51	13	0.36	9	0.45	13	0.36	10	0.63	9	0.66	13	0.50	10

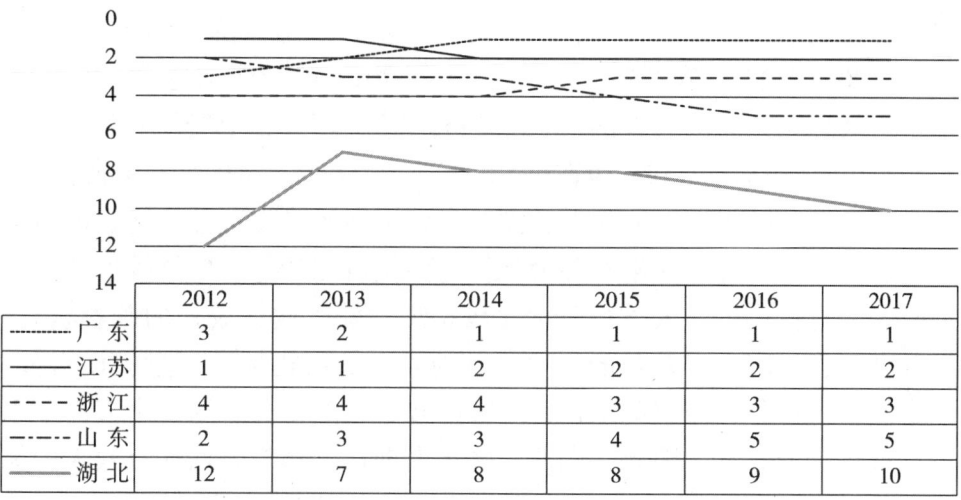

图8 湖北省与东部发达省市近6年排名情况

由图8和表10可见，2012—2017年，湖北省与广东、江苏、浙江和山东等省在经济发展总体上，存在比较明显的差距。这4个东部发达省份属于全国经济强省的第一梯队，始终稳居全国前五名，而湖北省排名仅在第10位波动，尤其是在总量规模、需求侧结构和财政金融方面的差距可见一斑。湖北省追赶上第一梯队，仍需要长时间的努力。

我们通过分析总量规模、供给侧结构、需求侧结构、财政金融、民生收入、生态环境等具体指标，可以从中寻找湖北与发达经济强省的差距。

1. 广东省

2018年，广东省全年完成生产总值9.73万亿元，名义增速为7.81%，GDP总量连续30年稳居全国第一。全省的增长动力来源于珠三角地区以及正在建设中的粤港澳大湾区，位于珠三角地区的广州和深圳是广东省经济增长的两极，深圳2018年GDP突破2.4万亿元，相当于陕西省2018年的经济体量，以一市之力超过了全国十几个省份的GDP。

总体上看,在近6年内,广东省的"经济强省"指数无论是从绝对数值还是从排名来看,一直保持着逐年上升态势。除了2012年排名第三、2013年排名第二外,从2014年到2017年始终保持第一强省的地位。与之相比,湖北省的"经济强省指数"上升比较乏力,稳定性不足,在0.5上下波动,排名也在小幅度变动,但是基本可以稳定在前十。

从6类二级指标得分来看,湖北省的生态环境类得分始终显著高于广东省,说明湖北省在生态环境保护方面做得比较好,要继续保持这种势头。两省在民生收入类得分上比较接近,处于此消彼长的胶着状态。拉开湖北省与广东省差距的主要是其他4个二级指标,总量规模得分、供给侧结构得分、需求侧结构得分和财政金融类得分,这4个方面广东省远远高于湖北省,因此,湖北省经济发展在这4个方面还有很大的努力空间,应学习借鉴广东省的发展经验,取长补短,缩小差距。

2. 江苏省

江苏省是实力雄厚的经济强省,综合强省指标曾经是全国的龙头(2012、2013年)。江苏省是目前与广东省发达程度最为接近的省份,从2014年到2018年经济总量一直稳居全国第二,2018年江苏省GDP总量突破9万亿元。江苏省产业结构、省内经济布局结构都比较优化,入围全国百强城市、全国百强县的市、县,不仅数目多,而且排名靠前。在我们测算的经济强省指数中,江苏除了2014年以外均保持在0.65以上,可见其发展状况相当稳健,发达程度很高。与其相比,无论是经济强省指数还是相对排名,湖北省与其均有较大差距,要实现追赶需要长久努力。

从二级指标得分来看,与江苏省相比,湖北省在生态环境方面的优势依然很明显,得分始终高于江苏省。然而,在其他5个方面湖北均处于劣势,除了民生收入类差距较小外,其他方面的劣势非常明显。与广东省相似,作为一流的经济强省,江苏省可以为湖北省提供很多经济发展的先进经验。

3. 山东省

山东省在第十一次党代会报告中提出"建设经济文化强省",其经济总量近年来在全国一直紧随广东省、江苏省之后,稳居前三名位置。在近6年内,曾经有两个省份排在现在的龙头——广东省前面,一个是江苏省,另一个就是山东省。可见山东省曾经也有辉煌的历史。与湖北省的晋级乏力相比,山东省近几年的经济强省指标出现了下滑。从2012年的第2位下降至2017年的第5位,强省指数也从0.62下降至0.58。然而,其经济实力依然相当雄厚,2014年至2017年山东省强省指数连续4年保持在0.58,即便是在其跌落至第5位时,湖北省依然与其有一定的差距。但是值得肯定的是,湖北省与山东省之间的差距在不断缩小,有希望实现追赶。

从二级指标来看,湖北省在生态环境类得分上始终高于山东省,但是在其他5个二级指标表现不佳,差距没有像与广东省、江苏省之间的差距那么大。

4. 浙江省

浙江省是一个"稳扎稳打、步步为营"的强省,在2012—2017年的6年之中,从强省指数来看,浙江省从0.54稳步上升到了0.62至0.63,前3年稳居第四,后3年又坐稳第三,虽然只前进了一位,但这可是超过了曾经盛极一时的山东省,其经济成就令人瞩目。与追赶山东省相比,湖北省追赶浙江的困难程度要大很多。从历史数据来看,浙江省是一个经济发展动能很足的省份,同样处于上升期,因此,如果湖北省发展速度没有浙江省快,差距就在不断扩大。

具体分析二级指标我们发现,与浙江省相比,湖北省在生态环境方面上的优势并不明显,说明浙江省在这方面做得非常好;两者相比变化较大的指标是总量规模,2015年是一个转折点,在这之前湖北省经济"总量规模"指标高于浙江省。在这之后浙江省实现反超。而在其他4个方面,浙江省则继续保持并稳步扩大其优势。

浙江省在第十四次党代会报告中提出,要坚定不移沿着"八八战略"指引的路子走下去,确保2020年高水平全面建成小康社会,并在此基础上,高水平推进社会主义现代化建设,工作导向上突出"改革强省、创新强省、开放强省、人才强省"。在经济发展过程中努力追赶发达经济体,浙江省为湖北省树立了一个典型榜样,提供了丰富的发展经验。湖北省可以从中发现很多可学之处,整体均衡发展,补短项、强弱项、稳强项,不断巩固发展成果。

(二) 与中部经济发展相似省份的对比

考虑到湖北省地处中部,我们选取河南、湖南和安徽等3个与湖北省相邻、且经济发展较为相似的中部省份,进行对比分析(见图9和表11)。

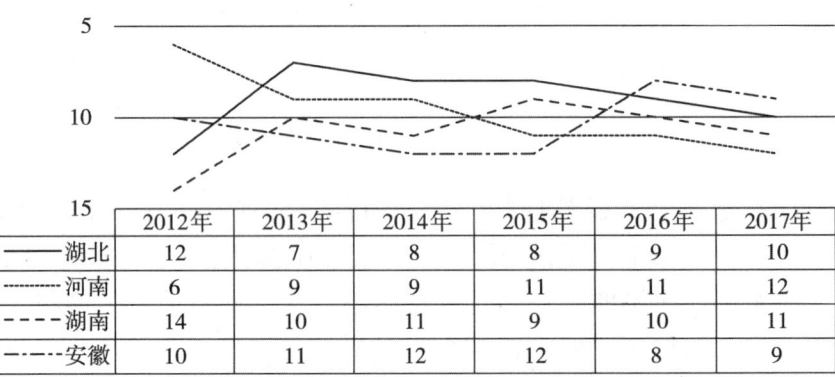

图9 湖北省与中部相似省份近六年排名情况

表11 湖北省与中部相似省份2017年各指标得分排名情况

	总量规模		供给侧结构		需求侧结构		财政金融		民生收入		生态环境		"经济强省"指标	
	得分	排名	得分	排名	得分	排名	得分	排名	得分	排名	得分	排名	得分	排名
河南	0.56	6	0.35	12	0.49	7	0.36	10	0.64	7	0.55	21	0.49	12
湖南	0.46	18	0.44	7	0.46	11	0.33	16	0.60	14	0.67	11	0.49	11
安徽	0.53	12	0.36	9	0.47	10	0.43	7	0.61	13	0.61	18	0.50	9
湖北	0.51	13	0.36	9	0.45	13	0.36	10	0.63	9	0.66	13	0.50	10

2012—2017年，湖北省与河南、湖南和安徽这3个中部省份在经济强省指标排名上较为接近并略有优势。2013年至2015年处于4省首位，2016年降至第2位，2017年降至第3位。河南省近6年呈下降趋势，从2012年排名全国第6位降至2017排名全国第12位。湖南省自2013年后发展比较稳定，位置基本处于全国第10位。安徽省在2016年有显著提升，由第12位升至第8位，2017年稳定在第9位。

1. 河南省

河南省在第十次党代会报告提出"建设经济强省""建设先进制造业强省、现代服务业强省、现代农业强省"。河南省委十届四次全会提出，到2020年，建设经济强省取得重大阶段性成效，到2035年，建成更高质量的经济强省，到2050年，建成现代化强省。打好产业结构升级优化牌、创新驱动发展牌、新型城镇化牌和基础能力建设牌"四张牌"。

河南省2012—2017年在"经济强省"指标得分上变化不大甚至略有提升，而排名有显著下降，从2012年的第6位降至2017年的第12位。各项二级指标得分未出现明显波动，可能与河南省名次相接近的其他省份在近6年有突出的进步，从而导致河南在保持原有实力的基础上，仍出现了较为明显的退步。

考察河南省与湖北省的指标得分和排名情况（见表11），可以看出2017年两省"经济强省"指标得分十分接近，仅相差0.01分。湖北省在2013年排名曾经超过河南省，优势一直保持到2017年。在波动趋势上，两省情况十分接近，在"供给侧结构""财政金融"和"民生收入"方面的得分相近，湖北省在"生态环境"方面较河南省有明显优势，而在"总量规模"和"需求侧结构"上落后于河南省，总体上湖北省名次稍靠前。

综上所述，河南省与湖北省总体实力接近，但河南省相对落后于湖北省，主要原因是湖北省较河南省在"生态环境"方面优势明显。

2. 湖南省

湖南省2012—2017年"经济强省"指标得分呈上升趋势，从2012

年的第 14 位上升至 2017 年的第 12 位，其中 2013 年以后排名稳定在第 10 位左右。在各项二级指标中，"需求侧结构"从 2012 年 0.32 显著提升到 2017 年 0.46。

湖北省的排名一直领先湖南省，但领先程度不大。考察湖南省与湖北省的指标得分和排名情况（见表 11），可以看出 2017 年两省"经济强省"指标得分十分接近，同河南省一样，仅相差 0.01 分。两省在"需求侧结构""生态环境"得分接近，在"供给侧结构"上湖南省有一定的优势，而在"总量规模""财政金融"和"民生收入"方面湖北省领先。

综上所述，湖南省与湖北省总体实力接近，但湖南省相对落后于湖北省，主要原因是湖北省较湖南省在"总量规模""财政金融"和"民生收入"方面，具有一定优势。

3. 安徽省

2017 年，安徽省经济增速达 8.5%，在全国排名靠前，经济运行总体平稳，高质量发展取得重要进展。

安徽省 2012—2017 年"经济强省"的排名波动不大，2014 年最低为第 12 名，2016 年上升到最高的第 8 名。不难发现，安徽省与湖北省得分属于同一梯队。湖北省 2012 年到 2015 年的排名都高于安徽省，但从 2016 年开始被安徽省超过。从趋势来看，安徽省在"总量规模"和"财政金融"方面进步明显，其他方面与湖北省得分差异不大，因此安徽省总体排在湖北省之前。

考察安徽省与湖北省的指标得分和排名情况（见表 11），可以看出 2017 年两省"经济强省"指标得分相同，在"总量规模""供给侧结构""需求侧结构"和"民生收入"上得分接近，其中"供给侧结构"两省得分完全相同。安徽省的"财政金融"得分高于湖北省，但湖北省的"生态环境"得分高于安徽省，总体上，两省指数得分和排名相差不大。

综上所述，安徽省与湖北省总体属于同一梯队，近两年安徽省排名在湖北省之前。安徽省的"总量规模"指标从 2016 年开始进步明显，逐步形成优势，这也是安徽省排名超过湖北省的主要原因。此外，湖北省较安徽省在"生态环境"方面，也有一定优势。

（三）与西部省份（四川省）的对比

除了东部部分发达省份和中部相似省份，我们还考察了西部的四川省与湖北省的对比和差距（见图10和表12）。四川省2017年GDP总量排名全国第6位，位居西部省份首位。

四川省近6年"经济强省"指标得分和排名波动较大，在中西部5省中处于落后位置，曾在2015年达到最低排名（全国第16），与其他4省份差距明显，但在2016年后取得惊人成绩，2017年一跃成为全国第8名。四川省的各项二级指标变动趋势基本与总体排名相符，在2013年到2016年的得分都处于较低水平，但在2017年得到巨大的增长，使得四川省的总体排名直接上升了6位，其中在"总量规模""供给侧结构"和"需求侧结构"的变化最为明显，"总量结构类"得分更是提高了50%以上，虽然其他3项指标有波动，但是总体变化不大。

湖北省"经济强省"指标得分2013年排名超过四川省，但是2017年被四川省超过。从趋势来看，湖北省在"民生收入类"和"生态环境类"一直优势明显，但是四川省的"总量规模类"得分从2016年开始发力，助推四川省总体排名进步显著。在其他类别方面，两省得分差异不大。

表12　湖北省与西部四川省2017年各指标得分排名情况

	总量规模		供给侧结构		需求侧结构		财政金融		民生收入		生态环境		"经济强省"指标	
	得分	排名	得分	排名	得分	排名	得分	排名	得分	排名	得分	排名	得分	排名
四川	0.64	3	0.37	8	0.47	9	0.36	10	0.57	16	0.62	15	0.50	8
湖北	0.51	13	0.36	9	0.45	13	0.36	10	0.63	9	0.66	13	0.50	10

考察四川省与湖北省的指标得分和排名情况（见表12），可以看出

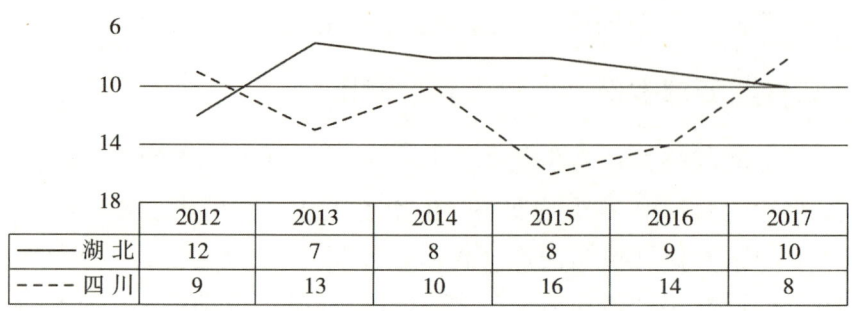

图10　湖北省与西部四川省近6年排名情况

2017年两省"经济强省"指标得分相同。在"供给侧结构""需求侧结构"和"财政金融"得分接近,四川省在"总量规模"的表现上远好于湖北省,而湖北省的"民生收入"和"生态环境"得分高于四川省。总体来看,两省指数得分和排名相差不大。

综上所述,四川省虽然多年排名在湖北之后,但于2017年发力一举超过湖北省,与湖北省处在同一梯队。四川省的"总量规模"指标得分从2016年开始显著提升,到2017年已经形成较大优势,这也是四川省排名超过湖北省的主要原因。湖北省较四川省在"民生收入"和"生态环境"上优势明显。

六、湖北建设经济强省的目标思路

思路决定出路,格局决定结局。湖北建设经济强省,总的思路就是,必须坚持超前谋划,科学制定目标,发挥比较优势,补齐发展短板,找准发展路径。坚持稳中求进工作总基调,着重把握好"稳"与"进"的关系,守住"稳"的大局,坚定"进"的方向,以稳促进、以进求稳;坚持新发展理念,着重把握好绿水青山与金山银山的关系,"加减乘除"一起做,坚持在发展中保护、在保护中发展;坚持高质量发展的根本要求,着重把握好攻克现阶段发展关口与跨越长期性关口的关系，在全力以赴打好三大攻坚战的同时，大力转变经济发展方式、优化经济结构、转换增长动力；坚持以人民为中心的发展思想，着重把握好发展与民生的关系，立足实际多办利民惠民的实事，真正让全省人民共享改革发展成果；坚持党对经济工作的全面领导，着重把握好政治与经济的关系，从政治和全局的高度，统筹谋划做好经济工作。

（一）总体要求

坚持以习近平新时代中国特色社会主义思想为指导，全面贯彻党的十九大精神，牢记习近平总书记两次视察湖北提出的"四个着力""四个切实"嘱托，坚持稳中求进工作总基调，以供给侧结构性改革为主线，以建设现代化经济体系为目标，以深化市场化改革、扩大高水平开放、推进创新驱动为动力，打好三大攻坚战，落实"六稳"工作部署，统筹推进"稳促调惠防保"各项工作，推动质量变革、效率变革、动力变革，加快经济强省建设步伐，保持经济持续健康发展和社会大局稳定，奋力谱写新时代湖北省高质量发展新篇章。

（二）发展目标

湖北省建设经济强省的目标与建设现代化强省的目标相匹配、相适应。根据对过去五年来发展路径的时序分析和省际横向比较，对未来发展路径进行研判和预测，提出"三步走"的发展目标。

1. 到2021年（建党100周年）的近期发展目标

在全面建成小康社会的同时，供给侧结构性改革进一步深化，发展质效得到提升、产业结构得到优化，万亿产业、五千亿产业、千亿产业不断增多。科技创新、产业水平、新产业新业态、县域经济、文化产业等短板和弱项得到改善，农业现代化取得明显进展，区域发展不断协调，开放型经济发展水平进一步提高。全省地区生产总值和城乡居民人均可支配收入比2010年提前翻一番。

2. 到2035年的中期发展目标

在基本实现社会主义现代化的同时，实现转变发展方式走在全国前列。湖北现代化经济体系健全完善，经济实力、产业竞争力、科技创新能力等方面位居中部地区前列、全国第一方阵，形成若干世界级先进制造业集群，跻身全国创新型省份前列；建成制造强省、质量强省，完成传统产业优化升级，高新技术产业和现代服务业成效显著，湖北产业迈向全球价值链中高端；区域发展协调性显著增强，"一主两副"辐射带动作用进一步彰显，多极发展格局全面形成；绿色发展方式和生活方式形成。

3. 到21世纪中叶（中华人民共和国成立100周年）的远期发展目标

在全面建成现代化经济强省的同时，经济发展综合实力和竞争力位居全国前列，全省人民共同富裕的目标基本实现。

（三）发展思路

推动湖北建设经济强省，要以新发展理念为引领，坚持区域协调、城乡融合、产业协同、特色分工原则，进一步完善全省重大生产力布局和区域协调发展战略规划，努力形成"一芯驱动、两带支撑、三区协同"的高质量发展区域和产业战略布局。

1. 一芯驱动

这是语义双关，是产业和区域的复合定位，既是产业之"芯"，又是区域之"心"，也是动能之"新"。就是依托"四大国家级产业基地"和"十大重点产业"，大力发展以集成电路为代表的高新技术产业、战略性新兴产业和高端成长型产业，培育国之重器的"芯"产业集群，将武汉、襄阳、宜昌等地打造成为综合性国家产业创新中心、"芯"产业智能创造中心、制造业高质量发展国家级示范区；强化武汉"主中心"地位和襄阳、宜昌省域副中心地位，推动中心城市地区加快工业化城镇化，辐射带动武汉城市圈等周边地区，提升武汉城市圈和其他城市群功能，协同发展壮大更多新的区域增长极，支持武汉与周边城市合作共建产业园区，加快形成中心带动、多极支撑的"心"引擎；深入实施创新驱动发展战略，大力发展以知识、技术、信息、数据等新生产要素为支撑的新技术新产业新业态新模式，加快传统产业转型升级，推动经济发展质量变革、效率变革、动力变革，加快形成高质量发展的新动能体系。

2. 两带支撑

突出长江大保护的政治责任，适应高质量发展的根本要求，以长江经济带、汉江生态经济带为依托，以长江、汉江沿线重要城镇为节点，充分发挥长江黄金水道优势，按照轴带延展、集群支撑的思路，打造高质量发展的产业走廊。

（1）长江绿色经济和创新驱动发展带。重点发展电子信息、高端装备、精细化工、生物医药、航空航天、新能源新材料、现代物流、新型煤电煤化、石油科技等产业，打造以绿色经济和创新驱动为特色的高质量发展经济带。

（2）汉孝随襄十制造业高质量发展带。重点推进汽车及零部件、装备制造、农产品深加工等产业转型升级，加快发展新能源汽车、电子信息、航空航天等先进制造业，打造以传统产业转型升级和先进制造业为重点的高质量发展经济带。

3. 三区协同

按照区域统筹、产业集聚的思路，推动鄂西绿色发展示范区、江汉平原振兴发展示范区、鄂东转型发展示范区竞相发展，形成全省东、中、西三大片区高质量发展的战略纵深。

（1）鄂西绿色发展示范区。以宜昌、十堰、恩施、襄阳、随州、神农架等为重点，守住生态底线，构筑山水林田湖草生命共同体，保护好一江清水、一库净水，依托丰富的生态资源，重点发展生物医药、文化旅游、康养休闲、生态农业、食品饮料、页岩气开发等绿色产业，打造全省绿色发展增长极。

（2）江汉平原振兴发展示范区。以荆州、荆门、天门、仙桃、潜江以及孝感、襄阳部分区域为重点，大力实施乡村振兴战略，服务国家粮食安全战略，重点发展农产品加工、纺织服装、医药化工、智能制造、新一代信息技术等产业，打造全省特色产业增长极。

（3）鄂东转型发展示范区。以黄石、黄冈、鄂州、咸宁为重点，推动冶金、建材等传统产业转型升级,加快承接国外和沿海产业转移,大力发展先进制造、绿色食品、清洁能源、航空物流、会展旅游、健康养老等产业,打造全省转型发展增长极。

七、湖北建设经济强省的对策与措施

当前,湖北省处于大有可为的重要战略机遇期。全省发展拥有坚实基础、巨大潜力和广阔空间,经济长期向好趋势没有变,时与势总体有利。湖北建设经济强省,必须准确把握重要战略机遇期新内涵,加快经济结构优化升级,推动发展方式转变;加快提升科技创新能力,推动创新资源优势转化为发展胜势;加快深化改革开放,推动形成更具创新力、竞争力的现代化经济体系和体制机制;加快推进绿色发展,推动经济发展与环境保护协调共进;加快适应我国参与全球经济治理体系变革,推动建设更高水平的开放型经济。

重要战略机遇期就是发展黄金期,重要战略机遇期也是转型关键期。机不可失,时不再来。全省上下必须牢牢把握、紧紧抓住、全面用好重要战略机遇期,坚定不移坚持以经济建设为中心,坚定不移抓好发展第一要务,坚定不移办好自己的事,着力推进经济强省建设,为奋力谱写新时代湖北高质量发展新篇章提供坚实基础和有力支撑。

(一) 打好三大攻坚战

2018年5月召开的湖北省委十一届五次全会指出,打好打赢三大攻坚战,直接关系全面建成小康社会的成色和社会主义现代化的质量,关系"两个一百年"奋斗目标的交汇衔接,是决胜全面建成小康社会必须跨越的重大关口。当前,湖北省防范化解重大风险攻坚战进入爬坡过坎、滚石上山的集中发力期,精准脱贫攻坚战进入攻城拔寨、决战决胜的最后冲刺期,污染防治攻坚战进入压力叠加、负重前行的重点突围期。要以决战决胜的奋斗姿态和不胜不休的坚韧毅力,集中优势兵力坚决啃下硬骨头、完成硬任务,确保重大风险有效防范化解、脱贫攻坚任务全面完成、生态环境质量持续改善，为推进湖北高质量发展创造良好条件、为全面建成小康社会收官打下决定性基础。

1. 一以贯之防范风险

强化底线思维和忧患意识，坚决打好防范化解重大风险攻坚战。从坚决捍卫我们党的长期执政地位、坚决捍卫中国特色社会主义制度、坚决捍卫马克思主义在意识形态领域的指导地位、坚决捍卫中华民族伟大复兴历史进程的政治高度，清醒认识维护政治安全的复杂形势和重大使命，深入细致开展风险隐患排查，防范化解政治和意识形态领域重大风险；全面落实稳就业、稳金融、稳外贸、稳外资、稳投资、稳预期"六稳"部署要求，统筹做好"稳促调惠防保"各项工作，稳住经济基本盘，稳定金融市场，稳控地方政府隐性债务，稳定房地产市场，防范化解经济领域重大风险；加强自主创新体系和自主创新能力建设，特别是围绕"芯片"产业集群，集中攻克一批"卡脖子"技术，把发展的"命门"牢牢掌握在自己手里，防范化解科技领域重大风险；强化红线意识，变事后应急为事前防御，以万全之策应不时之需，保持对涉黑涉恶、涉枪涉爆、暴力恐怖和个人极端暴力犯罪的高压震慑，打好扫黑除恶打伞断财反腐"五位一体"整体战，防范化解社会领域重大风险。

当前，湖北省在防范化解重大风险方面，要着力把握好以下两个重点：一方面，着力控好"两量"。加强政府债务管理、绩效管理，有效遏制隐性债务增量，稳妥处理隐性债务存量；另一方面，切实把好"三门"。一是"堵死后门"，严厉打击非法金融机构、非法金融活动、违规举债融资，加强P2P网络借贷等风险点整治。二是"打开前门"，聚焦重大战略实施、重大项目建设，聚焦补短板、调结构、增后劲，聚焦破解中小企业融资难融资贵问题，保障融资合理需求。三是"管住闸门"，加强源头管理，强化过程监管，推行事后评估和倒查。

2. 决战决胜脱贫攻坚

要保持战略定力和攻坚压力，坚决打赢打好精准脱贫攻坚战。坚持"两不愁三保障"目标标准不动摇，严把"义务教育有保障"的阶段定位，聚焦"基本医疗有保障"的薄弱环节，巩固"住房安全有保障"

的工作成果，加快实现安全饮水全覆盖；聚焦深度贫困地区和特殊贫困群体，把扶贫工作、政策支持、社会帮扶的重心进一步向深度贫困地区聚焦，把新增脱贫攻坚资金、项目、举措进一步向深度贫困地区倾斜，同时统筹推进非贫困地区脱贫攻坚工作；坚持摘帽不摘责任、不摘政策、不摘帮扶、不摘监管，持续推进剩余贫困人口脱贫，加大脱贫人口后续帮扶力度，探索建立稳定脱贫长效机制，推进脱贫攻坚与乡村振兴战略有效衔接、融合发展，认真抓好中央对我省脱贫攻坚巡视"后半篇文章"，巩固提升脱贫攻坚成果。当前，解决"两不愁三保障"面临的突出问题，必须加大深度贫困地区和特殊贫困群体脱贫攻坚力度，深入实施产业、就业、健康、生态、教育、社会保障等扶贫，增强贫困地区、贫困群众内生动力和自我发展能力。对已脱贫的地方和群众，坚持脱贫不脱钩、脱贫不脱政策、脱贫不脱帮扶，坚决稳脱贫、防返贫。"贫困不除，愧对历史；群众不富，寝食难安；小康不达，誓不罢休。"

3. 有力有效防治污染

要紧盯突出问题和薄弱环节，坚决打好污染防治攻坚战。认真抓好中央环保督察反馈意见整改，严格落实"党政同责、一岗双责"，主动认领、逐一研究、一个问题一个问题地解决；坚定不移推进长江大保护，始终把修复长江生态环境摆在压倒性位置，铁腕破解"化工围江"困局，重拳打击非法侵占长江岸线行为，纵深推进城乡环境整治，持续做好生态修复、环境保护、绿色发展"三篇文章"；把解决水污染问题摆在突出重要位置，扎实推进水环境、水资源、水生态协同共治，着力打好有效压减主要大气污染物排放量、全面消除城市建成区黑臭水体、城市备用水源地建设、乡镇饮用水源地风险排查和整治提标、受污染耕地治理修复等重点战役，标本兼治、突出治本；切实抓好农业面源污染治理，重点推进畜禽养殖污染防治、废弃物资源化利用和化肥农药减量化；创新环境治理方式，加强对企业治污的指导和监督，改进工作方法，把握好节奏和力度，不搞一刀切，不能一关了之、一停了之、一转了之、一埋了之，避免处置措施简单粗暴。打好蓝天、碧水、净土保卫战，努力建设天蓝地绿水清的美丽湖北。

(二) 推动经济高质量发展

湖北省委十一届五次全会强调,要将打好三大攻坚战与推动高质量发展结合起来。坚持全要素考量,更加注重科技、人才、智力等创新要素的供给匹配,着力推进创新链、产业链、人才链、政策链、资金链深度融合;坚持全产业链统筹,更加注重新兴产业的孵化培育,强化机遇意识,紧扣国家产业政策导向,落实"一芯两带三区"区域和产业发展布局,以四大国家级产业基地为依托,加快十大重点产业发展,积极承接新兴产业布局和转移,培育支柱特色产业链,打造优势产业集群,抢占产业发展高地,构建产业生态圈;坚持全地域谋划,更加注重区域协调发展,加快武汉主中心城市发展,充分发挥"一主两副"辐射引领带动作用,主动服务和融入一带一路建设、长江经济带发展等国家战略,进一步拓展区域发展新空间,深化制度创新,为构建各具特色的差异化区域发展新格局提供有力支撑。

1. 传统产业转型升级,做强优势产业

(1) 深入实施"万企万亿技改工程"和"万千产业培育工程"。加快推进制造业数字化、网络化、智能化、绿色化转型。大力实施质量强省战略,打造更多"荆楚品牌",培育更多"湖北工匠"。

(2) 大力实施战略性新兴产业培育壮大工程。深度对接国家战略性新兴产业规划、政策和重大科技专项,充分发挥长江经济带产业基金的引导作用,促进新一代显示技术、大规模集成电路、智能装备、新能源汽车和专用汽车、生物医药和高端医疗器械、新材料、海洋工程装备及高技术船舶、航空航天装备、北斗卫星导航系统、轨道交通装备、节能环保和资源循环利用等重点领域产业发展壮大。

(3) 着力推进工业强基工程。加快传统产业转型升级,支持企业技术改造,提升产品质量和品牌知名度,全面提高产品技术、工艺装备、能效环保等水平。按照企业主体、政府推动、市场引导、依法处置的办法,制定全面配套的政策体系,构建分类有序处置过剩产能的长效机制。开展降低实体经济企业成本行动,切实降低企业制度性交易成本、人工成本、税费和社会保险费负担、财务成本、物流成本。推进企业战略合作和兼并重组，促进产业集约集聚发展，培育若干具有全球影响力的行业领军企业，建成一批百亿元园区和千亿元集群。

2. 主攻新兴产业，做大潜力产业

坚持"一芯驱动"，推动集成电路、智能制造、航空航天等十大重点产业高质量发展。在夯实基础、掌握核心技术上下工夫，推动重大技术突破和关键技术升级，加快打造信息光电子、"芯屏端网"、智能网联汽车等世界级先进制造业产业集群和龙头企业。

3. 深化产业融合发展

加速推进互联网、大数据、人工智能与制造业融合，构建"互联网+"产业生态体系。推动制造业服务化和服务业制造化发展，大力促进制造业向上下游延伸，锻造全产业链条。加快5G产业升级，带动通信产业革新，推动其他相关产业，如上游原材料、中游网络建设和下游产品应用终端等的发展，通过5G技术应用推动移动互联挖、物联网、大数据、云计算以及AI等技术的升级和推广，实现对智慧城市、智慧工业等产业的赋能。

(三) 增强微观主体活力

1. 优化营商环境

2018年7月，湖北省人民政府发布《关于进一步优化营商环境的若干意见》，提出"4个一律取消"：除法律法规明令禁止的范围外一律开放，不得设置对外地经营者不平等、消除或减少经营者之间竞争的市场准入条件；除法律法规规定的审查环节外一律取消不得以备案、登记、注册、名录、年检等形式设定市场准入障碍；除法定目录外一律取消，不得对市场准入负面清单外的行业、领域、业务设置审批程序；除涉密和特定重大技术工程外的招标限制一律取消。提出企业注销，压缩至3个工作日；工业建设项目取得施工许可，压缩至50个工作日；企业不动产登记，3个工作日内办结。当前，推进经济强省建设，应按照省委、省政府的部署要求，积极贯彻落实《关于进一步优化营商环境的若干意见》，把营商环境作为第一竞争力、核心竞争力，对标先进，加快构建法治化、国际化、便利化营商环境。在保护产权、放宽准入、优化服务等方面拿出更多硬措施。全面实施市场准入负面清单制度，对市场竞争实行公平公正监管，对新兴产业实行包容审慎监管。

2. 支持民营企业发展

习近平总书记与2018年11月1日主持召开民营企业座谈会并发表重要讲话。他强调，公有制为主体、多种所有制经济共同发展的基本经济制度，是中国特色社会主义制度的重要组成部分，也是完善社会主义市场经济体制的必然要求。非公有制经济在我国经济社会发展中的地位和作用没有变，我们毫不动摇鼓励、支持、引导非公有制经济发展的方针政策没有变，我们致力于为非公有制经济发展营造良好环境和提供更多机会的方针政策没有变。在全面建成小康社会、进而全面建设社会主义现代化国家的新征程中，我国民营经济只能壮大、不能弱化，而且要走向更加广阔的舞台。

当前，湖北省民营企业遇到不少困难，正如习近平总书记指出的，这些困难是发展中的困难、前进中的问题、成长中的烦恼，一定能在发展中得到解决。我们要从树牢"四个意识"、坚定"四个自信"、做到"两个维护"的高度，把贯彻落实习近平总书记重要讲话精神作为推动民营经济发展的行动指南，转化为支持民营经济发展的具体实践，真正把民营企业和民营企业家作为自己人，做到在认识上同样重视、政策上同等对待、工作上同步推进。要不断为民营经济营造更好发展环境，帮助民营经济解决发展中的困难，变压力为动力，让民营经济创新源泉充分涌流，让民营经济创造活力充分迸发。

湖北在建设经济强省过程中，必须坚定不移支持民营经济发展壮大、转型升级、提质增效，让湖北省成为民营经济发展的沃土。消除民营企业在准入许可、经营运行、招投标等方面的不公平待遇。对民间投资进入资源开发、交通、市政等领域，除另有规定外，一律取消最低注册资本、股本结构等限制。推出相关推荐目录，帮助科技中小企业创新产品和服务快速进入市场。吸引龙头民营企业参与关键核心技术和国家标准制定，健全企业家参与政策制定的机制。

3. 降低企业负担

大力实行普惠性减税降费，切实减轻企业综合税负、社保费率，用能和物流等要素成本，让市场主体轻装上阵。落实对制造业、中小微企业、创新型企业等结构性减税政策，为市场主体的快速健康发展，提供更优环境、打开更大空间。

4. 增强企业融资服务

结合省情实际，设立100亿元上市公司纾困基金、100亿元担保再担保资金，整合10亿元资金实行财政贴息。大力发展多层次资本市场，加快实施上市公司倍增计划，提高直接融资比例。

（四）打造中部强大市场

强大国内市场，不仅能更好匹配生产与消费、投资与消费，将增强我国经济内生动力，也是我国长期经济结构转型的必然和短期应对外部不确定性的有效举措。湖北省委十一届四次全会暨全省经济工作会议明确提出："要坚定不移培育和打造中部强大市场，促进消费提质升级"。近年来，湖北省在全国保持相对较快发展势头，经济总量跃居全国第7位，内需市场空间不断拓宽，为构建强大国内市场奠定了坚实的基础。对于湖北建设经济强省而言，不仅是加快推进经济发展的一项新要求，更是发挥自身优势、促进发展动能转换的一次新机遇，必须围绕培育和打造中部强大市场目标，着力推进补短板、强供给、扩需求等工作，推动湖北建设中部强大市场。

1. 充分发挥区域动力源作用

打造"一芯驱动、两带支撑、三区协同"的高质量发展区域和产业战略布局。各地各部门要自觉把发展统一到省委重大战略部署上来，武汉作为省会城市要自觉对标北上广深等一线城市，成为引领全省高质量发展的第一动力源。"两副"城市襄阳、宜昌要增强危机感，提升发展能级，为全省发展大局提供更强支撑。其他市州要找准定位、竞相发展，为全省发展多作贡献。

2. 充分发挥消费基础性作用

适应消费升级新趋势,推进"四个提升":提升消费能力,坚决把就业摆在优先位置,多渠道增加居民收入;提升消费品质,增加高品质商品和服务供给,持续开展质量提升行动,加快发展旅游、文化、体育、健康、养老等幸福产业,大力发展教育、医疗、社区物业等公共服务业;提升消费模式,加快发展商业新模式、新业态和现代供应,集聚更多贸易型总部、互联网总部、功能性贸易平台,创造更多新的消费增长点;提升消费环境,健全城乡流通网络体系和售后服务体系,解除消费者后顾之忧。

3. 充分发挥投资关键性作用

抓住基础设施投资、工业投资、房地产投资等三大重点投资板块,扎实做好"三库建设":谋划好项目库,推动好建设库,充实好达效库,让更多项目落地,尽快投产达效。

在交通方面,加快推进武合高铁、武南高铁、天河机场三跑道、恩施机场迁建等项目前期工作,新开工高铁项目、高速公路项目、水运项目、通用机场等。

在水利方面,全面建成鄂北水资源配置工程,完成五大湖泊堤防加固等任务,解决农村安全饮水问题。

在能源方面,加快新能源发电项目及天然气输送管道和储气库建设,完成农村电网升级改造。

在信息基础设施方面,推进5G试点基站、移动通信网、传输网项目建设,抓好重大项目建设,在资金保障方面要"五资登科",即争国资、活民资、推融资、引外资、强合资。加强政银企对接,保证重大项目特别是在建项目的正常资金需求。

(五) 深化改革开放创新

改革开放是决定当代中国命运的关键一招,是实现中华民族伟大复兴的关键一招,也是应对挑战、攻坚克难、走向未来的制胜要诀。无论形势如何变化,我们都要更加积极运用改革开放这个"关键一招",来化解矛盾、解决问题、推进发展。要坚持社会主义市场经济改革方向，发扬敢闯敢试、敢为人先精神，着力推进重点领域和关键环节改革。要坚持以开放促改革促发展，积极运用国际国内两个市场、两种资源，大力推动高水平开放，加快构建国内市场枢纽和内陆开放高地。

1. 推进重点领域改革

（1）深化财税体制改革。优化财政支出结构，大力压减一般性支出，把更多资金用于脱贫攻坚、民生改善、"三农"发展、结构调整、科技创新和生态环保等领域。深入推进增值税改革，深化税收征管体制改革。

（2）深化国资国企改革。扩大混合所有制改革试点范围，加快一般竞争性领域国有企业改革步伐。

（3）深化"放管服"改革。更大力度推进"互联网+政务服务"，简政放权、放宽准入，加强事中事后监管，推广"四多合一"、区域评价、先建后验等经验。以机构改革为契机，加快政府职能转变，推动行政服务提质、提速、提效。

2. 推进高水平开放

积极扩大进出口规模，提高贸易出口附加值，加快跨境电商、外贸综合服务平台建设，推动服务贸易创新发展，促进外贸进出口优进优出。更大步伐"走出去"，深度开拓"一带一路"、金砖国家等区域重点市场，深化国际产能合作，推动出口市场多元化。把推进深层次根本性制度变革作为重点，创造更多可复制可推广的原创性经验。

3. 提升创新能力

当前，湖北省要把创新驱动发展发展战略作为建设经济强省的核心战略，加快完善创新机制，全方位推进科技创新、企业创新、产品创新、市场创新、品牌创新，加快科技成果向现实生产力转化，推动科技和经济紧密结合。

（1）更大规模投入。重点支持科技重大平台、重大项目、重大园区建设，支持高校"双一流"和科研院所建设，让科技创新的轮子快起来。

（2）更加坚决清账。消除阻碍提升创新能力的因素与影响，加快推进科技行政职能，加快从研发管理向创新服务转变，打通科技成果转化"最后一公里"。

（3）更大力度放权。加大向高校、科研院所放权的力度，加快构建政产学研金服用一体化的协同创新体系，推动更多科技成果在湖北转化落地，努力将湖北科教优势为经济优势、发展优势。

（六）实施乡村振兴战略

实施乡村振兴战略，是以习近平同志为核心的党中央从党和国家事业全局出发，着眼实现"两个一百年"奋斗目标、实现全体人民共同富裕作出的重大战略决策。习近平总书记对做好"三农"工作发表一系列重要讲话，明确把实施乡村振兴战略作为新时代做好"三农"工作的总抓手，科学回答了新时代"三农"工作的方向性、根本性、战略性问题，是指导"三农"工作的强大思想武器。湖北推进经济强省建设，要把实施乡村振兴战略作为一项重要举措抓紧抓好，切实做好新时代"三农"工作。要坚持农业农村优先发展，大力推进产业、人才、文化、生态、组织振兴，坚持以新发展理念为引领，落实好产业兴旺、生态宜居、乡风文明、治理有效、生活富裕的总要求，坚定不移推进绿色发展，保护好山清水秀的自然环境；深化农村改革，创新发展模式，结合实际抓实"三乡工程"，在充分发挥市场决定性作用的同时，更好发挥政府作用，引导更多资本、技术、人才向农村流动，盘活闲置农房和宅基地等资产，促进城乡融合发展；抓好农村基层党组织建设，发挥村级党组织带头人作用，以党建引领脱贫攻坚、乡村振兴和基层治理，进一步壮大村级集体经济，培育文明乡风。

1. 加快农业供给侧结构性改革

农业供给侧改革的核心是通过自身的努力调整，让农民生产出的产品，包括质量和数量，符合消费者的需求，实现产地与消费地的无缝对接。加快农业供给侧结构性改革，关键是要提高农业供给体系质量和效率，使农产品供给数量充足、品种和质量契合消费者需要，真正形成结构合理、保障有力的农产品有效供给。具体应从以下几个方面着力：

（1）着力保稳。落实藏粮于地、藏粮于技，确保粮食生产稳定；

（2）着力促调。聚焦优质、特色、绿色，调优农产品结构，推动农业生产从增产转向提质；

（3）着力促转。转变农业生产方式，把现代产业发展理念和组织方式引入农业，推动农村一二三产业融合发展，让农民更多分享全产业链增值收益；

（4）着力促改。深化农村改革，深入推进农村土地制度、农村集体产权制度等改革。

2. 加快培育新型农业经营主体

培养和用好留在农村的存量人才，加快培育新型职业农民、农民企业家、龙头企业带头人。大力发展"三乡"工程，引导更多城市资源、要素和人才下乡。加快农业社会化服务，完善利益联结机制，把小农户引入现代农业发展大格局。

3. 加快健全乡村振兴长效机制

构建持久稳定的投入保障机制，加快形成财政优先投入、金融重点支持、社会积极参与的多元投入格局。完善城乡融合发展机制，推动城市优质资源延伸农村、社会事业覆盖农村。加快农村基础设施提档升级，全面推进农村公路、安全饮水、供电、通信等基础设施建设，补齐乡村短板。深入开展"农村人居环境整治三年行动"，建设美丽乡村。

（七）推进生态文明建设

生态文明建设不仅是重大的经济问题、社会问题，而且是重大的政治问题。党的十八大以来，习近平总书记就生态文明建设发表一系列重要讲话、作出一系列重要指示，形成了生态文明建设重要战略思想，为我们加强生态文明建设提供了根本遵循。习近平总书记在"7·26"重要讲话中强调，进入新的发展阶段，人民群众期盼有更优美的环境，必须坚决打好污染防治攻坚战。生态文明建设是对我们树牢和践行"四个意识"的重要检验，是对我们执政能力和治理能力的重要考验，是坚持以人民为中心的发展思想的重要体现。要深刻认识加强生态文明建设的极端重要性、紧迫性，以"功成不必在我"的精神境界和"功成必定有我"的历史担当，持之以恒地把环境污染治理好，把生态环境建设好。

1. 生态修复

推进经济强省建设，必须贯彻落实新发展理念，树立"绿水青山就是金山银山"的强烈意识，坚持把生态修复摆在更加突出位置，坚定不移走生态优先、绿色发展之路，着力在生态文明建设上取得新成效。重视修复长江生态环境，大力实施长江生态环境系统性保护修复工程，统筹推进水污染治理、水生态修复、水资源保护"三水共治"，持续推进"四个三重大生态工程"，让湖北天更蓝、地更绿、水更清。

2. 环境保护

推进经济强省建设，要用最严格制度、最严厉法治保护生态环境，集中力量打好长江大保护十大标志性战役，扎实推进中央环保督察"回头看"反馈意见整改。加快构建环境保护长效机制，完善和落实生态环境损害赔偿、省级环保督察等制度。从严控制、坚决治理高耗能、高排放的重化工产业，积极构建绿色循环低碳的产业体系。全面落实国家大气、水、土壤污染防治行动计划和我省大气、水、土壤污染防治条例，坚持对大气污染标本兼治，全面改善水环境质量，大力开展土壤污染治理和修复，加大环境监管、督察和执法力度，让湖北蓝天长驻、青山常在、碧水长流。

3. 绿色发展

全面推进长江经济带绿色发展十大战略性举措，优化产业结构、能源结构、运输结构，大力发展节能环保产业，做大做强环保龙头企业，促进产业生态化、生态产业化。加快推动形成绿色发展方式和生活方式，坚持以深化供给侧结构性改革为抓手，全面落实"三去一降一补"

任务,扎实推进转型发展、绿色发展。

(八) 保障和改善民生

"群众利益无小事,民生问题大于天。"解决民生问题是最大的政治,保障和改善民生是建设经济强省的题中应有之义。做好民生工作,必须坚持以人民为中心的发展思想,以真挚的为民情怀和强烈的责任意识;坚持问题导向、目标导向和效果导向,做好增收、就业、社保、教育、健康、平安建设等工作;坚持尽力而为、量力而行原则,着力推进底线民生、普惠民生、质量民生,不断提升人民群众的获得感、幸福感、安全感。

1. 强化投入力度

要把民生领域投入放在重要位置,持续加大对民生领域的财政投入力度,保持财政支出75%以上用于民生事业发展,重点做好教育、医疗卫生、社保、就业等保障工作。

2. 强化工作实度

把稳就业摆在优先位置,重点抓好高校毕业生、农民工、退役军人等群体就业,着力解决受中美贸易摩擦和结构调整影响下岗工人、返乡人员再就业问题。完善城乡居民大病保险制度,把更多救命救急的好药纳入医保;对食品药品安全问题零容忍,严格监管、严厉处罚、严肃问责。构建房地产市场健康发展长效机制,坚持因城施策、分类指导,促进房价总体稳定。

3. 强化公平温度

积极推进社会公共事业发展,健全完善社会保障体系,着力提高公共服务均等化水平。办好优质公平教育,切实解决群众反映的上学难、上学贵问题;推进医疗体制改革,下大力气化解群众反映的看病难、看病贵问题;大力发展养老事业,破解群众反映的养老难、养老贵难题;加强特殊困难群体基本生活保障,加强社会治安防控体系建设;深入开展扫黑除恶专项斗争,确保社会大局稳定、人民安居乐业。

八、湖北建设经济强省的组织保障

（一）加强组织领导

坚决维护习近平总书记在党中央、全党的核心地位，坚决维护党中央权威和集中统一领导，在思想上政治上行动上同以习近平同志为核心的党中央保持高度一致。坚持党对经济工作集中统一领导，不断提升党组织保障能力。要站在践行"四个意识"、增强"四个自信"、做到"两个维护"，巩固党的执政地位的高度，狠抓经济工作、力促地方发展，充分发挥党组织总揽全局、协调各方的领导核心作用，全面履行组织领导经济工作的职能，提高驾驭复杂局面、做好经济工作的看家本领，提高领导经济发展的能力和水平。

（二）深入解放思想

解放思想是总开关，思想观念的落后是致命的落后。只有思想上的破冰，才有行动上的突围。我们要把思想再解放作为推动湖北经济强省建设的起始点和突破口，真正把广大干部群众干事创业的积极性、主动性、创造性激发出来。要对标习近平总书记视察湖北重要讲话精神找差距、补不足，对发展思路、工作举措进行再审视、再完善、再深化，对精神状态、工作作风进行再对标、再校正、再提升，用解放思想激活广大干部干事创业、担当作为的"基因"，为推动湖北改革开放和高质量发展提供不竭动力。

（三）营造政策环境

一分部署，九分落实。制定实施有利于推进经济强省建设的政策举措、良好环境和制度保障措施，有效解决经济发展中的痛点、赌点、难点问题，加大经济建设领域的改革力度，不断激发建设经济强省的新动能。要采取得力举措，加快落实步伐，确保有关建设经济强省的政策落实、落地、落细。营造公平竞争的营商环境,保证对各种所有制企业一视同仁,减少并逐步取消阻碍民间投资进入垄断领域的附加条件,清理各种对民营企业的歧视性做法,帮助民营企业解决土地、资金、人才等方面的难题。制定出台促进经济发展的"组合拳"政策,进一步落实好减税降费措施,大力降低企业综合营商成本,切实保护营商主体的合法财产权益和投资利益。急企业之所急、想企业之所想、帮企业所需,激发和保护企业家精神,保护企业家才能,鼓励更多社会主体投身创新创业,努力营造鼓励创新、允许试错、宽容失败的社会氛围,像尊重科学家一样尊重企业家,像尊重老师一样尊重"老总",要让企业家在社会上有地位、在政治上有荣誉、在经济上有实惠、在事业上有成就,让他们切身感受到社会的信任和尊重,充分激发他们创业创新创富的精神。

(四) 建设人才队伍

人才是实现民族振兴、赢得国际竞争主动的战略资源,是建设现代化经济体系的战略支撑。湖北建设经济强省,必须充分利用和发挥人才这一战略资源优势。

(1) 着力加强经济人才队伍建设。将经济人才队伍建设纳入全省人才队伍建设总体规划,针对经济发展需要,举办不同类型专题培训班,以强化忠诚意识、拓展世界眼光、提高战略思维、增强创新能力、锻造优秀品行为重点,提升经济高质量发展能力和水平。

(2) 加大对企业各类人才的政策支持。加大"百人"计划、"荆楚卓越人才"等湖北省人才计划对经济发展支持力度。在湖北人才创新创业超市人才服务窗口指派专人负责受理经济发展政策申报工作,力争每年享受市级人才政策支持的民企科技创新人才数量。

(3) 积极开展招才留才。要引进人才、留住人才,并发挥人才在促进经济社会发展中的作用,关键在于努力优化人才发展"软环境",建立优化人才成长的良好环境,对人才给予就医、子女就学等方面的优惠政策。加大对人才工作的宣传,积极营造全社会关注人才工作和

"尊重劳动、尊重知识、尊重创造"的良好氛围。要改变"等靠要"为筑巢引凤,让人才愿意来、留得住。

(4) 积极鼓励支持经济发展"柔性引才"。在不改变省外人才的人事、档案、户籍、社保等关系的前提下,坚持"不求所有、但求所用",吸引省外高层次人才通过挂职、兼职、技术咨询、周末工程师等形式,为我省经济社会发展提供智力支持。

(5) 加大创新创业人才培养支持力度。完善体制,创新机制,做到"育好"人才。创新人力资本优先投入机制,积极鼓励企事业单位加大对人才引进、培养的投入,使人才尽快成才、缩短成才周期。

(五) 强化作风保障

当前,国际环境不确定性明显增强,国内改革、国企改革又正值爬坡过坎、攻坚克难的关键时期,新时代意味着新起点新征程,新时代呼唤着新气象新作为。为了解决部分党员干部不想为、不会为、不敢为等懒政惰政难题,中共中央办公厅印发了《关于进一步激励广大干部新时代新担当新作为的意见》,充分调动和激发干部队伍的积极性、主动性、创造性开出了"良方",使信念过硬、政治过硬、责任过硬、能力过硬、作风过硬的党员干部干事创业有了"尚方宝剑"。推进湖北经济强省建设,需要大力倡导"智圆行简、实心实政"的工作作风,说老实话、办老实事、做老实人,推进工作实打实、硬碰硬,解决问题雷厉风行、见底见效,面对难题敢抓敢管、敢于担责。推进湖北经济强省建设,需要进一步树立信心,保持良好发展势头,补齐发展短板,全面落实好从严治党主体责任,为经济社会发展提供纪律保障。推进湖北经济强省建设,需要党员干部增强学习本领,自觉把学习作为一种社会责任和精神追求,牢固树立"在经济领域为党工作"观念,实现"坐商"到"行商"的转变,贯彻落实新发展理念,按照高质量发展要求,观大势、谋全局、干实事。推进湖北经济强省建设,需要我们当好施工队长,提高思想认识,对部署的工作抓紧抓好,对急难险重的工作身体力行,切实把求真务实的作风落实到工作的各个环节。

(六)鼓励干部作为

2016年初,习近平总书记在省部级主要领导干部学习贯彻党的十八届五中全会精神专题研讨班的讲话中指出:"要把干部在推进改革中因缺乏经验、先行先试出现的失误和错误,同明知故犯的违纪违法行为区分开来;把上级尚无明确限制的探索性试验中的失误和错误,同上级明令禁止后依然我行我素的违纪违法行为区分开来;把为推动发展的无意过失,同为谋取私利的违法违纪行为区分开来。"推进湖北经济强省建设,要坚持"三个区分开来",形成允许改革有失误、但不允许不改革的鲜明导向,努力为敢于作为、有大胆发展想法的实干者创造一个宽松、包容、和谐的干事环境。容错纠错就是为保护和鼓励党员干部做到主动担当和作为而采取的措施,是希望党员干部能够在工作中大胆作为,努力找到符合时代发展的创新方法,进一步打消党员干部在干事创业过程中的顾虑。但是容错纠错并不是没有原则的包容错误,容错纠错目的是支持党员干部真干实干,敢想敢干;如有触犯党纪党规、不作为又或者是消极应付工作的行为,将会受到严肃处理。在推进经济强省建设过程中,广大党员干部要以锐意进取、永不懈怠的精神状态和敢闯敢干、一往无前的奋斗姿态,适应新形势,把握新要求,担当新使命,创造新业绩,展现新作为。

(本报告为2018年湖北省人民政府智力成果采购重大课题研究成果)

组　长:陈世强　中共湖北省委政策研究室副主任
　　　　邹　薇　武汉大学经济与管理学院教授、博士生导师
成　员:王耀辉　中共湖北省委政策研究室战略处处长、一级调研员
　　　　肖雪刚　中共湖北省委政策研究室战略处二级调研员
　　　　桂进波　中共湖北省委政策研究室战略处三级调研员
　　　　李青原　武汉大学经济与管理学院副院长、博士生导师

庄子银　武汉大学经济与管理学院教授、博士生导师
陈　雷　中共湖北省委政策研究室战略处二级主任科员
雷　浩　武汉大学经济与管理学院博士生
李静晶　武汉大学经济与管理学院博士生
陈亮恒　武汉大学经济与管理学院博士生
樊增增　武汉大学经济与管理学院博士生

以科技创新推进湖北省质量变革、效率变革、动力变革的重要举措研究

武汉大学发展研究院课题组

经过40多年的改革开放，中国特色社会主义事业进入了新时代，正在加快建设创新型国家和世界科技强国。"创新是一个民族进步的灵魂，是一个国家兴旺发达的不竭动力，也是中华民族最深沉的民族禀赋"。党的十八大以来，我国科技创新能力显著提升，主要科技创新指标进入世界前列，科技创新水平正加速迈向国际第一方阵，进入跟跑、并跑、领跑并存的历史性新阶段，科技创新能力正在从量的积累向质的飞跃、从点的突破向系统能力提升转变，在若干重要领域开始成为全球科技创新的引领者。当今世界，新一轮科技革命和产业变革蓄势待发，同我国转变发展方式形成历史性交汇。新一轮科技革命和产业变革正在重构全球创新版图，重塑全球经济结构，将对人类社会产生极其深刻的影响，科技创新在我国全面创新中的核心地位和引领作用也日益突现。推动质量变革、效率变革、动力变革，是湖北省经济发展阶段转换的必然选择，是湖北省贯彻落实新发展理念的内在要求，是湖北省新一轮高水平对外开放的迫切需要。必须充分发挥科技创新推进质量变革、效率变革、动力变革的关键作用，努力实现湖北省经济高质量发展。

一、科技创新推动湖北省质量变革、效率变革、动力变革的重要作用

我国质量变革、效率变革、动力变革具有"三位一体"整体特

性，科技创新具有推动湖北省质量变革、效率变革、动力变革的重要作用。

（一）质量变革、效率变革、动力变革具有"三位一体"整体特性

质量变革、效率变革、动力变革是"三位一体"的变革。质量变革是主体、也是目标，以产品质量和服务质量的提高为核心，进而扩延到国民经济各领域、各层面素质的全面提高，是一场从理念、目标、制度到具体领域及细枝末节的全方位变革。究其实质，质量变革是要解决经济发展方式本身的质量问题，是高速增长方式转向高质量发展方式的变革。效率变革是主题、也是途径，效率变革的本质要求是充分发挥市场在资源配置中的决定性作用，从而提升、优化资源配置效率，推动实体经济、科技创新、现代金融、人力资源的深度融合和协同发展。效率变革涉及经济要素之间、产业部门之间、投入产出过程之间的结构与关系变革，要解决的是经济结构的优化问题。动力变革是主力、也是基础，在我国传统动力减弱背景下重新培植经济发展新动力、新优势，将传统要素驱动力转变为创新驱动力，要解决的是经济发展的动力转换问题，强化以创新为核心的驱动力。质量变革、效率变革、动力变革，是我国经济由高速增长阶段转向高质量发展阶段的三项要务，三者密切联系、相互依托、相互融合、互为表里，是不可割裂且具有辩证逻辑的有机整体。实现质量变革、效率变革、动力变革，就是要以动力变革来推动效率变革，进而促进质量变革，由此形成质量效益明显提高、稳定性和可持续性明显增强的高质量发展新局面。湖北省要推动质量变革、效率变革、动力变革，必须把握其"三位一体"的整体特征和逻辑关系，既要着力于质量变革、效率变革、动力变革的分别推进，更要注重质量变革、效率变革、动力变革的整体推进。尤其是政府在提供高质量政策供给时，必须根据质量变革、效率变革、动力变革"三位一体"的整体性，切实注重政策供给的科学性、针对性、精准性。

(二) 以科技创新推进质量变革：充分发挥科技创新促进湖北省发展方式转变的基础支撑作用

习近平总书记指出"高质量发展要靠创新"。湖北省发展方式的转变，在很大程度上体现在质量的跃升。产品和服务是质量的载体，产品质量、服务质量是湖北省高质量发展的基础和核心内容。不论是过去、现在还是将来，科技创新不断提供人类社会所需要的产品，不断拓展人类社会所需要的服务，不断为高质量发展夯实重要基础。从科技创新促进产品和服务质量的机制看，为适应现代社会的多样化和个性化消费需求，科技创新不断提高产品和服务的科技含量，不断提升产品和服务的功能，不断优化产品和服务的性价比，从而使产品和服务质量能够得到保证。在新一轮科技革命和产业变革蓄势待发的社会背景下，科技创新正在提供大量消费者需要的产品和服务，不断提高产品的功能、性价比、可靠性和使用寿命，甚至从根本上改变了以产品"合格率"为代表的传统质量观念。从国内外发展趋势看，质量发展要以高标准来规范和"硬约束"。标准化无疑是科技创新的结晶，科技创新通过标准化发挥对质量发展的促进作用。当今世界，数字化、网络化、智能化的发展，尤其是新一代人工智能技术颠覆了传统质量技术与管理，产生了智能质量的新理念。人类在质量技术与管理创新中，不断促进产业朝着优质、高效、绿色、柔性、低耗、安全的方向发展。按照创新、协调、绿色、开放、共享的新发展理念，大力推行产品责任延伸、生产者责任延伸，以科技创新为支撑，解决传统发展模式所导致的一些不平衡、不协调、不可持续的矛盾和问题。因此，湖北省推动质量变革、转变发展方式，要高度重视科技创新的强基固本功能，充分发挥科技创新对提高产品质量和服务质量的基础支撑作用，促进经济迈向中高端水平、实现高质量发展，切实推动"湖北制造"向"湖北智造""湖北速度"向"湖北质量""湖北产品"向"湖北品牌"升级，切实加快"质量强省"建设。

（三）以科技创新推进效率变革：充分发挥科技创新促进湖北省经济结构优化的关键引导作用

效率变革是要充分发挥市场在资源配置中的决定性作用，实现供需匹配和动态均衡发展，从而提升、优化资源配置效率，以高效生产率行业替代低效生产率行业，推动产业链再造和价值链延伸。究其实质，效率变革是要优化经济结构，转变发展方式，将主要依靠增加物质资源消耗实现的粗放型高速增长，转变为主要依靠技术进步、改善管理和提高劳动者素质实现的集约型增长，实现整体经济效率提升。面对新常态时期劳动力成本优势减弱、资本回报率减少等挑战，湖北省推动效率变革的着力点，是以科技创新提升全要素生产率，尽可能实现科学技术的倍增效应。全要素生产率，又叫技术进步率，是指产量与全部要素投入量之比。全要素生产率的提高，就是除去传统的土地、资本、劳动力等要素投入，通过技术进步等新增加的产出。根据罗默（Romer）的内生经济增长模型，知识和技术研发产生科技创新，科技创新产生知识溢出效应，推动生产前沿面前移，可以促使全要素生产率提升，拉动经济增长。同时，微观层面的制度创新，会激发劳动者的创造性和积极性，推动技术效率提升，同样可以提升全要素生产率。科技是第一生产力，创新是第一动力，科技创新能力已经越来越成为地区经济社会发展的重要标志，是产业迈向全球价值链中高端、培育世界级先进制造业集群的关键。湖北省各级政府以及企业、科研院所，要加大科技投入、加速科技成果转化、加强知识产权保护，真正形成以企业为主体、具有区域特色的科技创新体系，加快推动效率变革，切实加快"创新湖北"建设，进一步促进湖北省经济结构优化。

（四）以科技创新推进动力变革：充分发挥科技创新促进湖北省发展动力转换的重要加速作用

创新是引领发展的第一动力，是建设现代化经济体系的战略支撑，抓创新就是抓发展，谋创新就是谋未来。适应和引领经济发展新常态，关键是要依靠科技创新转换发展动力。实际上,大力开展科技创新是推进动力变革、促进湖北省发展动力转换的核心内容。党的十八大提出实施创新驱动发展战略,特别强调科技创新是提高社会生产力和综合国力的战略支撑,要真正把创新驱动发展战略落到实处,则必须聚精会神、集中力量推进科技创新。在转向高质量发展的新时代,之所以突出强调动力变革,主要在于两个方面的原因:一方面,在要素成本上升、环境问题严峻、经济全球化不确定性加大的背景下,如果继续沿用传统的政府主导、要素投入、投资拉动的增长方式,不仅无法保持经济中高速增长,而且会使高产能、高库存、高杠杆、高成本、低效率、低质量等结构性矛盾继续累积,进一步加大经济风险;另一方面,在新技术、新业态、新产品不断出现和国际经济竞争日益激烈的新形势下,实现高质量发展必须把自主创新作为第一动力,以人才作为第一资源,加快建设创新型国家。毫无疑问,动力变革既是高质量发展的关键,也是实现质量变革、效率变革的前提条件。湖北省是科技资源大省和科技创新大省,具有巨大的科技创新潜能。湖北省正处在"综合优势转化期",必须强化改革开放创新互促互动,充分发挥科技创新优势,以推动科技创新为核心,促进科技体制及其相关体制深刻变革,加快实现发展动力转换。

中共湖北省委、湖北省人民政府《关于加强科技创新引领高质量发展的若干意见》明确提出:加快实施创新驱动战略,把科技创新作为推动湖北高质量发展的"一号工程"、各级党委政府的"一把手工程"。湖北省应高度重视科技创新对湖北省质量变革、效率变革、动力变革的推进作用,充分利用科技创新优势加快发展方式转变、经济结构优化、发展动力转换,尽快形成科技创新与湖北省高质量发展协同的良性循环。

二、以科技创新推进湖北省质量变革、效率变革、动力变革的主要途径

创新是引领我国发展的第一动力,实施创新驱动战略,就是要不断

推动以科技创新为核心的全面创新。湖北省科技创新资源富集，科技创新能力强，具有明显的科技创新潜能和科技创新优势，实施以科技创新为核心和引领的全面创新具有良好基础及有利条件。以科技创新推进湖北省质量变革、效率变革、动力变革有多种途径，最重要的途径是观念创新、方法创新和自主创新，并分别与质量变革、效率变革、动力变革有明显的对应关系。

（一）以观念创新推进湖北省质量变革

任何重大变革首先是观念变革，只有实现观念变革才能真正彻底地完成变革。以观念创新推进湖北省质量变革，必须深入贯彻习近平新时代中国特色社会主义思想，充分发挥观念创新的定向开路作用，不断强化科技创新在推进湖北省发展方式转变过程中的核心地位和引领功能，指导湖北省以科技创新推进质量变革的具体行动。

1. 强化科技融合观，加快湖北省科技供给质量变革

在新一轮科技革命和产业变革蓄势待发背景下，必须强化科技融合观，加快湖北省科技供给质量变革。一是强化科学技术多学科、跨学科交叉融合观。21世纪以来，科学技术从微观到宏观各个尺度向纵深演进，学科多点突破、交叉融合趋势日益凸显，交叉科学、跨学科研究发展迅速，物理、生物、数字三个世界的界限愈发模糊，跨界融合、群体跃进已成为科学技术发展新常态。二是强化基础研究、应用研究、技术开发和产业化融合观。当今世界，信息科学、生物科学、能源科学、新材料科学等重大基础研究成果，正以前所未有的速度迅速转化为产品，产品更新速度与技术更新速度几乎同步，科技创新全链条一体化发展的要求越来越高。三是强化科学技术与经济、社会融合观。日新月异的科学技术不仅催生新产品、新产业、新业态、新模式，而且正在对人类生产方式、生活方式乃至思维方式产生前所未有的深刻影响。尤其是人工智能、互联网和大数据等技术的飞跃发展，将加速推动科技和经济社会融合发展，有力促进我国科技实现跨越发展和后发赶超，促进我国经济社会发展全面提档升级，促进我国在新一轮国际竞争中赢得先发优势。

因此，湖北省实施创新驱动战略，贯彻落实新发展理念，最为紧迫的是要进一步解放思想，破除一切束缚创新驱动发展的观念和体制机制障碍，加快科技体制改革步伐，努力处理好政府和市场的关系，推动科技和经济、社会发展深度融合。湖北省科技体制改革必须坚持"三个面向"，即面向世界科技前沿、面向经济主战场、面向国家重大需求，使市场在资源配置中的决定性作用，充分发挥市场对技术研发方向、路线选择、要素价格和创新要素配置的导向作用，真正以市场机制促进技术的研发与运用、衡量和评价科研成果，围绕产业链部署科技创新链、围绕科技创新链完善资金链，建立以企业为主体、市场为导向、产学研深度融合的技术创新体系。不断强化科技创新同经济对接、科技创新成果同产业对接、科技创新项目同现实生产力对接、科技创新劳动同其利益收入对接，不断推进湖北省科技供给质量变革，不断提高科技进步对经济、社会发展的贡献率。

2. 强化创新治理观，加快湖北省综合治理质量变革

经过40多年的改革开放，我国科技创新进入新的发展阶段。要实现科技创新从"跟跑""并跑"到"领跑"和跟踪、模仿向自主创新的根本性转变，必须实现从科技管理向创新治理的根本性转变。湖北省必须强化创新治理观，加快综合治理质量变革，实现治理体系及治理能力现代化。一是强化系统性变革观。人类正面临国际政治经济格局重大变化和新一轮科技革命与产业变革机遇，人类社会经济运行范式可能发生的根本性变革。因此，必须通过战略性选择与有效治理手段驱动"系统性变革"或"系统创新"，以应对和解决全球气候变化、城市化、人口控制、医疗卫生、移民等复杂社会问题，强调必须在科技、社会、文化、道德、经济等背景下进行整体把握，建立包容性、协调性和可持续的综合治理体系。二是强化智能治理观。人工智能技术发展不断推动人类社会经济发展方式转变，网络连接、精准对接、智能服务已经成为产业发展的新模式，数据驱动、人机协同、跨界融合、共创分享为主要特征的智能经济形态正在加速形成。不仅如此，人工智能技术正在助力国家和区域治理体系及治理能力现代化，尤其是人工智能技术在金融、

电信、电商物流、城市管理、社会治安、气候环境、企业生产等领域的应用,大大提高了社会风险因素的感知、预测、防范能力,有效提升了社会精准化和精细化管理水平,增强了全社会应对变化和驾驭风险的能力。三是强化云治理观。大数据已广泛渗透到政治、经济、文化、科技、教育、卫生、安全等众多领域,尤其是将大数据的云计算、云服务和智能生态融入社会治理体系,通过数据挖掘和分析进行精准治理已成为社会治理的发展趋势。云治理不仅成为社会治理的新形式和新方式,而且也是实现治理体系和治理能力现代化的重要途径,大大超越传统治理的范畴,增添了数据治理、开放治理、流动治理、虚拟治理等新内容。云治理将传统社会管理推到公共治理、协同治理、多元共治、复合治理的善治阶段,能更好地兼顾效率与公平。四是强化绿色治理观。深入贯彻落实绿色发展理念,坚持人与自然和谐共生观念,是湖北实现高质量发展的前提。强化绿色治理,必须运用移动互联网、物联网、大数据、云计算等信息技术,推动人工智能同湖北省绿色发展深度融合,促进科技创新与湖北生态文明建设有机结合,形成以"互联网+绿色技术"为核心的绿色技术支撑体系,促进湖北省传统产业绿色改造升级、新兴产业绿色发展,实现生产源头绿色化、生产过程绿色化、废弃物利用绿色化,形成节约资源和保护环境的绿色发展方式和生活方式。

3. 强化科学普及观,加快湖北省公众科学素养变革

科学素养是决定人思维和行为方式的重要因素,它包括了解科学知识、掌握科学方法、树立科学思想、崇尚科学精神,以及应用这些认知处理实际问题、参与公共事务的能力。公民科学素养是社会文明的重要标志和国家创新能力的社会基础,关乎一个国家综合国力的发展。公民科学素养的核心是科学精神,在科学精神浓厚的区域,其文化更具有活力,社会群体更具有创新精神,整个社会表现也更为有序。强化区域科学精神的有效途径,就是加强科学普及,改造传统文化,弘扬科学文化。习近平总书记指出:"科技创新、科学普及是实现创新发展的两翼,要把科学普及放在与科技创新同等重要的位置。"这个重要论断明确了科学普及在国家科技发展战略中的重要地位,为湖北省科学普及、

科学创新指明了方向。要始终坚持科技创新以人为本的双重向度，要不断创造出更好的科学普及产品，启迪民智、提升公众科学素养，让公众普遍感受到现代科学技术带来的福祉；要逐渐从被动转为主动，让公众真正成为科技创新的主体，在湖北省创新发展、国家创新发展进程中更有作为和担当。必须深刻理解和坚持"以人民为中心"。不仅需要将科技创新聚焦社会主要矛盾变化，把"以人民为中心"的发展思想细化实化到具体实践中，以科技惠民、科技兴农的实绩增强群众获得感和幸福感；也需要把激发科技创新者和全社会创新创业内生动力作为根本，以价值导向、有效激励增强科技创新创业者的能动性。在进一步加大科学知识普及力度的同时，更要强调弘扬科学精神、传播科学理念、发展科学文化，不断同反科学、伪科学的社会时疫作斗争。一是用科学知识培育人，普及科技知识，尤其是科技前沿知识，让公众了解现代科技取得的最新成就。二是用科学方法壮大人，科学方法是经过实践及检验过的经验总结，是将科学应用于实践的路径和途径，必须积极倡导各类实践行为有科学方法可循。三是用科学思想武装人，世界观、人生观和价值观是人们思想的总开关，而科学思想是把好人生总开关的关键要素之一。四是用科学精神升华人，通过宣传科学家求真务实的科学态度、追求卓越的挑战意识和不怕失败的顽强作风，大力弘扬科学精神。五是用科学文化熏陶人，努力创造尊重科学、鼓励创新、宽容失败的社会氛围，不断增强创新自信、科学自信和文化自信。

（二）以方法创新推进湖北省效率变革

世异则事异，工欲善其事必先利其器。方法得当，事半功倍；方法不当，事倍功半。在科技创新实践过程中，不断孕育、产生着科学方法，科学方法一经产生又使科技创新更富有成效。科技创新是推进湖北省效率变革的方法源泉，也是实现湖北省效率变革的有效途径。以科技创新推进湖北省效率变革，首先应高度重视和解决科学方法论及科学方法问题，而不仅仅只是着眼于具体的技术问题。

1. 强化科学方法应用,提升湖北省科学决策效率

坚持推动高质量发展,就要努力实现最优政策组合和最大整体效果。既要尊重经济发展规律,充分发挥市场在配置资源过程中的决定性作用,也要更好地发挥政府规划引导作用,做好顶层设计,实现科学决策。科学决策是一种理性决策,是在科学的决策理论指导下,以科学的思维方式,应用各种科学的分析手段与方法,按照科学的决策程序进行的符合客观实际的决策活动,具有程序性、创造性、择优性、指导性等特点。科学的决策过程,不仅需要正确运用决策技术和方法,而且需要运用逻辑思维、形象思维、直觉思维等多种思维进行创造性认识、判断和抉择,这就离不开科学方法。只有掌握了基本的科学方法才能在面对复杂状况时更好地透过现象认识本质,更迅速地找到解决问题的办法。科学方法是人们在认识和改造世界中遵循或运用的、符合科学一般原则的各种途径和手段,包括在理论研究、应用研究、开发推广等科学活动过程中采用的思路、程序、规则、技巧和模式。这里的科学方法,既可以是专门科学方法,也可以是适用于自然科学和社会科学方法一般科学方法,还可以是具有最普遍方法论意义的哲学方法;不仅是指如归纳法、演绎法或其他各种创新思维方法等从事具体科学研究时所用的方法,也包含了对偶然性、风险性和不确定性的认识。20世纪量子力学的诞生和数学中哥德尔不完备定理,宣告了不确定性从科学方法的边缘转变成了核心概念。曾被视作稳步推进知识确定性和人类对自然控制的科学,现在则往往在全球范围内制造诸多不确定性。在诸如气候变化、核能安全、转基因食品等重大公共政策制定过程中,往往充斥着不同利益群体对"安全"和"风险"的不同界定和诉求。但是,科学技术并不能像以往那样提供确凿无疑的"事实"供决策者判断斟酌,面对此类有争议性的问题时,决策者必须提高自己对科学方法的理解和认识,才能具备正确的决断力。因此,湖北省各领域、各行业、各层次决策者,都应该及时学习了解科技发展的最新成果和前沿趋势,探究科技发展的内在规律,不断培养科学思维能力,增强运用科学方法观察世界和处理宏观、微观问题的能力,秉持科学精神,实现科学、合理和有效决

策，努力提高科学决策效率。

2. 强化创新方法应用，提升湖北省科技创新效率

科学研究是以发现和认识规律为主，技术创新则是科学研究向社会应用的延伸。科技创新需要革命性的头脑和思维，是崇尚科学和创造的活动。科技创新既有科学规律可循，又有创新方法可依。当今世界，科技创新既要遵循市场导向、问题导向、协同创新、循序渐进等重要规律，也必须以创新方法来提升科技创新效率。创新方法包括科学思维、科学方法和科学工具等，是有效促进科学发现、技术发明创造的强有力手段，能够加快科技创新进程、缩短新产品研发时间、减少科技创新成本、提高科技创新效率。提升湖北省科技创新效率，一是要强化一般通用创新方法的运用。如我国政府科技部门推广应用"发明问题解决理论"（TRIZ 方法）多年，已取得明显的科技创新成效。据统计，应用 TRIZ 方法进行科技创新，可以增加 80%~100% 的专利数量，并有效提高专利的质量。再如科技创新提供的迭代方法，基于日新月异的互联网，将科技创新者、生产服务者和社会消费者紧密联系起来，形成真正的"创新利益共同体"。迭代方法的最大特点，是在技术创新过程中充分体现社会消费者的利益需求，通过良性互动不断提高产品与服务的质量和功效。尤其是开放性创新、分布式创新方法，不仅使市场导向的技术创新真正成为可能，而且激发了以草根创新、微创新为代表的大众创新，并使公众广泛参与的社会众创运动如火如荼，从而促进整个社会的创新及高质量发展。二是要强化适应新一轮科技革命的方法论研究及方法应用。大数据的科技创新带来了人类科学研究范式变革，对人类科技创新将产生极其深刻和深远的影响。伴随着科技创新带来的科学研究范式变革，人类社会已从实验科学研究、理论科学研究、计算科学研究进化到数据密集型科学研究时代，将进一步释放科技创新潜能。在新一轮科技革命和产业变革蓄势待发的历史关头，湖北省必须超越历史惯性和思维惯性，高度重视、切实把握和主动创新方法论及方法应用，坚定科技创新战略定力，厚植科学方法论基本素养和科技创新精神，充分发挥方法论及方法应用的提质增效功能，不断从战略上为湖北省创新效率变

革夯实基础。三是要强化大型科学仪器设备等科技创新工具的开放共享。大型科学仪器设备等科技基础条件资源，是支撑科技进步和科技创新的重要物质基础，其规模、质量和利用效率直接关系国家科技创新实力和竞争力。要实现建设世界科技强国、支撑高质量发展的目标，我国的科技资源规模质量、特别是管理水平还有明显差距。湖北省要力争更多国家大型科学设施及仪器设备落地，尤其是要举全省之力争取综合性国家科学中心在武汉建设，同时要注重提升科技资源的质量和使用效率，建立国家、部门和地方统筹协调的全链条科技资源管理服务体系，不断强化科技资源对国家及地方发展战略、重大科学研究、大众创新创业的支撑保障。通过进一步提升湖北省大型科学仪器设备以及全社会科技资源共享程度与利用效率，为创新型强省和质量强省建设奠定坚实基础。

3. 强化技术方法应用，提升湖北省全要素生产率

坚持高质量发展，关键是提高全要素生产率。这就需要湖北省始终坚持高质量创新供给，强化技术方法应用，着力提高全要素生产率。全球新一轮科技革命和产业变革从孕育到整体勃兴，为新时代刻上了深深的科技印迹。数字化、网络化、智能化的发展，尤其是新一代人工智能技术颠覆了传统管理理念，在技术与管理创新中促进产业向着优质、高效、绿色、柔性、低耗、安全的方向发展。不论是提升产品质量还是提高服务质量，不论是提升全要素生产率还是优化资源配置效率，科技创新不断提供各种一般方法和特殊方法，尤其是为产品和服务的技术创新、企业管理、政府监管、社会监督提供一系列行之有效的技术方法。如工业互联网兼容吸收了互联网技术、服务、思维和工业技术工艺，是制造业和互联网融合发展的产物，是新工业革命时代不可或缺的工业基础设施，是推动工业转型升级、推进高质量发展、构建现代经济体系至关重要的抓手。工业互联网正在开启智能工业发展新时代，将彻底重塑整个生产制造体系，塑造工业新型生产力，重构新型生产关系，为产业转型升级、发展数字经济、构建现代经济体系提供强大支撑动力。提高全要素生产率，不仅要强化技术方法的应用，也必然要求以科技创新为

引领加快全要素的组合创新,强化实体经济、科技创新、现代金融、人力资源等高效协同。科技必须与其他要素综合集成才能形成社会财富,全要素创新首要的是提升科技要素供给质量,关键是要通过市场机制解决创新资源错配问题。这就要求创新不仅是"全要素"的创新,也必须是"全面向"的创新,要坚持面向世界科技前沿、面向国家战略需求、面向经济主战场,坚持科技创新与制度创新"双轮"驱动,坚持科技创新与科技创业"双创"一体,坚持科技转移与科技成果转化"双转"齐抓,坚持科技创新与产业经济"双向"互动。通过强化技术方法应用,全面推进各方面系统化创新,使科技创新更好地支撑湖北省效率变革,有效提升湖北省全要素生产率。

(三) 以自主创新推进湖北省动力变革

以科技创新推进湖北省动力变革,必须坚定不移地走自主创新之路。科技知识无国界,但技术转移有国界。从中华人民共和国成立以来的科技发展史看,西方发达国家对我国的科学封锁和技术禁运从未停止过。在世界经济科技全球化浪潮的推动下,科学技术的创新突破、扩散及应用速率越来越快,获取和拥有技术的途径及方式也更多、更便利。但是,我国科技创新基础还不牢固,自主创新、特别是原始创新能力还不强,关键核心技术受制于人的格局并没有从根本上改变。湖北省实施创新驱动发展战略,加快转换发展动力,实现经济发展动力变革,关键是要切实提高自主创新能力。

1. 聚焦关键核心技术原始创新,强化湖北省自主创新的内生动力

以科技创新推进湖北省动力变革,必须及早并牢牢抓住原始创新这个"牛鼻子"。原始创新,也称为源头创新,是指重大科学发现、技术发明、原理性主导技术等原始性创新活动,特别是在基础研究和高技术研究领域取得前人所没有的发现或发明。其基本特征是首创性、突破性和带动性,是最具根本性、革命性乃至颠覆性的创新,既决定了一个国家和地区的创新高度及创新深度,也是世界科技强国的重要标志。纵观世界科学中心转移和世界科技强国崛起,无不以重大原始创新理论、方

法和技术为基础。只有依靠原始创新利器突破阻碍创新的壁垒，才能使科技创新成果层出不穷。没有原始创新，我国科技发展将长期处在"跟跑""并跑"阶段；没有原始创新，我国产业发展将难以迈向全球产业链的高端；没有强大的原始创新能力，就不可能取得世界科技竞争的战略优势和发展主动权。作为正在建设创新强省的科教大省，湖北省应立足国家及地区发展的重大战略需求，积极依托在鄂高等院校及科研院所，尤其是依托武汉大学、华中科技大学等中央部委直属高等院校以及中国科学院武汉分院的优势特色学科，强化学科布局，选准关系全局及长远发展的战略必争领域和优先方向，紧紧围绕对湖北省乃至我国经济、科技、国防和社会发展具有战略性、基础性、关键性影响的重大科技问题，着力在关键领域，不断加强原始创新能力。湖北省要进一步强化与国家重点科技计划的对接，在重点基础研究和科学技术前沿领域取得新突破；要创建一批国家重点实验室、国家科学研究中心、优秀省部重点实验室或协同创新中心；要力争掌握一批关键核心技术和自主知识产权，特别是产业关联度大、技术含量高、辐射带动强的关键核心技术，尽快改变一些重大关键核心技术依赖于人、受制于人的被动局面，带动湖北省乃至我国科技创新能力和科技水平的整体提升。湖北省要基于科技发展预测，以前瞻性布局颠覆性技术创新，在能源变革、人工智能、万物互联、生命创制、微纳制造等领域，加大对颠覆性技术创新和破坏性创新的支持力度，强化新技术、新产品、新模式的示范应用。通过加强需求侧、供给侧和环境面创新政策的高质量供给，积极推进湖北省关键核心技术原始创新，不断强化湖北省自主创新的内生动力，不断为湖北省经济社会发展提供强劲引擎。

2. 聚焦全方位开放集成创新，强化湖北省自主创新的外在推力

以科技创新推进湖北省动力变革，必须大力推动全方位开放集成创新。集成创新是将不同学科领域的知识进行集成而产生的创新，是将已有技术、知识产权（如有效专利）和部分创新技术，系统组合成具有新功效产品和服务的技术创新行为。集成创新能够将已有单项技术有机地组合和融合，形成一种新产品、新服务或新经营管理方式，创造出新

的价值和新的经济增长点。湖北省要立足企业、行业和区域发展的需求，特别是面向行业产业经济发展的核心共性问题，以湖北省大中型骨干企业、创新型中小微企业为主体，依托在鄂高等学校及科研院所与行业结合紧密的成熟学科、优势学科，联合国内外大中型企业、高水平大学和研究机构，积极开展全方位开放集成创新。集成创新具有全方位开放的创新性质，不仅具有创新观念的开放性和创新资源的开放性，而且具有创新空间的开放性和创新平台的开放性。21世纪以来，创新要素全球流动已成为新一轮全球化的主要特征，各国经济科技联系更加紧密，任何一个国家和地区都不可能仅依靠自己的力量解决所有的创新难题，谁能充分有效整合与利用全球创新资源，尤其是优质资源，谁就能占据创新发展高地，从而引领21世纪人类文明的发展。我国正处于迈向创新型国家行列的关键时期，充分整合全球科技创新资源、深度融入全球科技创新网络，是跻身创新型国家和世界科技强国的必由之路。湖北省要准确把握时代脉搏，进一步以全球视野强化创新自觉和创新自信，始终聚焦全方位开放集成创新，不断集人类创新成果之大成，不断推进产业链再造和价值链提升，不断推动科技创新和经济社会发展深度融合，不断推动湖北省经济实现高质量发展。以全球视野谋划集成创新，以国际化、全方位、高水平、深层次开放合作推进集成创新，不仅能使湖北省自主创新活动具有国际参照及其外部推动力，而且能使湖北省自主创新活动具有较高起点和发展层面，并能够使湖北省自主创新活动取得事半功倍的成效。

3. 聚焦区域创新体系特色建设，强化湖北省自主创新的生态系统

以科技创新推进湖北省动力变革，必须构建和完善具有鲜明地方特色的区域创新体系。区域创新体系是国家创新体系建设的具体延伸和重要组成部分，是实现区域创新发展的载体和途径。区域创新体系对于培育创新发展新动力，引领经济发展新常态，促进区域全面发展具有重要战略意义。党的十九大明确提出要加强国家创新体系建设，强化战略科技力量。在举国上下重视科技创新背景下，湖北省要抓住重要窗口期机遇，紧紧围绕国家战略需求和科技发展布局，努力构建以国家战略科技

力量为核心的区域创新体系。要瞄准前沿科学和区域国民经济主战场，主动承接和融入国家创新体系，积极争取国家重大基础设施建设，强化战略科技力量的责任引领与国家战略使命担当。湖北省更要勇立改革创新潮头，发挥首创精神，以东湖国家自主创新示范区、武汉国家全面创新改革试点城市、湖北创新型省份、中国（湖北）自由贸易试验区等建设为依托，因势利导、顺势而为，努力探索有特色、有影响、可复制、可推广的创新经验及发展路径，形成和完善具有鲜明特色的区域创新体系，构筑湖北省更优越的自主创新生态系统。要充分利用科技创新资源禀赋，瞄准世界科技前沿及国家经济社会发展需求，探索新型创新组织模式，努力争取国家实验室及重大科技基础设施落地，尽可能实现湖北省公共科技资源的社会共享。要加大促进新型研发组织发展的力度，鼓励和吸引更多社会资本进入研发创新领域，使湖北省新型研发组织更富活力、更具效率、更有竞争力。要对新兴产业领域中涌现出的大量新事物、新业态、新模式给予最大程度的包容，尊重并充分发挥市场和社会的作用，强化文化自信和创新自信，积极营造湖北省的创新文化氛围。要大力弘扬企业家精神，在促进大众创业、万众创新过程中，加快形成湖北省具有全球视野的优秀企业家及产业创新领军人才队伍。要大力弘扬实事求是、开拓创新的科学精神，努力提高湖北省公众科技素养和创新创业意识，使全社会形成尊崇创业、鼓励创新、宽容失败、激励先进、合作共赢的新风尚。要积极推进生态、生活、生产的和谐共生，加强创新、协调、绿色、开放、共享发展理念的实践探索，努力打造高层次优秀创新创业人才近悦远来的高舒适度生活环境和高适应度工作条件，形成湖北省具有国际竞争力的自主创新生态系统。

三、以科技创新推进湖北省质量变革、效率变革、动力变革的重要举措

习近平总书记指出："要着力从科技体制改革和经济社会领域改革两个方面同步发力，改革国家科技创新战略规划和资源配置体制机

制"。他进一步强调:"通过优化要素配置和调整生产结构来提高供给体系质量和效率,进而推动经济增长。"习近平总书记的深刻论述为以科技创新推动质量变革、效率变革、动力变革提供了明确思路,即通过提供高质量的科技供给,增强创新引领发展的能力,形成推动质量变革、效率变革、动力变革的驱动力。

湖北省要深入贯彻落实党的十九大精神和习近平总书记视察湖北重要讲话精神,加快推进以科技创新为核心的全面创新,不断完善以企业为主体、市场为导向、产学研深度融合的技术创新体系,积极推进面向国内外、多元化、多层次的开放式协同创新,努力提升原始创新能力,大力促进科技成果有效转化,通过科技创新和创新资源合理配置改善供给侧产出要素,提高科技创新有效供给的数量和质量,以高质量科技创新供给推进湖北省质量变革、效率变革和动力变革。

(一)全面提升基础研究和关键核心技术的原始创新能力,通过增强科技创新源头供给,努力推动湖北省质量变革、效率变革和动力变革

(1)加快建设国际先进、国内一流的原始创新平台。

第一,面向重大战略需求,瞄准科技前沿,统筹武汉大学、华中科技大学、中科院武汉分院等高校院所以及大型企业科研力量,优先发展集成电磁能、光电子、微电子、地球空间信息、精密测量、智能制造、新能源、新材料等学科群体,布局建设突破型、引领型、平台型一体的航母级综合性应用基础研究基地,争创国家实验室。

第二,探索设置湖北省自然科学基金委员会,推动与国家自然科学基金委共同设立联合基金,统筹全省基础研究投入,实施若干重大基础研究专项,在人工智能、精准医疗、先进制造等方向实现原创成果重大突破。

第三,围绕湖北省重点产业和优势学科发展需求,形成布局合理、治理高效、创新能力强的国家和省级重点实验室布局。对研究方向近似、关联度较大和资源相对集中的省级重点实验室进行合并重组;对优秀的省重点实验室优先推荐申报国家重点实验室。

第四，建设重大科技基础设施群。从国家战略需要出发，谋划建设生物医学成像、作物表型组学研究、空间引力波探测"天琴计划"、磁阱型聚变中子源、第四代同步辐射光源等重大科技基础设施。提升现有重大科技基础设施功能，稳定支持脉冲强磁场、精密重力测量等设施建设，支持武汉生物安全（P4）实验室建设。

（2）紧扣湖北省重点产业需求，积极对接国家科技创新重大项目，谋划和持续实施一批能填补国内空白、突破瓶颈制约的重大科技创新专项，力争在全光通信网络、新型显示与智能终端、存储芯片、高端数控机床、工业机器人、北斗导航、强激光与强电磁、高端医疗设备、高端制药等领域实现重大技术突破，推动相关产业跨越发展。

（3）提升高校院所源头创新能力。支持在鄂央校加快建设世界一流大学和世界一流学科，提升重点高校科技创新能力，为数字经济、生物医药等新经济新产业发展提供科技与人才支撑。加强前沿科学预见性研究，争取重大科学问题原创性突破。

（4）加快科研机构改革步伐，充分发挥其科技创新领军作用。支持中国科学院在鄂科研机构力量加快发展精密测量、地下空间、生物安全、淡水资源保护等学科领域，积极支持中国科学院大学武汉学院建设。大力吸引全球顶尖实验室、高校院所、跨国公司在鄂设立研究机构。

（5）多渠道鼓励引导国有大中型企业和成熟期科技型企业从事基础研究活动，切实加大对基础研究的投入力度，让更多的企业创新资源参与基础研究前沿探索。

（二）着力强化应用开发研究和成果产业化，通过提升科技创新产出供给，努力推动湖北省质量变革、效率变革和动力变革

（1）继续壮大优势产业集群。做大做强新一代信息技术、生物、高端装备、新材料、数字创意等战略性新兴产业，加快建设存储器、新型显示、网络安全、地球空间信息、新能源汽车等产业化基地，加速打造"芯片—显示器—智能终端—通信—应用"联动发展的产业生态，培育一批在全国乃至全球有竞争力、影响力的优势产业集群。

（2）提升企业自主创新能力。落实企业研发投入加计扣除和普惠性财政后补助政策，鼓励企业加大研发投入。着力发挥企业创新主体作用，推动规模以上工业企业研发活动、研发机构、发明专利全覆盖，支持规模以上企业与高校院所共建研发机构，支持行业龙头企业、骨干企业建设工程研究中心、技术创新中心、产业创新中心、制造业创新中心等国家和省级科技创新平台。

（3）加大创新产品推广应用力度。制定创新产品研制和使用"双向支持"政策。制定创新产品采购、首台（套）重大技术装备支持政策，建立"首购首用"风险补偿机制。提高创新产品检测效率，创新药物推荐目录管理，推动创新药物进入医疗保障体系。探索创新产品分阶段分类管理模式，建立对萌芽阶段的"试点容错"扶持机制。

（4）建立高新技术企业、高成长性企业、领军型科技企业梯次培育支持机制，重视发挥民营高技术企业在创新方面的优势和作用，重点支持百家骨干高新技术企业成为创新型领军企业。

（5）组建一批重大产业创新联合体。坚持以组织创新推动科技创新。以行业龙头企业为依托，以国家和省级研究平台为支撑，以行业协会、产业联盟为基础，以资本为纽带，聚焦全省战略性新兴产业重点领域，组建重大产业创新联合体。

（6）支持市州建设产业技术研究院。制定支持新型研发机构建设的指导意见，引导高校院所更加注重面向产业的应用研究、面向需求的技术创新。推动市州与高校院所合作，围绕地方产业发展需求，共建集技术创新、成果转化、中试熟化、企业孵化、股权投资为一体的产业技术研究院。

（7）提升高校科技成果转化能力。继续鼓励全省高校设置技术转移办事机构，配备一定数量的专职岗位和专职人员。面向企业收集技术需求信息，组织科技攻关，解决科技成果转化"最先一公里"问题；收集筛选科技成果信息，面向企业推介科技成果，服务科技成果转化落地。将科技成果转化纳入高校发展规划、年度考核,并作为"双一流"建设绩效评价和经费分配的重要依据。

(8)建设科技成果转化中试熟化基地。支持各类园区、企业、研发机构建设科技成果转化中试熟化基地,承担科技成果的中间试验和系统化、配套化、工程化、产品化研发,提高科技成果产业化成功率。探索设立市场化的中试创新基金,建立科技成果转化风险分担机制,支持重点中试项目产业化。

(三)加快形成更加合理有效的制度安排,通过完善科技创新政策供给,努力推动湖北省质量变革、效率变革和动力变革

(1)按照2018年12月5日国务院常务会议精神和要求部署,加快推广促进创新的改革举措。继续推进修订后的《科技成果转化法》落地,全面落实"科技成果转化十条""科技人员服务企业新九条""激励企业研发活动十一条"等科技新政,落实科技成果转化激励。

(2)优化创新资源和创新力量布局,出台具体措施支持武汉综合性国家科学中心和襄阳、宜昌区域性创新中心建设,推动创新型城市和创新型县市建设。

(3)在东湖国家自主创新示范区加大新一轮改革试点工作力度,及时向国家高新区复制推广东湖国家自主创新示范区的先行先试经验,加快国家高新区和省级高新区建设。

(4)实施科技支撑乡村振兴战略行动,深入实施科技特派员制度,加快农业科技成果推广应用。建设一批以高新技术为主导的特色小镇,推进市县乡村创新发展。

(5)建立面向需求的项目遴选机制。邀请国际科学家、创新企业家、风险投资家参与重大科技项目遴选,扩大科研机构、企业、行业协会和产业联盟话语权。建立完善"企业出题、先期投入、市场验收、政府补助"等项目形成和实施机制,尊重企业创新决策权。

(6)扩大创新产品政府采购。制定新技术新产品认定管理办法,编制重点新技术新产品推广应用目录。试行政府首购制度,纳入政府采购自主创新目录产品,由采购人或政府首先购买。完善政府采购方式,目录内产品可采取竞争性谈判、竞争性磋商、单一来源、询价等方式采购。各部门、单位通过预留份额、价格扣除和合同分包等方式提高中小企业产品政府采购比例。

(7) 建立共性技术产权池,由政府购买相关成果,对符合条件的在鄂企业无偿开放使用。

(四) 不断推进创新资源的柔性流动与高效利用,通过提高科技创新资源供给,努力推动湖北省质量变革、效率变革和动力变革

(1) 充分发挥体制机制优势,统筹各界力量、整合各种要素、融合各类链条,明确打造创新创业群体理想栖息地和价值实现地的目标定位,聚焦创新要素优化配置,打造"政产学研用金才"联动的创新创业生态系统。

(2) 各类创新活动的主体都要从科技人才选拔、科技人才使用、科技人才管理、科技人才服务等四个相辅相成的环节,形成完备的科技人才成长培育的逻辑链条,用日益完善的激励保障措施和客观公正的评价体系,最大限度地调动科技人才的创新积极性和原创性。

第一,聚集科学"高峰"人才。在全球吸引诺贝尔奖获得者、院士等一批能够承接重大任务、取得尖端成果、做出卓越贡献的"高峰"人才团队,以"自由定方向、量身建平台、任务定经费"等方式,给予专项经费资助,支持其领衔开展基础科学研究。坚持高起点、高标准,培养造就一批高水平青年科学家,促进优秀青年人才脱颖而出。

第二,培育企业领军人才。加快培养具有国际视野、精通现代企业管理、具有创新精神的企业领军人才。每年遴选一批规模以上企业负责人到知名高校和国内外发达地区考察研修,提升企业家创新能力;选派一批科技创业人员到知名企业学习培训,提升科技人员创业能力;选拔一批专家教授到规上企业挂职,提升企业创新能力。

(3) 进一步创新政府引导、民间参与、市场化运作支持企业融资的服务模式,促进科技与金融的深度融合,构建集融智、融资、融商为一体的科创金融体系，拓展科技型企业的融资渠道，提高金融支持创新的灵活性和便利性，放大金融工具的助推作用。

第一，建立财政科技投入稳定增长机制。各级政府要完善投入机制，调整财政支出结构，稳定提高科技支出占财政支出比重，通过省市县联动，大力引导全社会加大研发投入，实现财政科技投入、全社会研发投入大幅增长。实行"一票否优"责任制，明确提出将全社会R&D经费支出作为科技进步目标责任制考核主要指标，对年度全社会R&D经费支出占GDP比重和财政科技投入增幅双下降的市县，在考核时一票否优，激励市县加大科技创新投入。

第二，加大天使投资力度。省级设立20亿元天使投资母基金，引导社会资本共同组建100亿元天使投资基金群。鼓励市县设立天使基金。制定天使投资风险补偿政策，建立国有投资机构容错纠错机制。

第三，激发社会创业投资活力。对接国家新兴产业创业投资、科技成果转化等引导基金，落实创业投资优惠政策，吸引省内外创投机构落地湖北，投资湖北科技企业和科技成果转化项目。

第四，扩大科技金融信贷投放。鼓励商业银行创建具有"创投基因"的信贷标准与流程，开发免抵押、免担保、低成本专属金融产品。建立信贷风险补偿和分担机制，综合运用信用融资、股权融资、知识产权融资等工具，加强对初创企业信贷支持。稳步推进科技贷款资产证券化。

第五，支持科技型企业直接融资。对企业境内外证券市场上市融资、全国场外交易市场挂牌融资以及利用债务融资工具融资的，按其融资额度一定比例给予奖励。

（五）持续创新公共科技服务模式，通过优化科技创新服务供给，努力推动湖北省质量变革、效率变革和动力变革

（1）完善科技中介服务的类型，构建多层次、全方位、更合理的科技中介服务链条，针对创新主体的"痛点"和"症结"提供贴身服务，放大科技中介服务作用于科技供给的功能。

第一，加强科技中介机构建设，形成覆盖创新创业全链条的科技服务体系。到2022年，引育百家拥有知名品牌的科技服务机构。

第二，适应新时期产业政策和政府管理方式变革要求，充分发挥行业协会和相关中介组织在政策制定、行业监管、标准规范和服务行业发展等方面的作用，形成多元社会主体共同推动质量变革、效率变革和动力变革的新格局。

第三，优化新技术管理服务。加大政府研发投入，突出体制机制创新与协同整合，加快推进综合性国家科学中心、产业创新中心、创新网络等产业技术创新平台建设，推动有助于三大变革的新技术蓬勃涌现。

第四，优化新企业管理服务。切实做到简政放权、放管结合、优化服务"三管齐下"，推动大众创业、万众创新蓬勃兴起，促进更多的高质量的新创企业源源不断涌现。

第五，优化新产业管理服务。进一步放宽新产业新业态的市场准入，对新生事物采取包容审慎监管，着力优化新产业成长的政府服务和市场环境，促进形成有利于先进生产力发展的体制机制。

第六，优化新要素管理服务，促进知识、技术、信息、数据等生产要素合理流动、有效集聚、充分发挥其放大社会生产力的乘数效应。

（2）建立精简高效的过程管理机制，强化成果导向，简化项目管理流程，推行"材料一次报送"制度，实现"一表多用"，优化创新创业政务环境。

第一，建立科研项目攻关动态竞争机制，实行重大科技项目分阶段资助，推动科研攻关由预选单一主体向多元化竞争转变。

第二，深化"三评"改革，推行代表作评价制度，改革重大科技专项、重点研发计划项目立项和组织实施方式，从过程管理向效果管理转变。

第三，推行首席专家负责制，赋予科研人员更大的人财物自主支配权和技术路线决策权，项目申报时以科研人员提出的技术路线为主进行论证，项目实施期间在研究方向不变、不降低申报指标的前提下，科研人员可自主调整研究方案和技术路线。

第四，健全保护创新的法治环境，强化产权和知识产权"两权"保护，实施更加严格的知识产权保护和执法制度，大幅度提高权利人胜诉率、判赔额，从根本上改变"侵权易、维权难"的状况。

第五，加强质量基础体系创新，开展科技成果转化为技术标准试点，推动更多应用类科技成果及时转化为技术标准，推动技术创新、标准研制和产业化协调发展。

(本报告为2018年湖北科技思想库重点课题研究成果)

  课题负责人：李 光 武汉大学"珞珈杰出学者"、教授、博士生导师

  课题组成员：刘 钒 武汉大学发展研究院副院长、副教授、博士
       易晓波 武汉大学发展研究院副教授、博士
       刘义胜 武汉大学发展研究院博士生
       高 毅 武汉大学发展研究院博士生
       徐千城 武汉大学发展研究院博士生
       杨 炎 武汉大学发展研究院博士生

湖北省深化"互联网+放管服"改革研究
——努力打造"数字化、整体性、服务型"政府

华中科技大学课题组

随着物联网、云计算、大数据、人工智能等新一代信息技术的快速发展及广泛应用,政府管理创新与信息技术深度融合,加速了政府数字化转型进程。2017年以来,中共湖北省委、省政府运用互联网思维引领"放管服"改革,打造全省"一网覆盖、一次办好"的"互联网+放管服"改革体系,政府职能不断优化,政府治理和公共服务水平逐步提升。然而,湖北省在推进"互联网+放管服"的过程中也有一些难点和问题亟待解决。为抓住全球政府数字化转型和我国深入推进"放管服"改革的机遇,推动高质量发展,湖北省需深化"互联网+放管服"改革,打造"放管服"改革升级版。

一、当前湖北省"互联网+放管服"改革现状与问题

(一)"互联网+放管服"改革成效

2017年以来,湖北省按照网上集中办理、服务便民利企、数据开放共享的总体思路,积极推进"互联网+放管服"改革,在平台建设、机制优化、模式创新等方面取得突破和进展。

一是"一网覆盖、线上运行"的一体化在线政务服务平台基本建成。全省统一的政务服务平台——湖北政务服务网于2017年12月上线运行,2018年8月实现省市县三级联通全覆盖。全省各业务系统向省

级平台共推送办件总量146万余件，其中省级近16.9万件、市级130余万件。

二是"一套标准、一窗受理"的网上办事架构取得阶段性进展。编制完成湖北省级清单、市县乡三级通用清单及省公共服务事项指导目录，发布行政许可和公共服务事项127991项。全省共6403个事项在网上办理，其中99.15%的省级事项和69.94%的市级事项实现全程网办。

三是事中事后监管方式不断强化。湖北省市县三级"双随机一公开"基本实现全覆盖，建立市场主体诚信档案、失信联合惩戒机制、经营异常名录和黑名单制度，33个经济发达镇设置综合执法机构。

四是"一网、一门、一次"政务服务创新不断涌现。武汉市"马上办、网上办、一次办"政务服务模式，黄石与襄阳两市"先建后验"企业投资项目承诺审批制受到国务院肯定。

（二）"互联网+放管服"改革难点问题

当然，湖北省在推进"互联网+放管服"改革过程中也面临一些难题。除了上级政府与基层部门推进改革的"两种温度"、政府部门和社会公众感知改革的"两种体验"以外，还存在以下不足。

（1）"重审批、轻监管、弱服务"现象没有得到根本性扭转。一是行政审批事项居高不下。全省省市两级行政审批事项21084项，分别比浙江省、江苏省、广东省高出145.2%、68.4%和33.9%，如表1所示。二是事中事后监管尚处于探索阶段，对法律、市场和技术手段运用不够，监管信息共享不够，部门联动不足，监管合力有待加强。三是公共服务事项比重低。湖北省省市两级公共服务事项在全部事项中仅占26.6%，与浙江省（47.6%）、广东省（31.1%）相比存在明显差距。

表 1　　　　　湖北省与浙苏粤省市两级审批服务事项的对比

省份		审批事项	服务事项	合计
浙江	事项数（项）	8597	7798	16395
	占比（%）	53.43	46.57	100
江苏	事项数（项）	12520	2934	15454
	占比（%）	81.01	19.99	100
广东	事项数（项）	15750	7105	22855
	占比（%）	68.91	31.09	100
湖北	事项数（项）	21084	7634	28718
	占比（%）	73.42	26.58	100

数据来源：根据各省政务服务网数据统计得到，统计数据截至 2018 年 8 月。

（2）改革协同性不足，整体效能不强。一是省市向下放权时，没有同步下放编制、人员、经费等资源，县区工作压力大、效率低，对国家和省下放的部分事项承接能力不足。二是"先建后验"等地方性改革与全国性法律法规相冲突，缺乏制度保障，相关人员存在责任风险。三是"电子证照""多证合一"等创新成果尚未实现省内互认互通，影响改革权威性。四是省内不同市县在行政职权与公共服务事项认领、标准制定、工作规范等方面各行其政，标准不统一。五是"互联网+放管服"改革牵涉政务管理办、审改办、电子政务办、大数据管理局等多个部门，协调难度大。

（3）平台整合任务艰巨，数据共享难度大。一是国家部委和省级层面上的业务办理平台未能很好地互联互通，市县级政府部门办理审批（服务）事项要在多个平台同时申办，重复录入数据。二是县区将政务数据上传并存储到省市两级政务数据平台以后，他们没有回溯获取自己数据的权限。三是目前市县级政府在跨层级、跨地区申请政务信息资源共享时，即便通过省级数据共享交换平台，其共享请求几乎很难得到满足。

（4）网上政务服务能力弱。据国家行政学院 2018 年 4 月发布的

《省级政府网上政务服务能力调查评估报告》，湖北省网上政务服务能力在全国32个省级区域中排名20，与该省经济实力和科教大省身份很不相称。一是基层"网上办"事项比重较低，县级事项网办率为33.6%，乡镇和村级服务事项网办率为40.5%。二是网站功能不完善。湖北政务服务网提供的搜索功能难以快速匹配群众的查询服务需求，"智能助手"不能提供智能化的咨询服务，群众体验感较差。三是数据开放共享程度低。全国共有46个副省级城市或地级市建有数据开放平台，其中山东省18个、广东省12个，而湖北省仅武汉、荆门两市实施数据开放。

上述问题的成因是多方面的。一是公共事务的综合性和政府职能的"碎片化"之间存在固有矛盾，部门分割、职能分散、协同不足造成服务集成、平台整合和数据共享困难。二是政府数字化转型缓慢，信息技术应用不充分，导致数字化治理和服务能力弱。三是政府职能转变不到位，服务意识和服务水平有待提高。

二、国内相关地区改革成功经验与启示

当前，我国"放管服"改革迎来重要机遇期，国家以更大力度、更快步伐深化改革，加快政府职能深刻转变。一是推进审批服务便民化。推行审批服务"马上办、网上办、就近办、一次办"，开展"减证便民"行动，实施"多评合一""多规合一""多图联审""并联审批""规划同评""代办制"等便民利企审批服务方式。二是加快全国一体化在线政务服务平台建设，推进服务事项全国标准统一、全流程网上办理，实施统一身份认证、统一电子印章和统一电子证照，形成全国政务服务"一张网"。三是提升"互联网+政务服务"水平，推行政务服务线上"一网通办"，企业群众办事"只进一扇门""最多跑一次"等多项举措。

他山之石，可以攻玉。当前全国各地陆续涌现出一批"放管服"改革的成功案例与成熟经验，其中既有经济发达的沿海地区（如浙江

省、江苏省、广东省、上海市等），也有经济欠发达的西部地区（如贵州省等），值得湖北省认真学习和借鉴。

（1）浙江省"最多跑一次"。浙江省在"四张清单一张网"的基础上，省市县乡四级政府全面推行"最多跑一次"改革，分期分批梳理公布企业和群众办事"零上门"和"最多跑一次"事项；以事项为载体，撬动跨部门流程再造，整合办事大厅，实行"一窗受理、集成服务"新模式；以信息技术为支撑，开展政府部门间在线协作和数据共享。

（2）江苏省"不见面审批（服务）"。江苏省以"3550"为目标，全省建立"不见面审批（服务）"体系，形成"网上办、集中批、联合审、区域评、代办制、不见面"的办事模式，按照"外网受理、内网办理、全程公开、快递送达、网端推送、无偿代办"的方式开展审批（服务）；构建"不见面审批+强化监管服务+综合行政执法"新型管理体系，完善改革实施的制度保障体系。

（3）广东省数字政府建设。广东省从体制机制改革着手，构建"管运分离"新体制，形成"一办一中心一平台"架构，完善政企合作机制；构建统一安全的政务云平台、资源整合的大数据平台、一体化网上政务服务平台，形成一体整合大平台、共享共用大数据、协同联动大系统的顶层架构和省级统筹、整体联动、部门协同、一网通办的数字政府。

（4）贵州省"互联网+政务服务"。贵州省建立国内首个政务数据资源整合、共享、开放和利用的"云上贵州"平台，在国内首创"一张网办理、一个系统审批、一个数据库汇聚、一个标准开放共享"；通过系统自动甄别和智能判定，开展"智慧审批"；推行"集成套餐服务"，利用大数据共享平台，深度挖掘分析政务数据，预判公众办事需求。

（5）上海市"一网通办"。上海市建立统一的公共数据平台，全面推进政务"一网通办"；明确"一网通办"管理体制，确立电子证照等创新成果法律地位；以公共数据平台为基础，实现政务服务事项网上办理全覆盖；加强公共数据管理和利用，建立数据"应用场景授权"机制。

相关地区的成功经验为湖北省深化"互联网+放管服"改革提供重要借鉴。一是"互联网+放管服"改革作为"一把手工程"，浙江省、广东省都是由省长担任改革领导小组组长，"一把手"亲自抓，省级统筹，高位推进。二是将体制机制改革和制度优化作为突破口，广东省专门组建省电子政务办、省大数据管理中心，上海市明确电子签名、电子印章、电子证照、电子档案的法律地位。三是敢为人先，如浙江省"标准地"、江苏省"综合旗舰店"、贵州省"集成套餐服务"均是全国首创，改革魄力很大，步伐很快。四是将政府部门视为一个整体，政府部门协作完成各项审批服务工作，如江苏省的"多评合一、多图联审、联合勘验"。五是以互联网和大数据技术提升政务效能，如广东省数字政府、上海市"一网通办"。六是以服务为导向，最大限度满足企业和群众办事需求，如浙江省"最多跑一次"、江苏省"不见面审批（服务）"、上海市"一网通办"。

三、奋力打造湖北省"数字化、整体性、服务型"政府

借鉴先进地区改革创新实践，湖北省深化"互联网+放管服"改革必须开展政府全面深刻转型，以数字化政府为抓手，以整体性政府为关键，以服务型政府为导向，奋力打造"放管服"改革升级版。

第一，政府数字化转型是抓手。"互联网+放管服"本质上是利用信息技术倒逼政府改革和转型，促进政府治理体系和治理能力现代化，政府数字化转型就是政府部门实施全方位的数字化，包括决策数字化、治理数字化和服务数字化，最终建成数字政府。

第二，整体性政府构建是关键。对市场主体和群众而言，政府是一个整体，他们希望只需要面对一个部门，办事只进一个门，最多跑一次，其他工作通过政府部门的内部协作来完成，事项归集、数据共享、部门协作都属于政府内部事务。整体性政府构建依托新一代信息技术，

打破行政界限、利益壁垒，消除"信息孤岛""数据烟囱"，解决部门"条块化"、职能"碎片化"问题。

第三，服务型政府建设是导向。"放管服"改革坚持以人民为中心的发展思想，从政府供给导向到群众需求导向转变。无论是政府数字化转型，还是整体性构建，都是为了更好满足市场主体和群众的多样化、个性化需求。马上办、网上办、就近办、一次办、随时办、指尖办等创新服务方式成为基本业态。

四、湖北省打造"数字化、整体性、服务型"政府的对策

建设"数字化、整体性、服务型"政府涉及政府部门组织机构、政务流程重组、管理服务模式创新、信息平台重构和数据共享等全方位、系统性的改革，湖北省打造"数字化、整体性、服务型"政府需重点做好以下工作。

（一）加强统筹，加快"互联网+放管服"建设体制机制改革

（1）提升"互联网+放管服"改革的站位。着眼于提升治理体系和治理能力现代化水平，加大政策创新力度，既要注重原始创新，又要加强集成创新和引进消化吸收再创新。一是将打造"数字化、整体性、服务型"政府确立为湖北省"放管服"改革升级版的目标。二是敢为人先，从"跟跑""并跑"转向"领跑"，努力将湖北省"互联网+放管服"改革做成全国标杆，推动该省部分创新实践和典型做法上升为国家标准。

（2）优化"互联网+放管服"改革领导机构职能。将省推进职能转变协调小组、省行政审批制度改革工作领导小组、省电子政务外网建设和管理协调小组和智慧湖北建设领导小组的职能整合到省数字政府建设领导小组，负责全省"互联网+放管服"改革的组织领导、顶层设计和统筹协调。

（3）构建政务管理新型组织体系。一是将省政府电子政务办、省编办行政审批改革处、省经济和信息化委电子政务处、省信息中心（省电子政务中心）等机构合并到湖北省政务管理办，并作为全省数字政府建设工作的行政主管机构；主要职责为全省行政审批改革、政务服务创新、公共资源交易、政务信息化、数据资源管理等。市县两级设立对应机构推进落实。二是实施政务信息化负责制。出台《湖北省首席政务信息官管理办法》，省市县三级政务管理办设立"首席政务信息官"（CIO），负责对应层级政务改革及政务信息化的规划、管理及监督工作。三是省市两级设立大数据资源管理中心，由同级政务管理办负责管理，承担所在地区公共数据归集整合、共享开放和开发应用等工作，对相关社会数据开发利用进行指导。

（4）成立湖北省"放管服"改革研究智库。发挥湖北省科教大省优势，特别是数字治理、电子政务、信息资源管理等学科专业在全国的领先优势，组建高校、政府、企业协同创新的高端智库，用前瞻性思维、国际化视野、战略性规划方式，服务全省"放管服"改革工作。

（二）高位推进，科学开展"互联网+放管服"改革顶层设计

（1）制定"互联网+放管服"改革规划纲要。对标国际一流标准和先进水平，制定湖北省"互联网+放管服"建设规划纲要，明确"互联网+放管服"总体框架，提出建设目标任务、实施路径和路线图。按照"全省一盘棋"要求，全省统一规划建设、统一标准规范、统一监督管理、统一评价体系。

（2）完善"互联网+放管服"改革制度体系。一是加快清理修订不适应"互联网+放管服"改革的地方性法规、政府规章和有关规定。二是制定湖北省网上办事服务管理办法等配套制度和服务规范，出台电子签名、电子印章、电子证照、电子档案的使用及管理办法。

（3）强化"互联网+放管服"改革标准化建设。一是由省政务管理办牵头，以省市场监督管理局为主体，省标准化院协助，抽调市县质监部门骨干人员，充实标准和清单编制力量。二是全面实施"清单管理"

办法。梳理制定政府权力责任、公共服务、"一网通办""跑一次"、数据共享开放等服务事项，完善事项目录，按照"三级八同"事项标准编制办事指南，建立事项清单和办事流程的统一标准。三是完善数字城市网络基础设施、政务云平台和公共数据平台建设的技术标准。四是加快标准推广应用，优化技术标准和事项流程标准，推荐应用效果好的湖北地方标准成为全国标准。

（三）以"事项"为基础，打造无缝连接的整体性政府

（1）加快政务服务事项清单编制和完善。在梳理已有清单基础上，编制一批新清单，包括政务服务事项目录清单和实施清单、群众和企业办事证明事项清单、办事跑腿次数清单等。

（2）开展政务服务业务协同和流程再造。推动政务服务由以部门为中心向以事项为中心转变，以"办好一件事"为导向，实施事项汇聚重组、流程优化再造。在全省开展"多规合一""多评合一""多图联审""并联审批"等工作，制定联合规划、联合评估、联合勘验、联合测绘、联合验收的工作流程和管理办法。

（3）推进政府机构改革和优化资源配置。一是坚持"部门随事转，数据随事跑"的原则，从按部门设岗转向按事项设岗，以事项为核心调整政府部门内设机构，优化职能职责，科学设岗定编，全面推进省市县三级政府机构改革。二是以事项为基础优化政府部门设置，整合职能相近的部门。市县两级设立行政审批局，开发区设立行政审批局和综合行政执法局。

（4）建立"集中审批+分类监管+综合执法"一体化机制。一是市县两级和开发区全面推行相对集中行政许可权改革，推进审批职责、机构、人员"三集中"。省级主管部门设立行政审批处，进行业务指导和协调管理。二是建立分类监管机制。以监管对象的社会信用情况、违法违规次数以及行业风险程度等为依据采取不同频率、不同方法的监管措施，实行差异化监管。三是深化综合行政执法改革。相对集中行政处罚权，统筹城市综合执法。市县开展分类综合行政执法，实现"一个领

域一支队伍"的综合执法,在市场监管、生态环境保护、文化市场、交通运输、城市建设管理等领域整合组建综合行政执法队伍。四是建立监管信息共享机制。依托省政务服务网建立审批监管信息互推送制度,审批事项结果即时推送监管部门,执法结果即时推送行政审批部门和信用监管部门。

(5) 建立社会信用综合监管体系。一是整合公共信用信息库。将发改委、市场监管、商务等领域的多个信用平台整合到"信用湖北"(省信用信息公共服务平台),完善和优化平台的服务功能。二是推广应用企业和个人信用承诺制,实施行政审批"容缺受理",全面推行企业投资项目"先建后验"制。三是建立企业和个人信用积分制度。出台《湖北省信用积分管理规定》和《湖北省信用积分计算标准》,设定守信加分和失信减分指标及分值,公开量化信用信息。基于企业和个人的失信和守信行为,动态计算其信用积分。将积分与授信额度贷款等民生重要方面关联,使得高分者通行无阻,低分者处处受限。

(6) 提升基层政务服务能力。一是资源配置重心下沉。分析湖北省市县乡四级事项数及办事数量,计算编制需求,科学设岗定编;将编制、人员、资金、设备等资源逐步向县区、乡镇等基层倾斜,提升基层部门承接能力。二是通过汇编指南、集中培训、专家授课、研讨交流等多种形式,加强业务培训,上级部门加大对基层承接部门审批业务的指导,提高基层特别是窗口部门的业务水平和综合服务能力。

(四) 以"数据"为重点,建设科学高效的数字政府

(1) 完善数字政府的技术支撑系统。一是推进政务平台整合融合。加快湖北省统一的"一窗受理"平台建设,加快全省政务云建设并推动省市两级业务系统向云平台迁移,推动湖北省政务服务网对接国家部委业务系统。按照"省级建设、市县使用"原则,市县统一使用湖北政务服务网作为网上办事平台。二是加快全省统一公共数据平台建设。形成全省统一管理的人口、法人、空间地理、宏观经济等四大基础数据库,建立政务服务事项、电子印章、电子证照、社会信用信息等若干主

题数据库，实现相关数据资源的物理集中管理。市级公共数据平台纳入全省公共数据资源的统一管理。

（2）加快公共数据资源目录编制。一是湖北省大数据管理部门加快制定公共数据资源目录管理制度和目录编制标准。二是基于数据和事项的映射关系，在政务服务事项基础上全面梳理公共数据资源，形成数据责任清单、需求清单和负面清单，开展公共数据资源目录编制、动态更新工作。三是制定出台湖北省《政务数据共享清单》《政务数据开放清单》并向社会公开。

（3）完善公共数据共享交换机制。一是成立政务信息数据共享工作专题组，制定政务公共数据融合共享管理办法，明确政务数据权属与共享开放条件。二是将政务数据按照共享属性分为无条件共享、授权共享和非共享三类，制定政务公共数据共享管理办法。三是建立基于应用场景的数据授权共享机制。湖北省大数据管理部门根据"互联网+政务服务"等应用需要，梳理跨层级、跨地区、跨部门的数据共享应用场景，明确应用场景的共享条件和共享流程。数据应用需求符合应用场景的公共管理和服务机构，可直接获得授权，使用共享数据。四是建立数据授权使用和责任追究制度。省级大数据管理部门根据"一网通办"、城市精细化管理、社会智能化治理等应用需要，以具体管理和服务事项的数据应用需求为基础，基于请求响应的调用服务方式建立数据共享授权机制，对于应共享但未开展数据共享的部门和个人建立责任追究制度。

（4）让数据"多说话"，积极推进政府数字化决策。建立湖北省可视化大数据分析与决策支持平台，以统一公共数据平台中的政府数据和社会大数据为基础，积极采用大数据、云计算、人工智能等新技术，围绕数字经济、长江经济带生态保护、精准脱贫、河湖治理等全省中心工作开展可视化分析和推演，模拟仿真决策事项的动态过程及结果，为省委省政府科学精准决策提供量化依据。

（5）让数据"多使力"，扎实推进政府数字化治理。一是建立湖北省市场监管风险监测平台。借助大数据技术，将全省企业纳入监测范围,开展企业全生命周期市场监管,集成数据整合、模型构建、风险判断、动态监测、输出风险名单等功能,提前预判市场和企业风险。二是智慧社会治理。在城市交通智慧疏导、社会综治视联、安全生产监测、重大突发事件应急处置等重点领域建立智慧治理平台,用物联网、大数据、人工智能、区块链等技术手段开展智慧社会治理。三是推动电子督查和政务效能评价。依托省政务服务网建立政务服务电子督查子系统,对事项办理过程进行实时监测、预警纠错、投诉处理,实现政府服务全程留痕和动态督查。汇集湖北省政务服务全流程信息,对一体化在线政务服务平台和政务服务效能评价结果进行科学分析,推进政务服务事项及流程的精简、整合和优化。

(6)让数据"多跑路",加快推进政务服务"一网通办"。一是将湖北省政务服务网打造成全流程一体化在线政务服务平台,政务服务事项全部纳入该平台统一办理,全面推行"在线咨询、网上受理、网上审批、网端推送、快递送达"办理模式。二是在线政务服务平台实行统一身份认证、统一电子印章、统一电子证照,并接入第三方支付平台提供在线支付功能。湖北省12345在线服务平台作为政务服务"总客户"接入在线政务服务平台。三是在商事登记、企业投资项目审批、不动产登记等重点领域和民生高频事项上开展"无介质、不见面、零跑腿"办理。

(7)着力推进数据开放和利用。一是明确公共数据的开放属性,分为无条件开放、有条件开放和不开放三类,制定湖北省政务数据开放清单,向社会公布。二是大力推动公共数据向社会开放。推动交通、医疗、社保、旅游、文化、质量等民生领域的高价值公共数据优先开放。鼓励社会力量利用政府公开的统计信息和底层原始数据,进行大数据开发,推动数字经济发展。三是推进社会数据开放。支持社会数据接入政府数据开放平台,丰富数据资源和数据产品。四是鼓励和引导公共数据的社会化开发利用。鼓励法人、公众和其他组织对公共数据进行挖掘和分析,开展大数据开发利用和创新应用,推动数字经济发展。

（五）以"服务"为中心，打造人民满意的服务型政府

（1）提升湖北三政务服务网的体验感。一是开展智慧政务。针对办理频次高、流程简单、标准明确的事项，系统将办事申请的数据与量化的审查标准对比，进行自动甄别和智能判定，实现企业和群众"在线申请、自动审批、即时办结"。二是提供高效智能的站内搜索功能和畅通的咨询渠道。强化模糊搜索与智能匹配功能，快速高效地为不同层次用户定位所需服务。依托人工智能技术实现在线咨询渠道的全天候畅通与即时响应。三是建立"政务服务体验者"制度，在政务服务网站功能优化与模块设计过程中，定期邀请不同层次用户作为政务服务体验者参与体验内测版本，提出反馈意见并实时改进。

（2）加快推进电子证明材料"一网通享"。充分利用数据共享平台，用"数据跑路"方式代替"群众跑腿"。一是推行电子签名、电子印章、电子证照、电子档案等电子证明材料"一次办理、全网共享、全省通行"。二是对企业和群众提交并能够通过信息化手段调取的材料，或者能够通过统一公共数据库共享方式获取的证明材料，不得要求办事对象重复提交。三是对企业和群众通过网上身份认证、线上支付、物流快递方式办理业务，不得强制服务对象到现场办理。

（3）大力发展移动政务服务。一是开发"一窗受理"平台移动端，推动重点高频事项从"网上办"转向"掌上办""指尖办"，逐步推行移动政务服务。二是开发微信小程序，在全省范围内实现医保、社保等民生信息在线查询。三是依托微信公众号和小程序等媒介提供政务服务咨询及办理业务，以电子证照形式集成身份证、护照、港澳通行证、台湾通行证、户口本、居住证、驾驶证、行驶证等常用证件，在办理事项时自动调用。

（4）大力拓展"集成式套餐服务"。一是选择群众需求最迫切、最"棘手"的关联事项并打包推出"集成套餐服务"。编制详细的"集成套餐服务"指南，列明套餐内涵盖的所有相关事项、材料、流程等要素，在湖北省政务服务网上动态发布。二是在政务服务网、实体服务大

厅分别设立"集成套餐服务"模块、窗口，提供政务服务集中式办理。

（5）探索"无人化政务服务"模式。一是在实体政务大厅和社区推广自助服务。以人工智能技术为核心，集成高拍扫描仪、高速打印机、身份证读卡器、智能机器人等专用外部设备，全程采用语音和动画结合的方式引导用户自助办理业务。二是推动湖北省市县级实体政务大厅转型升级。实体政务大厅由业务办理全面转向咨询服务和代办服务。

（6）提供即时推送式、个性化服务。一是以短信、微信等方式及时推送审批（服务）事项办理进度和结果。二是通过大数据分析用户历史行为习惯，挖掘用户潜在办事需求，实现政务服务的精准定位智能推送用户关注度高、与用户高度关联的信息，变被动服务为主动服务。鼓励用户及时反馈，不断调整推送式服务的方式与内容。三是针对湖北省经济社会发展特色，开展符合市场主体和群众需要的特色服务、个性化服务。

（本报告为 2018 年湖北省社会科学重点基金项目研究成果）

课题负责人： 张　毅　华中科技大学公共管理学院副院长、教授、博士生导师
报告执笔人： 王启飞　华中科技大学公共管理学院讲师、博士
课题组成员： 程　晨　华中科技大学公共管理学院博士生
　　　　　　　昌　诚　华中科技大学公共管理学院博士生
　　　　　　　杨　奕　华中科技大学公共管理学院博士生
　　　　　　　宁晓静　华中科技大学公共管理学院博士生

湖北省防范化解金融风险研究

黎苑楚　陈　丹

进入经济新常态，我国面临增长速度换挡期、结构调整阵痛期、前期刺激政策消化期"三期叠加"的严峻挑战。随着经济运行中的各种矛盾和风险的不断暴露，并不断集中传导和体现到金融领域，金融风险已成为当前最突出、最显著的重大风险。

近年来，金融风险高发区在一定程度上从传统金融体系转移至非传统金融体系、从中央转移至地方、从线下转移至线上，地方已成为防控金融风险的重要战场。作为金融体系的重要参与者，地方政府扮演着"需求者""出资者""监管者"三重角色，分别存在不同利益诉求和行为特征。新形势下，准确把握金融风险中政府的定位，以构建现代经济体系为目标，开展防范化解金融风险研究具有重要意义。

一、地方金融及地方金融风险

金融作为现代经济的核心，是整个市场经济体系的动脉与血液。金融风险是指与金融有关的风险，如金融市场风险、金融产品风险、金融机构风险等。金融风险作为社会风险的重要源头，其发生势必对社会造成重大破坏、对国家经济安全产生重大影响。

金融风险通常具有不确定性、普遍性和客观性、扩张性和传染性等特点。从宏观经济层面看，我国金融风险主要表现为信用风险、流动风险、经营风险、操作风险等。从金融服务实体经济、市场化经济健康快速发展的角度，债务率不断提高、实体企业融资成本不降反升、金融服务自身比重继续上升、金融运行险象环生等严重影响了我国实体经济发展。在经济金融化程度较高的情况下，金融风险不仅会制约金融资源的优化配置，影响现有金融体系的稳定性，导致整个社会信用关系的紧张，还会削弱整体经济环境抵抗风险的能力，导致金融对实体经济的支持力显著减弱，影响市场经济的快速发展。

（一）地方政府在金融体系中的角色

地方金融是整个金融体系的微观基础。地方政府在金融体系构建中扮演着"需求者""出资者""监管者"三重角色，分别存在不同利益诉求和行为特征。

一是需求者角色。地方政府作为转型期推动区域经济发展的责任主体，在政绩导向、分税制改革等体制因素的影响下，普遍把增强金融资源的汲取能力视为推动区域经济增长的重要手段，积极推动地方金融创新、规划建设地方金融集聚区、培育完善地方金融生态成为地方政府推动地区经济发展的重要目标。

二是出资人角色。由于中央对金融控制的加强，地方不得不面临交易成本过高、国有金融资源获取困难的窘境，这就促使地方政府寻求交易成本更低的新金融制度安排，即出资设立地方性金融机构，特别是城市商业银行和农村信用社、金控平台、产业基金等。

三是监管者角色。由于中央垂直监管难以对游离于银证保体系之外的地方金融进行直接管理，出于有效应对地方金融快速扩张及金融风险渐进暴露局面的考虑，中央逐渐将地方金融监管职能及风险处置责任交由地方政府承担。地方政府要在坚持金融管理主要是中央事权的前提下，按照中央统一规则，强化属地风险处置和监管责任，同时接受各级人民政府的指导和协调。

（二）地方参与金融活动的主要形式

"地方金融"是一个与"国家金融"或者"正规金融"相对的概念，它并不是一个规范的法律概念。地方金融基于金融的全球化、流通化，既无法脱离国家金融独立存在与发展，同时也具有一定的特色性、区域性。

地方参与金融活动的主要形式主要包括：设立地方金融管理机构、建设地方性金融组织或政府平台、加大金融业发展的软硬件建设力度、培育引导企业上市、加强金融生态环境建设等。

1. 加强地方金融监管

随着地方经济的快速发展，各级地方政府为切实促进地方金融发展、落实国家金融调控政策、填补金融监管空白，纷纷主动设立金融办（或地方金融局），致力于建设良好的地方金融环境，为金融货币政策和宏观经济政策的有效实施，创造公平的金融竞争环境，防范和化解金融风险等方面提供了有力保障。

2. 组建地方性金融主体（政府平台）

在地方经济发展过程中，金融资源的开发和利用对区域经济增长具有重要作用。地方政府长期以来致力于推动当地金融的发展，尤其在金融组织机构的建设、投资基金的设立等上表现出极高的积极性。如通过组建省级或城市商业银行、培育区域性信用担保机构、建立区域性股权交易市场、设立地方政府融资平台、政府引导基金和股权投资基金等方式进一步增强地方的金融参与度、控制力与影响力，推动金融服务地方产业与经济发展。

3. 金融业发展的软硬件建设

地方政府持续加大地方金融业软硬件建设力度，通过建立金融功能区和积极开展金融业相关论坛活动、建立金融机构后台服务支持体系、制定相关政策措施等，为地方金融的发展提供支持，支持地方金融机构发展壮大。

4. 引导企业参与资本市场（上市、挂牌）

上市公司作为地方产业与经济发展的关键少数，对当地的经济贡献作用显著。近年来，各地政府显著加大对企业的引导、扶持和服务力度，各地金融办也开始注重推进企业上市融资、挂牌融资，调动企业上市和挂牌积极性，培育地方龙头企业，引领区域更好发展。

5. 加强金融生态环境建设

现阶段，各级地方政府纷纷加强本地金融生态建设，通过将金融生态建设纳入地方政策、推动本地区信用体系建设、整顿金融市场秩序等方式，进一步营造地方良好金融生态。

(三) 地方金融风险的形成

"地方金融风险"是指受当地政府监管的金融机构及其金融活动，由于其在经营活动中的不合规、不规范操作和其他方面的影响，造成地方金融市场秩序紊乱的后果和可能性。结合金融风险发生的实际情况，地方金融风险的形成原因可总结归纳为以下四个方面：

1. 宏观环境的影响

一是从国际经济形势来看，世界经济现已进入深度调整时期，市场波动较大。二是国内经济下行压力相对较大，总体上经济发展面临较多困难和挑战。三是在国家产业结构调整和产能过剩的影响下，国家实施紧缩的货币政策，对许多传统企业造成较大的市场冲击。

2. 企业自身经营管理不善

部分企业盲目扩大规模、忽视主营业务发展、缺乏科学的企业管理制度，导致资金链紧张甚至是破产倒闭，这种粗放型的企业管理模式，在经济快速增长和信贷压力不加大的情况下，容易引起资金链断裂，进而引发地方金融风险。

3. 失信行为导致银企互不信任

现阶段，恶意逃避银行债务等失信行为时有发生，部分地方政府已采取措施予以打击，但仍不能遏制此类现象。在此背景下，一旦公司经营困难，无法及时偿本付息，银行将怀疑其还款能力和信用，长此以往将使银行加大对信贷条件的审查，甚至抽贷、压贷；如果企业无法从银行取得资金支持，可能会转向其他借贷实体，加剧金融风险发生的可能性。

4. 政府监管责任缺位

地方政府在维护当地金融生态环境、防控金融风险方面肩负主要责任。但在现实生活中，一些地方政府预警机制不完善，对金融风险认识不充分、防控措施不到位等现象仍然存在。如果产生风险，地方政府更多只能做好善后处置工作，而不能防患于未然。

（四）地方金融风险的类别

根据当前实际情况总结来看，地方金融风险主要包括以下四个类别。

1. 信用风险

信用风险是高增长时期地方金融风险的主要来源，是金融风险最集中、最严重的反映。目前，我国国有商业银行不良资产比例偏高，资产信用质量持续下降，国有商业银行应收利息大幅增加。对于地方金融机构而言，由于经营规模小，资金实力相对较弱，其服务对象主要是当地中小企业，发生金融信用风险的潜在可能性更高。此外，一些非银行金融机构，如信托投资公司、融资担保公司和证券保险公司等，其资产质量更低。因此，地方金融机构面临更为严峻的信用风险。

2. 流动风险

因金融资产负债业务存在期限不匹配、金融参与主体行为不确定以及金融市场信息不对称等问题，金融业务易产生流动性风险。对于地方金融机构而言，由于其资金实力有限，业务相对单一，规模化程度不高，更加容易因流动性不足而触发支付风险。例如现金支付能力不足，不能保证存款者提现、转账和贷款者的借贷需求等。由于当前实体经济发展较为困难，地方金融机构资产流动性较低，不良资产比例过高，部分地区银行和非银行机构已无法满足客户的提现需求，如果发生挤兑，将会危及整个银行金融体系。

3. 经营风险

一般情况下，经营风险是个别、偶然或随机出现的。作为市场主体，地方金融机构将不可避免地面临利率和证券价格变化等市场因素所带来的风险，例如利率风险、价格风险等。对大型金融机构而言，因其资金规模大，产品类别多，在遭受各类市场风险时，虽会造成一定的经济损失，但不会对金融机构整体造成毁灭性打击。但对地方金融机构来说，由于其规模小，业务品种较为单一，化解和规避市场风险的能力弱，因此受到此类负面影响而造成的损害程度较大。此外，由于政策规范与管理不到位，地方金融机构过度投机现象较为严重，内控机制匮乏，各种形式的变相集资、高息吸收公众存款的现象时有发生，一旦转化为金融风险，将可能引发社会动荡。

4. 操作风险

地方金融机构发展起步晚，历史短，规模小，运营模式尚不够成熟，在社会上的认可度还有待提高，因此其急于扩张，从而突破发展瓶颈。这就导致部分地方金融机构为追求发展和利润，而怀有侥幸心理，不顾风险，过度投机，对市场判断错误，给企业造成巨大经济损失，引发地方金融风险。与此同时，为扩张业务，小额贷款公司采取违规放贷，将大额贷款"化整为零"或通道业务等隐蔽性操作来谋取收益，这些都给地方金融业的发展带来巨大风险。

（五）地方金融风险的主要内容

在经济新常态的背景之下，地方金融风险包括以下五大主要内容：

1. 地方经济"脱实向虚"风险

在经济发展模式、机构调整、产业升级的背景下，我国地方经济正面临着金融和实体经济发展不平衡问题。一方面，为实现"稳增长"目标，大量资金涌入并被投放到股债、房地产等领域，导致资产泡沫化，金融风险快速积聚；另一方面，部分地方金融机构为取得高额利润，做过桥通道、加高杠杆，造成金融领域资金空转、以钱炒钱的现象屡禁不止。

2. 地方债务风险

经济转型期，政府往往采取扩张性财政政策拉动经济增长，缓释经济下行压力，地方政府对于社会建设规模、力度也不断加大。虽然普遍认为债务率水平与经济整体发展速率相比还不算高，总体风险可控，负债也有相应的资产来对应，但长此以往，不仅使政府举债金额快速增长，对政府职能发挥和良性运作也会产生一定的负面影响，其主要表现在以下几个方面。

(1) 债务增长过快，到期偿还压力较大。

地方政府债务规模呈现高增长且快速扩张的发展态势。据统计，2018年1~8月，我国累计发行地方政府债券达30508亿元，特别是从下半年开始，地方债发行速度呈现出持续攀升态势，仅8月地方债发行额高达8829.7亿元，较7月增长16.65%。从各省发行量来看，贵州、广东、湖南单省发行量超过900亿元，连续三年位居前十。从偿还期限来看，2018年上半年地方政府债券到期偿还量为1609.05亿元，借新还旧规模为1341.56亿元，实际偿还率为16.62%。预计2019年至2021年，地方政府债券到期偿还量将为13131.87亿元、20416.91亿元和23480.04亿元，偿还压力会逐年增大，地方政府"借新债、还旧债"将会成为常态。

(2) 地方融资平台为主要偿债主体。

地方融资平台作为地方政府性债务的主要举债人，因其资金来源不稳、债务资金错配等原因带来较高的偿债风险，如果风险未能及时消除，则会转嫁给地方政府。同时，对地方融资平台缺乏统一有效的监管措施，虽然国家出台了多项政策，禁止地方政府对融资平台债务进行担保兜底，但存量债务和已有风险无法即时消除。除此之外，地方融资平台互相担保的情况时有发生，一旦个别平台发生违约，其风险可能会迅速蔓延，造成更大范围的债务风险。

(3) 债务来源主要来自银行贷款。

地方政府债务资金主要来源于商业银行贷款，且其中多数偿债期在3年以下，会给地方政府带来较为沉重的债务压力。同时，地方融资平台作为桥梁将地方政府性债务和银行贷款两者相联系，当融资平台到期无法及时偿债时，地方债务风险会转移至银行机构，导致银行体系发生系统性风险。

(4) 债务主要投向基础设施建设。

地方债务主要投向基础设施项目，该类项目通常具有投入大、周期长等特点，部分项目是具有公益性质，难以产生直接的经济效益，如果盲目举债，会给地方政府带来较为沉重的债务压力，甚至有陷入财政危机的可能性。

3. "影子银行"风险

近年来，"地方版"影子银行（包括小额贷款公司、融资性担保公司等）发展迅猛。以小额贷款公司为例，截至2018年3月，全国共有小额贷款公司近8500家，从业人员超10万人，贷款余额近1万亿元，其中江苏、辽宁等6省小额贷款公司数量均超过400家，一定程度上，"影子银行"对地方正规金融有补充作用，但因其本质仍是一种"靠隐藏风险赚钱的行业"，具有超短期、高杠杆负债等特征，例如部分担保公司、典当行从事"地下钱庄"的生意，甚至有抽逃资本金、挪用客户担保金、高息放贷等行为，这些都直接影响了金融市场与社会的稳定。

4. 互联网金融风险

互联网金融作为一种金融服务技术的创新应用模式，在提升金融服务效率，提升金融服务水平，促进普惠金融等方面发挥了巨大的作用。但其发展过程中，缺乏有效监管，使得违规、误导和欺诈行为时有发生，扰乱了金融市场秩序，也给投资者带来了巨大损失。例如，截至2018年6月底，我国P2P平台共计2835家，其中上半年新增平台36家，关停721家，在721家平台里，长期无法访问平台达511家，占比70.87%；僵尸网站85家，占比11.79%；已被刑侦立案平台67家，占比9.29%。与此同时，仅上半年国家互联网金融风险分析技术平台监测到的互联网金融网站和APP漏洞超3000个，针对互联网金融网站的攻击达124万项次。

5. 房地产市场金融风险

房地产市场因其涉及面广、影响力大，长期以来受到社会各界的关注。房地产市场的发展离不开商业银行信贷资金和地方政府土地出让金的支持，如果出现深度调整，将直接导致银行坏账率的上升。据统计，我国房地产开发商对商业银行的贷款依赖水平保持在50%左右，其中部分大型城市房地产市场对信贷资金的依赖程度超过80%，银行已在实质上成为房地产市场风险的主要承受者，如果某一环节出现问题，风险则会传向至银行，导致房地产市场再投资增速放缓、政府土地出让金规模锐减、偿债能力下降。

（六）地方金融风险的防范

1. 地方金融风险防范的主要原则

伴随我国经济增速稳中趋缓，宏观调控重心由"稳增长"向"防风险"转变，十九大报告强调要更加自觉地防范各种风险，并将防范化解重大风险列入三大攻坚战之首，体现了"把防控风险放在更加突出位置"的忧患意识和底线思维。金融风险的防控须遵守一定的准则和规范，其主要包括以下内容。

（1）依法依规原则。

依法依规原则作为金融风险防范的首要遵循原则，其具体是指金融风险防控要制度化、规范化、常态化，做到有章可循、有规可依、持之以恒，要在法律制度范围允许的情况下进行监控，不得出现侵害他人、集体和社会利益的现象。

（2）有效性原则。

有效性原则体现在地方政府对地方金融的监管过程中，要以既定的监管目标为准则，做到用最低的监管成本来建立适应本地发展的现代金融监管体系，以期实现最大的监管效果。具体来看，要完善地方金融监管法规，不断加强金融监管队伍和能力建设，在适度监管的同时，不抑制金融创新和公平竞争，为区域金融发展营造良好的发展环境，促进金融更好地为实体经济发展服务。

（3）协作协调性原则。

从当前金融监管现状来看，我国金融监管主体多元化且监管对象多样化，从地方来看，既要服从中央"一行两会"及国家财政审计部门的同意监管，还要明确本地范围内的被监管对象，实现地方监管分权设计。因此，地方金融监管要在合理界定中央和地方金融监管职责和风险处置方式的基础上，重视协同配合、形成监管合力，支持保障地方区域性金融的和谐健康发展。

（4）适度动态性原则。

地方政府对金融企业经营活动的监督和金融风险的防控，要做到宽严适度，以达到管而不死、活而不乱的效果。同时，金融监管是长期连续的过程，要保证地方金融业和地方经济的安全快速发展，就要通过点面结合、定期与不定期、内外部相结合的方式，进行适时动态的全方位监管。

2. 地方金融风险防范的指导思想

（1）回归本源，把服务实体经济作为推动金融发展的出发点和落脚点。全面提升服务效率和水平，把更多金融资源配置到经济社会发展的重点领域和薄弱环节，更好地满足人民群众和实体经济多样化的金融需求。

（2）优化结构，完善金融机构、金融市场、金融产品体系。要坚持质量优先，引导金融业发展同经济社会发展相协调，促进融资便利化、降低实体经济成本、提高资源配置效率、保障风险可控。

（3）强化监管，提高防范化解金融风险能力。要以强化金融监管为重点，以防范系统性金融风险为底线，加快相关法律法规建设，完善金融机构法人治理结构，加强宏观审慎管理制度建设，加强功能监管，更加重视行为监管。

（4）市场导向，发挥市场在金融资源配置中的决定性作用。坚持社会主义市场经济改革方向，处理好政府和市场关系，完善市场约束机制，提高金融资源配置效率。加强和改善政府宏观调控，健全市场规则，强化纪律性。

二、湖北经济高质量发展中防控金融风险面临形势

(一) 金融领域违法违规活动趋多社会风险隐患加大,但在全国处于低位水平

当前,非法集资、非法校园贷、互联网金融非法平台、非法交易场所与非法证券期货活动等非法违规金融活动趋多,并与传销、银行信贷风险相互交织,形成了较大的社会风险隐患。

1. 非法集资风险

截至 2017 年底湖北省未处理完毕非法集资陈案超 500 起,涉及金额近 300 亿元,人数超过 20 万人。2018 年 1—9 月全省涉嫌非法集资新发刑事案件 80 多起,涉及金额近 30 亿元,涉及投资人 3.5 万人。总体来看,湖北省非法集资案件数量和涉案金额等主要指标呈下降趋势,整体风险可控(见表 1)。从行业看,湖北省实际新兴领域广,投融资、投资理财等民间金融领域占所有案件的 67%,农业养殖、农业生态、旅游开发、科技项目、酒店经营、典当租赁等其他行业占 33%。湖北省 3 万余家投资理财、互联网贷类公司中,仍有大部分在运营,全国还有数十家商品交易平台在湖北省设立分支机构,少数打着"新金融业态"的旗帜变相非法集资,一旦资金链断裂,出现风险可能性较大。

表 1　　　　2014—2018 年湖北省非法集资案件情况表

年 份	案件(起)	金额(亿元)
2014	287	24
2015	561	51.9
2016	429	72.9
2017	272	17
2018(1—9月)	85	30

数据来源:省公安厅经济犯罪侦查总队。

2. "非法校园贷款" 风险

近年，一些网络借贷平台和私人贷款机构不断向高校拓展业务，通过虚假宣传方式和降低借贷门槛、隐瞒实际资费标准等手段，诱导学生过度消费，最终陷入高利贷陷阱，特别是非法校园贷穿上"回租贷、求职贷、培训贷、创业贷"新马甲。据调查，湖北省共有高校 129 所，在校大学生 140 多万人，校园金融需求旺盛。为引导和支持正规金融机构进驻校园，湖北银监局联合省金融办、省教育厅在 2017 年 9 月下发了《关于推进校园金融服务网格化工作的通知》，要求各银行业金融机构针对高校金融服务空白，在现有网点基础上将校园网格工作站纳入未来机构设置规划，不断优化网点布局，主动"认领"高校。2018 年以来，全省公安机关共接报涉高校"非法校园贷"250 多起，涉及在校大学生近 390 人次，其中，立案 130 起，破案 110 多起，潜在的非法校园贷风险依然不可忽视。

3. P2P 网络借贷等互联网金融风险

截至 2018 年 10 月底，全国 P2P 网贷行业问题平台数量累计达到 2457 家，其中 2018 年暴露问题平台 544 家。其中，湖北省互联网金融机构 223 家，其中 P2P 网贷机构共 154 家，目前尚在经营的有 58 家，借款余额 72 亿元，涉及投资者 8.6 万人。2018 年 7—8 月作为全国互联网金融风险集中"爆发期"，全国跑路、提现困难、经侦介入的问题平台有 190 家，其中，浙江 69 起、上海 49 起、广东 29 起、北京 20 起，相比较而言，湖北省仅出现 2 起，风险相对处于全国地位水平（见表 2）。

表 2　　　　　　　2018 年 7—8 月全国问题 P2P 平台统计表

省　份	数　量（家）	省　份	数　量（家）
北　京	20	上　海	49
天　津	3	重　庆	1
广　东	29	浙　江	69

续表

省　份	数　量（家）	省　份	数　量（家）
山　东	1	江　苏	1
四　川	1	河　南	1
湖　北	2	湖　南	3
辽　宁	2	安　徽	2
山　西	1	海　南	
新　疆	1		

资料来源：网贷之家数据整理。

（二）政府性债务压力较大，但尚处于可控状态

近年来，湖北省持续推进市政、交通设施、棚户区改造等基础建设，加大民生工程投入，取得了较大成效，同时也集聚了较大规模的政府性债务，潜在风险不容忽视。

1. 政府直接债务位居全国中低水平

随着地方政府债的发行以及融资平台的政府债务不断化解及到期偿还，地方政府债券已成为湖北省政府及各地、市、州政府债务的主要存在形式，由于监管和透明度较高，而新增债务需遵循严格的限额管理，因此湖北省政府性债务风险总体可控，全省政府债务在全国排名居中。2018 年，经国务院批准，财政部核定湖北省政府债务限额 7011.5 亿元，新增政府债务限额 1015 亿元。截至 2017 年末，全省地方政府债务余额 5715.53 亿元，占 GDP 比 15.6%，与一般综合财力之比为 52%，在全国排名较低；但考虑到城投平台有息负债，则整体负债率上升至 48%，偿债率上升至 179%，在全国排名居中。2016 年末，湖北省地方政府债务余额为 5103.67 亿元，较 2015 年末增加 406.17 亿元，在全国 31 个省市中位列 14 位。

2. 部分地区，特别是基层风险突出

总体上看，全省限额内政府债务率低于全国平均水平，但负债地区

结构不合理、不平衡问题突出,部分地区债务风险隐患较大。2020年,全省到期债券本金将超过1000亿元,其中95%的资金需要市、县偿还,个别区、县债务额度高,到期时间集中,还款来源不足,偿债压力大,其隐性债务风险明显。市县收入失衡,省级转移支付占市县收入比重较高,政府预算安排缺乏约束机制,部分地区超财力大规模举债搞建设,给财政可持续运行带来较大风险。

3. 隐性债务风险较高

部分地方政府以企业债形式建设公益项目,或通过PPP项目、政府购买服务、企事业单位违规举债、土地融资举债等方式融资或变相举债,形成的隐性债务规模较大,导致地方中长期财政支出大幅上升,地方财政承受能力难以匹配。

4. 省级融资平台负债率相对较高

2018年省级融资平台债务率超过60%,每年偿付本息压力较大。随着债务逐渐到期,部分地方政府融资平台偿债压力逐步增大,自身缺乏足够的现金流,偿付风险不容忽视。随着债务逐渐到期,部分地方政府融资平台偿债压力逐步增大,自身缺乏足够的现金流,偿付风险不容忽视。从各地市城投发行人有息负债余额及占GDP比重看,武汉市"城投有息负债余额/GDP"比重远高于其他市州,达32%,城投有息债务规模相对较重。其余各市,十堰市、黄石市、襄阳市、荆州市及宜昌市的"城投有息负债余额/GDP"比重在11%~16%,咸宁市、随州市、鄂州市、荆门市、黄冈市、恩施州及孝感市均低于10%,城投债务负担相对较小。

(三)非金融企业高负债高杠杆、流动性风险突出,金融资源配置结构性矛盾和"地区失灵、市场失灵"明显

截至2017年末,我国非金融企业部门杠杆率为163.6%,占宏观杠杆率的65.7%,湖北省总体水平与全国相当。

1. 部分传统行业领域企业资产负债率高、不良贷款风险高

湖北省不良贷款风险主要集中在批发零售业、制造业、农林牧渔业

和个人贷款，合计占全省不良贷款的78.2%。2017年，湖北省有13个规模以上民营制造行业资产负债率高于全国平均水平，其中，文教、工美、体育和娱乐用品制造业，酒、饮料和精制茶制造业的资产负债率高于全国平均水平10%以上，风险较为突出。传统产业主业不突出、缺乏核心竞争力和稳定收益来源，企业规模小、利润薄、抗风险能力不强，极易发生资金链断裂，形成债务风险。

2. 一些大型实体企业资金链条处于长期紧绷状态

部分大型民营企业往往借助多个融资渠道，形成覆盖银行、证券、保险以及上市公司的负债资本运作，使企业内部风险容易被隐藏和拖延。2018年4月末，湖北省制造业逾期贷款（90天以上）余额占制造业贷款总额的比重为8.46%，比2017年同期提高1.9%，高于总逾期贷款占比5.44%。

3. 上市公司股权质押比例过高，存在影响上市公司正常经营风险

据统计，2018年底湖北上市公司累计质押股份市值位列全国第10名，质押市值占全省上市公司市值比例（16.17%）位列全国第3名，而湖北上市公司总市值位列全国第11名。同时，湖北上市公司大股东质押情况不容乐观，据不完全统计，湖北100家上市公司中有99家上市公司均存在不同程度的股权质押，上市公司大股东质押率超过95%的达15家，有27家企业第一大股东质押比例超过70%。随着二级市场的波动与下行，民营上市公司存在大股东地位不保的风险，强制平仓导致的上市公司控制权非正常转移将直接影响上市公司信用，进而导致金融机构压贷抽贷、企业资金链断裂等连锁问题，严重影响企业的正常经营与湖北产业发展，从而引发债务、失业、税收等系统性风险。

4. 企业债券规模进一步提高

2017年，湖北发行企业债券47只，规模共计475.8亿元，较上年增加16.59%，占全国发行总规模的12.75%，在全国位次由去年的第3位跃升至第2位。截至2018年7月底，湖北省共发行企业债券7只、100.5亿元，发行规模居全国第二位，占全国总规模978.4亿元的

10.27%。

5. 金融资源分配不平衡，中小企业融资难融资贵，金融资源"地区失灵、市场失灵"明显

2018年1—9月，全省新增贷款83.3%来自基建类及房地产领域；国有控股企业新增贷款占全部企业新增贷款的比重高达87.7%，民营企业新增贷款仅占7.6%。全省新增贷款的67.5%投向武汉市，占比较上年同期提高了8.6%，金融资源过度集中于武汉地区、国有企业、基建和房地产领域，导致部分地区、民营企业、实体经济因缺少金融活水而失去经济发展活力。

（四）资本市场支持实体经济发展作用明显，但资本金融发展滞后，成为湖北现代金融建设的"痛点"

资本市场是现代金融中最活跃的因素，是金融资源市场化配置的主要载体，是动员金融资源支撑实体产业与经济发展的关键环节。改革开放以来湖北省发展和利用资本市场取得了较大成绩，全省上市公司数量超过100家，名列中部第一。但总体上讲，全省资本金融发展滞后。

（1）私募股权投资发展滞后，企业直接融资规模偏小。截至2018年底，中国证券投资基金业协会已备案私募基金管理人24267家、私募基金74979只，管理基金规模12.77万亿元。同期，湖北省备案私募基金管理人、私募基金366家、639只，管理基金规模1136亿元，分别仅占全国的1.5%、0.85%、0.89%。据统计，湖北吸收直接投资的企业数量、资金规模偏低。

（2）湖北省无论是拟上市后备还是上市公司数量滞后。截至2018年底，湖北境内上市公司市值总规模为9977亿元，在全国各省份中排第11名，湖北上市公司总市值占沪深两市上市公司总市值的比例不到2%；根据2018年上半年"中国上市公司市值500强"名单，湖北只有9家公司入围，排名最高的卓尔集团以934亿市值排在第146名。而北京、广东入榜公司数则分别达到96家、64家。

（3）上市公司利用资本市场不足，与湖北省在全国GDP地位不

符，服务实体经济效应不强。2017年，沪深一级市场股权融资企业达1102家，募资总额达17224亿元。其中，湖北2017年股权融资总额达577.1亿元，排在第11位；安徽、湖南分别以股权融资总额915.06亿元、635.17亿元排在第7、第9位。湖北省依托资本市场再融资、加快发展力度有待进一步加强。

（五）地方法人金融机构初现规模，但总体实力和风险管控能力较弱，在全国发展排名居后

1. 地方法人金融机构数量少、风控管理能力相对较弱

据统计，我国内地有23个省份由地方政府设立或形成了履行整合、管理地方金融资源职能的金控公司，湖北尚未实现零的突破。地方法人金融机构不同程度上存在公司治理机制不完善，资本金补充机制尚未建立，资产质量管控压力较大，风控管理有待加强，业务品种单一、核心竞争力尚未形成等问题。

2. 地方法人银行金融机构业务风险不少

9月末，全省城市商业银行不良贷款余额同比增长30.2%，不良贷款率2.25%，农村商业银行不良贷款余额同比增长56.7%，不良贷款率3.32%，另有12家村镇银行不良贷款率超过5%。受资本市场行情整体低迷影响，2家地方法人证券公司自营、资管、股权质押等主营业务也出现不同程度下滑。

3. 地方类金融机构存在少数违规经营等潜在风险

少数机构偏离行业定位，存在违规经营风险。个别小贷公司依然存在发放的贷款利率高于规定利率的情况或对本公司股东发放贷款的情况；部分融资担保公司挪用客户保证金、关联担保、行业内流动性、逾期代偿等风险依然存在。全省101家国有担保机构资本金总规模380亿元，户均3.76亿元，其中市州级担保机构户均5.5亿元，业务能力饱和，无法满足更多企业的融资需求，与全国相比处于相对较滞后水平。

三、防范化解金融风险，促进湖北经济高质量发展的意义

2017年，十八届中共中央政治局第四十次集体学习会上，习近平总书记在主持学习时强调，"金融是现代经济的核心""金融活，经济活；金融稳，经济稳""切实把维护金融安全作为治国理政的一件大事"。2018年4月2日，习近平总书记主持召开中央财经委员会第一次会议，强调防范化解金融风险，事关国家安全、发展全局、人民财产安全，是实现高质量发展必须跨越的重大关口。2019年春节后中央政治局第一次集体学习主题是聚焦完善金融服务、防范金融风险。会上，习近平总书记再次强调对金融工作的重要定位：金融是国家重要的核心竞争力，金融安全是国家安全的重要组成部分，金融制度是经济社会发展中重要的基础性制度。认真贯彻落实中央关于防范化解金融风险的方针和政策，围绕新形势下的现代经济体系建设为目标，跨越防范化解金融风险重大关口，坚决守住不发生系统性金融风险的底线，是实现湖北经济高质量发展必须解好的重大课题。

（一）防范化解金融风险是疏解企业成长困难，突出支持民营企业发展的重大举措

当前，受宏观调控的影响，民营经济面临的金融风险压力大。发展民营企业，破解其面临的金融风险，不仅仅是企业问题、金融问题，更是政策与环境问题。突破性的解决上市公司去杠杆、民营企业降负债问题，破解小微企业融资难、融资贵问题，不仅是促进湖北高质量发展的关键，更是全面贯彻落实习近平总书记系列讲话，维护社会稳定与根本经济制度的主要举措。

（二）防范化解金融风险是创造优良金融生态环境的先决条件

规范均衡的金融生态体系可以促进金融资源的合理有效配置和金融

业的有序健康发展，使金融与经济环境之间形成互惠互利的关系，为经济高质量发展提供有力的金融支持；而金融生态环境的改善有赖于对金融风险的及时防范和化解。通过加强社会信用体系建设、树立诚信观念和加强金融法治建设以防范化解金融风险，是创造优良金融生态环境的先决条件。

（三）防范化解金融风险是强化金融服务实体经济的有力抓手

未来几年是湖北创新转型与经济高质量发展的关键时期，需要金融的"助"和"推"才能实现发展的"稳"和"进"。金融资本的高额回报对产业资本的挤出效应引致的经济"脱实向虚"，在阻碍实体经济发展的同时集聚了大量的金融风险。通过疏通金融进入实体经济的渠道、扩大直接融资的比重和丰富金融供给，努力让金融活水始终浇灌实体经济以防范和化解金融风险，是强化金融服务实体经济的有力抓手。

（四）防范化解金融风险是助推金融促进经济转型升级的重要保障

深化供给侧结构性改革是实现经济转型升级的必由之路。金融机构围绕供给侧结构性改革的要求，通过供给侧存量重组、增量优化和动能转换防范和化解由产能过剩、产业结构不合理和创新动能不足所引发的金融风险，引导资金流向，有效配置信贷资源，是助推金融促进经济转型升级的重要保障。

四、湖北防范化解金融风险的总体思路

湖北防范化解金融风险必须围绕国家金融工作总体部署，以贯彻国家金融工作总体要求为目标，突出防范化解系统性风险，以深化金融改革为根本动力，以服务实体经济为根本思路，推动金融回归本源，服从服务于产业可持续发展与经济社会高质量发展。

（1）要服从于国家金融工作总体部署。防范化解金融风险要牢牢

把握服务于新时代中国特色社会主义伟大实践这一核心要求,要牢牢把握服务经济这一立业之本、深化金融改革这一根本动力。

(2)要坚持"防范规范"与"服务高质量发展"并重的原则。妥善辩证处理好地方政府的"需求者""出资者""监管者"三重角色身份,将湖北省政府置身于现代金融体系及金融监管体系,提出符合湖北发展实情的对策建议。

(3)发挥政府在防范金融风险中的主导作用,同时突出尊重市场对金融资源配置的基础作用。金融资本的流动是市场在资源配置中起决定性作用的重要标志和直接体现,要将政府与市场化改革相结合。

(4)要坚持分类指导与精准施策,助力防范化解金融风险。要将稳步解决金融领域违法违规行为作为优化生态环境的前提与基础;将突破性地发展债转股基金等作为降杠杆、解决流动性问题为突破口;将把握发展导向,突出发展股权投资和资本金融作为方向;发挥地方政府、平台作用,完善监管体系建设,推动营造地方良好金融生态体系。

五、湖北防范化解金融风险的对策建议

牢牢把握高质量发展的内涵,坚持将主动防范风险、积极化解风险融入经济社会发展全过程,着力深化供给侧结构性改革,认清防风险与促发展的辩证关系,妥善处理消化地方政府债务风险,控制增量、化解存量,制定统一口径,甄别核实隐性债务,推动发展方式转变、经济结构优化。要在保持经济增长的同时,更加注重提高全要素生产率,更加注重防范化解地方金融、政府债务等风险,培育新动能,推动防风险与促发展的有机统一。

(一)突出稳定目标,加大金融领域违法活动整治,健全和优化地方金融生态环境

(1)稳定治理政策预期,明确部门监管权责。明确监管的央地关系和权责分配,整合金融服务和管理职能,加强对重大风险的集中分析

和协同管理。

（2）进一步加大风险处置力度，扎实做好各类非法活动的处置工作，切实维护投资人及居民权益。制定良性的退出指引机制，实现平台有序、良性、规范退出，维护社会稳定；设立调解机制，保护利害关系人的合法权益。

（3）运用现代金融监管技术，建立互联网金融监管长效机制。提升地方金融风险预警和监管科技水平，稳步推进互联网金融专项整治工作，进一步加强风险监测预警，构建非法集资等金融活动大数据监测预警体系。

（4）发挥行业协会作用，加强行业自律与金融知识普及力度。进一步加大打击非法金融活动力度，坚持群防群治，推进防控金融风险参与度与知晓率，有效保护投资者的合法权益。

（二）坚持问题导向、重点突破，突出化解企业流动性风险，破除核心风险隐患

（1）纾解上市公司股权质押风险。发挥各级国资及社会资本作用，建立上市公司纾困基金，助力上市公司降杠杆与稳发展。

（2）化解龙头企业、国有企业高杠杆风险。设立"债转股"专项基金，通过市场化债转股降杠杆；大力推动混合所有制改革，降一批、改一批、调一批国有企业，加强省内相关企业混改，对非主营业务和存量盘活无望、长期扭亏无望的企业，积极推进市场化战略重组和结构性调整；支持建立全省统一管理和协调发展的债券市场。引导和支持优质企业发行公司债、项目收益债等，开展直接融资或置换贷款拓展长期稳定资金来源，提高新增负债对应的资产质量。

（3）突出解决中小企业融资难、融资贵难题。强化财政和市场、政银企联动，进一步整合财政、税收、金融等政策工具，突出解决微观主体"融资难、融资贵"问题。完善政府融资担保体系。积极对接国家融资担保基金，增加政策性担保领域的财政投入力度，扩大政策性担保体系覆盖范围，增加中小企业的信贷可得性。

(三)坚持着眼长远、标本兼治,加快促进资本金融引领,打造高质量发展和创新驱动新引擎

防范金融风险,提高直接融资是关键与方向,是解决流动性风险之本。

(1)进一步做大省级政府引导基金的规模,发挥财政资金撬动引领作用,建立股权投资接力棒体系,提高股权投资直接融资比例。鼓励更多民间资本设立创业投资、产业投资基金扩大直接融资比例;鼓励政府引导基金参与可转化优先股形式投资,允许投资者在一定条件下转换成对成功投资项目的股权;进一步落实各级政府引导基金对投资基金社会资本的让利,建立合理的风险补偿机制;创新金融产品设计,拓宽企业融资渠道与模式。开展"股权+债权""投资+贷款+保险"的投贷结合业务,形成各类资金合力支持实体企业良好局面;探索支持融资租赁、商业保理等类金融资产证券化和知识产权等无形资产证券化,有效盘活金融机构和企业存量资产;进一步完善资本市场体系,做强做实"四板"市场,形成创新资本实现中心。

(2)实施"上市公司2.0计划",依托资本市场促进"少数关键"发展。创新金融产品设计,设立湖北上市公司高质量发展ETF指数基金,促进湖北国资及优质民营企业抱团取暖、做大做强。支持上市公司发起设立产业孵化基金、并购基金等,以资本为纽带,延伸上市公司价值链,做强产业链,做深价值链,做大产业群;以上市公司为源头,启动开展资本招商、基金招商,拓展产业发展空间,引领区域经济转型升级。

(四)坚持"防风险"与"促发展"相结合,妥善处理消化地方政府债务风险

(1)规范各级地方政府举债融资行为,严控新增或有债务及隐性债务。对各级政府债务实行限额管理,建立新增债务限额分配激励与约束机制;对政府债务全部纳入预算管理,严格控制限额转贷新增政府债

券，防止出现新的隐形债务；坚持警惕地方政府"名股实债"和变相融资行为，打破刚性兑付，积极试点地方政府专项债券，合理规范举债规模。

（2）防范地方平台债务风险。严格实施政府融资平台公司名录管理，现有融资平台不得新增政府债务和隐性债务，逐步处置化解现有平台存量债务；加快推动融资平台市场化转型，对地方平台实施分类管理，鼓励市场竞争力强、规模大、管理规范的融资平台市场化、专业化改革，提升国企核心竞争力。

（3）以"县域金融工程"为抓手，破除金融资源结构不合理、"地区失灵""市场失灵"。组织实施"县域金融工程"，推动地方资本市场活跃发展。

（五）强化"补短板"，加快推进地方法人金融机构体系建设，打造省政府高质量发展"金融推进手"

当前，省委省政府提出了高质量发展、新旧动能转换等重大战略。这些战略的实施，金融推手必不可少。

（1）完善地方法人金融机构体系。打造省级金融控股集团，形成"分业经营、分业监管"体制下服务我省综合金融发展的重要抓手；做大做强城市商业银行，大力发展农村中小银行，加快农信社改制步伐，鼓励中小银行业务创新；加强制度建设，规范发展类金融机构，规范融资担保公司、金融租赁公司、小额贷款公司等类金融机构的发展，稳步发展第三方支付、股权众筹、P2P、互联网理财、私募基金等新兴金融业态。

（2）切实提高地方金融法人机构风险防范意识和风险防控水平。明确同业业务等创新业务和传统业务之间的关系，合理确定业务发展方向；整章建制，规范同业操作，建立完善同业业务相关制度明确流程、权限、职责；定期开展风险处置演练，做好期限错配、流动性风险等压力测试；合理控制同业规模，平衡好资产负债结构，确保业务安全进行。

（六）把握"监管保障"，进一步完善地方金融监管体系，夯实行业发展和风险防范的基础

完善地方金融管理体制，准确划分地方金融管理部门定位，建立央地金融监管的协作机制，发挥地方政府属地优势与中央金融监管部门专业优势，加强监管信息沟通、实行金融信息共享。完善地方金融监管业务体系，进一步完善宏观审慎监管体系，加强系统流动性管理。加强表外业务的风险分析预警体系和风险管控机制建设，定期根据地方法人金融机构流动性状况进行同业业务压力测试，及时发现风险隐患，不断提升风险防控能力。

（本报告为2018年湖北省重大调研课题基金项目研究成果）

课题负责人：黎苑楚　湖北省高新产业投资集团有限公司总经理、
　　　　　　　　　　研究员、博士
课题组成员：陈　丹　陈　莹　姜　昊

我国光纤光缆技术引进、消化、吸收、再创新的实践探索
——以"武汉·中国光谷"长飞光纤光缆为例

李 光

2018年是武汉东湖新技术开发区成立30周年，也是"武汉·中国光谷"标志性企业——长飞光纤光缆股份有限公司（简称长飞光纤光缆）成立30周年。长飞光纤光缆是我国光纤光缆技术引进的第一家中外合资企业，作为一家肩负历史使命诞生的高新技术企业，在技术引进、消化、吸收、再创新方面颇具代表性，不仅折射出我国科技创新政策的发展，而且带来了关于自主创新的多方面启示。

一、长飞光纤光缆发展壮大的时代背景

从世界光纤光缆技术发展看，1966年美籍华人科学家"世界光纤之父"高锟（1933—2018）发表关于光纤通信的论文，从理论上分析证明了以光纤作为传输媒体实现光通信的可能性，并预言制造通信用超低耗光纤的可能性。2009年，高锟因此科学发现获得科学界的最高奖赏——诺贝尔物理学奖。高锟是"武汉·中国光谷"的顾问，曾先后两次来武汉东湖新技术开发区。1977年3月，武汉邮电科学研究院赵梓森（1932— ）团队拉制出我国第一根实用性光纤，赵梓森院士被称为"中国光纤之父"，也是"武汉·中国光谷"的首席科学家。这两位"光纤之父"年龄差不多，赵梓森1932年出生，高锟1933年出生，而且他们都是上海人。高锟与赵梓森两人第一次见面是在意大利国际光

纤通信会议上。高锟第一次应邀来武汉，是作为美国 ITT（电话电报公司）首席科学家访问武汉邮电科学院；第二次则是 2003 年来武汉出席"中国光谷"国际光电子博览会暨论坛，并在武汉过 70 岁生日。作为"中国光纤之父"，赵梓森对我国光纤光缆技术及产业发展做出了重要贡献。1982 年 12 月 31 日，我国光纤通信的第一个实用化系统（"八二工程"）全线开通，标志着我国开始进入光纤通信时代，这项标志性成果是由赵梓森团队在武汉完成的。2018 年，我国实现单模 7 芯光纤可同时使 135 亿人（67.5 亿对）通话；2019 年，我国又实现单模 19 芯特种光纤可同时使 300 亿人（150 亿对）通话，可在 1 秒之内传输大约 130 块 1TB 硬盘所存储的数据，是目前商用单模光纤传输系统最大容量的 10 倍。事实上，近年来历次相关技术突破纪录，都是由烽火通信、光纤通信技术和网络国家重点实验室、国家信息光电子创新中心、光迅科技等以联合攻关方式在"武汉·中国光谷"创造的，标志着我国在"超大容量、超长距离、超高速率"光通信系统研究领域不断迈上新台阶。

伴随着我国改革开放进程，世界先进通信技术、通信发达国家展现在我们面前，客观存在的巨大差距对国民产生强烈刺激。我国亟待改变世界通讯落后国家状况，必须加速发展先进通讯技术和现代通信产业。1984 年 10 月，《中共中央关于经济体制改革的决定》正式颁布，提出"正在世界范围兴起的新技术革命，对我国经济的发展是一种新的机遇和挑战。这就要求我们的经济体制，具有吸收当代最新科技成就，推动科技进步，创造新的生产力的更大能力"。在 1985 年 3 月出台的《中共中央关于科技体制改革的决定》中，明确提出"为加快新兴产业发展，要在全国选择若干智力资源密集的地区，采取特殊政策。逐步形成具有不同特色的新兴产业开发区"。"技术引进要尽可能实行技贸结合、工贸结合，要重视专利、技术诀窍和软件的引进，还要广开渠道发展多种形式的国际间的合作开发、合作设计、合作制造。国内有关的研究与开发工作要同引进技术紧密结合，消化、吸收引进的先进技术，提高开发生产技术的起点，进而发展新的创造，提高自主开发的能力。"

武汉东湖新技术开发区是武汉大学、华中科技大学、武汉理工大学、武汉邮电科学院等高等院校及科研机构所在地，具有发展光电子信息产业的良好基础。1984年，武汉市人民政府咨询委员会等提出《关于在武汉建立激光工业、光纤通信、生物工程三个基地和信息中心的建议》。在1985年4月1日中共湖北省委、省人民政府和中共武汉市委、市人民政府主要领导呈送中央《关于筹建东湖技术密集经济小区的请示》中，确定重点发展的新兴产业首先是"光电子"。[3]在东湖技术密集经济小区规划办公室组织制定的《武汉东湖新（高）技术产业发展规划》中，确定光纤通信、生物技术、激光技术、微电子技术为重点发展产业领域。在1988年6月6日出台的《武汉市人民政府关于加快东湖新技术开发区的若干试行规定》中，明确"本规定所指的新（高）技术、新兴产业系指光纤通信技术、生物技术、激光技术、新型材料、微电子及计算机等高科技和运用这些新（高）技术进行的工业生产。"这份重要规定给予东湖新技术开发区高新技术企业一系列优惠政策，特别强调优惠政策对符合高新技术企业标准的中外合资企业适用。可以说，长飞光纤光缆1988年诞生在武汉东湖地区绝不是偶然的。

尤其是武汉东湖新技术开发区2001年获批国家光电子信息技术产业基地以后，加快了"武汉·中国光谷"建设进程。多年来，"武汉·中国光谷"基于雄厚的光电子科技创新能力，努力打造三条光电子产业链，已初步形成以"芯-屏-端-网"为特征的万亿光电子信息技术产业集群发展格局。一是通信光电子产业链，以烽火科技、长飞光纤光缆为龙头，打造从光通信技术研发到光纤预制棒、光纤光缆、光电器件、光通信系统设备以及网络设备等生产的全链条模式，在光通信超大规模、超长距离、超高速率光传输领域处于世界领先水平。二是能量光电子产业链，集聚了华工激光、楚天激光等全国半数以上的激光企业，研制出国内首台万瓦连续光纤激光器等大国重器。三是消费光电子产业链，以武汉天马、华星光电、小米、联想为龙头，发展"屏"和"端"，成为全球中小尺寸面板研发制造的重要基地。目前，武汉已发展成为全国最大的光通信技术研发制造基地，光纤光缆产量国内市场占有率达到66%，国际市场占有率为25%，光纤光缆生产规模位居全球第一；激光产品国内占有率超过50%。2018年，"武汉·中国光谷"的光电子信息产业规模已突破5500亿。2018年，《中国光谷2035创新驱动发展战略行动纲要》正式发布，明确提出实施"三步走"战略：第一步是到2020年建成全球一流的高科技园区，成为全球创新创业网络的关键节点，"中国光谷"享誉世界，实现"美国有硅谷、中国有光谷"的发展格局；第二步是到2035年综合实力进入全球高科技园区前列，成为全球创新创业网络的重要枢纽，基本建成"世界光谷"；第三步是到21世纪中叶建成全球领先的高科技园区，成为具有全球影响力的创新创业中心，全面建成"世界光谷"。在迈向"武汉·世界光谷"的过程中，光通信、激光等光电子产业始终是发展的重中之重。

武汉东湖地区是我国著名的高等院校及科研院所集聚区，东湖新技术开发区是首批国家级高新技术产业开发区，具有世界科技园区建设的雄厚资源基础、科技创新优势和持续发展潜能。目前，这里聚集了42所高等院校、56个国家及省部级科研院所、30多万专业技术人员和80多万在校大学生；这里有众多科技创新平台，尤其是这里有"中国光纤之父"、诞生了中国第一根光纤、第一个光传输系统、第一台全光纤飞秒激光器；这里有武汉邮电科学研究院（别名烽火科技，1974年成立，是全球唯一集光电器件、光纤光缆、光通信系统和网络于一体的通信高技术企业，也是中国光通信的发源地）、武汉光电国家实验室、激光技术国家重点实验室、国家光电研究中心、新一代光纤通信技术和网络国家重点实验室、光纤光缆制备技术国家重点实验室、国家卫星定位系统工程技术中心、光纤传感技术国家工程实验室、国家激光加工工程研究中心、光纤通信国家工程技术研究中心；这里有长飞光纤光缆、华工科技、楚天激光、锐科光纤激光、高德红外、长江存储等掌握核心技术的高新技术企业；这里有"中国光谷"国际光电子博览会暨论坛，等等。毫无疑问，这些都是引领和支撑"武汉·中国光谷"发展的雄厚基础。以烽火科技为例，已累计主导制定国内通信行业技术标准317项、国际标准13项，并对14项国际标准进行了增补，参与制定国际标准8项。2018年，烽火科技又与大唐电信合并重组成立中国信息通讯科技集团，正加快建设信息通信领域的国际一流公司。"武汉·中国光谷"光电子技术产业发展是我国"引进、消化、吸收再创新"的典范。根据工信部发布的《2018年国家新型工业化产业示范基地发展质量评估结果》，武汉东湖新技术开发区以"电子信息（光电子）"入选"2018年国家新型工业化产业示范基地五星级名单"。

二、长飞光纤光缆"以市场换技术"的发展策略

为了迎接新科技革命挑战，迅速改变世界通讯落后国家现状，加快形成我国光纤光缆工业化生产能力，1984年5月12日国家计委以955号文批复《邮电部关于引进光纤通信成套技术项目建议书》，决定通过引进国外先进光纤光缆技术和设备，建立我国光纤光缆生产企业。根据文件精神，邮电部积极寻找引进光纤光缆技术的国际合作伙伴。当时，世界上拥有光纤光缆制造技术的企业屈指可数，邮电部曾先后与几家拥有光纤光缆制造技术的企业接触，但美国、日本的公司都不愿意将光纤光缆生产技术和设备转让到中国。中方"以市场换技术"的策略非常明确，谁愿意提供光纤预制棒生产技术，就优先考虑与谁进行合作。由于荷兰飞利浦公司愿意将光纤光缆生产技术和设备转让到中国，中方最终选择荷兰飞利浦公司作为合作伙伴。我国邮电部与荷兰飞利浦公司最初的谈判，仅限于光纤光缆技术和设备的引进。从1986年下半年开始，谈判改为双方合资，以中国的巨大市场换取国外的先进技术。飞利浦公司甚至承诺，如双方合资还可以争取荷兰政府为这个项目提供优惠贷款，这对当时外汇稀缺的中方颇有吸引力。

当时，我国很多城市都想争取这个光纤光缆项目，并各自开出了自己的优惠条件。地处东湖之滨的武汉邮电科学研究院，基于自己多年的科研基础和前瞻性，也希望这个重要项目能够落地武汉。武汉市精心准备了光纤光缆项目可行性报告。时任武汉市人民政府赵宝江市长亲自出马，率领项目团队到北京，找到当时邮电部副部长、电信权威吴基传先

生,陈述光纤光缆项目落户武汉的有利条件。武汉地处中国中部地区,交通四通八达,国家部委高等院校及科研机构众多,特别是有武汉邮电科学研究院这一重要研发基地,有众多通信领域的专家学者,有利于企业在技术引进后的消化、吸收和再创新。不仅如此,武汉正在积极谋划建立科技园区,能够为高新技术企业提供良好的创新创业生态环境。正是武汉市人民政府和武汉邮电科学研究院的坚持不懈、积极争取,这个项目落地武汉最终得到邮电部的支持。正是因为这种特殊背景,武汉市人民政府得以作为投资股东之一参与中外合资光纤光缆项目。在长飞光纤光缆发展过程中,始终得到武汉市人民政府的大力支持。尤其是2001年国际光纤光缆市场低迷之时,在政府强力支持下,长飞光纤光缆争取到国家5580万国债贴息贷款,逆势完成第六期光纤扩产,为进一步提高光纤光缆市场份额奠定了基础。

中、荷双方谈判进入1987年4月后,会谈频次明显增加并不断取得进展,但仍然存在一些问题,主要分歧在于光纤制造技术转让费和设备报价的价格问题。直到1988年1月,双方关于技术的谈判基本结束,主要议题又回到绕不过去的价格分歧。在1988年2月10日的谈判中,经过又一次讨价还价,飞利浦在价格上适当让步,双方终于解决久拖未决的价格问题,并决定1988年3月5日下午3点40分在北京举行中外合资文件签字仪式。我国改革开放有一个循序渐进的过程,许多世界上习以为常的事物都完全没有经历,中方在3月5日上午又提出:如果因飞利浦公司转让的光纤光缆技术不成功而导致合资失败,飞利浦公司必须进行赔偿。飞利浦公司坚决不同意这一要求,认为合资失败的原因可能很复杂,不一定是技术转让问题,合作双方必须共担风险。后因中方在这一问题上不再坚持,签字仪式才得以如期举行。在中外合资合同中,包括荷方光纤技术将向中方连续转让10年的《光纤技术转让合同》。新成立的这家中外合资企业三家股东是:荷兰飞利浦公司、武汉光通信技术公司(武汉邮电科学研究院的企业名称)、武汉市信托投资公司(代表武汉市人民政府)。由于武汉市及武汉邮电科学研究院都在长江之滨,选长江的"长"取飞利浦的"飞",确定以"长飞"作为中外合资光纤光缆企业之名。

三、长飞光纤光缆技术引进、吸收、消化、再创新的实践

长飞光纤光缆成立之初，一切从零开始，荷兰飞利浦转让的光纤光缆生产技术需要中方掌握。长飞光纤光缆派出首批5名工程师到荷兰飞利浦接受为期9个月的技术培训，努力掌握先进光纤光缆技术及生产工艺流程。1991年，长飞光纤光缆公司开始试生产光纤光缆，在试生产过程中不断调试和改进。1992年，长飞光纤光缆正式投产，标志着我国规模最大、技术最先进的光纤光缆生产企业问世。在长飞光纤光缆投产当年，光纤光缆产量就超过了设计生产能力，年产光纤5万芯公里、光缆4000皮长公里。长飞光纤光缆的实际经营结果，明显超过投资可行性研究报告的预测，原预测中外合资公司投产数年后才能逐渐达到设计能力。这与长飞光纤光缆研发人员奋发图强、刻苦学习、迅速消化和吸收技术有关。不久，长飞光纤光缆就显现出"青出于蓝而胜于蓝"的发展态势。荷兰飞利浦生产的多模光纤有效长度不够，而且成品率不高。1993年，即长飞光纤光缆正式投产的第二年，飞利浦公司专程将一批预制棒送到长飞光纤光缆生产，其结果让飞利浦公司感到震动，长飞光纤光缆公司拉出来的合格多模光纤长度超过飞利浦的30%。此时此刻，距离长飞光纤光缆公司成立仅仅5年时间。长飞光纤光缆是中外合资成功的典范，自投产以来长飞光纤光缆股权稳定，中外双方关系和睦，从来都没有出现亏损，一直保持稳定盈利，这在我国改革开放之年创建的众多中外合资企业中实属难得。在长飞光纤光缆工作的约翰·凯恩、尼尔斯·盖德等外方专家，先后获得武汉市人民政府"黄鹤友谊奖"。外资方不仅仅给长飞光纤光缆带来了先进技术，而且还带来了先进企业管理理念，制定并实施全面质量管理体系，这为长飞光纤光缆的持续发展奠定了良好基础。长飞光纤光缆是我国同行业中获得ISO90002国际体系认证和欧洲质量认证的第一家企业。2004年，长飞

光纤光缆获得 ISO14001 证书,为企业广泛开展国际绿色贸易创造了有利条件。

随着改革开放的推动,我国从计划经济走向社会主义市场经济,电信网络的升级改造不再完全靠邮电部一家投资,各省、市、自治区地方政府也开始筹资建设,调动了各方面的积极性,有效促进了光纤光缆技术及产品的推广应用。长飞光纤光缆公司生产的光纤光缆产品开始供不应求,使其在市场需求下不断扩大产能,在 1993 年完成第一期光纤扩产,1996 年完成光纤第二期扩产,1997 年完成光纤第三期扩产,1998 年完成光纤第四期、第五期扩产,2001 年完成光纤第六期扩产,2004 年完成光纤第七期扩产,2009 年完成光纤第八期扩产,2010 年完成光纤第九期扩产……根据市场需求不断扩大光纤光缆年生产能力,使长飞光纤光缆成为全球光纤光缆行业的主要生产企业之一,并实现关键生产设备和原材料全部自主化。长飞光纤光缆的投产和成功运营,打破了外国公司对我国光纤光缆市场的垄断,从根本上改变了我国依赖进口光纤光缆建设国家光缆通信干线的历史。由于形成了中外企业相互竞争的局面,我国光纤光缆价格不断下降,从而大大降低了我国光缆通信网建设的投资,加快了光纤通信技术的普及应用,使光纤走进千家万户,最终使普通电话网络用户受益。目前,我国城市住宅小区光纤覆盖率 100%,5G 网络已开始在城市试点布局;农村行政村光纤覆盖率已超过 96%,4G 网络覆盖率已达到 95%。

四、长飞光纤光缆以自主创新掌握关键核心技术

长飞光纤光缆最初进行自主创新研发,也是"被迫"的,并且顶住了来自内部、外部的许多利益"诱惑"。由于飞利浦转让给长飞光纤光缆的技术不适合生产单模光纤,只适合生产多模光纤,在 1998 年之前长飞光纤光缆主要生产多模光纤。从 20 世纪 90 年代后期起,随着我国通信事业的快速发展,迫切需要大量单模光纤。长飞光纤光缆必须突破技术瓶颈,才能抓住难得的市场机遇和企业发展良机。1996 年,美

国朗讯和康宁公司推出能够满足大容量、远距离传输需要的 G.655 单模光纤，这一技术先进产品立刻得到市场认可。此时此刻，我国没有一家光纤光缆企业具有研发生产 G.655 单模光纤的能力。为获得中国巨大的市场，一家国际知名公司改变此前不愿意向我国输出技术的态度，主动找到邮电部提出与长飞光纤光缆合作。但其前提条件是要求两家公司合作后，长飞光纤光缆只生产多模光纤，所需要的单模光纤必须由该公司提供。在当时的认知背景下，有许多人认为能与这个国际知名企业合作，对长飞光纤光缆是一个不错的选择。但是，长飞光纤光缆意识到：如果与该公司合作，而且只能生产一种市场需求很小的多模光纤，自己就没有不断实现技术消化、吸收、再创新的动力，势必沦为只能生产多模光纤的厂商。长飞光纤光缆董事会慎重做出科学决策，于 1997 年 4 月下达攻克单模光纤生产技术难题的研发任务。技术研发攻关人员加班加点、深入车间、开会研究、反复试验、半年突破、以 8 个月的研究周期获得成功，一举打破美国的技术垄断。1997 年 12 月，长飞光纤光缆生产的单模光纤生产技术已达到国际先进水平。单模光纤生产技术的成功突破，对于长飞光纤光缆的经营发展具有重要战略意义。1998 年，长飞光纤光缆在国内首条 G.655 光缆干线建设项目中成功中标。通过 G.655 单模光纤技术攻关成功，长飞光纤光缆清醒地认识到：关键核心技术是不可能依靠市场"换"来的，长飞光纤光缆必须始终坚持自主研发，才能真正把关键核心技术掌握在自己手里。随后，长飞光纤光缆又开始对预制棒技术进行攻关。过去的预制棒体量比较小，一根预制棒长约 1 米，只能拉出光纤 400 芯公里。2000 年，长飞光纤光缆成立自己的独立研发部门，开发新型产品，创新工艺流程，研制全新设备，专攻"大预制棒"生产技术。按照企业技术研发流程，长飞光纤光缆管理层向董事会提请批准增加研发资金投入，却没有及时得到董事会批准。在此关键时期，东湖新技术开发区管委会支持长飞光纤光缆 2000 万元资金，使企业研发团队全力以赴入光纤"大预制棒"技术攻关。不久，长飞光纤光缆公司研发生产出长度 3 米、外径 200 毫米的新型光纤"大预制棒"，一根棒可拉出光纤 7000 芯公里，不仅大大提高了产量，而且有效降低了生产成本。目前，长飞光纤光缆生产的预制棒外径达到220毫米，每根预制棒可拉出光纤超过8500芯公里。最为关键的是，生产预制棒的所有关键设备都是长飞光纤光缆自己研发制造的。长飞光纤光缆还在国内首家研发生产了适用于下一代网络通信的G.654 ULL光纤，成为全球第三家拥有大有效面积超低衰减光纤技术产品的厂商，也是国内唯一掌握超低衰减光纤技术的企业。

目前，长飞光纤光缆研发部已发展壮大为国家级企业技术中心，长飞光纤光缆国家重点实验室也是我国光纤光缆行业唯一的国家级重点实验室。长飞光纤光缆不仅掌握了预制棒、光纤、光缆全部生产关键技术，还自主生产制造设备，甚至连源代码是自主编写，真正做到了关键核心技术完全自主可控。通过30年的不断探索和创新，长飞光纤光缆成为我国"引进、吸收、消化、创新"的一个典范。长飞光纤光缆成立时，所有设备（包括配件、原材料等）都是从国外进口；现在长飞光纤光缆所有设备和原材料都是自己的，不仅拥有许多知识产权，而且积极主导或参与制修订国际标准和行业标准，还有一部分专利技术向海外输出。长飞光纤光缆已先后主持或参与起草各类标准98项，其中国际标准7项、国家及行业标准91项。

从长飞光纤光缆近五年发展的业绩看，2014年跃居为全球最大的预制棒供应商，光纤和光缆规模分别位居全球第二，并且在香港成功上市；2015年光纤、预制棒分别位居全球第一，光缆位居全球第二；2016年光纤、光缆及光纤预制棒三大主营业务全部问鼎"世界第一"，真正实现从"海外工厂"到"世界第一"的根本性转变。2016年，首届世界光纤光缆大会在武汉召开，长飞光纤光缆总裁庄丹担任会议主席。2017年，长飞光纤光缆全年营业收入迈过百亿元大关，达到103亿元。2018年，长飞光纤光缆营业收入113.6亿，同比增长9.6%，海外营业收入同比大幅增长62.5%。从我国光纤光缆行业30年的发展看，前期基本是用市场换技术，以后通过引进、消化、吸收、再创新，实现光纤光缆技术从"跟跑""并跑"到"领跑"，现在可以用自己的技术去换他国的市场。目前，长飞光纤光缆已在缅甸、印度尼西亚、南非等地建立多个合资企业，并积极设立海外办事处，实现技术输出。2018年5月30日，长飞光纤光缆联合华中科技大学制造装备数字化国家工程研究中心、美国弗吉尼亚理工大学工业系统工程学院成立"智能制造研究院"。2018年7月20日，长飞光纤光缆股份有限公司在上海证券交易所正式登陆A股主板，成为我国光纤光缆行业、湖北省首家同时登陆A股与H股的上市公司。2018年10月，长飞光纤光缆获得"欧洲质量奖"，也是中国企业第一次获得"欧洲质量奖"。目前，我国能够生产光缆的企业超过100家，能够生产光纤企业大约有30家，但能够生产预制棒的企业只有8家。截至2018年底，长飞光纤光缆拥有国内光纤光缆行业唯一的国家重点实验室，拥有有效专利318件（其中发明专利187件），同时也是全球唯一同时掌握PCVD、OVD、VAD三种预制棒制备工艺技术的企业。长飞光纤光缆是全球光纤光缆行业内产业链最长、产品最全的企业，在国内外拥有20多家子公司，光纤光缆业务覆盖了世界上70多个国家和地区。2018年，长飞光纤光缆申报的技术创新项目荣获国家科学技术进步二等奖，成为光纤光缆行业唯一一家获得该奖项的企业，也是光纤光缆行业唯一一家先后三次荣获国家科学技术进步二等奖的企业。2015年，长飞光纤光缆成为首批国家工业和信息化部确定的46家智能制造试点示范企业之一，也是我国光纤光缆行业唯一的代表。长飞光纤光缆从A股募集资金都投入预制棒等高技术含量、高附加值产品，不断强化自己掌握预制棒、光纤、光缆关键核心技术的竞争力。2018年12月，在中国改革开放40年、东湖新技术开发区创建30年之际，由湖北日报集团、长江日报集团联合发起"改革开放40年暨光谷30年创新30人"评选揭晓，"中国光纤之父"赵梓森院士名列榜首，长飞光纤光缆掌门人庄丹总裁也榜上有名。截至2019年4月23日，在湖北省A股、H股、美股118家上市公司（包含2家A+H两地上市公司合并数据）中，长飞光纤光缆市值名列榜首，同比市值增长31.33%。2019年6月，长飞光纤光缆与英国商品研究所（CRU）签订合作协议，明确2019—2021年期间，世界光纤光缆大会将依次由全球光纤光缆行业三大巨头康宁公司、普睿司曼集团、长飞公司联合 CRU 主办。面对 5G 时代的来临，长飞光纤光缆基于对光纤基础网络的深刻理解，针对"更高速率、更大连接、更低时延"三大应用场景，提出全连接战略和工业互联网战略，旨在通过全方位的光纤连接方案，打造缩小数字鸿沟所需要的网络神经，努力成为 5G 时代信息传播和智慧连接领域的领导者。

五、基于长飞光纤光缆自主创新实践探索的启示

长飞光纤光缆作为"武汉·中国光谷"的行业领军企业，长期坚持技术引进、消化、吸收、再创新，所取得的技术创新成效具有典型示范意义。长飞光纤光缆从无到有、从弱到强、从有到优的自主创新实践探索，不仅折射出我国科技创新政策的演变，而且给我们带来了以下启示。

启示之一：在我国一些高新技术明显落后的产业领域，在特定历史时期采取"以市场换技术"策略是必要的，通过技术引进、消化、吸收、再创新，不仅能迅速缩小技术差距，大大节约产品研发时间，而且能够尽快填补国内空白，获得明显的经济社会效益。

启示之二：在我国一些高新技术发展滞后的研究领域，始终坚持技术引进、消化、吸收、再创新是行之有效的，通过积极引进技术，充分消化、吸收技术，不仅能够尽快掌握世界先进技术，而且能够实现再创新乃至创新超越。

启示之三：为保障我国高新技术产业可持续发展和产业安全，必须高度重视产业关键核心技术，不仅要积极跟踪产业关键核心技术，而且要尽快掌握产业关键核心技术，尤其要着力突破"受制于人"的技术，始终将企业"命门"牢牢把握在自己手中。

启示之四：为提高我国高新技术产业发展效率及经济效益，必须按照产业价值链上下游技术环节之间的关联性，针对关键核心技术节点，强化原始创新、集成创新和引进、消化、吸收、再创新，尽可能处理好产业技术渐进性创新与根本性创新的关系。

启示之五：为实现我国高新技术产业可持续发展，必须创造更好的创新生态系统，努力构建产业技术创新利益共同体，充分发挥企业技术创新主体的重要作用，积极推进政产学研等方面的协同创新，在基础研究、应用研究、开发研究之间保持必要的张力。

启示之六：我国高新技术企业应重视技术创新在全面创新中的核心地位和引领作用，始终坚持市场导向或用户导向的技术创新，实现企业技术创新与企业管理创新、企业文化创新、企业市场营销创新、企业商业模式创新等方面的协调发展和相互支撑。

启示之七：我国高新技术产业、高新技术企业发展，离不开科学规划指导、科技政策导向和各级政府支持，尤其是适时到位的高质量科技政策供给十分重要。各级政府予以高新技术产业、高新技术企业的资助，对高新技术产业持续发展、高新技术企业构建技术创新系统非常关键。

报告撰稿人：李　光　武汉大学发展研究院教授、博士生导师

湖北创新型省份建设进展评估及深入推进对策研究

颜慧超 等

自 2016 年获批建设国家创新型试点省份以来，湖北从顶层设计、政策环境、创新服务、强化考核、加强宣传等方面系统推进创新型省份建设，创新环境和氛围全面优化，创新主体的积极性全面增强，创新成效全面显现，区域创新水平全国排名从 2015 年的第 10 位上升到 2017 年的第 7 位，进入与湖北经济社会发展水平相匹配的"第一方阵"。

一、湖北创新型省份建设进展情况

（一）主要指标完成情况

根据《湖北省创新型省份建设推进计划（2016—2020 年）》以及科技部《建设创新型省份工作指引》，课题组选取重要考核指标，从时间维度开展纵向分析，并与安徽、江苏、广东、陕西、四川等创新型省份进行横向对比，全面评估湖北创新型省份建设进展（见表1）。

表1　　　　湖北创新型省份建设主要指标完成情况

指标	2015 年数值	2016 年数值	2017 年数值	2020 年目标
1. 综合科技进步水平指数	62.84	65.75	67.44	60
2. 全社会研发经费支出占地区生产总值的比重（%）	1.9	1.86	1.97	2.5
3. 科技公共财政支出占公共财政支出的比重（%）	2.57	2.96	3.44	3.3

续表

指标	2015年数值	2016年数值	2017年数值	2020年目标
4. 高新技术企业数量（家）	3317	4306	5369	8000
5. 每万名就业人员中研发人力投入（人年/万人）	37.04	37.60	38.78	55
6. 技术市场成交合同金额（亿元）	830.07	927.73	1066	1100
7. 每万人发明专利拥有量（件）	4.3	5.39	6.87	10
8. 高新技术产业增加值占GDP比重（%）	17.02	17.26	16.74	23

注：2020年目标值来源于《湖北省创新型省份建设推进计划（2016—2020年）》。

由2015—2017年湖北创新型省份建设主要指标变化情况可知，综合科技进步水平指数、科技公共财政支出占公共财政支出的比重已提前达到2020年目标值；高新技术企业数量、技术市场成交合同金额、每万人发明专利拥有量逐年较快增长，按照近两年增速，预计到2020年能够达到预期目标；但全社会研发经费支出占地区生产总值的比重、每万名就业人员中研发人力投入、高新技术产业增加值占GDP比重这三项指标相对滞后，离2020年目标值仍有较大差距。

1. 综合科技进步水平指数

2017年，湖北综合科技创新水平指数达到67.44，排名全国第七位，比2015年上升了3位。在科技创新环境、科技活动投入、科技活动产出、高新技术产业化和科技促进经济社会发展等5个方面，湖北保持均衡发展，各项指标排名均在全国前10位，体现出较强的综合科技创新实力，处于中西部首位。但2017年湖北综合科技进步水平指数仍低于全国综合科技创新水平（69.63），比排名第六的浙江低6.82分，仅比排名第八的陕西高0.86分，追赶与被追赶的压力较大（见图1）。

2. 全社会研发经费支出占地区生产总值的比重

2017年，湖北全社会研发经费支出占地区生产总值的比重为1.97%，较2016年提升了0.11%，但仍低于全国平均水平（2.13%），与《湖北省创新型省份建设推进计划（2016—2020年）》提出的2020

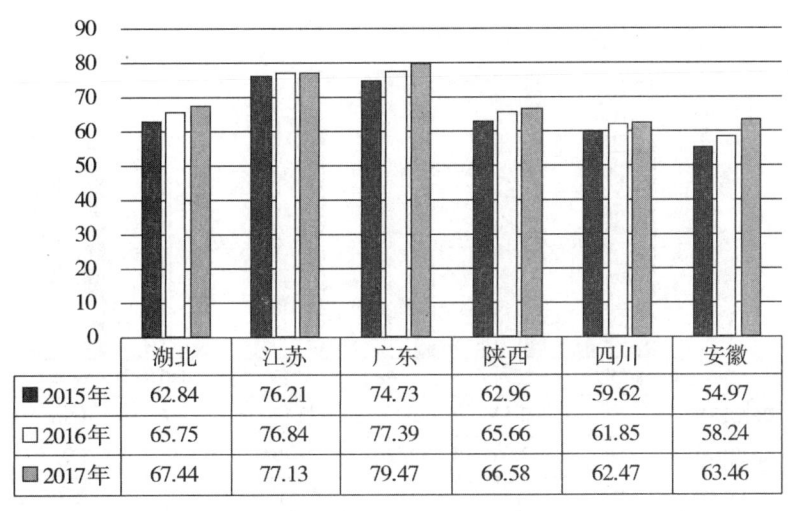

图1 2015—2017年湖北与部分创新型省份综合科技进步水平指数比较

年目标值2.5%还有较大差距。2017年该指标比重低于中部安徽（2.09%）和西部陕西（2.1%），与东部江苏、广东相比仍有不小的差距（见图2）。

3. 科技公共财政支出占公共财政支出的比重

2015—2017年湖北科技公共财政支出占公共财政支出的比重持续增长，由2015年的2.57%增长到2017年的3.44%，已提前达到《湖北省创新型省份建设推进计划（2016—2020年）》提出的2020年目标值3.3%。为加大地方财政科技支出，湖北先后出台了多项法规政策，如《湖北省自主创新促进条例》要求，县级以上人民政府加大财政投入力度，财政性自主创新投入占公共财政支出的比重应高于全国同类指标平均水平。但与其他创新型省份对比来看，2017年湖北该指标仍低于广东、江苏、安徽（见图3）。

4. 高新技术企业数量

2017年湖北省高新技术企业数量达5369家，较2015年增加2052

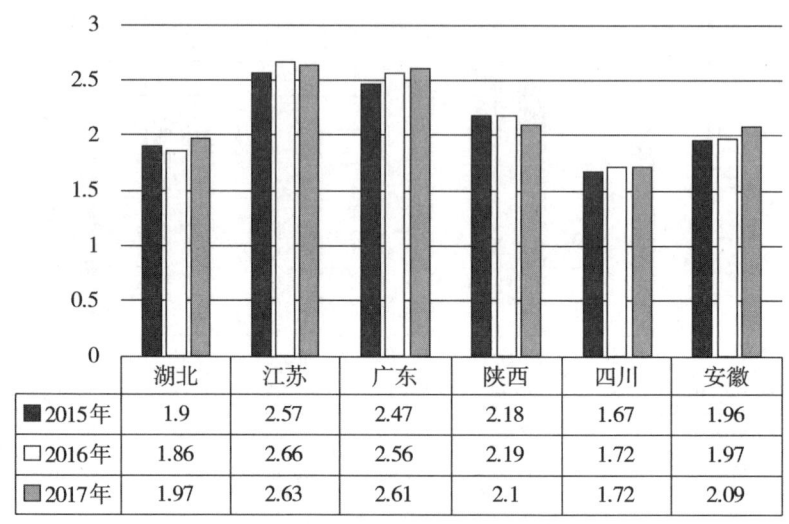

图2　2015—2017年湖北与部分创新型省份全社会研发经费支出占地区生产总值的比重比较

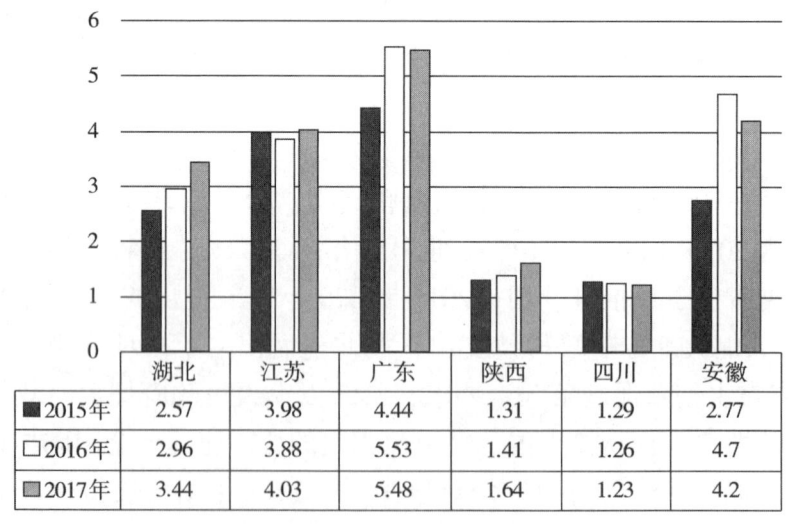

图3　2015—2017年湖北与部分创新型省份科技公共财政支出占公共财政支出的比重比较

家,按照近两年增长情况,预计到2020年能够达到《湖北省创新型省份建设推进计划(2016—2020年)》提出的目标值8000家。近年来,湖北大力实施科技企业创业与培育工程,加大对中小企业研发激励力度,强化对高企的金融支持,严格落实税收优惠,高标准推进高企认定申报,为高新技术企业培育壮大营造了良好环境。与其他创新型省份对比来看,2015—2017年湖北高新技术企业数量均高于陕西、四川、安徽,但与江苏、广东仍有较大差距,2017年该指标仅为江苏、广东的40.4%、16.1%(见图4)。

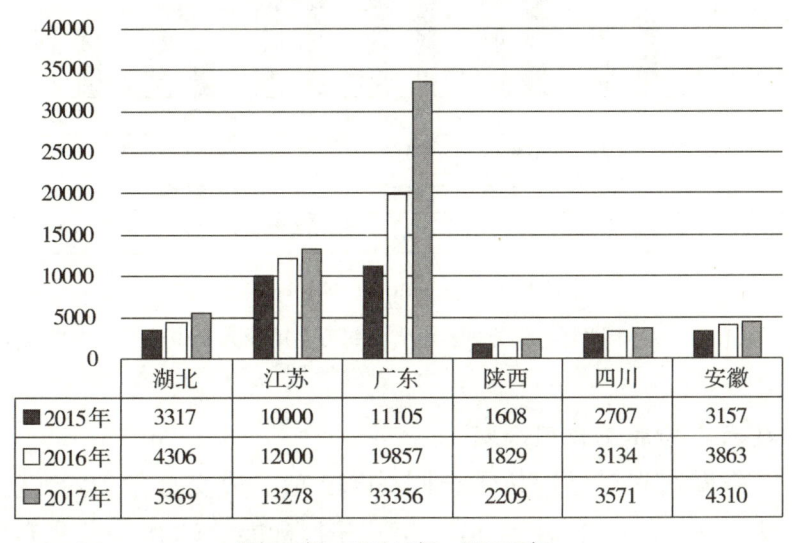

图4　2015—2017年湖北与部分创新型省份高新技术企业数量比较

5. 每万名就业人员中研发人力投入

2017年湖北省每万名就业人员中研发人力投入达38.78人年/万人,比2015年增加1.74人年/万人,与《湖北省创新型省份建设推进计划(2016—2020年)》提出的2020年目标值55人年/万人仍有较大差距。2017年湖北省该指标高于安徽(32.08人年/万人),但与江苏、广东仍有较大差距,仅占江苏(117.7人年/万人)的32.95%、广东

（89.15 人年/万人）的 43.5%。其中，研发人员不足成为制约该指标增长的主要因素，2017 年湖北研发人员数量仅为广东、江苏的 1/4（见图 5）。

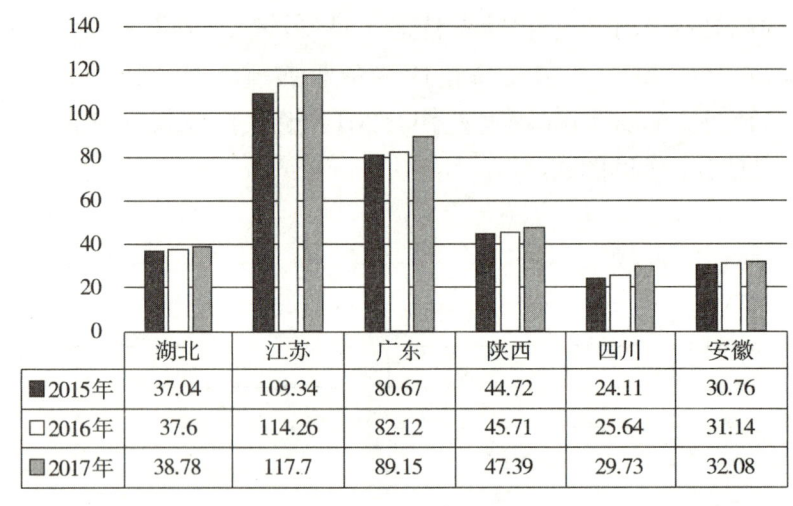

图 5　2015—2017 年湖北与部分创新型省份每万名就业人员中研发人力投入比较

6. 技术市场成交合同金额

2017 年湖北省共登记技术合同 24742 项，成交金额 1066 亿元，较 2015 年增长 28.4%。预计到 2020 年，该指标能够达到《湖北省创新型省份建设推进计划（2016—2020 年）》提出的目标值 1100 亿元。湖北依托国家技术转移中部中心建设，按照"6+2+1"的规划布局，不断完善省级和区域技术市场，大力组织实施"技术转移中介服务机构发展壮大专项行动"，全面落实《湖北省科技成果转化中介服务补贴管理办法（试行）》，加强技术中介服务机构建设管理，成果转化服务水平不断提升，促进了技术市场繁荣发展。与其他省份对比来看，2015—2017 年湖北省该指标均高于江苏、广东、陕西、四川、安徽等创新型省份，连续三年位居全国第二，仅次于北京，但在技术成交合同构成上，科技创新的技术含量仍相对较低（见图6）。

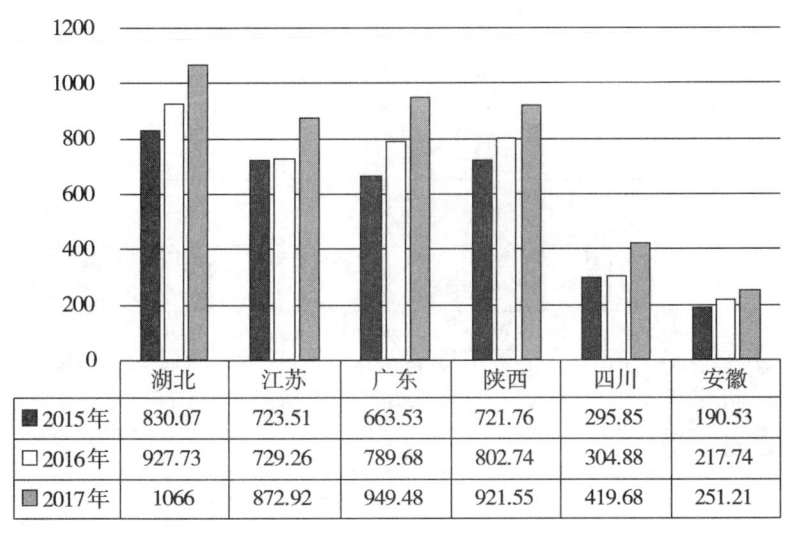

图6　2015—2017年湖北与部分创新型省份技术市场成交合同金额比较

7. 每万人发明专利拥有量

2017年湖北省万人发明专利拥有量达6.87件，较2015年增长59.8%。按照近两年增长情况，预计到2020年能够达到《湖北省创新型省份建设推进计划（2016—2020年）》提出的目标值10件。近两年，湖北颁布实施《湖北省专利条例》，深入实施知识产权示范企业建设、高校院所知识产权推进工程，加强知识产权双创服务基地建设，强化知识产权司法保护与行政执法衔接，知识产权发展环境不断优化，为每万人发明专利拥有量的高速增长提供了重要保障。与其他省份对比来看，2016—2017年湖北省该指标高于西部省份四川，但仍低于中部安徽和西部陕西，仅占东部江苏、广东的30.5%、36.2%（见图7）。

8. 高新技术产业增加值占GDP比重

2017年湖北省高新技术产业增加值占GDP比重为16.74%，低于2015年0.28个百分点，低于2016年0.52个百分点。该数值与《湖北

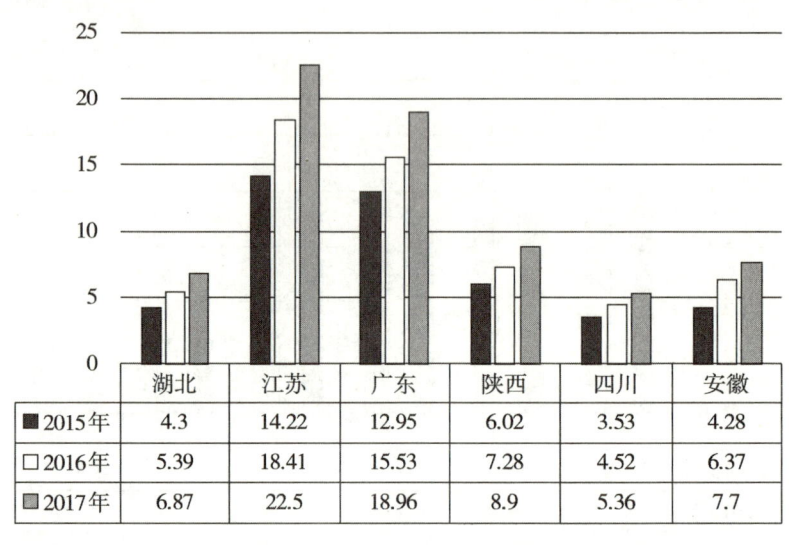

图7 2015—2017年湖北与部分创新型省份每万人发明专利拥有量比较

省创新型省份建设推进计划（2016—2020年）》提出的2020年目标值23%仍有较大差距。与其他省份相比，2015—2016年湖北省该指标高于安徽，但2017年低于安徽1.18个百分点。2015—2017年湖北省高新技术产业增加值逐年增长，由5028.94亿元增加至5937.89亿元，但总体增速仍落后于GDP。

（二）主要做法及成效

1. 强化政策引领，创新政策体系进一步完善

近年来，湖北省密集出台了30余项关于加快高新技术产业发展、鼓励创新创业、促进科技成果转化、创新科技投入机制、建立自主创新长效机制等方面的激励和保障政策，省科技、发改、经信、财政、人社、税务、教育、检察院等部门也制定了相关的配套政策80余项。特别是《湖北省自主创新促进条例》《东湖国家自主创新示范区条例》等法规的出台，将湖北省近年来体制机制创新的一系列成熟做法，以地方

立法形式予以确立和保障。科技创新政策法规体系不断完善，进一步破除了体制机制障碍，释放了创新创业活力，为湖北省创新驱动发展战略提供了更加有力的法治保障和政策支持。

2. 加强技术创新，产业创新能力进一步提升

湖北紧密围绕经济社会发展的重大科技需求，高位推进国家存储器、网络安全人才与创新、新能源和智能网联汽车、航天产业等四大基地建设，加快推进十大重点产业创新发展。实施重大专项，通过湖北省技术创新重大项目、产业创新能力建设专项、传统产业改造升级专项等，加大对产业创新支持力度，着力提升产业创新能力，高新技术产业持续增长，对经济社会发展的支撑作用显著增强。2017年，湖北省高新技术产业增加值达5937.89亿元，比2015年增长18.07%，千亿元以上产业达到17个，国家级创新型产业集群试点达5家。

3. 促进成果转化，科教创新优势进一步释放

近几年，湖北持续下放科技成果处置权，扩大转化收益分配权，充分调动省市县三级科技部门的积极性，采取"定向间接有偿"的投入方式及"市场评价"的分配方式，带动社会资本支持科技成果转化，科技成果转化供需渠道进一步畅通。自2015年启动"科技成果大转化工程"以来，湖北设立"湖北省科技成果转化专项"资金，每年拿出3亿~5亿元，三年共投入财政专项资金10亿~15亿元，对投资在鄂转化项目的创投机构按其投资金额一定比例给予专项资金支持。2017年湖北省技术合同成交额达到1066亿元，较2015年增长28.4%，以较大优势保持中西部第一、全国第二。

4. 建设载体平台，双创服务体系进一步健全

湖北以实施科技企业创业与培育工程为抓手，着力优化政策供给，构建完善科技企业培育工作体系，完善平台建设，引导资金、项目、人才等创新资源向科技企业聚集，科技企业创新创业孵化体系不断健全，科技企业快速成长。2017年湖北省高新技术企业达5369家，较2015年增长24.7%，位居全国第七、中部第一；省级以上科技企业孵化器、众创空间分别达172家、210家，国家级科技企业孵化器、众创空间、

双创示范基地数量分别达47家、62家、6家。

5. 推进创新基地建设，区域创新布局进一步完善

湖北以创新型试点城市建设、科技创新载体建设、科技创新平台建设为主要抓手，着力引导各类创新要素集聚，创新发展的"多极"正加速形成。目前，武汉、襄阳、宜昌已建成国家创新型城市，国家高新区达12家、国家级农业科技园区达8家、国家级可持续发展实验区达12家。湖北高度重视国家重大创新平台建设，拥有脉冲强磁场实验装置、精密重力测量研究设施等2个大科学装置，国家级创新平台达47家。

6. 集聚创新资源，创新驱动支撑进一步增强

湖北积极推进各项人才工程，持续推进"国家高层次人才特殊支持计划（万人计划）""海外高层次人才引进计划（千人计划）""创新人才推进计划"，探索不同类别人才的引进与支持措施。深入推进人才发展体制机制改革，进一步激发科技人员创新积极性，优化人才发展环境，营造了"尊才重才"的良好氛围，科技人才发展取得了良好的成效。目前，湖北省两院院士达73人，累计引进国家"千人计划"专家399名，入选国家"万人计划"专家136名。在科技金融方面，湖北省紧抓国家赋予科技金融改革创新试点的机遇，积极探索科技金融创新改革的各项先行先试政策，加快构建多元化多层次投融资体系，深化科技金融产品和服务创新，推进武汉区域金融中心建设，金融生态环境不断优化。2017年，创业投资企业数及注册资本较2015年分别增加75%、180.9%；省创业投资引导基金子基金总规模达50亿元，长江经济带产业基金已通过基金管委会核准的30只基金总规模达1076.26亿元。

二、湖北创新型省份建设存在的问题

（一）科技创新水平提升较快，但科技优势转化仍显不足

一是科技成果转化效能不足。2017年湖北省登记重大科技成果

1600 项，其中应用技术成果类 1540 项，但在 1279 项已应用的成果中，产生经济效益的仅 333 项。在高校服务企业方面，2016 年全国高校服务企业社会获得的科研经费达到 1791 亿元，而湖北仅为 28 亿左右，所占比例只有 1.6%。二是技术成交合同构成不优。2017 年，湖北省技术开发、技术转让、技术咨询、技术服务四类合同中，技术服务合同成交 12348 项，成交额 751.67 亿元，占技术合同成交总额的 70.51%，且技术服务合同主要集中在现代交通、城市建设与社会发展、先进制造等领域，科技创新的技术含量相对较低；技术开发合同成交 10655 项，成交额仅 204.11 亿元，占成交总额的 19.15%；技术咨询合同、转让合同分别成交 868 项、871 项。三是发明专利拥有量低于全国平均水平。2017 年，湖北万人发明专利拥有量 6.87 件，低于 9.8 件的全国平均水平。

（二）创新平台数量较多，但重大创新平台建设滞后

两年来，湖北国家级重点实验室、国家工程技术研究中心数量排名稳居中部第一、全国前列。但湖北在新的重大创新平台建设方面进展缓慢，大科学装置、高层次平台等重大科技基础设施相对不足，难以满足高端原创性、引领性创新的需要。目前，全国有 50 多个国家级大科学装置，而湖北仅拥有脉冲强磁场实验装置、精密重力测量研究设施（在建）、国家生物安全实验室 3 个大科学装置，多模态跨尺度生物医学成像装置重大科技基础设施项目正在谋划建设，在数量上落后于北京、上海，在布局上落后于中部安徽。

（三）企业主体实力有所加强，但其创新发展仍然不够

一是高新技术企业数量总体仍然偏少。湖北高新技术企业数量虽然逐年增长，但高新技术企业数量增长率显著落后于排名第一的广东，与广东、江苏等先进省份高新技术企业数量差距较大。二是企业研发投入力度不足。2017 年湖北规模以上工业企业 R&D 经费内部支出占主营业务收入比重为 1.09%，低于广东（1.39%）、江苏（1.23%）。在开展 R&D 活动方面，2017 年湖北有 R&D 活动企业占规模以上工业企业比重

为23.62%，低于全国平均水平3.8个百分点。三是企业研发人员总量偏低。2017年湖北规模以上工业企业R&D人员折合全时当量为9.42万人年，较2016年减少了0.21万人年，仅占江苏的20.68%、广东的20.60%，低于中部安徽0.94万人年。四是企业创新绩效不优。在新产品销售方面，2017年湖北规模以上工业企业新产品销售收入占主营业务收入比重为17.41%，落后于广东（26.03%）、江苏（19.18%）。

（四）社会研发投入虽有增长，但整体投入急需提高

一是地方财政科技支出规模仍然偏小。2017年湖北地方财政科技支出达到234.27亿元，较2016年增长了23.23%，但仍然仅占广东的28.43%、江苏的54.73%，湖北地方科技支出占财政支出比重为3.44%，低于广东（5.48%）、安徽（4.20%）、江苏（4.03%）。二是企业资金占R&D经费内部支出比重有待提高。2017年湖北R&D经费内部支出达700.63亿元，不到广东、江苏的1/3。从R&D经费内部支出的来源看，2017年湖北规模以上工业企业资金占R&D经费内部支出比重为66.93%，低于广东（79.58%）、江苏（81.14%）。

（五）政策文件系统出台，但"落实难"的现象依然存在

一是国家改革举措密集，地方政策配套难深入。近年来国家密集出台了多个科技体制改革配套政策，这些文件到了地方后，地方还未来得及消化吸收，新的文件又出台了，导致地方没有时间仔细研究出台适合地方的实施意见，很多改革的举措无法落实。二是创新政策涉及部门多，横向协同落实难度大。科技创新政策的制定实施涉及人、财、物等多个方面，但由于科技系统的行政职能少且弱，能够调控的手段十分有限，地方在协调相关部门落实相关配套政策时难度较大。

（六）区域创新布局不断完善，但不平衡问题仍然突出

一是市（州）创新发展差异显著，"一主两副"带动不足。各地市科技创新资源配置和发展速度不平衡，"一主两副"大部分创新指标显著高于其他市（州）。2017年武汉、襄阳、宜昌规模以上高新技术产业增加值、高新技术企业数量、发明专利申请量和授权量、技术合同成交额等指标均居湖北省市州前三位，且与其他市（州）差距较大。二是城乡差距明显，县域创新能力薄弱。湖北县域创新资源紧缺，协同创新意识和行动相对迟缓，产业发展及科技创新能力滞后。2017年湖北进入全国综合竞争力百强县（市）的仅有大冶、宜都和仙桃，而江苏、山东、河南分别有20个、15个、6个县（市）入围。

三、深入推进湖北创新型省份建设的对策

（一）提前布局，积极争创综合性国家科学中心和国家产业创新中心

一是大力支持武汉争创综合性国家科学中心。迅速启动综合性国家科学中心创建工作，高位谋划，强力推进。在重大科技基础设施方面，大力提升现有重大科技基础设施功能，稳定支持脉冲强磁场、精密重力测量等设施建设，支持武汉生物安全（P4）实验室建设；积极争取新的国家重大科研基础设施落户湖北，提前开展相关设施可行性研究，争取国家立项。统筹武汉大学、华中科技大学、海军工程大学、中科院武汉分院等高校院所以及大型企业科研力量，集成电磁能、光电子、微电子、地球空间信息、精密测量、智能制造、新能源、新材料等学科，争创国家实验室。

二是积极争取综合性国家产业创新中心在鄂布局。以发展原创性战略产品和原创型新兴产业为目标，着力科技创新与产业创新对接、技术创新与成果转化并举，建设一批高层次重大产业创新联合体、高水平产业技术研究院和企业自主研发平台，同时，联合现有行业、地方等创新平台，广泛吸纳高等院校、科研院所等创新力量，打通科技成果转移转化快速通道，培育一批新兴产业集群和先进制造业集群，推动综合性国家产业创新中心建设。

（二）加速科技成果转移转化，推进产学研用一体化

一是建设国际一流研究型大学和科研机构，加强源头创新。支持"双一流"高校发挥学科集聚优势，建设一批前沿科学中心，着力打造人才资源的栖息地和创新动力的发源地，推进高水平科研成果产出，争取重大科学问题原创性突破。发挥中科院在鄂科研力量，大力吸引全球顶尖实验室、研究所、高校、跨国公司来鄂设立研发机构，加强产业关键技术和工程化技术研究，促进成果转化和产业化。

二是加强新型产业技术研究院建设，为科技成果转化提供平台支撑。鼓励市州与高校院所合作，围绕地方产业发展需求，共建集技术创新、成果转化、股权投资、项目孵化、中试熟化、企业培育为一体的产业技术研究院。建成企业化管理、市场化运行的独立法人实体，不定级别、编制和固定财政预算，享有经费使用、成果转让、资产处置、人员聘用、薪酬分配等方面的充分自主权。支持产业技术研究院条件建设，并按绩效评价给予运行费补助。

三是完善成果转化服务体系，打通科技成果转化通道。鼓励高校院所设立技术转移办公室，统筹推进本单位科技成果转化与知识产权管理等相关工作。推进高校院所考核评价制度改革，鼓励高校建立分类评价制度，为科技成果转化业绩突出的科研人员开通职称评定"绿色通道"，加大对科技成果转化成效突出的高校院所主要领导干部奖励力度。组建市县科技成果转化局，强化科技部门科技成果转化服务职能。加快建设"湖北技术交易大市场"，打造为全国枢纽性技术交易公共服务的实体平台，加快推进国家级技术转移示范区建设。

（三）加快培育创新主体，做强高新技术产业，培育壮大增长新动能

一是进一步加强高新技术企业培育，打造高企发展的最优生态。加强各类孵化器建设，支持龙头骨干企业创办专业孵化器，支持高校院所与地方合作共建大学生创业孵化器，支持社会力量兴办"双创"孵化

器，着力提升孵化服务功能，建立健全"众创空间—孵化器—加速器—产业园区"全链条孵化体系。加强企业研发机构建设，支持行业龙头企业、骨干企业建设国家和省级自主研发机构，支持规模以上工业企业与高校院所共建科研延伸平台、院士专家工作站。建立高新技术企业培育后备库和上市后备企业培育库，支持高成长性企业加快发展。支持世界500强、全国500强企业在湖北省设立研发平台。

二是进一步提高产业创新能力，打造创新产业集群。每年组织实施一批重大科技创新专项，对接国家科技创新2030重大项目。以国家和省级研究平台为支撑，以行业龙头企业为依托，以行业协会、产业联盟等组织为基础，以资本为纽带，聚集行业内领军人才团队，组建重点领域产业创新联合体，攻克一批关键共性技术，全面提升重大产业技术创新能力。以湖北光电子信息、新材料、先进制造等优势产业为依托，利用高新区、孵化器、产业化基地等创新载体集聚效应，积极出台政策引导培育配套企业，形成龙头企业引领、上中下游产业联合、协同创新的产业集群组织体系。

（四）加快人才集聚，夯实创新发展人才基础

一是加大高层次创新人才引进力度。统筹实施国家"千人计划"、省"百人计划""我选湖北"等重大人才工程，大力发展"精英经济、院士经济、海归经济、校友经济"。建设世界一流的开放共享基础研究平台，吸引高端人才来鄂发展，对带技术、带成果、带团队的领军人物，以"一事一议"方式给予支持。以间接资助等方式支持企业人才引进，将企业引进高端人才团队薪酬纳入加计扣除范围。实施博士后人才倍增计划，面向全国重点高校和全球前500名境外高校，引进博士毕业生来鄂从事博士后研究工作。

二是优化人才培养模式。优化整合湖北省重大人才工程，打造"企业家创新能力提升计划""科技创业领军人才培育计划""企业科技副总选派计划"等人才培养工程品牌，培育一批创新创业人才队伍。推广创新人才联合培养共用、产学研合作培养、"订单式"人才培养模

式。加大青年拔尖人才培养力度，构建合理的创新人才培养梯次。深化湖北省科学技术奖励制度改革，加强科学技术奖励、自然科学基金的人才资助力度，强化科技奖励导向。

三是完善人才激励机制和服务体系。激励人才创业，探索高校、院所、企业创新人才"互聘制"，高校院所、新型研发机构科研人员"双聘制"，鼓励高校院所专业技术人员离岗创业，并将其自主创业成果、横向技术服务成效、企业兼任职经历作为工程类专业技术职务晋升的优先条件；探索职称评价、学位授予制度改革；落实科研人员股权激励递延纳税试点政策。加强人才服务，完善人才落户、住房、子女义务教育、就医等方面保障制度，搭建人才服务平台，提供居留落户、就业安置、社会保险、信贷支持、出入境等"一卡通"服务。

（五）加大创新投入力度，激发全社会创新活力

一是加大财政科技投入，提高资金使用效率。建立各级人民政府财政科技投入考核机制，确保省级、市级、县级三级财政公共预算支出中科学技术经费支出所占比例高于全国平均水平，确保政府引导性投入逐年增长。整合分散的科技资金，进一步优化财政科技资金的投入结构，强化财政科技资金的公益性质和引导作用。探索联合基金、共建共享、慈善捐赠等多元化投入机制，引导龙头企业、社会力量参与前沿和应用基础研究。

二是引导企业加大研发投入。全面落实支持企业技术创新的普惠性财税政策，加大对企业承担科技创新项目、建设技术创新平台、开发技术创新标准、开展产学研合作等技术创新活动支持力度，引导企业建立研发准备金制度，推广应用科技创新券，实施研发经费投入后补助，有计划、持续地增加研发投入。完善支持企业技术创新的金融政策，通过贷款贴息、风险补助、投资奖励等多种方式，带动更多社会资本投向企业创新。

三是扩大科技金融服务，激发社会创业投资活力。建立信贷风险补偿机制和风险分担机制，运用信用融资、股权融资、知识产权融资等工

具，加强对轻资产、高风险初创企业信贷支持。综合运用直投、引导、跟投等方式，为企业种子、初创、成长阶段提供全过程融资服务。实施上市公司倍增计划，发挥证券服务中介机构作用，为科技型企业提供上市培育、并购交易等专业化服务，对企业场外交易市场挂牌融资以及利用债务融资工具融资，按融资额度给予一定奖励。

（六）加强创新政策协同，优化创新创业环境

一是加强各类创新政策的衔接配套，探索符合本地实际的创新政策。狠抓国家已出台各项改革举措和政策实施的落地，不断深化科技、经济、政府治理等领域改革，降低创新创业的隐形门槛和各类制度性交易成本。政策出台前，充分征求高校、企业、科研人员及相关部门同志的意见，提高政策的针对性、实效性。注重政策内部的衔接和延续，形成一个政策管总、若干个实施细则支撑的"1+N"政策包，解决现有政策过于分散的问题。在具体实施过程中，通过科技计划体系设立专门的科技专项，或在现有科技计划中突出战略思想，引导和支持战略实施，不断明晰创新政策目标和指向。

二是加强工作协同，优化创新创业政务环境。坚持和加强党对科技事业的集中统一领导，发挥党委在本地区总揽全局、协调各方的领导核心作用，建立联席会议制度，定期召开联席会议，抓好重大平台、重大项目、重大园区、重大人才等的推进落实。各级各有关部门、高校院所，应根据自身职责和责任分工，加快制定相应实施办法、配套措施和政策清单，制定时间表和路线图，建立经常化推进机制。建立市县党政主要负责人科技创新和人才工作年度述职制度，探索建立政策措施落实情况第三方评估机制，加强科技创新工作考核评价，确保各项目标任务落实落地。

（七）优化创新体系空间布局，促进区域协调发展

一是开展省市县三级科技资源共享联动。推动创新要素在城市之间、园区之间的合理流动和高效组合，实现省市县三级的"平台联动、

产业联动、条件联动、成果联动、人才联动、载体联动、政策联动、管理联动"。加大对县（市）企业技术创新、科技人才培养、科技成果转化、科技创新平台建设等的投入力度，加强对县域科技工作的指导。

二是进一步发挥创新园区的辐射带动作用。推进东湖高新区等国家级高新区发展，促进省级高新区、开发区提档升级。深入推进武汉全面创新改革试验区建设，在高新区推广复制自主创新示范区、自由贸易试验区改革经验，建立高新区改革创新责任豁免制度。组建湖北省高新区战略联盟，建立健全高新区协同发展机制。完善高新区创新驱动发展综合评价体系，建立年度考核通报制度，并将考核结果与土地指标、综合奖补、干部实绩考核挂钩，促进高新区竞相发展。

三是加快推动县域创新驱动发展。制定针对县域科技创新能力建设的专门政策，集中围绕推进县域创新型县（市）建设、创新型园区建设、创新型乡镇建设，出台配套政策，建立完善县域科技创新政策落实督查机制。推进各类科技计划向县域倾斜，引导科技资源向基层集聚。加强县域科技创新力量配置，优化基层干部队伍结构，提升县域领导干部的创新服务能力。将市县科技创新综合考评结果作为县域党政领导选拔任务的重要参考，加大对创新工作成效突出的乡镇村干部奖励力度，建立工作成效与干部收入待遇挂钩的激励机制。改善基层工作环境，充分调动基层干部的工作积极性。

（本文为湖北省技术创新专项软科学项目"湖北创新型试点省份建设进展评估及深入推进对策研究"成果）

　　课题负责人：颜慧超　湖北省科技信息研究院副院长、研究员
　　报告执笔人：范欲晓　云昭洁　童　欣　牛婧红

持续推进湖北长江经济带绿色发展

湖北省社会科学院课题组

2018年4月26日，习近平总书记在武汉召开深入推动长江经济带发展座谈会，要求正确把握"五个关系"①。一年以来，湖北省坚持不懈做好生态修复、环境保护、绿色发展"三篇文章"②。但随着各项工作的不断深入，湖北长江经济带绿色发展出现了一些新的情况和问题，需要从推进长江经济带绿色高质量发展、加快化工企业及园区发展、持续推进长江大保护等方面推进湖北长江经济带绿色发展。

湖北省地处长江经济带中部，不仅拥有最长的长江岸线资源，而且坐落着长江三峡和丹江口两座对全国可持续发展具有十分重要意义的水库，在长江经济带"生态优先、绿色发展"中具有特别重要的作用。党的十八大以来，湖北省以新发展理念为指导，坚持把握好发展与保护的辩证关系。2018年5月，中共湖北省委通过了"关于学习贯彻习近平总书记视察湖北重要讲话精神 奋力谱写新时代湖北高质量发展新篇章的决定"，随后启动实施长江经济带绿色发展十大战略性举措，涉及58个重大事项、91个重大项目，总投资1.3万亿元。这十大战略性举措分别是：加快发展绿色产业、构建综合立体绿色交通走廊、推进绿色宜居城镇建设、实施园区循环发展引领行动、开展绿色发展示范、探索"两山"理念实现路径、建设长江国际黄金旅游带核心区、大力发展绿

---

① 习近平．在深入推动长江经济带发展座谈会上的讲话［EB/OL］．2018-06-14．http：//politics．people．com．cn/n1/2018/0614/c1001-30055965．html．
② 湖北省环保厅．做好长江大保护三篇文章 打赢污染防治攻坚战［EB/OL］．2018-08-06．http：//www．hubei．gov．cn/gzhd/gzhd/201808/t20180806_1327242．shtml．

色金融、支持绿色交易平台发展、倡导绿色生活方式和消费模式。

一、湖北长江经济带绿色发展新情况

(一) 生态修复与环境整治初见成效

随着长江经济带共抓大保护、不搞大开发的理念深入人心,湖北省政府采取了多项措施,加大生态修复专项整治力度,还湖于民、还江于民、还绿色于大自然。

一是加强集中式饮用水水源地水质保护。按照"一个饮用水水源地、一套整改方案、一抓到底"的原则,湖北省政府对全省范围内122个县级及以上城市集中式饮用水水源地开展环境状况评估,对全省17个市州102个县(市、区)的137个集中式饮用水水源地开展了专项督查,共发现地级及以上城市集中式饮用水水源地62个突出环境问题,现在全部完成整治任务。

二是持续开展沿江化工污染专项整治。湖北省是化工大省,化工企业大多沿江布局,这给长江干流、汉江沿线的生态环境带来了很大的威胁。2018年以来,湖北省以严控化工污染作为加强长江经济带生态环境保护的突破口,对化工企业和化工园区污水排放、治理及环境监管情况进行全面排查,共收集1116家石化企业、57个化工园区的基本情况,共完成沿江化工企业"关改搬转"101家,其中关闭26家、改造56家、搬迁7家、转产12家。

三是开展"四个三"工程。湖北省启动"四个三"重大生态工程,即在3年完成厕所革命、精准灭荒、城镇生活污水处理、城乡生活垃圾无害化处理。2018年,已投入34亿元建改或提升农户无害化厕所160多万座,建改农村公厕1.27万座、乡镇公厕1794座、城市公厕2006座、旅游厕所1145座;累计投入41.6亿元,灭荒造林70多万亩;完成岸线造林66.2万亩,堤防种林木500多万株;建成城乡垃圾无害化处理末端设施140座,建成垃圾中转站162座,日处理垃圾总规模约

3.65万吨，湖北省农村生活垃圾有效治理率已达到85%。

（二）全方位实施环境保护战役

一是全面开展长江大保护十大标志性战役。湖北省各地点对点、实打实、硬碰硬，变被动执行为主动作为、主动加压，将十大标志战役与专项整治相结合，坚决保护和修复长江生态环境。2018年度，湖北省15个长江大保护专项战役76项任务，已完成75项，完成率98.7%；各市州战役1489项任务，实际完成1464项，完成率98.3%，综合得分前五名为宜昌、武汉、咸宁、十堰、荆州。

二是打好蓝天保卫战。湖北省修订《湖北省大气污染防治条例》，出台《湖北省打赢蓝天保卫战行动计划（2018—2020年）》。在武汉等7个重点地区对重点行业分阶段实施特别排放限值政策。44台现役20万千瓦以上燃煤火电机组完成超低排放改造。2018年，湖北省国家考核城市PM10、PM2.5年均浓度值分别为73微克/立方米、47微克/立方米，同比分别下降8.8%和9.6%，空气质量优良天数比率为76.75，同比增加0.6个百分点。

三是打好绿水保卫战。湖北省制定水污染防治三年攻坚细化方案和年度路线图，对湖北省25个水体38个断面编制了省级全流域环境整治达标方案。对水质改善滞后的地市开展专题督办和约谈，采取"拆、堵、关、停、限、治、补"等超常规措施，深入落实水质断面达标攻坚行动。全省实施水污染物减排项目1916个，新增污水处理能力82.8万吨/日、污水收集管网1379公里、提升达标改造城镇污水处理厂98家、河道清淤470.5万立方米、整治排污口352个、整治城市黑臭水体123条、治理畜禽养殖5541家，132个省级以上工业园区基本实现污水集中处理。2018年，湖北省国家考核的114个地表水水质断面优良比例为86%，劣V类水质断面比例为1.8%。

四是打好净土保卫战。湖北各地贯彻落实《湖北省土壤污染防治条例》，积极推进土壤污染防治重点工作。全面完成农用地详查，调查土壤点位17935个，农产品点位5922个。全面启动重点行业企业调查，已采集地块1926个。开展例行土壤环境质量监测，布设国控监测点位1926个，新增省控监测点位4080个。公开土壤环境重点监管企业名单293家，在矿产开发集中区域执行特别排放限值，建设用地风险得到有效防控。

（三）推进绿色发展十大战略举措

2018年以来，湖北省启动实施长江经济带绿色发展十大战略性举措，省委省政府确定绿色发展58项省级重大事项全部启动，直指长江大保护、长江经济带绿色高质量发展。

一是加快发展绿色产业。武汉东湖高新区集聚"互联网+"企业1800多家，其中包括小米、华为、360、金山等60多家国内行业巨头的第二总部或研发中心。2018年11月底，光谷软件和信息技术服务业主营业务收入达1537亿元，同比增长16%。

二是构建综合立体绿色交通走廊。湖北省国际核心枢纽配套工程开工建设，武汉1140江海之大集装箱船实现首航，10座长江大桥、沿江高速等项目加快实施。

三是推进绿色宜居城镇建设。湖北省所有市州城市建成数字化城市管理平台，城市公园绿地500米服务半径覆盖率达85%。

四是实施园区循环发展引领行动。湖北省5家国家级和9家省级园区循环化改造示范试点全部制定循环化改造指标体系。

五是开展绿色发展示范。推动武汉实施长江经济带绿色发展示范，其他市州积极开展省级绿色发展示范。

六是探索"两山"理念实现路径。主要包括开展湖北长江经济带自然资源全域调查、开展生态环境大普查、探索建立生态产品价值评价体系、探索建立自然资源有偿使用机制、开展生态补偿试点、开展生态文明考评等重大事项。

七是建设长江国际黄金旅游带核心区，湖北省长江游轮母港等13个旅游重大项目开工建设。

八是大力发展绿色金融，湖北省环境污染责任保险为250余家企业提供 18.33 亿元风险保障。

九是支持绿色交易平台发展，湖北省碳配额二级市场完成较量和交易额均占全国三分之一。

十是倡导绿色生活方式和消费模式，湖北省 100 余家企业获国家级绿色饭店和绿色餐饮评定。

（四）建立健全考核指标体系

湖北省先后制定了《湖北省绿色发展指标体系》《湖北省生态文明建设考核目标体系》等相关政策，计划从 2019 年 1 月启动考核排名，排名靠前的 20 个城市将获得专项奖补。2016 年，省政府选择 5 个流域及相关 20 个县市区作为生态保护补偿试点，试点之外的地区也积极建立生态保护补偿机制。武汉市将生态考核与干部绩效挂钩，2018 年 1 月，武汉公布长江武汉段 13 个跨区断面水质检测结果与干部绩效挂钩；鄂州长江大保护的自然资源资产审计，实施环保"一票否决制"，自然资源纳入离任审计，一份终身追责的"负债表"，督促领导干部作答"绿色资产"。2019 年，襄阳市内流域横向生态保护补偿机制正式实施。

二、持续推进湖北长江经济带绿色发展面临的新问题

过去几年尤其是去年以来，湖北省各地对"生态优先、绿色发展"的认识更加深入，举措更加有力，并且解决了许多长期以来没有解决的重大环境问题，生态环保成效显著，但我们也必须认识到，绿色发展任重道远，距离生态环境的根本性好转也还有很长一段路要走，当前还面临着很多亟待解决的困难和问题。

（一）任务重资金技术欠缺，绿色转型面临压力

一是绿色转型发展任务重。长期以来，湖北省产业结构呈现出"重重轻轻"的格局，钢铁、化工、建材等传统产业在经济总量中的比例较高。以化工产业为例，全省现有化工企业 1021 家，其中约 105 家

处在沿江 1 公里范围内，约 455 家处于 1~15 公里范围内，体量之大毋庸置疑。另一方面，虽然近三年来，湖北省"化工围江"的局面有所好转，但要在规定时间内完成化工产业的调整升级，任务仍然是艰巨的。以宜昌为例，截至 2018 年底，全市"关改搬转"的 134 家化工企业中，计划搬迁入园的 36 家企业仅 2 家完成搬迁，完成率仅为 5.56%。

二是转型升级资金压力大。一方面，就政府而言，财政投入缺口很大。如荆州市 2018 年投入长江大保护的资金达到 102 亿元，其中财政投入 36 亿元，其余为政府债券、PPT 等方式筹资；同年，该市一般公共财政预算收入仅为 134 亿元，未来三年在生态治理和绿色产业发展方面的资金缺口约 300 亿元。另一方面，就企业而言，搬迁、技改、转型的资金压力巨大。如在兴发集团绿色转型升级中，企业共投资 15820 万元用于沿江厂房拆除、设施迁建及绿化，拆除资产原值损失超过 12 亿元，环保装置提档升级投资 10.7 亿元。这些资金无论哪一项都不是一个小数目，而对于绝大多数面临生存问题的中小民企而言，转型升级更是背负巨大的经济压力。

三是转型升级技术压力大。虽然湖北省开展了"万企万亿"的技改工程，在设备更新改造、财税优惠、行政审批、人才支撑等方面给予支持，但企业仍然面临科技研发、竞争市场、高端人才等方面渠道信息不通畅的问题，需要政府层面的引领和指导。如宜昌一家民营化工企业，该企业是本地最早一批化工企业，其在搬迁和新设备引进时，不了解最前沿市场需求情况，对先进的生产设备购入渠道、科技研发所需高端人才的引进渠道和方式等问题也缺乏了解，导致企业发展停滞不前。

（二）政策标准滞后缺乏，阻碍绿色转型发展

一是具体的企业补偿政策尚未落地。对已经公布关闭拆除搬迁的企业，其多数在未得到补偿之前不愿动工，而具体补偿落实方案不明了；对已经公布搬迁转产的企业，由于其生产装置一旦拆下即意味着报废，类似于兴发集团主动拆除装置和厂房的企业为少数，绝大多数企业希望政府能给予补偿，但事实上补偿方案落地进展缓慢；对搬迁拆除后企业

失去的土地，政府该如何补偿，是就地新建还是在其他地方重新划地等问题的政策导向未明。

二是对已腾退的土地后续处置问题缺乏明确规划。对已经腾退出来的土地性质、土地处置权等问题被搁置。如兴发集团对腾退的900米岸线按照城市公园标准进行复绿施工，但对于腾退的800亩土地仍归为先前的工业用地还是将其归为公园用地不明确；企业出资建设的公园，政府是否会回收作为开放公园，若回收，回收政策如何，若不回收，企业是否有处置权；甚至有些企业有在腾退土地上建酒店的打算等，众多问题急需明确的政策指向。

三是化工园区建设标准规范缺乏。湖北省沿江化工园区的发展虽然不长，但化工企业沿江布局的历史则比较悠久，因此先天不足的众多化工园区都是在缺乏建设经验和标准规范的引导下建设的，不符合绿色发展的要求。而对于新建的化工园区，由于目前化工园区规范化建设缺乏统一规定，绿色发展的指标和标准参差不齐，新建化工园区极有可能刚建成就面临不符合新发展规定的风险，这对化工园区的建设和产业发展极为不利，以国际和国内规范统一标准推进化工园区建设的问题需高度重视。

（三）环保督察问题突出，基层落实工作难度大

一是工作作风上形式主义仍然存在。在生态环保督察和经济数据的双重压力下，各级工作人员一方面"不得不做"，但另一方面又"睁一只眼闭一只眼"。对于某些生态环保问题下了"整治单"，但内容却"不清不楚"；为了在年终时没那么"难看"，下意识对不影响大局的问题或某个环节"放水"，等等。

二是基层人员责任问题突出。从问责人数上来看，第一批共问责人员中科级干部143人，占总问责人数的69.4%；从人员分布上来看，地方党政机关及所属部门人员118人，国企及私企分别仅有12人和2人。生态环保问题最终是由基层人员去执行解决，因此基层问责人数多也不足为奇。但结合人员分布来看，政府及所属部门问责人数多于企业，说

明政府部门在执行力方面确有欠缺。

三是问题典型化。从群众投诉和举报的问题上来看，农村环境问题举报多，约占总举报数的50%，说明农村生态环境突出，农村村民环保意识有待提高。从移交的问题性质上来看，主要集中在未正确履职、工作落实不力、监管失职等问题上，其占比高达61.5%；其次为统筹协调、督办推进不力等问题，约占总问题的23.1%。

三、持续推进湖北长江经济带绿色发展的对策建议

（一）推进绿色发展高质量发展

1. 优化产业体系推动绿色发展

一是加快传统产业改造升级和新兴产业培育壮大。将传统产业和新兴产业合二为一，统筹考虑。传统产业通过技改升级，增强竞争力焕发新活力，老树发新枝，衍生出新产业、新业态。新兴产业的培育壮大，既要从传统产业中挖掘，还要瞄准集成电路、数字、生物医药等十大重点产业，谋划和建设一批大项目。全力推进国家级产业基地建设，抢抓新一轮科技革命和产业变革机遇，发展具有核心竞争力、科技含量高、带动性明显的主导产业。

二是推动先进制造业与现代服务业深度融合。推动互联网、大数据、人工智能、物联网与制造业融合发展。推动制造业向数字化、网络化、智能化、绿色化转型，将为湖北制造插上腾飞的翅膀。同时，制造业高质量发展也可以为现代服务业发展提供广阔的市场空间和提升服务水平的平台。

三是绿色发展引领建成绿色发展示范区。壮大绿色产业，筑牢发展根基，推动鄂西绿色发展示范区以文化旅游、生态农业、清洁能源等绿色产业为主攻方向，打造湖北省绿色发展增长极。

2. 创新驱动引领高质量发展

一是加快企业创新，突出企业主体地位。一方面应实施"科技企

业家培育工程"。加强科技扶持、金融支持和高层次培训，培育建成一支具有全球视野、战略思维和持续创新能力的科技企业家队伍。另一方面加快政务服务供给侧改革，营造鼓励创新的营商环境。切实降低企业税费负担和能源、资金等要素成本，加大对共性技术、基础材料研发以及人力资源培训等支持力度，为企业创新提供优质高效务实的服务。

二是着力突破产业关键技术，打造长江经济带新优势。围绕集成电路、数字、生物、新能源与新材料等十大重点产业发展，组织企业与华中科技大学、武汉大学等院校进行对接。深入实施万千产业培育工程，加快打造信息光电子、"芯屏端网"、新能源和智能网联汽车等世界级先进制造业产业集群，培育更多细分行业"隐形冠军"。

三是深入推进两化融合，加快智能转型。推动信息化和工业化深度融合，是破解工业发展瓶颈、实现工业转型升级的重要举措。深入推进制造业和互联网的跨界融合、协同发展，着力提升基础支撑能力，重点培育面向重点行业、智能车间、智能工厂建设，进一步打造未来中国人工智能设备研发与生产中心。

3. 构建立体交通加速绿色发展

一是突出生态优先，加快构建绿色航运体系。大力发展"生态航道""绿色港口""低碳船舶"。严格按照有关要求建设鱼道等过鱼设施，建设鱼类增殖放流站，保护鱼类资源和生物多样性。按照"取缔一批""规范一批""提升一批"的总体思路，全面推进非法码头集中整治工作。

二是突出高效衔接，推动多式联运发展。抓好国家多式联运示范项目建设，大力推动武汉、黄石、宜昌、鄂州等地全国多式联运示范工程建设，支持荆州争创国家多式联运示范工程，扩大铁水联运示范效益，推进江海直达运输、甩挂运输等新模式。加快启动铁水联运三期工程，推动实现铁水联运无缝衔接。

三是构架多式联运统一市场，积极培育多式联运市场主体。探索构建物流运输企业同盟，加强运输组织协同，消除市场壁垒，统一市场准入条件，促进分工合作、互理共赢。加快培育多式联运代理等中介服务机构，引导和规范其健康发展，支持市场主体按照市场机制整合资源，构建覆盖广、服务优的多式联运服务网络。

（二）加快化工企业及园区发展

1. 加快推进后续政策落实

对企业而言，时间就是生产，滞后的政策不仅阻碍了企业的下一步发展，也影响了长江经济带绿色发展的步伐。应加快对"关改搬转"各类企业后续工作政策的落地，对于拆迁土地的性质、处置权、补偿金等众多问题，列出详细的时间节点和任务表，逐步落实解决。

2. 尽力解决资金及技术问题

在资金方面，强化政府作用的同时积极引入社会资金。针对目前资金渠道分散、标准偏低、统筹程度不高等问题，发挥中央、地方财政资金的引导带动作用，加大对中小民营企业的政策支持。积极引入金融信贷、股权投资等形式的社会资金。

在技术方面，通过推荐企业加入企业联盟、专业新技术培训、高技术人才招聘等方式加大政府对企业技术指导，为企业建立或打通与市场信息、技术人才之间的沟通渠道。

3. 建立化工园区绿色发展标准

对于新建化工园区要统一设立绿色发展建设标准，对沿江上下游园区及企业各类污水、废气等制定统一排放标准，建立统一完善的环境风险三级防控体系建设规范，规范风险防范及应急设施建设，用统一尺度对全省范围园区进行规范管理，避免处理程度不一致现象。

（三）持续推进长江大保护

1. 完善生态环保体制机制

一是区域协调机制。湖北长江经济带的高质量发展离不开区域协调机制。从宏观层面上，加快建立并实施全省范围内的协调机制。以长江为纽带，以沿江各县市区位、资源及经济条件为基础，通过横向合作促进并形成区域的协同发展；从微观层面上，建立企业合作机制。通过企业创新联盟、产品联盟等形式探索形成沿江生态产品价值链实现路径，积极稳妥化解旧动能释放新动能。

三是绩效考核评估机制。针对湖北长江经济带发展中遇到的问题，无论是园区及企业的政策规划落地，还是基层工作的落实问题，在很大程度上是没有形成科学完善的绩效评估机制，没有将生态环境质量纳入评估体系中。因此有必要将生态环境治理及保护作为考核对象，建立生态质量考核体系，将生态保护作为目标之一进行考核，建立长效的生态环境质量考核工作机制。

二是生态补偿机制。随着"共抓大保护、不搞大开发"格局的形成，长江经济带生态补偿活动将趋活跃，因此，湖北省应认真学习，在吃透相关政策精神上下功夫，学习借鉴发达省份的经验，按照"一河一策"的原则，鼓励全省各地不断进行生态补偿尝试，加快推进生态补偿机制的实施，在为长江经济带的发展建立长效补偿机制的同时，有效缓解生态保护的资金压力。

2. 加强生态环保意识教育

一是政府引导呼吁。2018年6月5日，生态环境部等五部门联合发布《公民生态环境行为规范（试行）》，从关注生态环境、节约能源资源、践行绿色消费等十个方面引导公民成为生态文明的践行者和美丽中国的建设者①。2018年7月1日，《上海市生活垃圾管理条例》正式实施，对城市精细化管理给予刚性的法律支持。这些都是很好的政策导向，政府各部门应结合自身实际情况，制定更加详细的、贴近大众生活的各类规范或条例，加大舆论宣传，让生态环保理念深入人心。

二是公民教育实践。强化治山治水先"治人"的生态环保理念，从中小学生教育做起，加强社区居民、企业员工的生态环保知识学习，

---

① 生态环境部. 生态环境部等五部门联合发布《公民生态环境行为规范（试行）》[EB/OL]. 2018-06-05. http://www.mee.gov.cn/gkml/sthjbgw/qt/201806/t20180605_442476.htm.

让生态环保不仅仅是政府的事、领导的事，而更应该是所有公民应有的责任。如宜昌市坚持生态环境保护知识进课程、进校园、进家庭，出版全国首套生态环保学生读本——宜昌《生态小公民》，并对所有中小学及幼儿园学生免费发放；组织教师团队负责生态文明课程的教研培训；组建专家宣讲团，开展生态环保专家进校园、进课堂活动；以"世界水日""植树节"等为时间节点，开展生态文明主题实践活动；整合科研院所、厂矿企业及自然保护区等建设实践基地等①，这些都是很好的典范。

课题负责人： 彭智敏　湖北省社会科学院长江研究所所长、研究员
课题组成员： 吴晗晗　湖北省社会科学院长江研究所助理研究员
（报告执笔人）
刘　陶　湖北省社会科学院长江研究所副研究员
李春香　湖北省社会科学院长江研究所副研究员
赵　霞　湖北省社会科学院长江研究所副研究员

---

① 宜昌文明网．"生态小公民"——宜昌的一道独特风景．［EB/OL］．2018-09-19. http：//yc.wenming.cn/wmbb/201809/t20180919_5448477.html.

湖北科技信用体系构建的现状与对策研究

湖北省科技信息研究院课题组

科技信用是社会主义精神文明建设的重要组成部分,国家科技计划信用管理贯穿于国家科技计划管理的全过程。自 2004 年国家科技部为提高国家科技计划管理水平,推进中国科技信用体系建设,印发《关于在国家科技计划管理中建立信用管理制度的决定》以来,湖北省人民政府从提出湖北省社会信用体系建设工作要点、专门成立湖北省社会信用体系建设领导小组、加快科研诚信制度化建设等方面推进科技信用体系建设。总体而言,湖北省在科技信用体系建设方面仍处于打基础和探路子的阶段,存在诸多不足和值得关注的问题。进一步提高科研信用意识,推动科研诚信文化建设已成为保障湖北省科研事业发展的紧迫任务。

一、研究背景与理论基础

(一) 研究背景

湖北省推进科技信用体系建构一直坚持追随中央政策,把握时代脉搏,结合自身实际,坚持问题导向、"对症下药"推进的方针。2004年,为提高国家科技计划管理水平,推进中国科技信用体系建设,国家科技部在《关于在国家科技计划管理中建立信用管理制度的决定》中明确提出,要在国家科技计划中推进信用管理。2013 年,十八届三中全会提出"建立健全社会诚信体系,褒扬诚信,惩戒失信",湖北省人民政府提出了湖北省社会信用体系建设 2013—2014 年工作要点,并专门成立湖北省社会信用体系建设领导小组。2017 年,十九大报告中提出"推进诚信建设和志愿服务制度化,强化社会责任意识、规则意识、奉献意识"。2018 年 5 月 30 日,中共中央办公厅、国务院办公厅印发了《关于进一步加强科研诚信建设的若干意见》,一方面对科研诚信制度化建设作出部署,另一方面也为湖北省科技信用体系建设指明了方向。

(二) 理论基础

一是信用与信用评价。信用是指依附在人之间、单位之间和商品交易之间形成的一种相互信任的生产关系和社会关系。信用的本质特征主要表现在主观上具有遵守承诺、履行义务的道德品格,客观上具有兑现或偿付的能力。信用评价是由专门机构根据规范的指标体系和科学的评估方法,以客观公正的立场,对各类市场的参与者及各类金融工具的发行主体履行各类经济承诺的能力及可信任程度进行综合评价,并以一定的符号表示其信用等级的活动,是建立在定量基础上的定性判断。

二是科技信用。科技信用作为社会信用的重要组成部分,是指从事科技活动人员或机构的职业信用,是对个人或机构在从事科技活动时遵守正式承诺、履行约定义务、遵守科技界公认行为准则的能力和表现的一种评价。

三是科技信用的评价内容。科技信用评价主要是以科技要素评价为主,结合国际上流行的 5C 信用学说发展而来,其主要内容为:被评对象品格、能力、资本、环境状况与担保品等。

四是科技信用体系。科技信用体系包括科技信用制度、科技信用服务行业、科技信用活动和科技信用监管体制等四个方面。

二、国内外科技信用体系建设研究现状

自 20 世纪后期,随着科研活动的不断深入,科研不端行为引起学

术界、媒体和公众的广泛关注，科技信用问题成为全世界各国政府和公众共同关注的焦点。

（一）国内关于科技信用体系的研究

一是围绕国外科技信用建设成功经验的研究。李玲[1]，蔡文洁[2]，吴晶晶等学者普遍认为可借鉴国外从专设机构、政策保障，普及诚信教育这三个方面入手，以有效抵制科学上的不端行为，建设科技诚信机制。

二是对中国科技信用体系建设现状的研究。徐华[3]，闫金定[4]系统分析了中国科技信用存在的问题，对应指出了中国科技信用体系建设发展趋势。李玲对湖北省科技信用体系现状进行分析后提出，要健全科技信用法规建设、加强政府自身信用制度建设、完善科技信用管理机制。

三是对科技信用评价指标体系的研究。李芳颂[5]提出科学的科技评价指标体系包括科技活动项目的执行者、评价者、管理者三大要素。李小燕认为科技信用评价指标体系包括三级指标，并赋予各项指标标准值，信用评估分值，对项目承担单位进行综合性评价。徐华认为科技管理者信用评价指标体系主体在于科技管理者，可采用层次分析法建立科技管理者的信用评价模型。

四是科技信用信息及管理平台建设的研究。韩晓宏在建立科技信用管理指标体系基础上，构建了吉林省科技信用管理信用系统。徐华认为应该在可操作层面上展开信用平台以及信用信息共享数据标准等的研究。倪楠对科技信用系统进行了设计与架构研究。

综上所述，国内理论界从多个角度对科技信用体系做了大量的研

---

[1] 李玲. 合肥市科技信用体系建设探析 [J]. 科技资讯, 2016.
[2] 蔡文洁，梅姝娥，仲伟俊. 国家科技计划信用制度建设初探 [J]. 现代管理科学, 2004（6）.
[3] 徐华. 中国科技信用体系建设研究进展 [J]. 科学与管理. 2008（4）.
[4] 闫金定. 我国科技信用体系建设的现状及思考 [J]. 中国基础科学. 2007.
[5] 李芳颂. 科技信用评价指标体系研究 [J]. 信息与电脑, 2016.

究，但研究成果主要集中在国内科技信用体系现状、存在问题和分析的基础上，对策和建议缺乏系统性和可操作性，针对湖北省科技信用体系建设的分析基本没有。

（二）国外科技信用问题研究与实施现状

随着科技活动的不断深入，科技信用问题成为全世界各国政府和公众共同关注的焦点。发达国家尤其高度重视科技信用体系的建设，各国相继成立官方或非官方的科技评价机构，或在原有学术机构和基金会建制上增设科技信用管理部门，出台不同层面的政策措施。同时大力加强学术道德教育，力求营造良好的科研诚信氛围，构建完善的科技信用体系。其中具体表现为以美国较为丰富健全的科技信用体系建设，丹麦特有的学术不端委员会和较为健全的政策法规支持，德国特色的自我管理体系和责任体系中多层次的惩罚措施，其他国家诸如英国、加拿大、日本、澳大利亚等国通常由资助科研的研究理事会或基金会制定各种规定，处理科技信用问题。

（三）国内科技信用问题研究与实施现状

从2006年开始，国家科技部等相关部门着力加强科技信用工作，2007年成立了科研诚信建设办公室，同年建立科研诚信建设联席会议制度，于2009年联合发布了《关于加强我国科研诚信建设的意见》《科学技术进步法》《国家自然科学基金条例》等法律法规，为中国加强科研信用建设提供了法制保障。2013年，党的十八届三中全会提出"建立健全社会诚信体系，褒扬诚信，惩戒失信"，2017年，十九大报告中提出"推进诚信建设和志愿服务制度化，强化社会责任意识、规则意识、奉献意识"，在此指导下中国初步形成了科技信用建设的制度体系和防范机制。其中具体表现为北京市社会信用体系建设联席会议制度建立，上海市公共信用信息服务平台搭建完成，江苏省建立了信用数据库且对信用体系建设项目优先给予支持，广东省明确提出了全面推进社会信用体系建设、着力建设"信用广东"，贵州省全面推行"黑名单制度"与信息化管理结合。

三、湖北省科技信用体系建设现状与问题

(一) 湖北省科技信用体系建设现状

当前,湖北社会经济增长的主要动力正转为科技支持和创新驱动,在科技发展过程中,科技投入产出效率低、资金使用不当现象的发生,归根结底是信用体系的缺失。近年来,湖北省采取了多项措施,扎实开展科技信用体系建设工作。

一是全面加强组织领导。2004年,湖北省政府颁布《湖北省社会信用体系建设规划》,对湖北信用体系建设作出了全面部署,2013年,湖北省专门成立了湖北省社会信用体系建设领导小组。近年来,领导小组着力推进了湖北省科技信用体系建设,配套建立完善科技信用体系建设会议机制,形成齐抓共管、协同配合的工作格局。

二是推进科技信用制度建设。2010年,湖北省第十一届人大常委会第十三次会议修订通过了《湖北省科技进步条例》,首次在法律层面上对湖北省科技信用体系建设要求进行了明确。2014年,湖北省科技厅配套出台了《湖北省科研信用体系建设规划（2014—2020）》,初步建立起科研项目承担单位和科技管理部门的信用机制,进一步推进了湖北科技信用体系建设。

三是加大科技信用宣传力度。根据《湖北省科研信用体系建设规划（2014—2020）》要求,充分发挥各类传媒作用,开展信用知识普及和信用文化宣传,形成覆盖广、多层次、全方位的宣传和舆论监督体系,营造良好的社会氛围,加强诚信宣传教育工作。

四是建立专家评审信用体系。根据《湖北省科研信用体系建设规划（2014—2020年）》文件精神,建立科技人员信用档案,强化对专家评审的信用考核分类监管,初步形成了湖北省科研评审专家信用数据库,建立多维度专家评审信用评价体系。

五是完善科技信用管理考评机制。依据《湖北省科研信用体系建设规划（2014—2020年）》的要求，初步建立起科研项目承担单位和科技管理部门的信用机制，把科研信用考核纳入高校、企业和科研院所的考核评价制度，实施科研信用管理考评机制。

六是建立科技信用平台体系。以创新平台与科技中介服务机构信用建设为抓手，建立覆盖湖北省的科技信用平台体系，稳步推进湖北省科技信用信息的归集、共享、公开和使用。

（二）湖北省科技信用体系建设存在问题

湖北省在科技信用规范和失信惩罚机制方面的落实举措并不够明确，根据初步研究总结，主要体现在以下几个方面。

一是科技信用法制和规范不够完善。目前湖北省科技信用体系建设工作还停留在准则和规范阶段，科技信用问题并未完全纳入专项立法层面。

二是科技信用工作组织体系不够健全，目标责任分工不够明确。科技信用体系的建设除科技主管部门外，其他涉及科研活动的相关部门也应发挥重要作用。

三是科技信用管理制度建设有待完善，不同科技活动的项目管理模式需要进一步探索。科技信用贯穿于科技项目管理的全过程，项目的反复申报、专家评审环节缺乏约束、科研经费管理不到位、研究成果不利用等问题依然存在，对科技项目的实施全过程缺乏有效的动态监督管理。

四是缺乏完善的科技信用惩戒和监督机制。湖北省各科技信用主体，除制定相关科研活动准则及规范外，并未设立专门的渠道受理科研不端行为的举报，对科研不端行为的调查处理力度、惩戒力度不足。同时，科学共同体的内部监督和全社会的监督作用未得到充分发挥。

五是科技信用公共信息平台急需建立，跨部门、跨地区信用信息共享不足。政府部门、相关管理机构、科技机构、高等学校和企业等单位不能及时共享相关科研信用信息，对科研不端、学术不端行为不能及时做出应对。

四、湖北省科技信用体系构建

(一) 湖北省科技信用体系构建思路与目标

一是建设思路。以十八届三中全会提出的关于"建立健全社会诚信体系,褒扬诚信,惩戒失信"为战略号召,按照《2017年湖北省社会信用体系建设工作要点》要求,构建湖北省科技信用体系,搭建联通国家、省级、市级等各级各类科技计划项目的信用数据共享平台,建立起基于科研主体的信用体系动态数据库,完善科技信用管理体制机制,强化科技承担者的诚信意识,引导科技活动管理者诚信自律,设立第三方科技信用监督机构,提高湖北省科技诚信意识和诚信水平。

二是评价对象。国家科技部《关于在国家科技计划管理中建立信用管理制度的决定》中明确的科技信用评价的对象是从事科技活动的人员和机构,包括承担科技活动的科研机构,进行科技活动的科研人员,负责科技活动的评审、评估、验收和其他科技咨询工作的评审专家,以及主管部门或接受委托履行管理职能的科技活动管理者。

三是设计原则。指标体系是否科学、合理,直接关系到评价的结果和质量。为此,指标体系必须科学、客观、合理、尽可能全面地反映作为企业科技信用的各个因素。科技信用评价指标体系在建立过程中主要遵循以下原则:独立性原则、客观性原则、科学性原则、系统性原则、动态性原则、可操作性原则。

四是建设目标。到2020年,基本建成覆盖湖北省的科技信用体系,进一步完善科技信用基础性法制法规建设及标准体系,建成覆盖高校、企业和科研机构的科技信用信息共享平台、科技信用管理系统。实现各科技部门信用信息共享,科技信用管理体系基本确立,科技中介机构信用建设进一步完善,守信激励和失信约束机制在重点领域发挥作用。

(二) 湖北省科技信用体系评价指标体系构建

一是科技活动机构。科技活动机构是指长期有组织地从事科技活动的机构,是具有法律、财政、经济、社会或政治地位的实体,科技活动机构是项目实施的责任主体,结合科技信用评价指标框架及构成要素等方面对指标进行设计,具体指标如表1所示。

表1 科技活动机构评价指标表

一级指标	二级指标
基本信息	机构规模
	机构运营状况
	科研人员占比
	研发费用占比
资历	承担科研项目
	获得科研经费
	科研成果产出
	成果转化效益
	获得科技奖励情况
履约行为	申报材料真实性
	项目与机构从事领域关联度
	管理、财务、风控制度
	项目结题比率
	项目执行进展
	项目经费使用
	项目完成质量
不良记录	重复申报行为
	违反评审规定要求
	司法、行政、工商处罚

二是科研人员。科技人员是科技活动的主体，在项目申请、项目评审、项目研究、成果发表及评价阶段均涉及科研信用问题。对科技人员进行信用评价，可以有效减少政府科技投入的风险，提升整体的社会信用水平，保证科技活动的顺利进行。课题组拟从表2中几个方面对科研人员信用进行评价。

表2 科研人员评价指标表

一级指标	二级指标
基本信息	教育学历
	岗位职称
	从事专业工作时间
资历	承担科研项目
	获得科研经费额度
	科研成果产出
	成果转换效益
	获得科技奖励情况
履约行为	申报材料真实性
	主持项目结题比率
	主持项目执行进展
	主持项目经费使用
	主持项目完成质量
不良记录	重复申报行为
	违反评审规定要求
	学术剽窃或造假
	司法、行政处罚

三是科技管理者。科技活动的管理者主要是指科技活动的决策、组织和指挥者，结合科技信用评价指标框架及构成要素等方面对指标进行

设计，具体指标如表 3 所示。

表 3　　　　　　　　　　科技管理者评价指标表

一级指标	二级指标
基本信息	教育学历
	岗位职称
	资质或授权认可情况
资历	参与管理项目情况
	管理标准制定
	管理效果反馈
履约行为	信息的真实性
	管理工作参评率
	组织评审公正性
	管理工作完成效率
不良记录	管理活动违规行为
	司法、行政、工商处罚

四是评审专家。科技活动评审专家是接受项目管理责任主体委托，对项目进行评审和论证的个人，结合科技信用评价指标框架及构成要素等方面对指标进行设计，具体指标如表 4 所示。

表 4　　　　　　　　　　评审专家评价指标表

一级指标	二级指标
基本信息	教育学历
	岗位职称
	从事专业工作时间

续表

一级指标	二级指标
资历	承担科研项目
	获得科研经费额度
	科研成果产出
	成果转换效益
	获得科技奖励情况
	评审工作经验
履约行为	专家库信息的真实性
	评审活动参评率
	评审进度合理性
	结果可信度
	评审意见详细度
不良记录	违反评审纪律
	学术剽窃或造假
	司法、行政处罚

（三）湖北省科技信用体系评价方法模型

一是评价指标项选取。本研究采用德尔菲法确定评级指标体系的指标项。在搭建指标体系总体框架之后，借鉴相关省市已开展信用评价工作的经验，结合实际项目管理工作全流程，尽量多的列举科技信用各相关指标项，形成初始调查样表。按照本研究所需的知识范围，选择5名技术专家对调查表中的各项指标进行第一轮评判，并收集专家提出的建议和意见。之后对专家的第一次判断意见进行汇总和对比，再次发送至各位专家，让专家比较自己和他人的不同意见，修改自己的意见和判断。再将所有专家的修改意见收集起来汇总再次发送给各位专家，直至每一位专家不再改变自己的意见为止。最后对专家的意见进行综合处理，以确定最终的科技信用评价指标体系的指标项。

二是指标权重计算。层次分析法是将与决策总是有关的元素分解成目标、准则、方案等层次，在此基础之上进行定性和定量分析的决策方法。本文采用层次分析法确定评价指标体系的权重并构建三层结构模型。以科技活动机构为例，图1为科技活动机构科技信用评价层次结构图。

各指标权重计算结果如表5所示。

表5　　　　　　　　　　　指标权重一览表

方案	得分	同级权重	上级
C1	0.01	0.10	B1
C2	0.01	0.10	
C3	0.03	0.30	
C4	0.05	0.50	
C5	0.01	0.08	B2
C6	0.01	0.08	
C7	0.02	0.23	
C8	0.04	0.38	
C9	0.02	0.23	
C10	0.02	0.05	B3
C11	0.07	0.14	
C12	0.02	0.05	
C13	0.07	0.14	
C14	0.12	0.24	
C15	0.07	0.14	
C16	0.12	0.24	
C17	0.08	0.27	B4
C18	0.08	0.27	
C19	0.14	0.45	

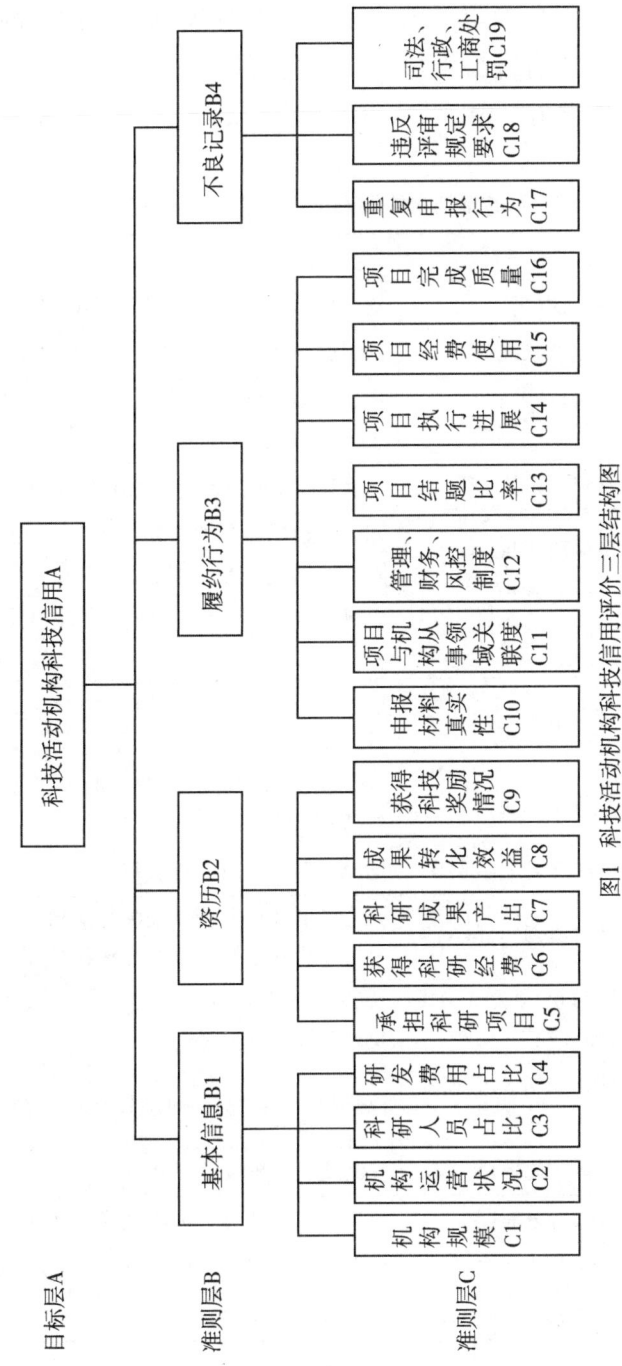

图1 科技活动机构科技信用评价三层结构图

三是指标项分数确定。聘请多位专家对各项指标的判断标准和指标分值进行打分，之后进行汇总，得到各指标项的分值。各类主体的评价指标体系分值如表6、表7、表8、表9所示。

表6　　　　　　科技活动机构评价指标体系指标项分值

一级指标	二级指标	说明	评分
基本信息（20）	机构规模（5）	规模以上4~5分，规模以下0~4分	
	机构运营状况（5）	状况较好3~5分，状况较差0~5分	
	科研人员占比（5）	占比较高3~5分，占比一般2~3分，占比较低0~2分	
	研发费用占比（5）	占比大于5%的5分，低于5%的0~5分	
资历（20）	承担科研项目（4）	国家科技项目每项2分、地方科技项目每项1分、其他科技项目每项0.5分	
	获得科研经费（5）	金额较大3~5分，金额一般2~3分，金额较小0~2分	
	科研成果产出（3）	产出较多2~3分，产出一般1~2分，产出较少0~1分	
	成果转化效益（3）	效益较大2~3分，效益一般1~2分，效益较差0~1份	
	获得科技奖励情况（5）	国家级每项5分、省级每项3分	
履约行为（45）	申报材料真实性（3）	完全真实3分，情节轻微每次扣1分，情节较重每次扣2分、情节严重扣3分	
	项目与机构从事领域关联度（5）	关联度较强4~5分，关联度一般2~4分，关联度不强0~2分	
	管理、财务、风控制度（5）	风险较小3~5分，风险较大0~3分	
	项目结题比率（8）	100%8分、80%以下0分	
	项目执行进展（8）	延期一次扣4分、无法完成得0分	
	项目经费使用（8）	优7~8分、良4~7分、中1~4分、差0分	
	项目完成质量（8）	优7~8分、良4~7分、中1~4分、差0分	

续表

一级指标	二级指标	说明	评分
不良记录（15）	重复申报行为(5)	情节严重得0分，情节较重每次扣2.5分，情节轻微每次扣1.5分	
	违反评审规定要求(5)	情节严重得0分，情节较重每次扣2.5分，情节轻微每次扣1.5分	
	司法、行政、工商处罚(5)	情节严重得0分，情节较重每次扣2.5分，情节轻微每次扣1.5分	

表7　科研人员科技信用评价体系指标项分值

一级指标	二级指标	说明	评分
基本信息（13）	教育学历(5)	博士5分、硕士4分、本科3分、专科2分、其他1分、无0分	
	岗位职称(5)	正高5分、副高4分、中级3分、初级2分、其他1分、无0分	
	从事专业工作时间(3)	依据专业相关性评分，完全符合3分、比较符合2分、一般1分、完全不符合0分	
资历（22）	承担科研项目(4)	国家科技项目每项2分、地方科技项目每项1分、其他科技项目每项0.5分	
	获得科研经费额度(5)	金额较大3~5分，金额一般2~3分，金额较小0~2分	
	科研成果产出(4)	产出较多3~4分，产出一般2~3分，产出较少0~2分	
	成果转换效益(4)	效益较大3~4分，效益一般2~3分，效益较差0~2分	
	获得科技奖励情况(5)	国家级每项5分、省级每项3分	
履约行为（45）	申报材料真实性(3)	完全真实3分、情节轻微每次扣1分、情节较重每次扣2分、情节严重扣3分	
	主持项目结题比率(10)	100%的10分、80%以下0分	
	主持项目执行进展(10)	延期一次扣5分、无法完成得0分	
	主持项目经费使用(10)	优10分、良4~8分、中1~4分、差0分	
	主持项目完成质量(12)	优10~12分、良5~10分、中1~5分、差0分	

续表

一级指标	二级指标	说明	评分
不良记录(20)	重复申报行为(5)	情节严重得0分，情节较重每次扣2.5分，情节轻微每次扣1.5分	
	违反评审规定要求(5)	情节严重得0分，情节较重每次扣2.5分，情节轻微每次扣1.5分	
	学术剽窃或造假(5)	情节严重得0分，情节较重每次扣2.5分，情节轻微每次扣1.5分	
	司法、行政处罚(5)	情节严重得0分，情节较重每次扣2.5分，情节轻微每次扣1.5分	

表8　　科技管理者评级体系指标项分值

一级指标	二级指标	说明	评分
基本信息(20)	教育学历(7)	博士7分、硕士5分、本科3分、专科2分、其他1分、无0分	
	岗位职称(8)	正高8分、副高6分、中级4分、初级2分、其他1分、无0分	
	资质或授权认可情况(5)	已认可5分，未认可0分	
资历(20)	参与管理项目情况(6)	管理项目较多且层级较高3~6分，管理项目一般0~3分	
	管理标准制定(7)	标准较合理3~7分，不合理0~3分	
	管理效果反馈(7)	结果反馈较好3~7分，较差0~3分	
履约行为(40)	信息的真实性(5)	完全真实5分、情节轻微每次扣1分、情节较重每次扣2分、情节严重扣3分	
	管理工作参评率(12)	100%的10分、80%以下0分	
	组织评审公正性(13)	非常公正10~13分，较公正5~10分，不公正0~5分	
	管理工作完成效率(10)	100%的10分、80%以下0分	
不良记录(20)	管理活动违规行为(10)	情节严重得0分，情节较重每次扣5分，情节轻微每次扣2.5分	
	司法、行政、工商处罚(10)	情节严重得0分，情节较重每次扣5分，情节轻微每次扣2.5分	

表9　　　　　　　　评审专家评级体系指标项分值

一级指标	二级指标	说明	评分
基本信息（15）	教育学历(5)	博士5分、硕士4分、本科3分、专科2分、其他1分、无0分	
	岗位职称(5)	正高5分、副高4分、中级3分、初级2分、其他1分、无0分	
	从事专业工作时间(5)	30年以上5分、20~30年（含20年）4分、10~20年（含10年）3分、5~10年（含5年）2分、5年以下1分	
资历（30）	承担科研项目(4)	国家科技项目每项2分、地方科技项目每项1分、其他科技项目每项0.5分	
	获得科研经费额度(5)	金额较大3~5分，金额一般2~3分，金额较小0~2分	
	科研成果产出(4)	产出较多3~4分，产出一般2~3分，产出较少0~2分	
	成果转换效益(4)	效益较大3~4分，效益一般2~3分，效益较差0~2份	
	获得科技奖励情况(5)	国家级每项5分，省级每项2.5分	
	评审工作经验(8)	经验丰富6~8分，经验较丰富3~6分，经验一般0~3分	
履约行为（40）	专家库信息的真实性(5)	完全真实3分、情节轻微每次扣1分、情节较重每次扣2分、情节严重扣3分	
	评审活动参评率(8)	100%的10分、80%以下0分	
	评审进度合理性(7)	进度合理5~7分，进度不合理0~5分	
	结果可信度(10)	结果非常可信7~10分，结果一般可信4~7分，结果不可信0~4分	
	评审意见详细度(10)	意见翔实、关键字匹配、结果合理10分，意见不详实、不完整酌情扣分，结果不合理不得分	
不良记录（15）	违反评审纪律(5)	情节严重得0分，情节较重每次扣2.5分，情节轻微每次扣1.5分	
	学术剽窃或造假(5)	情节严重得0分，情节较重每次扣2.5分，情节轻微每次扣1.5分	
	司法、行政处罚(5)	情节严重得0分，情节较重每次扣2.5分，情节轻微每次扣1.5分	

四是评价结果处理。聘请专家对各类责任主体进行打分，得到的各指标项分值与指标项权重进行加权平均计算得到最终的科技信用分值。

(四) 湖北省科技信用体制机制建设

一是健全信用体系法规建设。借鉴国内外科技信用体系建立的成功经验，依据《湖北省社会信用体系建设规划》《湖北省科研信用体系建设规划(2014—2020)》等政策文件，健全湖北省科技信用体系相关政策。

二是构建科技信用管理体系。当前，湖北省在构建科技信用管理体系过程中，各单位仍存在职责划分不清，执行力度欠缺。湖北省应加强组织领导，成立科技信用领导小组；明确工作职责，设置部门专责小组；科技信用信息互联互通，成立科技信用信息中心。

三是建立科技信用协调联动机制。科技信用工作不是科技部门单独就能够完成的，建立湖北省科技信用协调联动制度，由湖北省科技厅牵头，湖北省发改委、人社厅、教育厅、财政厅及科协等部门组成，协商湖北省科技信用体系建设中的重大问题，指导湖北省科技界科研诚信建设工作，研究制定科技信用建设的重要政策，督促和协调有关政策和重点工作的落实。

四是建立健全失信行为惩戒机制。严肃查处科研失信行为，建立健全失信惩戒机制，其中，违背科研信用要求行为人所在单位是调查处理的第一责任主体，要积极主动、公正公平开展调查和处理，坚持零容忍，保持对严重违背科研信用要求行为严厉打击的高压态势，明确相关机构负责科技信用工作，做好受理举报、核查事实和日常监管等工作，建立跨部门联合调查机制。

五是完善科技信用评价考核机制。在湖北省科技信用体系构建过程中，对科技信用评价对象要建立合理的评级体系，同时规定信用评级的年限，根据信用评级结果，需建立相应的转型考核制度，确保科技信用各项工作稳步推进。

(五)湖北省科技信用平台建设

建立科技信用评价数据库和共享平台,实行信用记录制和信息共享制,增强科研信息的透明度,传播相关主体失信信息,增加科研失信行为的成本,并在合法范围内收集和整理科研活动主体的信用信息,减少科研活动中信用不对称现象。推进科技信用信息共享,完善有利于诚实守信的激励和约束机制,降低失信行为的发生几率,为湖北省科技信用体系建设提供信息技术支撑。

一是平台框架建设。科技信用评价数据库和共享平台基于湖北省现有科技计划管理系统,采用数据对接、系统开发等形式进行整合(见图2)。

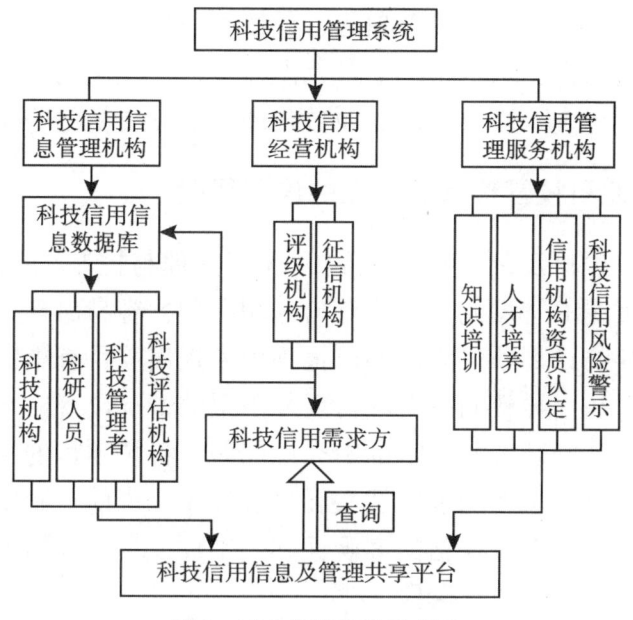

图2 平台框架建设示意图

二是建设内容。主要是用户管理功能,行为记录、数据收集功能,科技信用考核指标字段设置,指标字段数据获取,信用分值计算,结果显示与应用。

三是数据库建设及数据获取途径。数据库收集主要是以科技要素评价为主，收集科研领域违法犯罪、违反财经纪律、因学术论文造假被撤稿等相关责任主体的失信行为信息。数据获取途径为湖北省科技项目申报管理系统，提供公开查询的政府性网站系统，专业化的学术成果数据库等。

五、湖北省科技信用实证分析

(一)湖北科技管理系统现状

2014年湖北省科学技术厅科技计划项目管理平台开始建设，并于当年正式上线运行。但是随着湖北省科技厅信息化建设的不断深化及科技信用的日趋重视，原有系统平台无论在栏目人性化的设置还是功能方面，都无法满足现阶段科技计划项目管理不断发展变化的需要。

(二)湖北科技管理系统存在的信用风险

一是同一项目反复申报的问题。政府管理与控制着庞大的科技资源，但科技资源的管理能力并没有与之相匹配，容易出现项目的类似性或相同性，科技计划项目立项和申报中尚未提出项目查重的要求或相应的筛选机制，从而导致同一个项目反复申报的情况出现。

二是专家参与环节及评审的中立性问题。科技项目的评估评审活动在科技活动中具有重要的现实意义和关键作用。当前，制度约束不足和利益考量交叉影响专家评估的客观性和公平性，科技计划项目管理中引入专家参与还处于不成熟阶段。

三是未设专用账户，科研经费管理不到位。现行的科技计划项目大多要求承担单位有一定数额的配套资金，但财政资金足额到位后，承诺的配套资金往往没有跟上；部分项目负责人未经批准随意调整预算，没有按照任务书的规定进行工作。

四是研究成果不相符，验收工作走过场。研究成果不相符主要体现在承担单位用立项前已有的研究成果作为验收成果使用；同一个研究成果被包装在不同的立项项目里反复使用；提交的研究成果与预期成果不相吻合等。

(三) 湖北科技管理系统的信用体系建设路径

一是界定科技信用系统范围。科技信用规范的对象是从事科技活动的人员与机构，包括科技活动的执行机构、评价机构和管理机构。科技信用系统的数据库收集主要是以科技要素评价为主。涉及科技信用的行为是进行科技信用管理最重要的基础。

二是完善科技计划项目管理平台。运用大数据技术完善科技计划项目管理平台。借助现代化网络技术，依托科技计划项目管理系统，湖北省科技计划项目已基本实现从申报、立项、实施和验收等管理工作的网上全流程操作，形成了大量基础信息和操作行为数据。

课题负责人： 李　勇　湖北省科技信息研究院院长、研究员
课题组成员： 盛建新　夏　野　牛婧红　蔡萌　涂瑜　朱昌明
　　　　　　　童　欣　张凌云

湖北省制造业发展绩效研究

邹 蔚 等

一、引言

20世纪70年代末80年代初,由于微电子技术的飞速进展,现代数字化制造技术和装备也获得了空前发展和广泛应用,极大地推动了制造业劳动生产率的提高,使制造业的发展进入了一个新时代:由主要依靠劳动能力的改善转向主要依靠科技进步。新技术的应用使制造业劳动生产率的增长速度大大加快。现代制造业的概念从此诞生。然而,这一切都离不开企业的自主创新,进入信息化时代以来,创新在企业发展中的地位日益突出,不断创新是企业持续发展的不竭动力。有关现代制造业以及企业自主创新、绩效评价的研究也是百家争鸣,各有侧重。

目前,我国制造业持续发展,已形成了独立完整的体系,有力地推动了我国的工业化和现代化进程,成为继美国、日本和德国之后的第四大制造国。2015年,李克强总理在全国两会政府工作报告中首次提出"中国制造2025"计划,强调加快推进制造业升级。

"中国制造2025"是在新的国际国内环境下,中国政府立足于国际产业变革大势,作出的全面提升中国制造业发展质量和水平的重大战略部署。其根本目标在于改变中国制造业"大而不强"的局面,通过10年的努力,使中国迈入制造强国行列,为到2045年将中国建成具有全球引领和影响力的制造强国奠定坚实基础。在制造业转型升级的大趋势以及"中国制造2025"战略的指导下,智能制造领域将迎来势不可挡的快速发展期。①《中共中央国务院关于全面振兴东北地区等老工业基地的若干意见》强调东北地区等老工业基地振兴战略，是党中央、国务院在新世纪作出的重大决策。当前和今后一个时期是推进老工业基地全面振兴的关键时期。为适应把握引领经济发展新常态，贯彻落实发展新理念，加快实现东北地区等老工业基地全面振兴，并提出几点意见。由此可见现代制造业已经成为传统制造业转型升级的必经之路，且日益受到地方政府的重视。

一方面，湖北省是国家区域布局的重要先进制造业基地，制造业底盘大、基础好，经过多年的改革发展，工业总量规模位居全国第一方阵，建成一批全国产业基地，产品产量全国领先。近年来，湖北省大力实施制造强省建设，加快推进"两计划一工程"和"3121"工程，基本形成了涵盖41个大类、189个中类和519个小类的行业比较齐全的工业体系，其中制造业占全部工业行业的90%，具备建设制造强省的基础和条件②。

另一方面，长江经济带是我国最大的制造业基地，是我国覆盖城市最大的经济区。湖北省是沟通长江经济带上下游的重要桥梁，是中部崛起的支点，具有承东启西的作用。湖北省制造业的发展，有利于改善长江经济带制造业的发展环境，实现其产业协调发展。因此，在"中国制造2025"和长江经济带建设等战略背景下，湖北省制造业发展绩效的研究具有重要意义。

二、2000—2017年湖北省制造业发展概况

在新的历史条件下，制造业在国家发展战略中的地位日益突出。从国家中心城市建设、"一带一路"（2015.03）、东湖国家自主创新示范区

---

① 靳艳."中国制造2025"背景下安徽制造业转型升级路径选择[J].成都师范学院学报，2018(10)：90-94.

② 王祺扬.加快制造业优化升级 实现工业高质量发展[J].政策，2018(05)：18-21.

(2009.12)、创新改革试验区（2015.09）、长江经济带核心城市（2016.09）、"中国制造2025"试点示范（2016.12）、自由贸易试验区（2017.04）、汉江生态经济带发展规划（2018.10）等一系列国家战略看，这些战略的深入实施和实现都需要湖北省制造业作为重要支撑。

湖北省作为近代工业的发祥地，是我国重要的钢铁、汽车和水电等制造业基地。近年来，工业规模进一步扩大，产业结构不断优化，产业集群成长壮大。2017年全省规模以上工业企业达到15097家，比上年稍低了7.36%；工业增加值增长7.4%，工业销售产值44164.5亿元，减少了6.6%，工业企业实现利润2608.03亿元，增长6.8%。目前，湖北省已形成了以汽车、食品、电子信息、钢铁、石化、装备制造、纺织等产业为主的工业体系，支柱产业不断壮大。其中，汽车制造业是主要优势产业，产业集群明显，已形成以武汉、十堰和襄阳三大基地为主的"汽车走廊"。纺织业尤其是医疗卫生纺织品规模居全国前列，主要分布在仙桃、黄冈和襄阳等地。且湖北省制造业正处于转型的关键时期，如何合理利用现代科学技术和信息技术为制造业创造发展条件和提供发展动力是政府工作的重中之重。

（一）规模以上工业总产值分析

湖北省工业经济迅速发展，规模以上工业总产值从2000年的3064.43亿元增加至2017年的45642.59亿元，平均增长率达到17.22%，比同期湖北省GDP的平均增长率高出2.52个百分点，整体保持着较稳定的增长态势，如图1所示。

（二）第二产业就业人员分析

湖北省第一产业就业人数基数大、占比高，2000年占总就业人数的48.01%，2000年至今，虽然基数没太大变化，但所占比重却有所下降。第二产业和第三产业就业人数都有所增加，但第三产业就业人数增速明显快于第二产业，且第三产业就业人数占比也超过了第二产业，在2015年甚至超过第一产业。第二产业在就业人数占比波动不大，一直

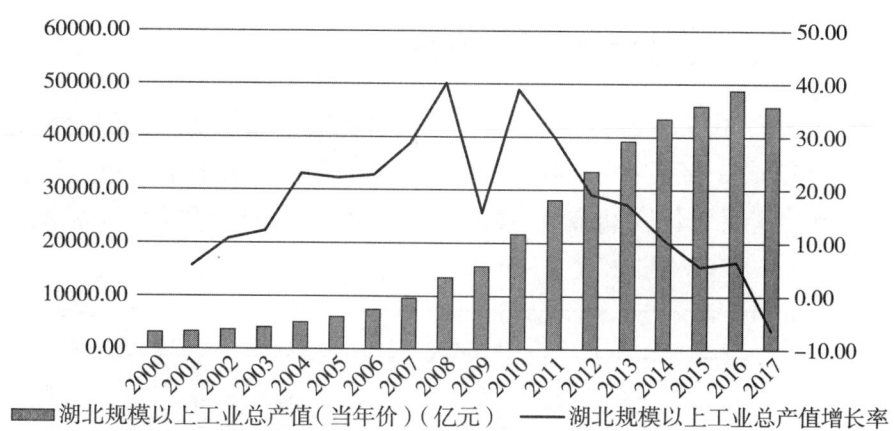

图 1　湖北省 2000—2017 年湖北规模以上工业总产值及其增长率
数据来源：2001—2018 年《湖北统计年鉴》。

稳定在 20% 左右（见图 2）。第一、二产业就业人员向第三产业转移的趋势明显。随着科技水平的提高，越来越普遍的机械化生产和操作，使第一、二产业对劳动力的需求呈下降态势。

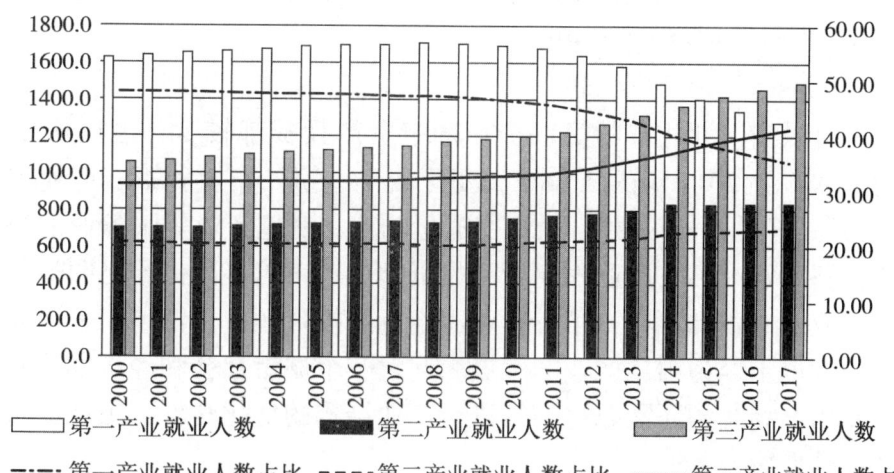

图 2　湖北省 2000—2017 年三次产业就业结构趋势变化图
数据来源：《湖北统计年鉴 2018》。

(三) 第二产业固定资产投资分析

从2000—2017年，湖北省第二产业固定资产投资额从521.58亿元增加至13236.47亿元，平均增长率达到20.95%，总体保持稳定增长态势，但增长速度变化区间在0.64%至37.15%，波动幅度较大(见图3)。

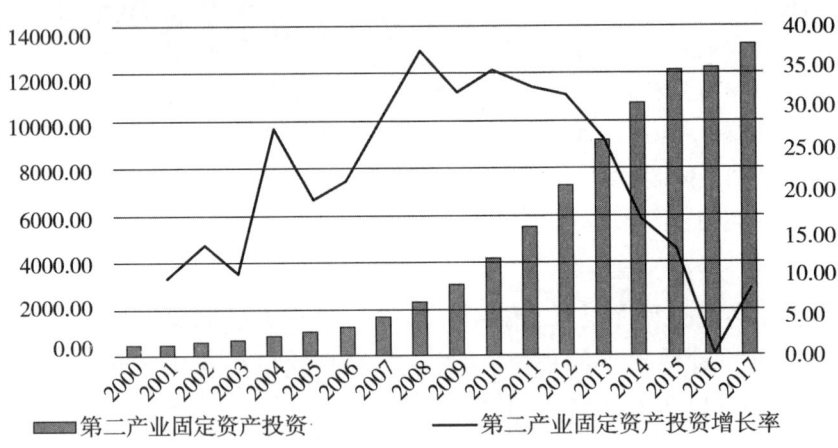

图3　湖北省2000—2017年第二产业固定资产投资情况

数据来源：《湖北统计年鉴2018》。

一直以来，湖北省的第一产业固定资产投资都较少，占比从2000年的7.25%到2017年的2.86%，变化较小。第二产业和第三产业占比也较为稳定(见图4)，并且由于交通运输业，房地产业等服务业的快速发展，湖北省对第三产业固定资产投资额也越来越多，占比已明显超过第二产业，一直到现在，第三产业固定资产投资额占比都是三大产业中最多的。也正因为第三产业的发展崛起对一个城市社会和经济发达有重要的作用，湖北省还需要进一步进行产业结构的优化转型，更加注重第三产业的发展。

(四) 湖北省制造业城镇单位就业人员分析

湖北省制造业城镇单位就业人数从2003年的149.1万人增加到

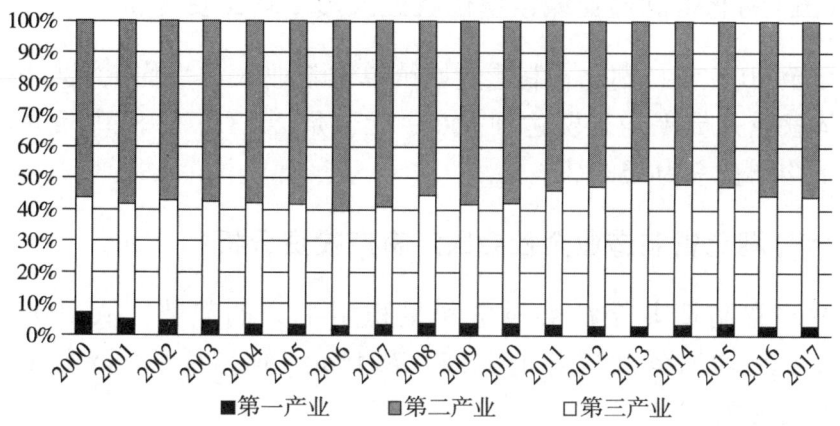

图4 湖北省2000—2017年三次产业固定资产投资额占比
数据来源：《湖北统计年鉴2017》。

2016年的186.06万人，增长率为1.7%，但波动较大，最高增速达到21.44%，最低只有-24.18%。2007年金融危机的爆发，湖北省就业率也受到一定程度影响，制造业城镇单位就业人数下降到115.4万人，增长率跌至-24.18%。虽然在2008年虽有所好转，但仍然为负增长，增速为-2.51%。2009年后，随着经济回升，制造业城镇单位就业人数也持续增加，到2011年达到168.2万人，增长率也达到峰值21.44%。而在随后的几年，湖北省就业结构逐渐稳定，制造业城镇单位就业人数也趋于平稳，保持在189万人左右，达到相对平衡。

到2016年，湖北省制造业城镇单位就业人数占城镇单位就业人数的25.87%，相比2003年的29.68%下降了3.81个百分比。但整体波动不大，除了在2007年受金融危机影响，城镇单位就业人数所占比重有较为明显的下降，其他年份都稳定在25%至30%之间，并且是城镇单位所有行业中就业人数占比最高的。这也在一定程度说明了随着科技水平的提高，即使制造业在不断发展，但越来越普遍的机械化、智能化生产和操作使其对劳动力人数的需求不再有明显的增加，甚至会有所下降，越来越多人转向服务业等第三产业。

(五)湖北省制造业城镇单位就业人员平均工资分析

截至 2016 年,湖北省制造业城镇单位就业人员平均工资与城镇单位整体就业人员平均工资达到 54033 元,是 2003 年的 8117 元的 6.66 倍,平均增长率为 15.7%。

(六)湖北省制造业全社会固定资产投资分析

湖北省制造业全社会投资额呈稳定上升的趋势,从 2000 年的 215.12 亿元增加至 2017 年的 11257.74 亿元,但增长率却降至 6.99%,平均增速为 26.21%。

三、湖北省制造业行业发展绩效及环境评价研究

三阶段 DEA-Malmquist 指数模型可有效剔除非经营因素(外部环境和随机误差)对效率的影响,还能反映一段时期内效率的动态变化,从而使得所计算的效率值能更加真实地反映决策单元的内部管理水平。因此,本研究采用这种模型对湖北省制造业行业发展绩效及环境进行研究。

(一)相关说明

1. 投入产出指标的选取

大量研究表明,制造业绩效的评价与其他绩效评价不同,它一般基于制造业投入和产出两个方面,制造业生产就是要素投入和效益产出的过程,即投入一定时,产出越大,效率越高;反之,产出一定时,投入越少,效率越高。影响制造业绩效的因素有很多,不可能一一列举。故在制造业投入的衡量中,将从人力、物力、财力三个方面各选取几个关键的指标,来研究制造业生产中的投入。在制造业产出的衡量中,理论上既要考虑经济效益,又要考虑社会和生态效益,但是由于数据的可获取性,仅考虑经济效益。选取合适的投入产出指标,有效地评价资源利

用和效益产出情况,有助于把握影响效率的关键因素,从而提出提高效率的合理对策。在制造业投入的衡量中,从人力、物力、财力三个方面各选取几个关键的指标,来研究制造业生产中的投入;在制造业产出的衡量中主要考虑经济效益。故选取了如表1所示的投入产出指标,并且经检验可得各项投入与产出指标之间符合"同向性"原则,具有合理性。

表1　　　湖北省制造业发展绩效研究投入-产出指标体系一览表

类别	指标
制造业发展投入	从业人员
	实收资本
	固定资产净值
制造业发展产出	工业总产值

2. 环境变量的选取与说明

环境变量一般指对制造业生产效率产生影响但不在样本主观可控范围内的因素。本研究主要从政治、经济和技术三个方面加以考虑。在兼顾数据可得性的同时,选取了政府补助、出口交货值/工业销售产值、财务费用、行业企业数、万元产值电力消耗五个环境指标。

3. 数据的来源与选择

根据数据的可得性,本文经过筛选后留下 28 个制造业行业在 2011—2015 年的相关数据。① 其中投入产出指标以及环境变量的相关原

---

① 1. 农副食品加工业;2. 食品制造业;3. 酒、饮料和精制茶制造业;4. 烟草制造业;5. 纺织业;6. 纺织服装、服饰业;7. 木材加工和木、竹、藤、棕、草制品业;8. 家具制造业;9. 造纸和纸制品业;10. 印刷和记录媒介复制业;11. 文教、工美、体育和娱乐用品制造业;12. 石油加工、炼焦和核燃料加工业;13. 化学原料和化学制品制造业;14. 医药制造业;15. 化学纤维制造业;16. 橡胶和塑料制品业;17. 非金属矿物制品业;18. 黑色金属冶炼和压延加工业;19. 有色金属冶炼和压延加工业;20. 金属制品业;21. 通用设备制造业;22. 专用设备制造业;23. 汽车制造业;24. 铁路、船舶、航空航天和其他运输设备制造业;25. 电气机械和器材制造业;26. 计算机、通信和其他电子设备制造业;27. 仪器仪表制造业;28. 其他制造业。

始数据均来源于 2012—2016 年的《湖北统计年鉴》。

（二）湖北制造业绩效第一阶段传统 DEA 实证

我们利用 DEAP2.1 软件，采用传统的 DEA-Malmquist 指数对 2011—2015 年湖北省制造业 28 个规模以上行业的生产效率进行了计算，结果如表 2 所示。

表 2　湖北省制造业绩效分析——传统 DEA-Malmquist 指数及其分解

行业编号	Tfpch Malmquist 指数	Effch 技术效率	Techch 技术进步	Pech 纯技术效率	Sech 规模效率
4	1.279	1.002	1.277	1	1.002
8	1.236	1.123	1.1	1	1.123
26	1.181	0.964	1.224	1.164	0.828
11	1.156	0.963	1.2	1	0.963
6	1.076	1.042	1.033	1.086	0.959
10	1.071	0.88	1.217	0.924	0.952
20	1.05	0.824	1.274	0.976	0.845
21	1.043	0.842	1.239	0.987	0.853
17	1.039	0.981	1.059	1.077	0.911
16	1.037	0.872	1.189	1.008	0.865
22	1.025	0.803	1.276	0.919	0.874
25	1.005	0.824	1.22	0.988	0.834
9	0.981	0.935	1.049	0.938	0.998
13	0.98	0.871	1.124	1.035	0.842
15	0.968	0.842	1.15	1	0.842
23	0.965	0.85	1.135	1	0.85
14	0.96	0.797	1.204	0.911	0.876
1	0.954	0.843	1.131	1	0.843

续表

行业编号	Tfpch Malmquist 指数	Effch 技术效率	Techch 技术进步	Pech 纯技术效率	Sech 规模效率
24	0.953	0.778	1.224	0.79	0.985
28	0.952	0.739	1.289	0.92	0.803
18	0.95	0.905	1.05	0.87	1.04
2	0.941	0.874	1.077	1.009	0.867
5	0.941	0.9	1.046	1.04	0.865
7	0.941	0.88	1.069	0.872	1.009
27	0.937	0.756	1.24	0.855	0.884
3	0.934	0.85	1.099	1.017	0.835
12	0.919	0.948	0.969	1	0.948
19	0.897	0.755	1.188	0.842	0.897
均值	1.009	0.876	1.152	0.969	0.904

由表 2 可见，在未剔除环境变量和随机因素的前提下，湖北省制造业总体效率呈上升趋势。但增长幅度不明显，主要原因是技术进步增长幅度为 15.2%，而技术效率则呈下降趋势，下降幅度为 12.4%。28 个行业中有 12 个行业生产效率呈现上升趋势，主要归因于技术进步；16 个行业生产效率呈下降趋势，主要归因于技术效率下降。25 个行业技术效率呈下降趋势，主要是纯技术效率和规模效率下降所致。由于该结果包含环境因素和随机因素的干扰，并不能反映各行业的真实效率情况，故还需进一步的调整和测算。

(三) 湖北省制造业绩效第二阶段 SFA 回归分析

将第一阶段分离出来的投入变量的松弛变量作为被解释变量，环境变量作为解释变量，利用 Frontier4.1 软件进行 SFA 回归分析，计算结果如表 3 所示。环境变量对投入松弛变量的系数大多数能通过显著性检验，说明外部环境因素对制造业生产投入冗余存在显著影响。

表3　　　　湖北省制造业绩效分析——第二阶段 SFA 回归

自变量 \ 因变量	劳动力投入松弛变量	资本投入松弛变量	研发投入松弛变量
常数项	6.6035*** (6.1346)	40.4906** (2.1824)	9.4368** (2.8034)
政府扶持	-0.1609(-1.0322)	10.0712* (2.0571)	2.1918*** (5.8440)
对外开放水平	5.4916(1.0842)	51.0512(0.3391)	50.5705*** (4.2115)
融资成本	-0.0592(-1.6226)	14.0493*** (15.4518)	0.5276*** (5.7897)
行业规模	0.0035** (2.6077)	-0.1811*** (-5.2583)	-0.0178*** (-5.0194)
资源利用水平	0.0010(1.2527)	0.0134(0.5000)	-0.0018(0.9541)
σ^2	27.9188*** (3.3478)	12477.396*** (823.5326)	100.3601** (2.6405)
γ	0.7863*** (10.9498)	0.3904*** (4.8931)	0.6391*** (3.9090)
Log likelihood	-351.0709	-837.0607	-468.1749
LR test of the one-sided error	47.7710	9.4154	13.2169

注：*、**、*** 分别表示在10%、5%、1%显著性水平上显著；括号中数为相应估计量 t 统计量。

进一步考察环境变量对三种投入松弛变量的系数，环境变量是对各投入松弛变量的回归，所以当回归系数为正时，表示增加环境变量将会增加投入松弛变量，即会导致投入的浪费或减少产出；相反，当回归系数为负时，表示增加环境变量会减少投入松弛，即有利于减少投入的浪费或增加产出。下面逐一说明五种环境变量对各投入松弛变量的影响。

1. 政府扶持力度

政府扶持力度变量对劳动力投入松弛变量的系数为负，未通过10%的显著性检验；对资本投入松弛变量和研发投入松弛变量的系数为正，且分别通过10%和1%的显著性检验。这表明政府扶持力度加大时，对劳动力投入的松弛变量没有显著影响，会导致资本投入松弛变量和研发投入松弛变量增加，从而对制造业生产效率产生不利影响。这一结论与理论预期相反。这是因为政府补贴的过度投入或不合理配置可能导致制造业的过度投入，而管理水平的低下可能导致制造业投入冗余的增加，从而导致低效问题。

2. 对外开放水平

出口交货值/工业销售产值对劳动力投入松弛变量、资本投入松弛变量和研发投入松弛变量的系数均为正，且劳动力投入松弛变量和资本投入松弛变量未通过10%的显著性检验，研发投入松弛变量通过1%的显著性检验。表明对外开放水平对劳动力和固定资产的投入无显著影响，但是对外开放水平的提高会促使企业面临较大的国外竞争压力，从而促使企业提高科技水平，增加研发投入，也可能造成信息安全隐患。

3. 融资成本

融资成本变量对劳动力投入松弛变量的系数为负，但未通过10%的显著性检验。对资本投入松弛变量和研发投入松弛变量的系数为正，且均通过1%的显著性检验。这表明，融资成本增加对劳动力投入松弛变量无显著影响。但融资成本增加导致资本投入松弛变量和研发投入松弛变量增加，这说明融资成本的增加会导致固定资产和研发投入减少，从而减少产出。

4. 行业规模

行业规模变量对劳动力投入松弛变量的系数为正，通过5%的显著性检验。对资本投入松弛变量和研发投入松弛变量的系数为正，且均通过1%的显著性检验。说明行业规模的扩大会导致机构人员冗余、管理难提高、效率降低，但规模的扩大也可能会减少企业固定资产投入和研发投入的不合理增加，从而促进企业资金的合理配置，从而导致企业效率提高。

5. 资源利用水平

该变量对劳动力松弛变量和资本投入松弛变量的系数为正，对研发投入松弛变量系数为负，均未通过10%显著性检验。说明万元产值电力消耗对从业人员年平均数、固定资产净值和R&D经费投入没有显著影响。

(四) 湖北省制造业绩效第三阶段调整后的 DEA 实证分析

将调整后的投入变量与原始产出再次使用传统 DEA-Malmquist 指数模型进行计算,得到剔除环境变量和随机因素影响后的效率值,结果如表 4 所示。

表 4 调整后的 2011—2015 年湖北省制造业 DEA-Malmquist 指数及其分解

行业编号	Tfpch Malmquist 指数	Effch 技术效率	Techch 技术进步	Pech 纯技术效率	Sech 规模效率
8	1.368	1.273	1.075	1.000	1.273
11	1.334	1.241	1.075	1.000	1.241
10	1.276	1.187	1.075	1.000	1.187
27	1.266	1.178	1.075	0.999	1.179
7	1.223	1.137	1.075	1.000	1.137
2	1.183	1.101	1.075	1.001	1.100
28	1.182	1.100	1.075	1.000	1.100
22	1.180	1.096	1.076	0.998	1.098
16	1.179	1.096	1.075	1.003	1.093
21	1.158	1.074	1.078	1.003	1.071
14	1.157	1.074	1.077	0.999	1.075
1	1.151	1.039	1.107	1.000	1.039
3	1.143	1.057	1.081	1.001	1.056
26	1.143	1.056	1.082	1.004	1.052
25	1.132	1.047	1.081	1.000	1.047
17	1.128	1.038	1.086	1.005	1.033
20	1.128	1.047	1.078	1.000	1.047
13	1.124	1.030	1.091	0.999	1.031
24	1.112	1.035	1.075	0.998	1.036

续表

行业编号	Tfpch Malmquist 指数	Effch 技术效率	Techch 技术进步	Pech 纯技术效率	Sech 规模效率
4	1.109	1.031	1.075	1.000	1.031
9	1.109	1.031	1.076	1.001	1.030
5	1.098	1.004	1.094	1.000	1.004
15	1.052	0.978	1.075	1.000	0.978
23	1.035	0.971	1.066	1.000	0.971
6	1.027	0.961	1.069	1.001	0.960
19	1.009	0.937	1.077	0.999	0.938
12	1.001	0.931	1.075	1.000	0.931
18	0.977	0.901	1.084	0.996	0.905
均值	1.139	1.056	1.079	1	1.055

对比表2和表4可知，剔除环境因素和随机因素影响后，湖北省制造业各行业生产效率发生了较大的变化。

全要素生产率大于1的行业由12个上升为27个，仅黑色金属冶炼和压延加工业1个行业在调整前后全要素生产率均小于1，这说明该行业的效率确实有待提高。从总体效率来看，2011—2015年湖北省制造业总体效率明显上升。此外，技术效率、纯技术效率和规模效率都有所上升，技术进步指数有所下降。全要素生产率最高的是家具制造业，为1.368，其技术效率和规模效率都有较大幅度上升，技术效率上升主要原因是技术进步。全要素生产率最低的行业是黑色金属冶炼和压延加工业，其值为0.977，其技术效率和规模效率均有所下降，技术效率下降主要是由于纯技术效率下降。经过调整后，15个行业的全要素生产率有所上升，说明环境因素和随机误差对这些行业的生产效率产生负面影响，这些行业应该积极主动加以克服。其中，仪器仪表制造业上升幅度最大，为32.9%，说明其生产率受环境因素和随机误差影响最大。只有烟草制造业，纺织服装、服饰业，计算机、通信和其他电子设备制造业3个行业全要素生产率有所下降,说明环境因素和随机误差导致其生产率虚高,该行业应该积极有效地利用政府补助、出口、融资成本、行业规模、资源利用水平等环境因素来提高效率。

将调整前后的技术效率指数、技术进步指数、纯技术效率指数和规模效率指数分别进行对比(见图5、图6、图7、图8、图9、图10),从总体情况来看,调整前,湖北省制造业技术效率和规模效率被低估,技术进步指数和纯技术指数波动更大;调整后,湖北省制造业技术效率和规模效率有所上升,且各行业技术进步指数和纯技术指数波动更小更稳定。这说明环境因素和随机误差造成湖北省制造业各行业技术效率和规模效率降低,并使得各行业的技术进步和纯技术效率差距更大。

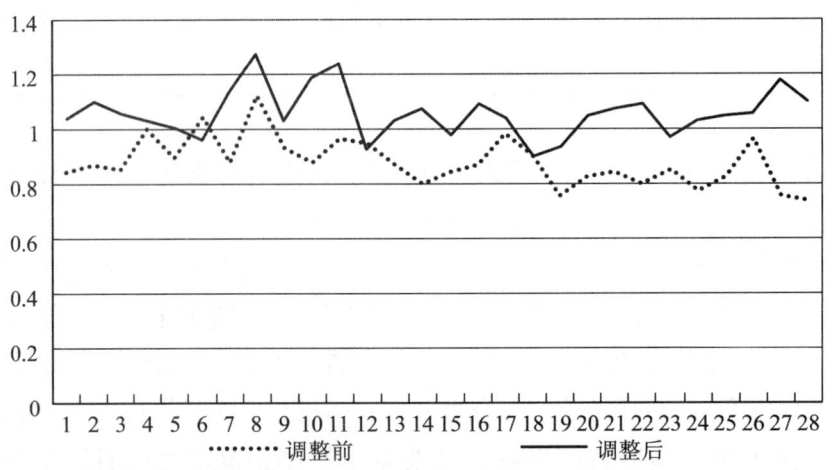

图5 调整前后技术效率指数变化

进一步来看,以效率值1为临界点,按照纯技术效率与规模效率可划分为四个区域:第一个区域为"双高型";第二个区域为纯技术效率高但规模效率低的"高低型";第三个区域为纯技术效率低但规模效率高的"低高型";第四个区域为"双低型"。由图9可见,大部分行业均处于"双低型"区域,由图10可见,经过调整后,大部分行业处于双高型。这说明湖北省制造业大部分行业的技术和管理水平较为成熟,

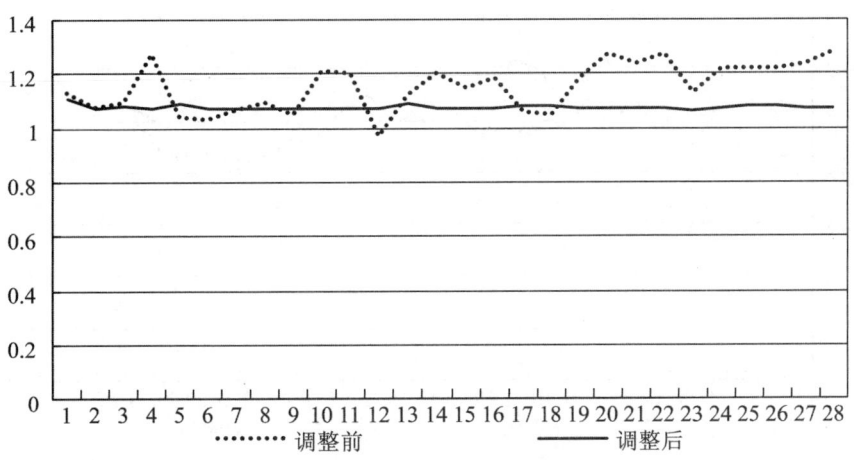

图 6 调整前后技术进步指数变化

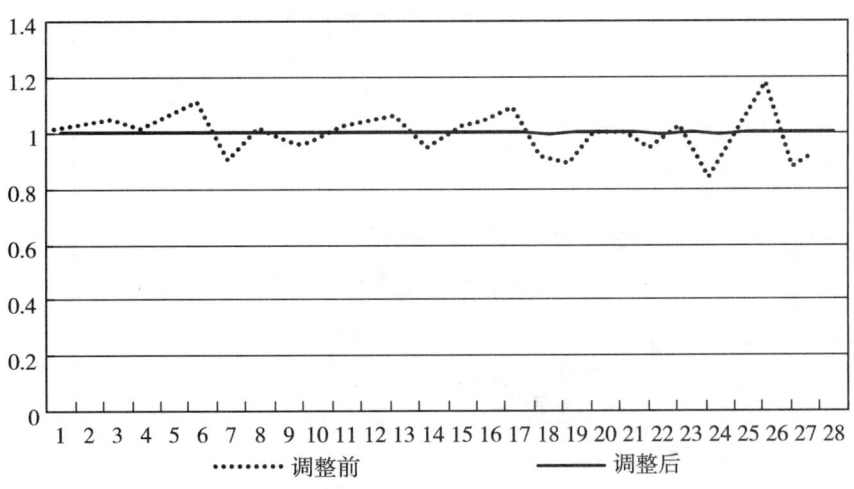

图 7 调整前后纯技术效率指数变化

也意味着湖北省制造业效率受环境因素和随机因素影响较大，受影响较大的文教、工美、体育和娱乐用品制造业，印刷和记录媒介复制业，仪器仪表制造业等行业应该制定有效措施克服环境因素和随机因素的不利影响，提高行业效率。

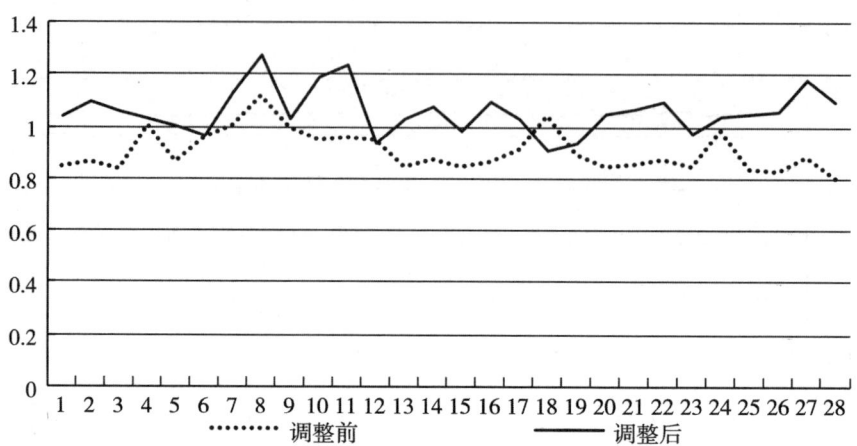

图 8　调整前后规模效率指数变化

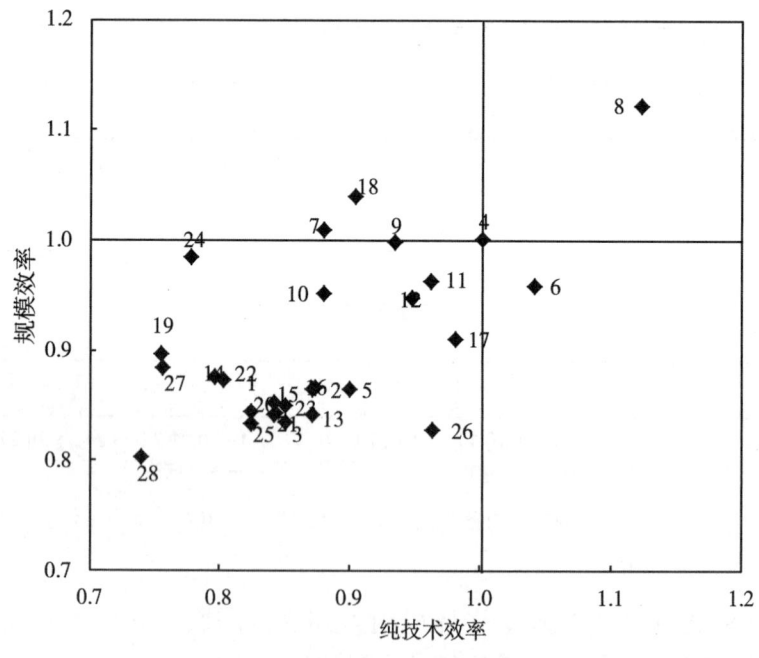

图 9　调整前第一阶段效率值

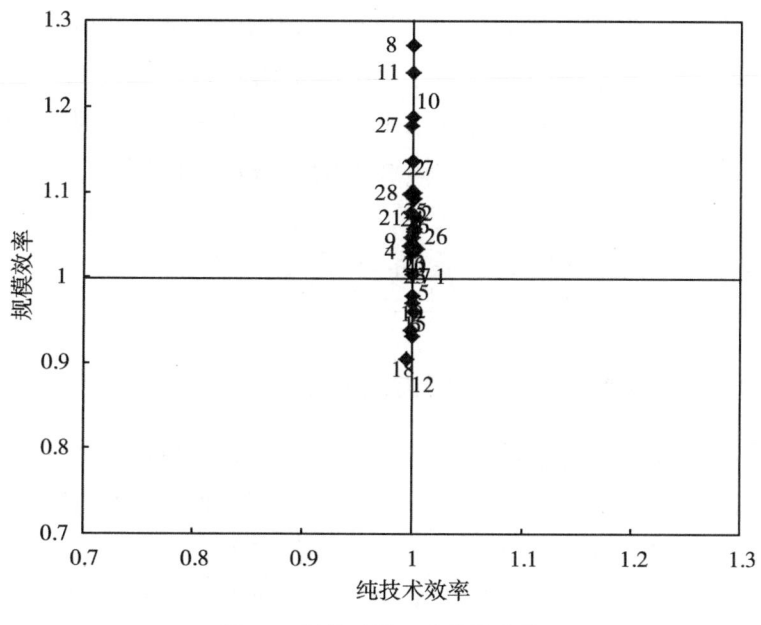

图10 调整后第三阶段效率值

综合以上分析，为进一步提高湖北省制造业生产率，本文将提出以下建议以供参考。

(1) 考虑到外部环境与随机误差的重要性及不可控性，应当合理利用外部环境因素提高效率。应当合理控制政府支持力度，适当给予政府补贴，使资源得到有效的配置而非盲目地投资，以免出现过犹不及的情况；坚持走出去与引进来相结合，着力提高科技水平和国际市场竞争力，防止技术与信息外泄；合理选择融资渠道，降低融资成本；适当增加企业数，控制行业规模，充分利用规模效应带来的好处同时规避其潜在风险，可以提高企业间的竞争力，实现资源优化配置。

(2) 各行业效率水平高低不一，应根据自身的生产效率类型采取相应的措施。高效率行业应该充分利用自身优势，再接再厉，优化投入要素结构，提高生产效率；低效率行业应该清除认识到自身的处境，虚心学习，取长补短，合理配置投入资源，加强创新，着力提高技术水平和管理水平。

（3）政府应该积极为制造业发展提供良好的政策和资金支持，不断优化和改善市场运营环境；企业需要积极履行自身的使命，优化市场资源配置，不断提高经营和管理水平。政府和企业都应该明确自身在市场经济中的职责，为创造一个健康和谐的经济环境而努力。

四、湖北省制造业发展的全国比较研究

（一）湖北省制造业创新能力比较研究

根据指标选取的科学性、一致性和可比性等原则，结合湖北省制造业的发展现状，本文从投入和产出两方面对湖北地区的创新能力评价体系进行指标构建。创新能力的投入包括财力投入、人力投入、物力投入、信息资源投入等要素，其中财力投入是企业进行创新活动所必不可少的基础条件，而人力资源是企业进行创新的核心要素。

基于以上原则，本文从人力投入和财力投入两个方面选取了3个创新的投入指标，分别是R&D人员合计、R&D经费内部支出、新产品开发经费。科技成果的产出和科技成果的转化及产业化是企业创新能力的关键要素，对企业的可持续发展有着重要影响，因此本文从新产品产出和科技成果产出两个方面选取了3个创新能力的产出指标，分别是新产品销售收入、R&D项目数、专利申请数（见表5）。

表5　　　　　　　　湖北省制造业企业创新能力评价体系

	类别	指标
科技资源投入	人力投入	R&D人员合计
	财力投入	R&D经费内部支出
		新产品开发经费

续表

类别		指标
科技资源产出	新产品产出	新产品销售收入
	科技成果产出	R&D 项目数
		专利申请数

按照表 5 湖北省制造业创新能力评价指标体系，本文选取了 2009—2016 年 7 年全国 31 个省市自治区（不含港澳台地区）作为研究对象进行分析（2008 年之前数据统计口径不一致，故从 2009 年起开始分析），得到表 6 的分析结果。

表6　　　　　　　湖北省制造业创新能力评价测评结果

地区	crste	vrste	scale	规模收益变动情况
北京	0.833	0.971	0.857	drs
天津	1.000	1.000	1.000	——
河北	0.575	0.837	0.687	drs
山西	0.401	0.506	0.791	drs
内蒙古	0.522	0.556	0.940	drs
辽宁	0.593	0.675	0.878	drs
吉林	1.000	1.000	1.000	——
黑龙江	0.532	0.881	0.603	drs
上海	0.970	1.000	0.970	drs
江苏	0.580	1.000	0.580	drs
浙江	0.850	1.000	0.850	drs
安徽	0.664	0.786	0.845	drs
福建	0.637	0.719	0.886	drs
江西	0.577	0.918	0.629	drs
山东	0.656	1.000	0.656	drs

续表

地区	crste	vrste	scale	规模收益变动情况
河南	0.628	0.813	0.771	drs
湖北	**0.570**	**0.679**	**0.839**	**drs**
湖南	0.801	0.823	0.974	drs
广东	1.000	1.000	1.000	——
广西	0.990	1.000	0.990	drs
海南	1.000	1.000	1.000	——
重庆	1.000	1.000	1.000	——
四川	0.794	1.000	0.794	drs
贵州	0.969	0.970	0.999	irs
云南	0.632	0.723	0.873	drs
西藏	1.000	1.000	1.000	——
陕西	0.558	0.899	0.621	drs
甘肃	0.582	0.797	0.730	drs
青海	0.549	0.556	0.987	drs
宁夏	0.753	1.000	0.753	drs
新疆	0.914	1.000	0.914	drs
均值	0.746	0.875	0.852	

注：irs、drs、——分别表示规模报酬递增、递减和不变。

1. 制造业创新能力技术效率指数处于较为靠后位置

技术效率值（综合效率值）是反映在既定投入（或产出）的情况下，DMU能够在多大程度上获取产出（或降低投入）的能力，从而用来反映被评价对象整体是否有效。

如表6所示，全国31个省市自治区的制造业创新技术效率指数均值为0.746。其中天津、吉林、广东、海南、重庆和西藏6个地区制造业创新能力技术效率指数为1，处于技术有效状态，且处于最佳规模；其余地区处于技术效率非有效状态，其中广西、上海、贵州、新疆、浙江、北京和湖南 7 个地区制造业创新能力技术效率指数在 0.8~1，技术效率较高；辽宁、甘肃、江苏、江西、合并、湖北、陕西、青海、黑龙江、内蒙古和山西 11 个地区制造业创新能力技术效率指数低于 0.6，制造业创新能力较低。全国 31 个省市自治区制造业创新技术效率指数只有 6 个处于技术有效状态，说明大部分地区制造业需做出投入产出调整。

2. 制造业创新能力纯技术效率指数处于较为靠后位置

纯技术效率是指在既定投入量情况下，产出量是否已达最大状态，是否可以通过优化投入要素结构或加强管理等手段增加产量。

由表 6 可知，全国 31 个省市自治区制造业创新能力的纯技术效率均值为 0.875。广东、广西、海南、吉林、江苏、宁夏、山东、上海、四川、天津、西藏、新疆、浙江、重庆 14 个地区的制造业创新能力纯技术效率指数为 1，处于纯技术效率有效状态，说明这些地区对于投入资源的使用是有效的；北京、贵州、江西、陕西、黑龙江、河北、湖南、河南 8 个地区的纯技术效率指数在 0.8~1 之间，数值较高；湖北、辽宁、内蒙古、青海和山西 3 个地区的纯技术效率指数低于 0.7，与其他地区有一定的差距。

3. 制造业创新能力投入产出规模递减，投入资源未能得到充分利用

规模效率是反映投入量的变化与产出量之间的关系，规模效率越接近于 1，表示现阶段生产规模越合适，生产率越大。由表 6 可知，全国 31 个省市自治区的制造业企业创新能力投入产出存在着规模收益递增、规模收益不变和规模收益递减这三种状态。其中天津、吉林、广东、海南、重庆和西藏 6 个地区制造业创新能力投入产出规模收益不变；贵州省制造业创新能力投入产出规模收益递增，说明制造业创新资源投入规模不够，即加大对研发等方面的投入，会带来产出增加大于投入增加，从而提升制造业创新能力，因此贵州制造业企业要加大这方面的投入；安徽、北京、附近、甘肃、广西、河北、河南、黑龙江、湖北、湖南、江苏、江西、辽宁、内蒙古、宁夏、青海、山东、陕西、上海、四川、新疆、云南、浙江、山西 23 个省市自治区制造业创新能力投入产出规

模收益递减,说明造成以上地区制造业创新能力不理想的原因投入资源有一定的浪费,即增加制造业创新投入会带来产出增加小于投入增加的结果,形成某种程度的资源浪费。

(二) 湖北省制造业主营业务收入区位熵分析

区位熵(Location Quotient,又称区域专业化率)是评价区域优势产业的一种基本分析方法,通过计算某一区域产业的区位熵,可以找到该区域在全国具有一定地位的优势产业。《国民经济行业分类》国家标准(GB/T4754—2011)于2011年11月1日实施,因此本文选用2011年之后的数据进行分析,以确保数据的一致性。选取湖北省和全国31个制造业行业2012—2017年的主营业务收入作为样本数据,分析了湖北省制造业行业的区位熵(见表7),分析结果如下。

表7　　　　湖北省制造业主营业务收入区位熵一览表

	行业	2012	2013	2014	2015	2016	2017	均值
1	农副食品加工业	167.00	167.07	171.20	170.09	172.12	154.98	167.08
2	食品制造业	116.02	115.83	117.77	129.40	127.17	110.58	119.46
3	酒、饮料和精制茶制造业	196.06	207.31	219.62	231.85	229.07	130.18	202.35
4	烟草制品业	163.88	151.16	158.82	156.26	170.96	188.30	164.90
5	纺织业	137.26	133.52	140.28	132.69	137.14	151.42	138.72
6	纺织服装、服饰业	106.68	105.00	102.46	102.15	98.86	109.04	104.03
7	皮革、毛皮、羽毛及其制品和制鞋业	21.82	24.67	31.56	34.92	36.95	40.72	31.77
8	木材加工和木、竹、藤、棕、草制品业	70.91	72.67	75.80	74.06	72.66	78.27	74.06
9	家具制造业	38.73	44.57	50.35	52.14	55.02	67.20	51.33
10	造纸和纸制品业	96.02	84.99	91.85	92.08	89.04	87.50	90.25
11	印刷和记录媒介复制业	92.34	115.29	114.98	112.53	110.77	129.63	112.59

续表

	行　业	2012	2013	2014	2015	2016	2017	均值
12	文教、工美、体育和娱乐用品制造业	21.98	30.09	23.34	26.28	30.41	45.96	29.68
13	石油加工、炼焦和核燃料加工业	49.64	52.67	55.57	54.51	61.35	65.72	56.58
14	化学原料和化学制品制造业	114.22	112.27	116.21	118.93	113.93	94.66	111.70
15	医药制造业	109.07	101.52	103.19	102.22	103.31	111.06	105.06
16	化学纤维制造业	33.27	26.51	28.50	25.17	23.28	22.82	26.59
17	橡胶和塑料制品业	80.27	84.94	90.68	88.48	90.51	92.39	87.88
18	非金属矿物制品业	116.77	120.95	124.54	123.21	127.10	130.23	123.80
19	黑色金属冶炼和压延加工业	130.87	115.87	90.01	80.05	70.95	88.25	96.00
20	有色金属冶炼和压延加工业	81.18	81.04	74.68	72.06	63.03	56.54	71.42
21	金属制品业	90.34	90.77	93.48	88.25	89.77	98.05	91.74
22	通用设备制造业	61.72	65.89	65.27	63.30	64.13	63.13	63.91
23	专用设备制造业	57.82	67.22	69.97	70.09	72.54	82.08	69.95
24	汽车制造业	206.00	194.64	193.32	193.96	186.69	205.97	196.76
25	铁路、船舶、航空航天和其他运输设备制造业	81.98	82.93	78.70	80.59	81.76	99.11	84.18
26	电气机械和器材制造业	54.16	61.88	61.74	60.57	61.68	69.41	61.57
27	计算机、通信和其他电子设备制造业	42.03	43.22	47.85	52.78	56.47	50.67	48.84
28	仪器仪表制造业	35.12	37.88	44.54	51.29	47.74	42.08	43.11
29	其他制造业	137.69	142.90	153.55	144.70	126.60	148.64	142.35
30	废弃资源综合利用业	80.85	74.11	89.08	81.61	94.54	192.85	102.18
31	金属制品、机械和设备修理业	74.44	92.67	99.33	102.26	93.88	91.79	92.40%

1. 始终保持优势的行业较多

由表7可见，2012—2017年，区位熵始终大于100%，即相对于全国水平一直保持优势的行业有9个,分别是农副食品加工业,食品制造业,酒、饮料和精制茶制造业,烟草制造业,纺织业,医药制造业,非金属矿物制品业,汽车制造业,其他制造业。其中,湖北省酒、饮料和精制茶制造业的区位熵在2012—2017年均维持在200%左右,说明这该行业相对于全国来说发展优势非常明显。

2. 超过半数的行业与全国相比始终处于劣势

湖北省文教、工美、体育和娱乐用品制造业,化学纤维制造业等16个行业在这6年内一直低于全国水平,其中化学纤维制造业的区位熵值最低,平均值仅为26.59%。熵值平均值低于50%的行业有5个,分别是化学纤维制造业(26.59%),文教、工美、体育和娱乐用品制造业(29.68%),皮革、毛皮、羽毛及其制品和制鞋业(31.77%),仪器仪表制造业(43.11),计算机、通信和其他电子设备制造业(48.83%)。

3. 优势行业的发展贡献较大

将2012—2017年制造业的主营业务收入的均值及占比与区位熵变化合并(见表8)。2012—2017年占湖北省制造业主营业务收入前14位的行业,其主营业务收入占到了全部行业主营业务收入的81.50%,其中有22个行业区位熵在2012—2017年呈增加趋势。增长幅度最大的是废弃资源综合利用业(112%),有9个行业区位熵在2012—2017年呈下降趋势。下降幅度最大的是酒、饮料和精制茶制造业(-65.89%)。

表8　2012—2016年湖北省制造业主营业务收入和区位熵变化一览表

行　业	主营业务收入占比	主营业务收入占比累计	区位熵变化
汽车制造业	14.26%	14.26%	-0.02%
农副食品加工业	10.76%	25.02%	-12.03%
化学原料和化学制品制造业	9.33%	34.35%	-19.56%

续表

行　业	主营业务收入占比	主营业务收入占比累计	区位熵变化
非金属矿物制品业	7.21%	41.56%	13.46%
黑色金属冶炼和压延加工业	6.88%	48.44%	-42.62%
纺织业	5.39%	53.83%	14.16%
计算机、通信和其他电子设备制造业	4.59%	58.42%	8.64%
电气机械和器材制造业	4.28%	62.70%	15.25%
有色金属冶炼和压延加工业	3.66%	66.36%	-24.64%
酒、饮料和精制茶制造业	3.47%	69.83%	-65.89%
金属制品业	3.38%	73.21%	7.71%
通用设备制造业	2.99%	76.20%	1.41%
橡胶和塑料制品业	2.70%	78.90%	12.12%
医药制造业	2.61%	81.50%	1.99%
食品制造业	2.56%	84.06%	-5.45%
专用设备制造业	2.52%	86.58%	24.26%
石油加工、炼焦和核燃料加工业	2.26%	88.84%	16.08%
纺织服装、服饰业	2.25%	91.09%	2.36%
铁路、船舶、航空航天和其他运输设备制造业	1.55%	92.64%	17.13%
烟草制品业	1.48%	94.12%	24.43%
造纸和纸制品业	1.30%	95.42%	-8.52%
木材加工和木、竹、藤、棕、草制品业	1.00%	96.42%	7.36%
印刷和记录媒介复制业	0.80%	97.22%	37.29%
皮革、毛皮、羽毛及其制品和制鞋业	0.46%	97.68%	18.90%
文教、工美、体育和娱乐用品制造业	0.46%	98.13%	23.98%
家具制造业	0.41%	98.55%	28.47%
废弃资源综合利用业	0.39%	98.94%	112.00%
仪器仪表制造业	0.39%	99.33%	6.96%

续表

行　业	主营业务收入占比	主营业务收入占比累计	区位熵变化
其他制造业	0.38%	99.70%	10.96%
化学纤维制造业	0.20%	99.90%	-10.44%
金属制品、机械和设备修理业	0.10%	100.00%	17.35%

（三）湖北省规模以上制造业利润总额区位熵分析

本文选取湖北省和全国 31 个制造业行业 2012—2017 年的利润总额作为样本数据，分析了湖北省制造业行业的区位熵（见表9），数据来源于 2013—2018 年《湖北统计年鉴》和《中国统计年鉴》，分析结果如下。

表9　　　　　　　　湖北省制造业利润总额区位熵一览表

	行　业	2012	2013	2014	2015	2016	2017	均值
1	农副食品加工业	180.62	194.67	193.32	188.11	171.97	151.90	180.10
2	食品制造业	98.37	82.97	93.43	104.28	94.81	93.36	94.54
3	酒、饮料和精制茶制造业	151.29	166.55	168.21	174.47	163.02	128.39	158.65
4	烟草制品业	110.64	106.03	151.35	169.39	233.76	244.09	169.21
5	纺织业	131.12	127.93	132.47	128.05	141.81	148.89	135.04
6	纺织服装、服饰业	104.83	101.17	87.50	88.22	84.55	96.26	93.76
7	皮革、毛皮、羽毛及其制品和制鞋业	15.92	15.03	20.18	19.42	22.73	19.30	18.76
8	木材加工和木、竹、藤、棕、草制品业	72.22	77.47	73.20	78.78	75.23	82.26	76.53
9	家具制造业	46.22	36.70	46.46	48.11	57.16	61.66	49.39
10	造纸和纸制品业	73.52	67.07	74.32	85.89	77.66	82.21	76.78
11	印刷和记录媒介复制业	72.32	86.98	105.21	109.86	103.00	130.88	101.37

续表

	行　业	2012	2013	2014	2015	2016	2017	均值
12	文教、工美、体育和娱乐用品制造业	26.92	32.94	24.37	26.13	33.51	55.48	33.23
13	石油加工、炼焦和核燃料加工业	-114.76	1.06	-316.64	9.69	28.21	34.55	-59.65
14	化学原料和化学制品制造业	89.18	120.00	120.54	115.75	90.52	85.28	103.55
15	医药制造业	96.38	82.11	83.08	90.87	86.35	106.15	90.82
16	化学纤维制造业	54.41	40.95	47.24	51.50	21.39	16.79	38.71
17	橡胶和塑料制品业	82.47	89.23	100.77	106.96	95.36	108.68	97.25
18	非金属矿物制品业	105.49	121.84	139.91	139.03	134.34	138.96	129.93
19	黑色金属冶炼和压延加工业	81.19	63.73	52.57	-413.31	56.27	54.28	-17.55
20	有色金属冶炼和压延加工业	29.26	32.22	23.38	7.30	15.21	12.96	20.05
21	金属制品业	72.11	80.06	77.23	85.52	73.54	79.27	77.96
22	通用设备制造业	74.72	62.49	64.32	50.90	54.58	51.31	59.72
23	专用设备制造业	43.06	48.54	58.28	62.54	53.69	63.8	54.99
24	汽车制造业	274.89	207.04	195.30	222.54	230.94	252.04	230.46
25	铁路、船舶、航空航天和其他运输设备制造业	78.19	65.58	34.83	44.44	42.27	43.34	51.44
26	电气机械和器材制造业	47.08	59.50	58.07	62.17	50.01	62.94	56.63
27	计算机、通信和其他电子设备制造业	36.25	33.62	26.28	36.60	55.40	34.43	37.10
28	仪器仪表制造业	38.86	39.74	47.80	56.10	47.40	32.72	43.77
29	其他制造业	109.03	132.86	164.66	131.52	177.70	111.56	137.89
30	废弃资源综合利用业	57.34	56.38	12.76	29.24	35.37	114.33	50.90
31	金属制品、机械和设备修理业	40.99	46.49	84.88	123.24	426.79	108.38	138.46

1. 始终保持优势的行业较少

由表9可见，2012—2017年，区位熵始终大于100%的行业有7个，分别是农副食品加工业，酒、饮料和精制茶制造业，烟草制造业，纺织业，非金属矿物制品业，汽车制造业，以及其他制造业。平均值大于100%的行业有10个，除了以上7个行业外，还有印刷和记录媒介复制业，化学原料和化学制品制造业，金属制品、机械和设备修理业。其中，汽车制造业比较具有优势，区位熵值几乎均达到200%以上。

2. 始终处于劣势的行业较多

湖北省木材加工和木、竹、藤、棕、草制品业，家具制造业等16个行业在2012—2016年的区位熵始终小于100%，说明这些行业的利润总额与全国相比处于劣势。其中，皮革、毛皮、羽毛及其制品和制鞋业，石油加工、炼焦和核燃料加工业，有色金属冶炼和压延加工业这3个行业的区位熵始终小于50%；石油加工、炼焦和核燃料加工业，黑色金属冶炼和压延加工业2个行业的平均区位熵为负值，这些行业在某些年份的利润总额为负值，说明这些行业2012—2017年的发展情况不理想。

3. 优势行业贡献较大

本文将2012—2017年制造业的利润总额的均值及占比与区位熵变化合并（见表10）。2012—2017年占湖北制造业利润总额前12位的行业，其主营业务收入占到了全部行业利润总额的81.58%，其中有18个行业区位熵在2012—2017年呈增加趋势，增长幅度最大的是石油加工、炼焦和核燃料加工业（149.32%）。有13个行业区位熵在2012—2017年呈下降趋势。下降幅度最大的是化学纤维制造业（-37.63%）。

表10　2012—2016年湖北省制造业利润总额和区位熵变化一览表

行　　业	利润总额占比	利润总额占比累计	区位熵变化
汽车制造业	23.50%	23.50%	-22.84%
农副食品加工业	10.33%	33.84%	-28.72%

续表

行　业	利润总额占比	利润总额占比累计	区位熵变化
非金属矿物制品业	8.98%	42.81%	33.47%
化学原料和化学制品制造业	8.44%	51.25%	-3.89%
纺织业	4.89%	56.14%	17.78%
酒、饮料和精制茶制造业	4.88%	61.02%	-22.90%
电气机械和器材制造业	4.16%	65.18%	15.86%
医药制造业	4.07%	69.25%	9.77%
烟草制品业	3.21%	72.46%	133.45%
通用设备制造业	3.14%	75.60%	-23.41%
橡胶和塑料制品业	3.11%	78.71%	26.21%
食品制造业	2.88%	81.58%	-5.01%
计算机、通信和其他电子设备制造业	2.84%	84.42%	-1.82%
金属制品业	2.83%	87.24%	7.16%
专用设备制造业	2.15%	89.39%	20.75%
纺织服装、服饰业	2.06%	91.45%	-8.56%
黑色金属冶炼和压延加工业	1.14%	92.59%	-26.91%
木材加工和木、竹、藤、棕、草制品业	1.10%	93.70%	10.04%
造纸和纸制品业	1.10%	94.79%	8.70%
印刷和记录媒介复制业	0.91%	95.70%	58.56%
铁路、船舶、航空航天和其他运输设备制造业	0.91%	96.61%	-34.85%
有色金属冶炼和压延加工业	0.60%	97.21%	-16.30%
仪器仪表制造业	0.56%	97.76%	-6.14%
文教、工美、体育和娱乐用品制造业	0.48%	98.24%	28.56%
家具制造业	0.42%	98.66%	15.44%
其他制造业	0.38%	99.04%	2.53%
皮革、毛皮、羽毛及其制品和制鞋业	0.30%	99.34%	3.38%

续表

行　业	利润总额占比	利润总额占比累计	区位熵变化
石油加工、炼焦和核燃料加工业	0.22%	99.55%	149.32%
化学纤维制造业	0.20%	99.76%	-37.63%
废弃资源综合利用业	0.17%	99.93%	56.99%
金属制品、机械和设备修理业	0.07%	100.00%	67.39%

五、促进湖北省制造业高质量发展的建议

在新的历史时期，湖北省制造业发展面临新的机遇和新的挑战。为促进湖北省制造业高质量发展，必须积极采取有效的对策措施。

（一）优化资源配置，提高资源利用效率

优化资源要素结构，促进投入资源的合理配置，可以有效减少资源浪费，节约生产成本，对于湖北省制造业可持续发展具有重要意义。一般来说，制造业投入的资源主要包括人力、物力、财力。对于人力资源，通过建立完善的人才引进机制和配置机制，提高人员专业化，给员工匹配合适的职位，并加强监督，通过有效的绩效考核体系提高工作效率和工作满意度。对于自然资源，合理配置各种资源，减少投入冗余和浪费。大力加强技术改造，提高资源利用效率。对于资本要素，在保证经营安全的前提下，提高资金周转率。通过改善产品质量，提升谈判主动权，缩短货款回收期。进行多元化投资以降低投资风险，提高资金使用效率。

（二）加强科技创新，促进科技成果转化

现代科技日新月异，一个企业要想走在行业发展前沿就必须充分发挥科技优势，增强科技竞争能力。将科技成功转化为生产力，是企业技

术创新的最终目的。对政府而言，制定相关政策法规鼓励创新，优化创新环境尤为重要；对企业而言，或增加 R&D 人员投入和 R&D 经费支出，或营造一种轻松的工作氛围，鼓励员工发挥创造力，或制定一种鼓励创新的奖惩制度，等等，都可以帮助企业提高创新能力。对个人而言，发散思维，激发想象力，站在学科交叉点思考问题，都会有新的观点。

从创新来源来看，企业技术创新的途径主要有两种，一是科技创新。一方面，科技创新能够帮助企业形成独特竞争优势，提高企业核心竞争力；另一方面，科技创新要求企业有足够的资金、时间、人才等资源。因为科技创新一般前期投入大、研发周期长，对人才素质要求较高。所以一般实力雄厚的企业才会选择科技创新。二是技术引进。技术引进通常又可分为直接技术引进和外商投资。直接技术引进是企业通过购买技术或合作开发的方式获得技术拥有权或技术使用权。这种方式很好地体现了现代企业竞合的关系，对企业人力、物力、财力的要求相对而言较低，但其技术保密性也较弱，不容易形成企业独有的竞争优势。外商投资在引进外来资本的同时也引进外来先进技术，对我国企业有一定借鉴意义。科技创新是前提，应用是目的。最重要的是用科技创新来达到提高企业生产效率和效果的最终目的。湖北省制造业应坚持以科技创新为主，形成竞争优势，辅之以技术引进，优势互补，提高技术效率，推动技术进步。

(三) 优化人员配置，完善人才引进机制

人力资源是企业经营管理的核心，人才资源是企业竞争力的关键。不论是普通员工还是人才，企业都应该合理利用，同等重视。湖北作为教育大省，拥有为数众多的高等院校和科研机构，每年向湖北省乃至全国输送大量的高层次人才，人才优势辐射全国。湖北制造业企业应该把握好这种优势，为企业员工营造一种良好的成长环境，留住人才，减少人才流失。

首先，建立完善的人才引进机制。改善人才环境，增强湖北省对人

才的吸引力，提高企业对人才的重视，形成尊重知识、尊重人才的良好氛围。比如，发展高新技术产业、改善居住环境、营造企业文化等。加强产学研合作，共同培养人才，学生学习成绩直接与实习评估挂钩，不仅可以解决企业的用人问题，而且可以解决学校的毕业生就业问题。

其次，建立完善的人才培养机制。对企业员工进行企业内外培训，或者送去深造，然后学成归来通过与企业签订合约来为公司效力等。对员工进行针对性的技能培训和管理培训，或者实行岗位轮换制度，可以锻炼员工的综合能力和素质，有助于员工之间的团结与配合，从而提高工作效率。

最后，建立完善的人才保障机制。引进人才重要，留住人才同样重要。如今很多企业人才流失的原因是员工没有通畅的竞升通道，军事化的管理方式扼杀了员工的创造性，等等。通过良好的工资福利、赏罚分明的绩效考核、明确的晋升渠道、柔性的企业管理等方式来留住人才，减少公司的人才损失。

（四）加强信息管理，掌握行业发展前沿

在知识经济时代，市场竞争日益激烈，大数据分析越来越成为一种趋势，如何掌握并利用市场信息，同时保护自身信息安全，在自身所在行业脱颖而出是每个企业都应该认真思考的问题。企业应随时随地对自己所处的宏观环境、行业环境有一个清晰的认识，这样才能在激烈的竞争中不至于太被动。湖北省的企业明确自身与行业前沿的差距，才能更有方向有目的地追赶。每个企业在市场上披荆斩棘，必然有其独有优势。从企业独有优势入手，有针对性的学习与竞争，才能事半功倍。制定信息管理制度，加强信息化建设，对企业内外部信息进行实时监控，随时掌握宏观环境、产业环境、市场环境的变化，以便及时做出反应。

（五）积极扩大出口，促进国际市场开发

巩固国内市场，开拓国际市场，巩固现有市场，开拓新市场，推进市场多元化战略，可以帮助湖北省企业提高知名度，增加市场份额。通

过电子商务开展国际贸易，开拓营销渠道，在国外建立营销中心，或者进行网上代购，扩大出口。扩大宣传，创建出口品牌。引进国外先进技术，开发自主知识产权新产品，提高产品技术含量和附加值，同时还要发展自有品牌，在国际市场上形成品牌声誉和固定的消费群体。进一步支持酒、饮料、精制茶和仪器仪表等产品出口，鼓励先进设备、关键技术、能源等进口，优化进出口结构，推动外贸经济转型升级。

（本报告为武汉城市圈制造业发展研究中心开放基金项目研究成果）

课题负责人： 邹　蔚　江汉大学商学院教授、武汉城市圈制造业发展研究中心主任

报告执笔人： 邹　蔚　陈梦雪　彭　锐　宋玮维

湖北省老工业城市转型发展问题研究

刘钒 尚肖刚

老工业城市转型发展既是世界性的城市发展难题，也是新时代我国高质量发展需要着力解决的重要问题。十八大以来，习近平总书记多次强调，"老工业城市和资源枯竭型城市如何发展转型是一个大课题，要认真研究"，要"大力实施振兴东北地区等老工业基地战略，促进资源型城市可持续发展"。根据2013年3月国务院发布的《全国老工业基地调整改造规划（2013—2022年）》，全国共有老工业城市120个，分布在27个省（区、市）。湖北省纳入全国老工业城市名单的包括武汉市硚口区、黄石市、襄阳市、荆州市、宜昌市、十堰市和荆门市等6个地级市和1个市辖区。这些城市（区）是湖北省工业经济发展的主要增长点，在全省经济发展格局中占有举足轻重的地位。我国经济社会发展已进入新时代，老工业城市转型发展成为制约产业高质量发展和城市高质量发展的重要问题。

一、湖北省老工业城市转型发展的迫切需要

湖北省的老工业城市，多是中华人民共和国成立以后才获得现代工业构建和发展的契机。在计划经济时代，这些老工业城市先后建成国家产业布局中的重要装备制造基地、工业原料采掘加工基地和军事工业基地，为国民经济发展做出了突出贡献。改革开放初期，湖北省的老工业城市依靠计划经济时代的雄厚基础，仍然取得了一定的辉煌。进入20世纪90年代以后，受制于国家发展战略的调整以及计划经济时代所遗

留的弊端，计划经济时代所形成的众多经验，在市场经济环境下无法引导工业城市取得新的发展契机，各个老工业城市均面临产业结构调整和城市协调发展的双重压力。21世纪以来，受国内外经济政治形势变化影响和自身资源要素制约，湖北省主要老工业城市普遍面临经济增长乏力、产业竞争力下降、国企包袱沉重、不良资产和不良贷款比例高、职工就业困难等系列问题，普遍承受着前所未有的转型升级压力。

2018年9月，习近平总书记在深入推进东北振兴座谈会上，对新时代以东北地区为主要代表的老工业城市和资源型城市转型发展提出了新要求，即把深化改革作为首要任务，把增强创新能力作为根本途径，把开发开放作为重要抓手，把保障和改善民生作为出发点和落脚点。2019年5月，习近平总书记在推动中部地区崛起工作座谈会上，强调中部地区要在推动制造业高质量发展、提高关键领域自主创新能力、优化营商环境、积极承接新兴产业布局和转移、扩大高水平开放、坚持绿色发展、做好民生领域重点工作、完善政策措施和工作机制等八个方面下更大功夫。习近平总书记的重要指示，为新时代湖北省老工业城市的经济社会发展，特别是产业转型升级指明了方向与路径。

湖北省纳入全国统计的7个老工业地区分布在全省的不同区位，产业基础和转型进度都具有较大差异。考虑到武汉市硚口区位于省会城市内部，且经济体量与其余6个地级市老工业城市差别较大，本文仅以6个地级市老工业城市为样本，深入分析它们转型发展面临的关键问题，通过文本分析解读它们转型发展的现状，提炼它们推动转型发展的主要路径与模式，不仅能够对湖北省产业结构优化和新旧动能转换产生积极效果，也为全国老工业城市转型升级产生示范带动、典型引路的重要作用。

二、湖北省老工业城市转型发展的痛点

（一）产业结构不甚合理

健康的城市发展必须拥有更高的产业结构层次、更优的产业结构比

例。由于历史原因和转型发展进程较短,湖北省老工业城市的产业结构仍然不甚合理。尽管近年来,6个老工业城市采取多种措施调整产业结构,但重化工业结构比重下降速度相对较慢,产品结构层次和企业组织结构不够合理。6个老工业城市的产业结构仍然以第二产业为主,第三产业在国民经济中所占比重上升缓慢。例如,襄阳市2018年地区生产总值中服务业占比达到38%,同比提高了3个百分点,但与全国同类城市相比,这个比例仍然偏低。因此,产业结构不合理是湖北省老工业城市转型发展的瓶颈。

(二)传统产业转型难度较大

湖北省作为全国工业城市较为集中的省份,过去的发展得益于国家政策的大力扶持,但是这也在一定程度上成为湖北省主要老工业城市转型发展的阻碍。主要体现在:国有企业改革的历史包袱较重;传统产业依赖于资源和工业基础优势的惯性较大,产业创新能力不足;传统工业布局造成城市布局调整难度较大;依赖于资源开采的老工业城市面临转型升级难度更大。

(三)新兴产业发展速度较慢

湖北省老工业城市的新兴产业发展起步较晚,加之市级财力有限、科研投入不足、企业自身动力不足等原因,新兴产业规模普遍偏小,产品市场竞争力偏弱。例如,荆州市拥有比较齐全的电子信息、生物、新材料、新能源、海洋等新兴产业门类,但是有的产业尚处于起步阶段,没有形成有效产业支撑;有的产业拥有的一定的开发能力,但是市场份额偏小。此外,湖北省老工业城市拥有的龙头高新技术企业还不够多,高新技术产业尚未形成配套齐全、功能完备、协同合作的产业链条,高新技术产业集群的核心竞争力还不强。

(四)体制改革有待进一步深化

湖北省老工业城市在产业转型升级中,原有国有企业体制机制僵化的问题依然存在，同时对国有经济的战略性调整需要省市上下协同发力，但是在实际操作过程中，各级部门之间支持力度不一，工作推进存在困难。体制改革存在的另一个问题是政府职能转变速度较慢。近年来，湖北省老工业城市各地政府普遍重视简政放权和优化政府服务，但在实际工作中仍然存在职能交叉、工作敷衍、政策落实不到位等问题，还需要进一步处理好政府与市场的关系。

（五）人力资源匮乏令人担忧

湖北省拥有数量庞大的高校和在校大学生，两院院士等高端科技人才数量也非常丰富。但是，由于种种原因，"孔雀东南飞"的人才流失现象始终存在，人才缺乏对老工业城市转型发展的影响日益凸显。特别是6个主要老工业城市，都缺乏吸引高层次人才的足够砝码。同时，作为教育大省的湖北省，高等教育和职业教育的发展却十分不平衡。一方面，高等教育和职业教育之间的关系协调不够，多数职业学校的发展速度还不够快，学生培养质量还要提高；另一方面，教育资源地区分布不平衡，各类教育资源更多集中在武汉市，6个老工业城市的教育事业都相对落后，其人才培养和引进愈发缺乏足够动力。

（六）跨地区产业协作关系较弱

湖北省老工业城市跨地区协作关系较弱，城市间的经济联系和产业链上下游配套关系仍不清晰，各个老工业城市在长期发展中形成了各自的工业体系，缺乏与省内同类城市和其他地区之间的沟通交流，特别是湖北省老工业城市虽然都在努力承接东部地区产业转移，但与东部发达地区之间的产业协作不够。与东北地区老工业城市积极探索"飞地经济"相比，湖北省老工业城市尚未充分发挥区位优势，吸收和承接东部发达地区的技术溢出与人才溢出。

（七）对外开放水平有待提升

湖北省老工业城市参与国家重大对外战略的力度不够，经济外向度普遍偏低，利用外资、境外投资和进出口规模依然偏小；缺乏具有牵引力的重大外资项目和出口企业，企业"走出去"参与国际竞争的实力还不够强，依靠进出口促进产业结构转型升级的力度还要加大。

三、湖北省老工业城市转型发展的着力点

本文以6个老工业城市2019年政府工作报告为文本来源，利用ROST语义分析工具，对文本全文进行高频关键词分析和关键词共性分析，用以揭示老工业城市近年来转型发展的主要着力点。分析结果如表1、图1所示。

表1　　　　　　老工业城市2019年政府工作报告关键词

词频递减									
推进	项目	企业	城市	改革	产业	工程	生态	政府	创新
词频递减									
完善	农村	服务	改造	示范	持续	投资	培育	融合	质量
词频递减									
工业	绿色	升级	政策	机制	转型	教育	民生	金融	人才

从图1中可以看出，湖北省主要老工业城市产业转型升级的核心还是"产业"，无论是推进产业结构调整、促进产业转型升级，还是改造传统产业、培育新兴产业，都是在围绕着"产业"这个关键词展开。具体分析主要关键词出现频率较高的原因以及意义，有助于发现近年来老工业城市转型发展的主要着力点。

表1仅列出排名最高的有效高频关键词30个，按词频统计依次为"推进、项目、企业、城市、改革、产业、工程、生态、政府、创新、完善、农村、服务……"其中，"企业""产业""城市"等三个关键词高居前列，充分说明二者是湖北省老工业城市转型发展升级建设极为关注的问题。第一，在推动地区转型发展过程中，企业数量、企业规模

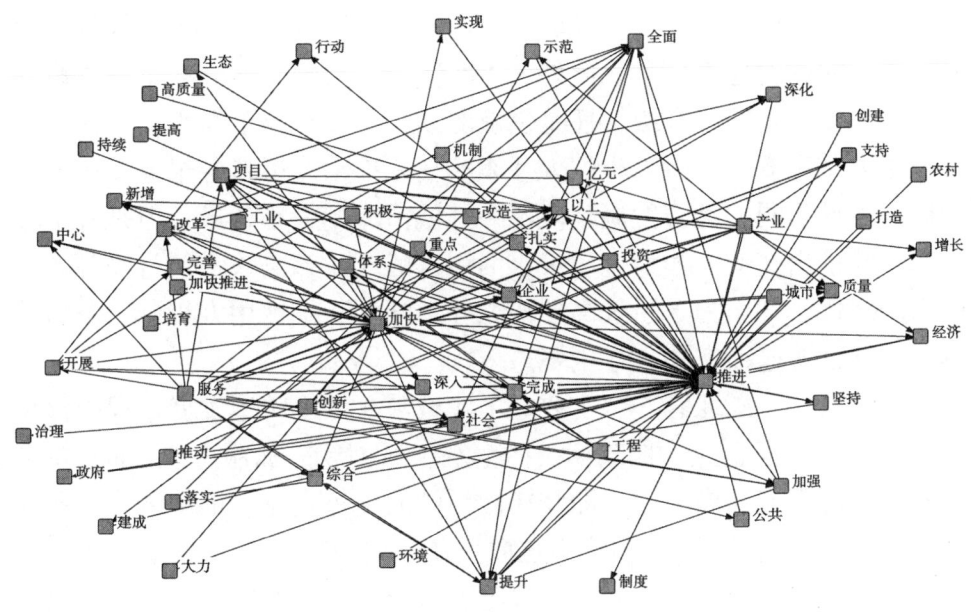

图1 高频关键词的关联图

大小、企业发展质量、企业生产经营效益、企业创新能力、企业产品市场占有率等,对于地区的传统产业和新兴产业都极为重要。区域转型发展的关键是产业转型升级,产业转型升级的根本推动力是作为市场主体的企业的创新发展,即在推动企业技术创新的过程中提高企业核心竞争力,在扩大企业规模的基础上推动产业繁荣,在提高企业经济效益的前提下创造更多利润形成良性循环。第二,推动老工业城市转型发展一定是产业转型和城市发展的有机结合,一方面不断吸引、集聚、培育符合本地区工业基础和资源禀赋的产业链条,另一方面慎重对待产业空间布局与产业项目遴选,必须坚持产城融合发展,注重城市功能的合理调整与不断完善。

表1显示,"创新"一词出现的频率较高,表明湖北省老工业城市越来越重视创新,通过以科技创新为核心的全面创新引领支撑区域转型发展。"改革""服务""机制"也是排名比较靠前的关键词。这表明,

老工业城市普遍重视通过改革来破除一切制约束缚生产力发展的桎梏，既学习借鉴其他地区的成功经验，也勇于在体制机制、政策法规等方面开展先行先试的地方探索。此外，"教育""人才"也是不能被忽略的关键词。不论是转型升级，还是创新驱动，又或是改革探索，归根结底都是由人来完成，是由高中端人才来实现来推动。虽然各个老工业城市的区位条件不同、经济发展阶段不一、城市体量大小各异，但是各个城市都不断推出新的人才引进政策，为引进的人才解决衣食住行等各方面的后顾之忧，甚至为了引进高层次人才不断创新柔性用人机制，努力破解后发地区普遍存在的人才困境。

综上所述，湖北省6个主要老工业城市在推进转型发展过程中都重视"抓项目、抓企业、抓改革、抓生态、抓创新、抓服务"，都坚持围绕6个关键环节开展工作，即坚持做强做大优势企业、推动传统产业和新兴产业"双轮前进"、加快推进政用产学研协同创新、创新人才引进和使用方式、扎实推进体制机制改革、努力拓展企业融资渠道等。只有在上述关键环节逐步增加经验、减少问题、化解矛盾，才能将老工业城市转型发展向更高层次、更多领域加快推进。

四、湖北省老工业城市转型发展的主要途径

湖北省老工业城市虽然有着不同的基础条件和发展状态，但也存在许多具有共性问题。因此，基于6个老工业城市的共同问题，明确适合湖北省老工业城市转型发展的合理途径，可以为其高质量转型提供一般意义上的理论指导。

（一）大力推动传统制造业和新兴产业"双轮驱动"

一是继续强化对制造业的改造和升级。在过去的发展过程中，湖北省老工业城市依靠政策优势、资源优势等形成了具有自身特点的传统制造业。目前，制造业仍是老工业城市发展的基础，虽然存在污染大、产品附加值低等问题，但也具有体量大、吸纳就业人口多等优势。因此，

湖北省老工业城市要顺应中国制造 2025 发展要求，坚持制造业发展中的"升级、淘汰、培育"并举，全面实行制造业信息化、智能化、服务化。例如，推动传统制造业与人工智能、物联网、云计算、大数据等新一代数字技术深度融合，将数字技术应用于传统制造业的生产制造、经营管理的全流程，提高制造业的生产效率，延长制造业的产业链，提高制造业的产品附加值，进而全面提升制造业的市场竞争力。

二是加快发展战略性新兴产业。湖北省主要老工业城市的战略性新兴产业普遍存在规模偏小、竞争力偏弱等问题。因此，湖北省老工业城市必须充分认识到培育发展战略性新兴产业是老工业城市获得未来竞争优势的关键领域，进一步发挥产业基础优势，通过"外引内培"两种方式，发展壮大若干拥有核心技术和较强市场竞争力的新兴产业集群。同时，充分发挥传统产业的优势，推动新兴产业与传统产业的融合发展，用实体经济的发展增强经济抗风险能力。

例如，黄石市近年来着力改造提升传统产业，实施"百企技改"工程，通过奖励、补助、贴息等方式支持企业技术改造；创新利用传统工业方式，坚持在保护中利用、在利用中发展，大力发展工业旅游，探索"资源+"新模式，建设铜绿山古铜矿遗址等"四大工业遗址"为核心的工业旅游线路；在新兴产业方面，大力发展电子信息、生物医药、高端装备制造、新能源汽车等"四新"经济，2018 年 32 家企业入选全省第二批细分领域隐形冠军企业，四大新兴产业增长 20%以上。

（二）培养集聚高中端科技人才

湖北省老工业城市转型发展迫切需要高端人才的支撑。高端人才既包括拥有高学历和较高创新力的高校院所技术人才，也包括拥有高技能和高创造力的职业技术人才，二者缺一不可。

一是强化高等院校和职业学校作为人才供应源头的作用。从学校这个人才集中地抓起，加强高中等院校与老工业城市的企业加强人才培养、技能培训、实验室建设等方面的合作，有目的有计划地培育湖北省老工业城市急需的专业技术人才，稳定企业发展人才体系与技能产业工人队伍。

二是细化完善人才引进政策措施，创新高层次人才、高技能人才的利用和引进方式，为企事业单位引进高级技能型人才和知识型人才提供有力保障。

三是围绕企业加快建设产业技术创新平台，不断完善现有企业技术中心、工程技术中心、重点实验室等研发平台的功能，为人才更好地发挥作用提供更高水平的事业平台，真正做到人才引进来、留下来，将人才的作用发挥到提高产业创新能力的关键环节。

例如，襄阳市坚持以"双创"为依托，2018年新增国家级和省级"双创"载体17个，襄阳市人才创新创业超市成为国家级中小企业公共服务示范平台，新引进53个高层次团队创新创业、718名高层次人才全职工作、2.25万名大学生就业创业，成功举办中国创新创业大赛湖北赛区总决赛和汉江"创客英雄汇"，在引进高层次人才方面成效显著，有力地缓解了地区产业转型升级过程中人才缺乏的局面。

（三）不断增强产业创新能力

提升产业创新能力的关键是提升企业自主创新能力。湖北省老工业城市应该采取多种方式，不断提升企业的技术创新能力。一是推动大中型企业与高等院校、科研院所开展更紧密的战略性合作，与东部发达地区开展更紧密的研发创新协作，如共建创新基地、推动创新成果转化等；二是探索创新科技成果转化机制，按许可、转让、入股等分类明确提高发明人收益比例，充分调动了广大科研工作者的生产积极性；三是围绕围绕装备制造、石油化工、生物制药、新材料等优势领域建立一批高水平的产业共性技术研发机构，促进产学研协同创新。

同时，要充分发挥老工业城市国家高新区和省级高新区的作用，依托高新区培养孵化形成一批创新型高技术企业，推动高新区真正成为高新技术产业的集聚区与引领中心。此外，要重视对科技创业型中小微型企业的扶持，加大对新能源、电子商务、新一代信息技术等领域中小企业的投融资，逐步形成科技型中小企业铺天盖地的局面。

（四）进一步扩大对外开放与协作

老工业城市转型发展是全国很多省份都面临的共性问题。湖北省老工业城市转型发展也是我国老工业城市转型发展中的重要组成部分。加强区域之间的合作与交流，构建合理的产业分工体系，承接中心城市的产业转移及其他要素转移，将有效破解湖北老工业城市转型发展的制约。湖北省6个主要老工业城市的空间距离不远，且都毗邻武汉市，交通条件的改善有利于这些城市之间的沟通与交流，通过相互借鉴吸收彼此的发展经验，共谋转型发展的大文章。例如，黄石市坚持发挥地理优势，依托武汉的汽车、信息、装备制造、石化等产业发展，以及光谷板块、临空经济板块、临港重化板块等园区发展，与武汉工业发展实现深度对接，不断提升产业核心竞争力；着力打造研发在武汉、生产在黄石，品牌在武汉、基地在黄石，工作在武汉、休闲在黄石的发展路径，深入推进地区经济一体化发展。

除此之外，湖北省老工业城市虽然地处内陆地区，但是历史上曾与东部地区有着千丝万缕的联系。并且，湖北省地处中部"九省通衢"的区位，完全可以和我国东部发达地区构建更加紧密的合作网络。湖北省老工业城市应该制定更加积极的措施，推动本地企业与沿海发达地区开展更加广泛的合作，尤其是围绕重点产业领域加快产业技术协同创新合作，弥补自身技术不高、成果不足、人才缺乏的短板。

还应该看到，进一步融入"一带一路"等国家新一轮的开放战略，也是湖北省老工业城市转型发展的有效途径之一。湖北省老工业城市应该继续深入实施对外开放战略，借助湖北自贸区先行先试的机遇，以培育发展新动力与提振经济发展活力为目标，不断扩大开放领域，着力优化投资环境，大力开拓海外市场，拓展企业发展空间。例如，宜昌市2018年组织柑橘、茶叶国际采购商"宜昌行"，组团参加首届中国国际进口博览会、外交部湖北全球推介会、鄂港澳粤及日韩经贸洽谈等活动，进一步提升了城市影响力。又如，襄阳市启动建设襄阳自贸片区综合保税区，国际贸易"单一窗口"企业覆盖率达到90%以上，襄阳至宁波港国际铁海联运、"襄汉欧""襄渝欧"中欧货运班列实现常态化运营。

（五）持续深化政务服务改革

党的十九大报告明确指出：使市场在资源配置中起决定性作用，更好发挥政府作用。湖北省老工业城市转型发展必须要更好地处理政府与市场关系，深入推进政府治理改革，不断完善营商环境，把持续推进政府政务服务改革和创新社会治理模式作为推动城市转型发展的重要内容。

深化政务服务改革的目标是营造优良的营商环境，通过进一步减少审批事项、降低收费标准、提高办事效率来优化服务水平。一是扎实推进简政放权，完善配套机制，优化市场主体发展的支撑环境；二是坚决提升行政执法的规范化程度，优化市场主体发展的法制环境；三是提升政府决策的科学化水平，着力解决政策落实不到位问题。例如，襄阳市2018年全面建成运行市县两级政务服务"一张网"，减少了行政审批事项和时间，工业项目上"先建后验"，"大幅简化退税流程"做法获得国务院表彰。

（六）高度重视保障和改善民生

不断提高人民生活水平，使发展成果惠及广大群众是老工业城市转型发展的终极目标。湖北省老工业城市转型发展需要注重保障就业和开展城市扶贫工作。一是着力推行积极的就业政策，通过多种方式和渠道增加就业岗位，采取灵活创业的方式解决就业问题。二是不断完善社会保障体系，按照"广覆盖、保基本、多层次、可持续"的理念，完善基本养老保险、医疗保险等各类社会保障体系，扩大社会保险覆盖面。三是开展城市扶贫工作，对于在传统产业转型升级中产生的城市低收入群体应予重视，将其与农村脱贫统筹考虑，主动创造条件帮助城市低收入群体脱贫。

习近平总书记在2019年推动中部地区崛起工作座谈会上指出："中

部地区各省要在供给侧结构性改革上下更大工夫,在实施创新驱动发展战略、发展战略性新兴产业上下更大工夫,积极主动融入国家战略,推动高质量发展,不断增强中部地区综合实力和竞争力,奋力开创中部地区崛起新局面。"湖北省应把老工业城市转型发展作为新时代高质量发展的重要内容,不断推动传统老工业城市的产业结构转型、城市功能转型、空间布局转型、生态环境转型和发展动能转型,为经济社会高质量发展"建成支点、走在前列"注入新的活力。

报告执笔人：　刘　钒　武汉大学发展研究院副院长、副教授
　　　　　　　　尚肖刚　武汉大学马克思主义学院硕士生

湖北省高新技术产业开发区创新驱动发展研究

武汉光谷创新发展研究院课题组

为顺应改革开放和社会主义现代化建设要求,20世纪80年代,我国开始借鉴发达国家发展高新技术产业的先进经验,探索在经济发展形势较好和技术革新潜力较大的地区建立高新技术产业开发区(以下简称高新区)。30年来,高新区从无到有不断发展壮大,在提升我国自主创新能力、培育壮大我国战略性新兴产业、支撑我国经济转型升级等方面发挥了重要作用,取得了显著成效。

一、新时代对高新技术产业开发区发展提出新要求

新时代对我国高新区建设提出了新要求,高新区要努力做到"四个率先",即率先建设现代化经济体系,实现高质量发展;率先走创新驱动发展之路,在关键核心技术领域取得更多突破;率先开展体制机制创新,营造良好的创新创业生态;率先融入全球经济体系,引领开放新格局。

一是全球进入新经济时代,我国经济转向高质量发展阶段,高新区要建设成为创新驱动发展示范区和高质量发展先行区。全球由工业经济进入新经济发展时期,创新成为引领发展的第一动力,产业分工在更深的层次和更广的范围展开,人才、资金、技术等创新资源在全球范围加速流动。我国经济已由高速增长阶段转向高质量发展阶段,正处在转变发展方式、优化经济结构、转换增长动力的攻关期,要着力推动质量变革、效率变革、动力变革,不断增强我国经济发展的质量和效益。面对

新环境，高新区必须主动作为、深化改革，加快实现从要素驱动向创新驱动转变，不断增强经济长远发展后劲。

二是新一轮科技革命和产业变革孕育兴起，高新区要成为产业转型升级和新兴产业培育的示范区。人类经历了蒸汽时代、电气时代、信息时代三次科技革命，即将全面迈入以智能技术为主导的第四次科技革命。本次革命以数字化、网络化、智能化为核心，加速向其他行业渗透，催生新的生产方式、产业形态、商业模式，带动生产力大幅提升。为抢占新一轮竞争制高点，我国加紧部署制造强国、数字经济等发展战略，推进供给侧结构性改革，重塑产业链、供应链、价值链。面对新机遇，高新区要加快新旧动能转换，推进新一轮产业升级与融合发展，前瞻布局新技术、新产业、新业态、新模式，培育新的经济增长点。

三是全面深化改革战略部署深入推进，高新区要在体制机制创新方面发挥先行先试作用。随着全面深化改革战略部署的快速推进，我国在经济、政治、文化、社会、生态文明等方面全面步入改革与政策调整的快车道。习近平总书记强调，创新社会治理体制，要坚持完善党委领导、政府主导、社会协同、公众参与、法治保障的体制机制，实现政府治理和社会调节、居民自治良性互动，推进社会治理精细化。面对新要求，我国高新区要加快体制机制创新，推动社会治理模式由政府主导向社会多元主体协同转变，推动社会治理方式由"刚性"向"柔性"转变，建立起敏捷型、协同型、服务型的社会治理体系，加快构建充满活力的区域创新创业生态。

四是国际贸易环境不确定性增强，全球竞争态势加剧，高新区要成为我国应对国际环境变化、参与国际竞争的重要力量。当前，国际多边经贸规则酝酿调整、地缘政治深刻变化，国际贸易规则体系正处于新一轮的重构期。我国积极探索新形势下的对外开放新模式、新机制，加快实施自贸区和自贸港等战略，主动参与和推动经济全球化进程。面对新形势，我国高新区必须在全球知识产权、技术创新、高新技术产业等领域规则的制定方面发挥应有的作用，成为我国参与国际经贸规则制定的重要抓手，把握发展的主动权。

二、湖北省高新技术产业开发区发展历程

(一) 湖北省高新区发展历程

湖北省积极响应国家高新区建设方略，不断优化拓展高新区在全省的布局，目前已经建成12家国家高新区，18家省级高新区，成为推动全省经济社会全面发展的重要力量。湖北省高新区的发展历程可分为三个阶段。

1. 建设初创时期（1988—1998年），紧跟国家改革步伐，拉开高新区创建序幕

1991年，国务院下发《关于批准国家高新区和有关政策规定的通知》，奠定了高新区发展的制度基础。同年，武汉东湖高新区成为通知下发后首批创建成功的27家国家高新区之一；1992年，襄阳高新区成为第二批25家国家高新区之一。国家高新区经济规模显著扩大，基本形成了完整形态和支撑产业发展的基础条件，完成"一次创业"。伴随着国家高新区的创建，湖北省也开始探索省级高新区发展模式，先后批复了宜昌高新区、孝感高新区等省级高新区，高新区梯队初步形成。

2. 巩固提升时期（1999—2008年），探索高新区梯度培育模式，实现"二次创业"

湖北省国家高新区建设迈入充实、巩固时期，全面走向提升自主创新能力，建设创新环境，推动特色主导产业发展，开拓全球布局，加速新体制、新机制改革的"二次创业"阶段。与此同时，湖北省抢抓机遇，加快省级高新区建设，黄冈高新区、十堰高新区、仙桃高新区、荆门高新区等十余家省级高新区相继成立，高新区梯队不断壮大。

3. 快速发展时期（2009年至今），优化高新区布局，打造全省经济发展引擎

鉴于国家高新区在金融危机中所发挥的稳定社会经济的作用，党中央、国务院对高新区工作更加重视，国家高新区进入新一轮扩张时期。

湖北省乘势而上，国家高新区创建再掀高潮，宜昌高新区、孝感高新区、荆门高新区、随州高新区、仙桃高新区、咸宁高新区、黄冈高新区、大冶湖高新区、潜江高新区、荆州高新区成功创建。同时，省级高新区建设工作成果显著，天门高新区、汉川高新区、赤壁高新区等一批省级高新区获批成立，高新区梯队更趋完善。

（二）湖北省高新技术产业开发区发展现状

1. 湖北省高新区发展取得的成效

经过30多年的发展，湖北省高新区形成了以东湖高新区为龙头，襄阳、宜昌高新区为两翼，孝感、荆门、随州、仙桃、咸宁、黄冈高新区等多点布局的整体架构和优势互补、协同共进的发展态势。在创新能力和创业活力、结构优化和产业升级、创新驱动和可持续发展、跨境创新和国际竞争力等方面取得了良好成效，在实施创新驱动发展战略中发挥了引领作用。

一是创新创业活力迸发，科技研发与企业培育双提升。湖北省高新区牢固竖立"科技攻关要摒弃幻想靠自己"的理念，大力夯实创新源头，构建了涵盖国家实验室、国家重点实验室、国家研究中心、国家工程研究中心、国家制造业创新中心及新型研发机构等的多层次自主创新体系。2017年，湖北省R&D经费支出占GDP的比重达7.57%，是全省平均水平的近4倍；有高新技术企业3639家，占比超过全省2/3。湖北省高新区深入落实"大众创业、万众创新"战略，创新创业蔚然成风。截至2017年底，全省国家高新区共有国家级科技企业孵化器39家，国家级众创空间57家，国家专业化众创空间5家，占全国的1/10。2017年，高新区新增注册企业3万余家，近130家企业入选国家高新区瞪羚企业榜单，诞生了斗鱼网络、奇米网络等一批"独角兽"。

二是产业结构更趋合理，特色产业与高新产业双跨越。湖北省高新区坚持特色化、高端化、规模化发展，做大做强特色优势产业集群，积极培育发展新产业新业态，已成为全省高新技术产业发展的主战场和新兴产业培育的策源地。高新技术产业年均增加值占全省六成以上，高新技术产业增加值占园区生产总值的比重近40%。2017年，湖北省高新技术产业产值达11567亿元，同比增长7.8%。光电子信息、汽车、资源循环利用等特色优势产业集群竞争力持续提升，集成电路、新型显示、新能源汽车等新兴产业加速布局，国家存储器基地、华星光电、长江蔚来、长丰猎豹等重点项目高效落地，网络直播、人工智能、互联网+等新业态不断涌现。

三是经济规模稳定增长，改革创新与可持续发展双深化。湖北省高新区稳居市域经济社会发展的重要支撑地位，对全省经济的发展起到了极大的引领和带动作用。近五年生产总值占湖北省比例均超过30%，年均增速一般维持在20%，高于全省水平13个百分点左右。2017年，湖北高新区固定资产投资额超过9000亿元，占全省的30%。湖北省高新区深入开展先行先试，深化体制机制创新，高新区密集出台"新黄金十条""瞪羚十条""自贸十条"、《支持实体经济发展十条意见》《天使投资基金设立方案》《"放管服"改革初步方案》等政策，均极大解放和发展了社会生产力。

四是开放程度显著增强，国际化发展与区域联动双升级。湖北省高新区始终坚持区域协同与对外开放的发展理念，利用国际与国内两个市场、两种资源实现快速发展。全面对接国际高端技术、资本、人才等创新资源，主动参与国际产业分工与创新合作，东湖、襄阳、宜昌高新区获批建设湖北省自贸区，光谷硅谷离岸创新中心、中英加速器、中美生物创新中心等国际创新合作平台加快建设。2017年，湖北省高新区完成外贸出口总额1493亿元，占全省的70%。2017年，湖北省高新区PCT专利申请数量为895件，占全省的69.4%。随州高新区四区一基地、咸宁高新区一区四园、黄冈高新区一区七园等模式按照统一组织协调、统一产业布局、统一政策支持、统一统计口径的原则实现协同发展、共建共赢；东湖高新区在全省建立了近30个"光谷园外园"，有力带动了各地的创新发展。

2. 湖北省高新区发展存在的问题

尽管湖北省高新区发展取得了显著的成绩，但仍存在一些问题，具体如下。

一是创新创业体系有待健全。人才、技术、资本等高端双创要素需要进一步集聚,特别是高层次人才(团队)数量偏少,科技金融体系不太完善,用于创业的空间载体、平台支撑、生活配套服务等仍然不足,创业组织模式与服务模式尚需改善。

二是产业结构亟待高端化升级。部分新升级高新区的特色产业有待聚焦,高新技术产业引领带动作用不强;优势产业集群发展态势不明显;产品市场竞争位势有待提高,需要进一步攀登价值链高端,抢占国际竞争制高点。

三是国际化发展程度尚需提高。对外开放程度与沿海发达城市相比存在一定差距;"一带一路"沿线国家和地区等重点区域的合作程度不够深入;对尖端技术、领军人才、国际资本等全球高端要素的吸引力有待提升。

四是园区发展环境需要进一步提升。湖北省高新区体制机制不够灵活,仍需加强改革创新,有必要继续破除阻碍高新技术企业和高成长企业发展的制度藩篱。

三、提升湖北省高新技术产业开发区竞争力的对策建议

为提升湖北省高新区高质量发展竞争力,特提出以下对策建议。

(一)推进"双创"升级

深入推进"双创"示范基地建设。依托"双创"示范基地,培育一批创业主体,探索一批具有湖北省特色的、可复制可推广的"双创"发展经验和模式。鼓励市场主体搭建国内外有影响力的区域性"双创"综合服务平台,以线上线下相结合方式汇聚扶持政策、科技成果、科技金融、创业项目、孵化空间、中介服务等信息和渠道,促进资源联动共享和服务需求有效对接。

提高创业服务能力。新建一批孵化载体,高标准规划建设一批加速

器，支持社会资本利用闲置厂房、办公楼宇改造建设孵化载体，支持大企业建设专业孵化平台。建设创业导师队伍，引进和培育一批天使投资机构、科技中介服务机构，为创业者提供多类型服务。积极举（承）办区域性、全国性和国际性的创业大赛、投资路演等多类型双创活动，营造活跃的"双创"氛围。

加强创新创业主体培育。鼓励大企业骨干员工、高校院所科研人员、专业技术人才、大学生等多元主体创业。培育科技型中小企业和高新技术企业，完善企业跟踪、辅导工作机制。实施瞪羚、独角兽企业培育计划，研究制定专项支持政策，挖掘并培育一批瞪羚、独角兽企业。搭建企业交流与服务平台，促进高成长企业与各类资源对接。

（二）强化创新引领

加强重大科技创新平台建设。推进武汉光电国家研究中心、精密重力测量国家重大科技基础设施等重大创新平台建设。瞄准世界科技前沿，发挥高校院所学科和科研优势，在光电、精密测量、空天信息、生命科学等领域筹划建设国家实验室、国家重点实验室、重大科技基础设施等科技创新基地，加快建设一批跨学科、跨领域的前沿科技创新基地。

打造高水平行业创新平台。围绕新型存储、信息光电子、数字化设计与制造等领域，依托高校院所、龙头企业建设产业创新中心、技术创新中心、制造业创新中心等一批行业创新平台。支持高校院所、企业等自建或联合共建国家和省级工程研究中心。建设完善一批面向新标准、新产品、新业态的开放型检验检测平台，加快推进产品标准创制、国际认证等服务。

推进新型研发机构与组织发展。引导设立投资主体多元化、建设模式国际化、运行机制市场化、管理制度现代化的新型研发机构，加快在芯片、纳米与量子、人工智能、区块链等领域建设一批产业技术研究院。支持产业技术创新联盟协同开展行业关键共性技术研发与产业化。

（三）提升产业层级

加强新兴产业集群培育。抢抓新一轮科技革命与产业变革历史机遇，面向国家战略需求，依托互联网、大数据等平台，紧盯未来产业，集中力量攻克关键技术，提前布局与培育人工智能、新型物联网、无人驾驶、智能应用等新产业新业态，推进技术群体性突破与产业跨界融合，培育一批具有国际竞争力的原创性新兴产业集群。

推动产业跨界融合。推动制造业服务化转型，引导制造企业从产品设备供应商转向系统集成承包和整体解决方案提供商，参与产业链上下游的研发设计、综合解决方案提供、智能信息服务等领域，增强企业竞争力。实施"互联网+""智能+"战略，支持企业以人工智能、大数据、云计算等技术为基础，开展产业跨界合作与商业模式创新，探索发展智能家居、智能网联汽车、精准医疗、新零售等新业态。

加快产业转型升级。推动企业智能化改造，探索开展数字化车间与智能工厂建设工程，支持企业信息化建设，推进实施机器换人工、成套换单台、智能换数字等"机器换人"工程。围绕新产品、新技术、新模式、新业态，加快建设高速传输网络、基础数据平台、云服务平台、开源软硬件基础平台等场景共性基础设施，打造无人驾驶、智能安防、智慧医疗等多元应用场景区。

（四）扩大开放合作

建立国际化创新发展平台。与硅谷、以色列等创新创业高地合作共建国际科技合作园。鼓励有条件的创新创业主体在海外设立孵化器、研发中心、科技园等，构建全球性的创新创业网络，建立国际化的信息、科技服务支撑体系。大力引进国际先进的创新创业机构，探索与创新高地联合搭建技术转移中心、联合研发中心、海外孵化机构等。

鼓励企业国际化发展。支持企业拓展海外市场，建设跨境产业链、创新链，以多种方式参与全球资源配置。建设企业"走出去"服务平台，设立企业国际化创新发展基金和风险防控机制，完善境外投资备案、政策法律咨询、投资项目推介、项目融资等服务。引导国际知名企业设立研发中心和地区研发总部，创新知识产权分割模式，探索中外协同创新、研发合作新路径。

优化国际化发展环境。加快推进自贸区建设，争取国家部委支持，开展贸易多元化、跨境电商保税进口、指定口岸等试点，营造国内外企业公平竞争的环境。探索建立与国际高标准投资和贸易规则体系相适应的服务体系。完善国际学校、中外合作医疗机构、运动场馆等配套设施。举办（承办）具有较强国际影响力的国际顶级赛事。

（五）深化改革创新

深化管理体制改革。高新区要建立起"小政府、大服务"的管理模式，建立健全以全员聘用制为主的人事制度，探索"人员能进能出、职务能上能下、薪酬能高能低"的用人机制和动态激励机制。建立健全容错机制，营造锐意改革、勇于创新、敢于担当的良好氛围。

深入开展先行先试。全面推广落实自创区先行先试政策，鼓励高新区在科技成果转化、股权激励、人才引进、科技金融创新等方面探索制定适应本地区实际的政策措施，探索可复制可推广的经验和做法。

深化"放管服"改革。持续推进简政放权、放管结合、优化服务改革，厘清政府与市场边界，强化政府战略规划、政策制定、环境营造、公共服务、监督评估和重大任务实施等职能，推动政府管理职能从行政管理向创新服务转变。

纵深推进科技成果转化制度改革。探索完善科技成果评估定价机制，建立利用财政资金形成的科技成果限时转化制度。健全知识产权公共服务体系，完善知识产权价值评估、质押融资、托管运营、风险补偿、保险服务及维权援助机制。

课题负责人：赵荣凯　武汉光谷创新发展研究院院长
报告执笔人：高程程　尚斌斌　高　蒙

统筹推进湖北省脱贫攻坚与乡村振兴的路径研究

肖艳丽　邹进泰

我国脱贫攻坚和乡村振兴战略统一于"两个一百年"奋斗目标，现阶段全国各地都处于打赢脱贫攻坚战的关键期、全面建成小康社会的决胜期、实施乡村振兴战略的开局期，脱贫攻坚和乡村振兴交汇推进，迫切需要统筹协调两大战略，形成合力。统筹推进脱贫攻坚与乡村振兴，有利于如期全面打赢脱贫攻坚战、如期全面建成小康社会，有利于加快推进乡村振兴战略落地实施，有利于加快建成农业农村现代化强省。湖北省社会科学院课题组在十堰、恩施等市（州）的调研发现，脱贫攻坚与乡村振兴"顾此失彼"的现象广泛存在，为如期完成脱贫攻坚工作任务、加快推进乡村振兴战略落实落地，应按照脱贫攻坚的硬任务实施乡村振兴战略，按照乡村振兴战略的新要求配置现有扶贫资源，从十个方面统筹推进脱贫攻坚与乡村振兴。

一、统筹推进湖北省脱贫攻坚成效与乡村振兴的基础

（一）脱贫攻坚成效

2018年，湖北省脱贫攻坚取得决定性进展，105.5万人脱贫、963个村出列、17个贫困县摘帽、26.8万人易地扶贫搬迁、贫困发生率降至2.4%以下。一是产业扶贫强力推进。贫困地区培育各类主体66199家，贫困村专业合作社覆盖率达到96.88%，电商扶贫试点实现国家级贫困县全覆盖。恩施"旅游+"扶贫模式入选联合国减贫案例。二是全

面落实"交钥匙"工程。全省 32 万户 89 万人的易地扶贫搬迁建设总任务全面完成，安置区基础设施、公共服务同步配套。三是健全完善"四位一体"健康扶贫。实行基本医保、大病保险、医疗救助、补充医疗保险"四位一体"医疗保障体系，推行先诊疗后付费和"一站式"结算，因病致贫、因病返贫得到有效遏制。四是大力开展教育扶贫。建立完善资助体系，37 个贫困县全部通过义务教育均衡发展验收，贫困家庭子女义务教育阶段入学率达 100%。五是实行低保制度和扶贫开发政策有效衔接。全省农村低保平均标准达到 5194 元，农村特困人员救助供养平均标准达到 9265 元。

目前，湖北省打赢脱贫攻坚战三年行动加快推进，针对脱贫攻坚专项巡视提出的"两不愁三保障"政策执行问题、产业扶贫推进不力、贫困村党的建设薄弱、脱贫攻坚规划频繁调整、脱贫攻坚合力不足等问题，聚焦"六个精准"，深入实施"五个一批"，因村因户因人施策，因地制宜发展特色产业，增强贫困地区造血功能，让贫困群众长期受益、稳定脱贫。同时，集中政策资源，确保扶贫资金、基础设施建设项目、帮扶力量、信贷资金、土地使用等要素资源进一步向深度贫困地区聚集。

(二) 乡村振兴基础

党的十八大以来，湖北省农业农村发展成就辉煌。一是农业农村发展质效进一步提升。粮食产量稳定在 500 亿斤以上，蔬菜、水果、茶叶产量稳、效益增，食用菌、蜂蜜、鸡蛋、小龙虾、河蟹等特色农产品出口全国领先，农产品地理标志拥有量全国第三、中部第一，农产品加工业产值与农业总产值之比达到 2.0∶1，休闲农业、乡村旅游年综合收入达到 1920 亿元，农副产品网销额达 436 亿元。农村基础设施建设不断加强，农村生态环境逐步改善，美丽乡村、绿色幸福村、旅游名村等建设稳步推进。二是农村改革创新深入推进。承包地确权登记颁证基本完成，"三权分置"改革顺利推进，宅基地"三权分置"改革启动试点，集体产权制度改革有序推进，农村产权交易体系建设步伐加快，建成市、县交易平台 70 个。耕地经营权流转占全部承包耕地的 44.1%。"三乡"工程纵深推进，社会资本、技术、人才等要素返乡下乡，到农村创新创业和投资兴业。新型农业经营主体发展壮大，在册的农民合作社、家庭农场分别达 8.2 万家和 2.9 万个。三是城乡统筹发展步伐加快。湖北省新型城镇化步伐不断加快，城镇化率达到 59.3%。公共基础设施城乡连通、社会保障城乡贯通、公共服务城乡互通进程加快。农村居民人均可支配收入达到 13812 元，增速连续高于城镇居民，城乡居民收入比缩小为 2.31∶1。四是乡村治理水平显著提升。全省范围内村"两委"联席会议、村民代表会议、村民代表联系户、民主评议村干部等制度普遍推行。村民自治章程、村规民约普遍依法制定。村务公开实现了全覆盖。村务监督委员会全面建立，村级民主管理、民主监督得到加强。

目前，湖北省已出台湖北乡村振兴"二十一条"，印发《湖北省乡村振兴战略规划（2018—2022 年）》，实施乡村振兴战略的"四梁八柱"已经搭建，但仍存在产业竞争力不强、农业农村基础设施薄弱、农村生态环境问题突出等短板。扎实推进乡村振兴战略，是贯彻落实习近平总书记视察湖北重要讲话精神的政治责任，是确保我省如期实现全面建成小康社会目标的重大举措，是推动全省高质量发展的内在要求。

（三）脱贫攻坚与乡村振兴有机衔接的实践

习近平总书记在中央政治局第八次集体学习时强调，打好脱贫攻坚战是实施乡村振兴战略的优先任务。乡村振兴从来不是另起炉灶，而是在脱贫攻坚的基础上推进。在实践中，多地乡村振兴领导小组和脱贫攻坚领导小组同为一个班子，对两大战略的共同推进、有机结合高度重视，已涌现出脱贫攻坚与乡村振兴有机衔接的做法和经验。以黄石大冶为例，2018 年 7 月市委、市政府联合发文，将驻村工作队、组（扶贫工作队、组）正式更名为乡村振兴工作队、组，并对工作队、组及"一对一"结对帮扶人的工作职责进一步细化明确。以仙桃市为例，通过从市直单位选派 620 名优秀副科级以上领导干部和年轻后备干部到村担任第一书记,实现"第一书记"全覆盖,以红色引擎助推乡村振兴。

二、统筹推进湖北省脱贫攻坚与乡村振兴的现状与问题

(一) 精准扶贫第一书记与乡村振兴红色头雁

第一书记在解决贫困地区"软、散、乱、穷"等问题上做出了突出贡献,但客观存在驻村第一书记能力素质参差不齐、日常事务性工作超过党建工作等问题。习总书记强调五级书记抓乡村振兴,基层党组织在调动群众积极性、创造性上具有不可比拟的优势。推进湖北省乡村振兴,要加强农村基层党组织带头人和党员队伍建设,释放"头雁效应",而精准扶贫第一书记可作为乡村振兴红色头雁工程的重要突破口。

(二) 精准扶贫工作队与乡村振兴工作队伍

贫困村驻村帮扶工作队是打通扶贫开发"最后一公里"的重要力量,但部分地区"保姆式"帮扶后,出现精准扶贫工作队撤离后人员、资金、项目后继乏力现象。湖北省乡村振兴关键在人,贫困地区乡村振兴更需要人才支撑,调研发现,乡村普遍存在人力资本短缺、人才培养机制不健全,以及农村专业人才引不进、留不住等问题,科技特派员、大学生村官等尚未形成有效服务于"三农"的长效机制。

(三) 产业扶贫与产业兴旺

发展产业是实现脱贫的根本之策,也是湖北省乡村振兴的重点所在。产业扶贫突出因人施策、发展单个农产品扶贫,以及"以购代扶"扶贫模式,导致扶贫产业竞争力不强,未能形成贫困地区比较优势转化、持续发展的产业支撑。产业兴旺面临竞争力不强、持续发展动力不足的问题,主导产业价值链不高、特色产业产业链不长、品牌建设缺乏招牌菜、融合发展缺乏闪光点。

(四) 贫困户技能培训与新型职业农民培育

目前，湖北省扶贫培训多是突击式培训，培训内容的系统性不够，一些地区90%以上的贫困户培训集中在驾驶技能培训，不能形成贫困户多渠道就业创业的技能支撑，同时，培训资源整合力度不够，重复培训和遗漏不训并存。由于农村人才外流，新生代的青年劳动力匮乏，留守农村劳动力整体上体力素质低，与乡村振兴发展现代农业、促进小农户与现代农业衔接的要求不相适应。

(五) 精准扶贫资金和乡村振兴资金使用

实施乡村振兴战略要把握好"四个优先"，而脱贫攻坚是"四个优先"卓有成效的实践。各级政府连年大幅增加公共财政投入，并创新贫困县资金整合机制，金融机构加大扶贫信贷、社会资金广泛参与，为脱贫攻坚取得巨大成就提供了重要保证。乡村振兴资金需求面广量大，总体投入不足，如仅荆州近两年新改建农村公路的地方配套资金缺口就达10亿多元，资金使用分散、融资难融资贵等问题突出。

(六) 后扶贫政策与乡村振兴政策体系

目前，湖北省建档立卡贫困户在教育、医疗、保障等方面享受特惠政策，基本医保、大病保险、医疗救助、补充医疗保险"四位一体"健康扶贫，有效解决了贫困户的后顾之忧，但也出现了贫困户、非贫困户、贫困边缘户之间的政策悬崖效应。乡村振兴要求农民全面发展，需要建立广覆盖、惠及全体农民的政策体系。

(七) 精准扶贫扶志与乡村振兴农民主动参与

精准扶贫和乡村振兴的主体都是农民，充分发挥农民的主体作用是挖掘乡村内生动力的根本途径。然而，在精准扶贫中，极少数贫困户"等靠要"思想固化，自主脱贫意愿不强、内生动力不足；在乡村振兴中，部分农民社会责任感淡化，"政府干、农民看"等现象依然存在，参与乡村振兴的积极性不高。

(八) 社会扶贫与"三乡"工程

精准扶贫需要全社会参与，乡村振兴更是全社会的共同责任，要发动多方力量共同实施。目前，"三位一体"社会扶贫突出爱心帮扶，更多是无偿的社会义务和回报社会；在湖北省各地已出现一些"三乡"主体带动村民脱贫致富的典型，尽管大多数"三乡"主体有投入农业农村建设的情怀，但更加注重市场力量和效益导向。

(九) 打赢脱贫攻坚战行动计划与乡村振兴战略规划

湖北省印发《关于打赢脱贫攻坚战三年行动的实施意见》，明确以实施产业扶贫、易地扶贫搬迁、生态扶贫等十一项工程，推动高质量打赢脱贫攻坚战。《湖北省乡村振兴战略规划（2018—2022年）》，明确提出深入实施精准扶贫精准脱贫、统筹推进非贫困县脱贫攻坚、统筹衔接脱贫攻坚与乡村振兴。打赢脱贫攻坚战行动计划以2020年为节点，阶段性特征较为明显，而乡村振兴规划则是覆盖脱贫攻坚任务的管长远的规划设计。目前，湖北省部分地区特别是贫困地区对乡村振兴规划不太重视，主要工作力量和重心偏向脱贫攻坚，尚未形成乡村振兴的路线图和任务表。

(十) 精准扶贫考核与乡村振兴考核

湖北省精准扶贫绩效考核体系注重对过程的考核，导致存在过度追求痕迹管理的问题，"填表式"帮扶、"留影式"入户、"卷宗式"总结等耗费大量的人力物力。虽然湖北省已发布实施乡村振兴战略的第一个五年规划，但相关的考核体系与考核标准尚未制定，相对于精准扶贫考核的硬指标来说，乡村振兴是软指标，导致一些地区乡村振兴工作滞后。

三、统筹推进湖北省脱贫攻坚与乡村振兴的主要路径

(一) 建强一座"红色战斗堡垒"

推动湖北省精准扶贫第一书记与乡村振兴红色头雁衔接,建强一座"红色战斗堡垒",形成执行合力。一是要广覆盖选派第一书记。向集体经济薄弱村、乡村振兴重点村和工作难点村选派一批扎实能干的第一书记,确保贫困村、后进村第一书记应派尽派,鼓励有条件的地方根据工作需要,建立全覆盖选派第一书记的机制。二是要明确第一书记实施乡村振兴红色头雁工程的任务清单。聚焦农业农村发展的重点领域,在村"两委"干部队伍建设、农村集体经济壮大、特色产业发展等方面充分发挥第一书记优势。三是要探索党建引领基层社会治理创新的新路径。建议推广仙桃经验,成立功能型党总支,加强对第一书记的组织领导和管理服务,以组织振兴带动乡村全面振兴。

(二) 打造一支永不退场的"工作队"

推动湖北省精准扶贫工作队与乡村振兴工作队伍衔接,打造一支永不退场的"工作队",形成工作合力。一是要推动精准扶贫工作队就地转化为乡村振兴的指导队。借鉴贫困村驻村帮扶工作队管理制度,优化工作队责任机制,为产业经营、乡村建设、基层治理等提供全方位指导。二是要壮大"一懂两爱"工作队伍。建立教育、卫生、农业、文化旅游等专业人才县域统筹使用制度,推动编制、职称、经济待遇等资源优先向农村倾斜,为脱贫攻坚和乡村振兴输送更多人才。三是要形成人才服务乡村发展的长效机制。建立农村干部队伍培养、配备、管理、使用、评价和激励机制,提高乡村基层干部选拔升迁任用比例,确保人才"引得进、留得住、有发展"。

(三) 发展一批有生命力的"特色产业群"

推动湖北省产业扶贫与乡村产业兴旺发展衔接，发展一批有生命力的"特色产业群"，形成发展合力。一是要将产业扶贫与产业兴旺的更高要求结合起来。突出贫困地区地方特色、发挥比较优势，积极谋划贫困人口参与度高、带动力强、有市场前景的优势特色农业项目，并将其纳入乡村产业振兴计划，提高产业竞争力、实现高质量发展。二是要以"六谷"建设带动区域产业持续发展。以区域性品牌为核心建设"中国农谷"，以优质农产品基地为核心建设"中国有机谷"，以特色资源开发为核心建设"硒谷"，以优势产品为核心建设"虾谷"，以品种和品牌优势建设"橘谷"，以名人名品为核心建设"药谷"，带动全省产业持续发展壮大。

(四) 推出一揽子培训福利

推动湖北省贫困户技能培训与新型职业农民培育衔接，推出一揽子培训福利，形成能力合力。一是要加快现代农业、三产融合、自主创业等方面的技能培训，大力培养生产经营型职业农民、技能服务型职业农民，确保贫困户拥有就业创业的技能。二是要强化培训认定、政策扶持、跟踪服务，鼓励和引导农民参加农业职业技能鉴定，鼓励企业和用工单位按照技能等级评聘岗位人员并建立配套的薪酬制度，建成一支数量充足、结构合理、素质优良的新型职业农民队伍。

(五) 建设一个统筹整合的"资金池"

推动湖北省精准扶贫资金和乡村振兴资金衔接，建设一个统筹整合的"资金池"，形成支持合力。一是要强化资金多元投入。健全农业农村财政支出优先保障和稳定增长机制，逐步提高土地出让收入用于农业农村的投入比例，落实县域金融机构涉农贷款增量奖励政策，加强农村金融机构存款主要用于农业农村的考核和约束，在"共享共荣、互利互惠"基础上引导和撬动社会资本。二是要加强资金集中统筹使用。

探索建立涉农资金统筹整合长效机制，推进行业内资金整合与行业间资金统筹相互衔接配合，增加县市一级政府自主统筹空间，实行资金、项目、招投标、管理、责任"五到县"，加大对农业绿色生产、生态修复和补偿、农村人居环境、基本公共服务等重点领域和薄弱环节支持力度。

（六）完善一系列致力于生活富裕的政策举措

推动湖北省后扶贫政策与乡村振兴政策体系衔接，完善一系列致力于生活富裕的政策举措，形成保障合力。一是要突出扶贫政策的持续。贫困人口、贫困村、贫困县退出后，在一定时期内应维持原有扶贫政策和支持力度，鼓励各地区制定适合本地区发展的扶贫后续政策，从注重脱贫进度向全面巩固提升转变。二是要突出贫困户与贫困边缘户的平衡。探索收入水平略高于建档立卡贫困户的群体政策支持机制，逐步把针对绝对贫困的脱贫攻坚举措，调整过渡为针对相对贫困的常规性帮扶措施。三是要突出普惠、长效政策体系的构建。加快构建乡村振兴政策体系，围绕"人地钱"等突出问题，强化乡村振兴制度性供给，形成政策叠加效应，实现由扶贫脱贫向防贫致富转变。

（七）调动一类主体积极参与

推动湖北省精准扶贫扶志与乡村振兴农民主动参与衔接，调动一类主体积极参与，形成内部合力。一是要尊重广大农民的主体地位。借鉴精准扶贫变"输血"为"造血"和"要我发展"到"我要发展"的经验，如推广武汉"爱心超市"扶贫扶志模式，通过"劳动表现挣积分、积分累计换物品"，激励广大农民参与发展产业、劳动就业、环境卫生等乡村建设的主动性。二是要为农民主动参与创造良好的制度环境。建立健全有利于城乡要素合理配置、基本公共服务普惠共享、基础设施一体化发展的体制机制，不断缩小城乡差距，在经济、文化、治理等方面，增强农民作为农业农村发展的建设主体和受益主体的能力，让广大农民平等参与现代化进程。

(八) 吸引一股社会力量广泛参与

推动湖北省社会扶贫与"三乡"工程衔接，吸引一股社会力量广泛参与，形成外部合力。一是要在更大范围内凝聚社会力量。及时总结社会力量参与脱贫攻坚和乡村振兴好的经验和做法，形成一批可复制、可推广、可持续的好模式、好经验、好典型，不断发挥典型引领作用和辐射效应，积极动员社会力量参与脱贫攻坚、乡村振兴。二是要在更深层次上创新社会参与机制。在脱贫攻坚由"帮"到"扶"导向和乡村振兴"以工补农、以城带乡"原则下，应以构建和强化支持社会力量参与脱贫攻坚和乡村振兴的政策体系为主，运用市场思维，依靠市场力量、社会资源来推动脱贫攻坚和乡村振兴。

(九) 勾画一幅整体蓝图

推动湖北省打赢脱贫攻坚战行动计划与乡村振兴战略规划衔接，勾画一幅整体蓝图，形成引导合力。一是要加大省市对基层乡村振兴规划（方案）的指导，并在明确不折不扣完成脱贫攻坚任务、着力解决扶贫突出问题、巩固和扩大脱贫攻坚成果的基础上，对产业兴旺、生态宜居、乡风文明、治理有效、生活富裕等方面进行总体谋划。二是要明确脱贫攻坚期内和脱贫攻坚战取得全面胜利后的主要任务，乡村振兴既是国家大战略，也是脱贫攻坚的延续，在2018—2020年脱贫攻坚期内，贫困地区乡村振兴的主要任务是脱贫攻坚，乡村振兴相关支持政策要优先向贫困地区倾斜，补齐基础设施和基本公共服务短板，以乡村振兴巩固脱贫成果；在2021—2022年，脱贫攻坚战取得全面胜利后，各地应抓紧研究制定减贫战略，全面推进乡村振兴。

(十) 构建一套行之有效的考核体系

推动湖北省精准扶贫考核与乡村振兴考核衔接，构建一套行之有效的考核体系，形成整体合力。一是要在乡村振兴考核中吸纳精准扶贫多角度考核的方式。以整体效果为导向，统筹安排部署考核，精简考核数量，引入第三方评估机制、新型农民参与评分机制，从产业兴旺、生态宜居、乡风文明、治理有效、生活富裕五大方面对乡村振兴进行全面、精准的考核。二是要在乡村振兴考核中延续精准扶贫奖惩机制。注重考核结果的反馈和运用，将实施乡村振兴战略实绩考核纳入县（市、区）党委、政府领导班子考核，考核结果由省委组织部作为培养、选拔、奖惩干部的重要依据，根据需要实施召回管理、岗位调整、约谈问责等制度，激发各级领导干部和群众主动担当、奋勇争先、改进不足。

做好乡村振兴与脱贫攻坚工作机制、工作队伍、产业发展、培训内容、资金支持、政策体系、主体参与、社会参与、规划计划、考核体系等的"十大衔接"，有利于实现阶段性任务与长期性战略的统一，推进湖北乡村全面振兴，为湖北省确保高质量打赢脱贫攻坚战、建成农业农村现代化强省作出新贡献。

撰稿人： 肖艳丽　湖北省社会科学院农村经济研究所副研究员
　　　　　邹进泰　湖北省社会科学院农村经济研究所所长、研究员

湖北省高等学校创新创业教育改革发展现状及对策

李 好

1998年，联合国教科文组织在法国巴黎召开了世界首次高等教育大会，并发表《21世纪的高等教育：展望与行动世界宣言》。在这份重要宣言中，明确提出："培养首创精神和学会创业应当是高等教育重要的关注点。"纵观世界高等教育的改革与发展，创新创业教育在全球范围内越来越受到社会关注，我国高等学校在创新创业教育改革方面也进行了积极探索。

深化高等学校创新创业教育改革，是我国实施创新驱动发展战略、促进经济提质增效和高质量发展的迫切需要，也是推进高等教育综合改革、促进高等学校毕业生高质量创业就业的重要举措。党的十八大以来，党中央、国务院对创新创业人才培养作出重要部署，对加强我国创新创业教育改革提出明确要求。在《国务院办公厅发布关于加快高等学校创新创业教育改革的实施意见》（国办发〔2015〕36号）以后，我国高等学校创新创业教育进入快速发展时期。按照《国务院办公厅关于加快高等学校创新创业教育改革的实施意见》提出的总体目标，从2015年开始，我国全面深化高校创新创业教育改革，在"2017年取得重要进展，形成科学先进、广泛认同、具有中国特色的创新创业教育理念，形成一批可复制、推广的制度成果，普及创新创业教育，实现新一轮大学生创业引领计划预期目标"，"到2020年建立健全课堂教学、自主学习、结合实践、指导帮扶、文化引领融为一体的高校创新创业教育体系，人才培养质量显著提升，学生的创新精神、创业意识和创新创业能力明显增强，投身创业实践的学生显著增加"。《国务院办公厅关于加快高等学校创新创业教育改革的实施意见》还明确提出主要任务及措施：一是严格执行人才培养质量标准；二是创新人才培养机制；三是健全创新创业教育课程体系；四是改革教学方法和考核方式；五是加强创新创业实践；六是优化教学和学籍管理制度；七是加强教师创新创业教育教学能力建设；八是改进学生创业指导服务；九是完善创新创业资金支持和政策保障体系。《国务院办公厅关于加快高等学校创新创业教育改革的实施意见》不仅确定了我国高等学校创新创业教育改革的总体目标和重点任务，而且给出了我国高等院校创新创业教育改革的时间表和路线图。党的十九大报告明确提出要"鼓励更多社会主体投身创新创业"，"建设知识型、技能型、创新型劳动者大军"，对我国创新创业教育改革提出了新要求。2018年9月，《国务院关于推动创新创业高质量发展 打造"双创"升级版的意见》（国发〔2018〕32号）正式颁发，对强化我国大学生创新创业教育培训提出了新的要求，旨在加快培养规模宏大、富有成效精神、勇于投身实践的创新创业人才队伍，造就大众创业、万众创新的生力军。

为贯彻落实《国务院办公厅关于深化高等学校创新创业教育改革的实施意见》精神，不断完善湖北省高校创新创业教育体制机制，提高人才培养质量，增强服务经济社会发展能力，湖北省2016年5月发布《省人民政府办公厅关于进一步深化高等学校创新创业教育改革的意见》（鄂政办发〔2016〕24号），就进一步深化高等学校创新创业教育改革提出具体意见，其主要内容是：实施"荆楚卓越人才"协同育人计划；建立需求导向的学科专业调整机制；开设创新创业教育课程；推进教学方法和考核方式改革；实行弹性学制；建设实践教学平台；开展创新创业活动；改进大学生创业指导服务；提升教师创新创业教育教学能力；强化政策保障和资金支持；严格考核督办。相对于《国务院办公厅关于深化高等学校创新创业教育改革的实施意见》而言，《省人民政府办公厅关于进一步深化高等学校创新创业教育改革的意见》更突出"进一步深化"，不仅目标明确、路径清晰、过程具体，而且具有很强的针对性、可行性、操作性。尤其是在实施"荆楚卓越人才"协同育人计划、建立需求导向的学科专业调整机制、推进教学方法和考核方式改革、实行弹性学制、改进大学生创业指导服务、强化政策保障和资金支持、严格考核督办等方面，都有明晰的任务实现路径；在开设创新创业教育课程、建设实践教学平台、开展创新创业活动、提升教师创新创业教育教学能力等方面，都有明确的任务指标要求。

一、湖北省高等学校创新创业教育改革取得的成效

湖北省高等学校普遍开展创新创业教育改革是在《国务院办公厅关于加快高等学校创新创业教育改革的实施意见》以及《省人民政府办公厅关于进一步深化高等学校创新创业教育改革的意见》出台后，而在此之前，以武汉大学为代表的许多湖北省高等学校，在创新创业教育方面进行了有益的实践探索。

武汉大学是在全国开展创新创业教育最早的高等院校，原武汉大学校长刘道玉先生身先士卒，自20世纪90年代以来发表了一系列关于创造和创业的论述，并先后出版了《创业与人生设计》《创造教育概论》《大学生自我设计与创业》《创造教育新论》等著述。1995年，刘道玉先生担任编辑委员会主任，在中国青年出版社出版了"创业成功者丛书"一套（共9册）。武汉大学早在20世纪90年代中后期开始"创造、创新、创业"教育（"三创"教育）的实践探索。2001年，《武汉大学本科教学改革与发展行动计划》明确提出"三创"教育理念，强调致力于培养"宽口径、厚基础、强能力、高素质"的高质量复合型人才。从"三创"教育的关键词看，"创造""创新""创业"三者都有独创性的意蕴，都包含"创"的重要成分，但其内涵和外延有所不同。"创造"强调原创性，"创新"突出推陈出新，"创业"则主要是将"创造"和"创新"变为现实、开创出新事业。从人才培养过程分析，创造教育、创新教育、创业教育具有发展方向上的一致性，也无疑是一个环环相扣、紧密相连的实践过程。在《国务院办公厅关于加快

高等学校创新创业教育改革的实施意见》出台以后，武汉大学按照国家创新创业教育改革部署，进一步聚焦创新创业教育改革和创新创业教育发展。

在《国务院办公厅关于加快高等学校创新创业教育改革的实施意见》以及《省人民政府办公厅关于进一步深化高等学校创新创业教育改革的意见》出台后，湖北省高等学校创新创业教育改革迅速展开，并取得了有目共睹的显著成效。

一是普遍制订了加快创新创业教育改革的实施方案及行动计划。2015年以来，《武汉大学深化创新创业教育实施方案》《华中科技大学深化创新创业教育实施方案》《华中农业大学创新创业教育改革提升年工作方案》等先后出台。华中农业大学将2016年作为"创新创业教育改革提升年"，并实施创新创业教育改革"101计划"，力争100%的学生接受创新精神、创业意识和创新创业能力培养，1%的毕业生投身自主创业。

二是普遍设立了创新创业教育改革组织领导机构。湖北省高等学校通过设立组织领导机构，加强对创新创业教育改革活动的组织和管理服务。武汉生物工程学院成立由校长、书记担任组长的创新创业教育改革领导小组，各院（系）相应成立了领导小组，认真实施《深化双创教育改革实施方案》，统筹推进创新创业教育改革工作落细、落小、落实；武汉生物工程学院校长还亲自兼任创业学院院长。2017年，"武汉大学大学生创新创业训练计划管理系统"正式启用，与教育部"国家级大学生创新创业训练计划平台"实现无缝对接。

三是普遍开设了创新创业教育课程。武汉大学长期重视创新创业教育课程体系建设，早在2003年就开设了《创业导论》等公选课，2017年关于创新思维、创业基础、创业指导等方面的通识课程已开设34门。为夯实创新创业教育基础，武汉大学对"通识课程"重构并升级，2018级新生入校前就需要阅读《人文社科经典导引》《自然科学经典导引》两门通识教育必修课教材。华中科技大学开设了"科技创新"等系列创新创业课程群。华中师范大学在创新创业教育课程建设中，设置创新创业基础课、创新创业核心课、创新创业专业贯通课、创新创业实操课和创新创业在线开放课五大类。武汉生物工程学院将创新创业教育分为"1.5+1+1.5"三个阶段，并设置相应的普适教育、提高教育、以双创训练为主的精英教育等课程群。

四是普遍建立了创新创业教育改革实践基地并开展了一系列实践活动。湖北省高等学校重视创新创业改革实践基地建设，许多高等学校设立了创业学院以及形式多样的实践基地。如武汉大学、华中科技大学、武汉理工大学等高等学校先后设立创业学院，并与有条件的企业和社区共建了许多创新创业教育实践基地。华中科技大学将其启明学院作为创新创业教育改革先行示范区，积极引导大学生进行研究性学习、主动实践和科技创新，努力开发大学生潜能，不断探索创新教育、创业教育和创造教育的新途径，营造多学科交叉的创新教育生态环境，构建拔尖创新人才培养的新模式。截至2018年6月，华中科技大学启明学院建立了18个优秀学生创新团队，这些创新团队以本科生为主体，基于关注的问题和研究项目，积极开展研究性学习、主动实践等科技创新活动。依托这些基地，湖北省高等学校积极参与国家大学生创新创业训练计划，开展了名目繁多、丰富多彩的创新创业社会实践活动。在我国大众创业、万众创新如火如荼的新形势下，高等学校焕发了传统大学生社会实践活动的青春，不断提高大学生寒假和暑假期间社会实践活动的质量。

五是普遍开展了大学生创新创业竞赛等系列活动。湖北省高等学校积极参与全国"互联网+"大学生创新创业大赛等重要活动，并取得了优异成绩。截至2018年6月，"'自强杯'武汉大学创业大赛"已举办9届，"武汉大学创业模拟大赛"至今连续举办了8年，这些校级赛事旨在培养大学生的创新创业实践能力。2018年"创青春"全国大学生创业大赛中，武汉大学推荐的6个项目全部进入终审决赛，获得3金3银奖牌，以总分全国第四、湖北省第一的优异成绩荣获优胜杯。2019年4月，武汉大学举行"创响中国"武汉大学站2018年"互联网+"大学生创新创业大赛总结表彰暨2019年"互联网+"大学生创新创业大赛启动仪式，力争在这一重大赛事中不断超越自我。华中科技大学也在2019年4月召开第五届"互联网+"大学生创新创业大赛组织动员会，拉开华中科技大学"互联网+"大学生创新创业大赛序幕。

六是普遍出台了支持大学生创新创业的优惠政策。2017年，武汉大学出台了关于进一步加强中国"互联网+"大学生创新创业大赛奖励的文件。武汉大学正式设立中国"互联网+"大学生创新创业大赛专项经费，主要用途有三个方面：其一，用于筹备和组织大赛活动，给予参赛团队经费支持、给予获奖团队物质奖励、给予指导教师和竞赛组织工作人员绩效奖励；其二，对做出贡献的优秀指导教师、优秀团队、先进集体和先进工作者进行表彰；其三是将各单位组织和获奖情况纳入年度本科教学工作评估。2018年，武汉大学支持大学生科学研究项目1000项（校级）、国家大学生创新创业训练计划项目150项，从导师、经费、场地等方面予以大力支持。这六个方面的显著成效以"普遍"为特征，表明了湖北省高等学校创新创业教育改革行动的普遍性和创新创业教育改革成效的普惠性。

教育部从2015年开始评选"全国高校实践育人创新创业基地"，每年分高等学校主导型、地方政府主导型、行业企业主导型、基层社区主导型四个类别共评选50个基地。2015年，武汉大学、武汉理工大学、华中师范大学、华中农业大学、武汉生物工程学院、武汉钢铁（集团）公司、中国铁道建筑总公司第十一工程局、黄冈市人民政府入选"全国高校实践育人创新创业基地"。2016年，华中科技大学、中国地质大学（武汉）、中南财经政法大学入选"全国高校实践育人创新创业基地"。2017年，湖北省没有入选"全国高校实践育人创新创业基地"榜单。2015—2017年，湖北省共入选"全国高校实践育人创新创业基地"11个，占全国入选总数的7.3%。

教育部从2016年开始评选每年度"全国创新创业典型经验高校"，每年分中央部门所属高校、省属本科高等学校、高职高专院校三个类别共评选50所。在2016年"全国创新创业典型经验高校50强"中，中央部门所属高校入选19所，武汉大学入选；省属本科高等学校入选25

所，湖北省没有省属本科高等学校入选；高职高专院校入选6所，湖北省没有高职高专院校入选。在2017年"全国创新创业典型经验高校50强"中，中央部门所属高校入选13所，武汉理工大学入选；省属本科高等学校入选30所，武汉生物工程学院入选；高职高专院校入选7所，湖北省没有高职高专院校入选。在2018年"全国创新创业典型经验高校50强"中，中央部门所属高校入选9所，华中科技大学、华中师范大学入选；省属本科高等学校入选33所，湖北工业大学、武汉工商学院入选；高职高专院校入选8所，湖北省没有高职高专院校入选。2016—2018年，湖北省入选"全国创新创业典型经验高校50强"的中央部门所属高校有4所，占全国入选总数41所的9.75%；湖北省属本科高等学校有3所入选，占全国入选总数88所的3.40%；湖北省没有高职高专院校入选。相比较之下，河南省、湖南省、江西省入选"全国创新创业典型经验高校50强"的中央部门所属高校没有湖北省多，但其省属本科高等学校入选数都超过湖北省；河南省、湖南省都有高职高专院校入选，湖北省没有高职高专院校入选。这表明湖北省的中央部门所属高校在创新创业方面走在全省前面，湖北省入选"全国创新创业典型经验高校50强"的中央部门所属高校占总数的57.14%。湖北省高职高专院校数量在全国位居前列，但连续3年高职高专院校都与"全国创新创业典型经验高校50强"无缘。

教育部2017年1月经评选认定"全国首批深化创新创业教育改革示范高校"，全国范围内共有99所高校入选。湖北省有武汉大学、华中科技大学、武汉理工大学、湖北工业大学、湖北大学和武汉生物工程学院等6所高校入选，入选数占全国入选高校总数的6.0%。教育部2017年7月经评选认定"全国第二批深化创新创业教育改革示范高校"，全国范围内共有101所高校入选。湖北省有武汉科技大学、长江大学、华中农业大学、中南民族大学、武汉工商学院、武汉职业技术学院等6所高校入选，入选数占全国入选高校总数的5.9%。这从一个侧面反映出湖北省高等学校创新创业教育改革取得的成效，也表明湖北省高等学校创新创业教育改革在全国的重要地位。

2019年2月,中国高等教育学会发布2014—2018年中国高校创新人才培养暨学科竞赛评估结果,在2014—2018年全国普通高校学科竞赛评估结果(本科)TOP50排行榜中,湖北省有两所高校进入全国前10名,武汉大学以98.33分排名第三位,华中科技大学以94.42分排名第十位。纳入这次重要评估的竞赛项目包括:中国"互联网+"大学生创新创业大赛、"挑战杯"全国大学生课外学术科技作品竞赛、"挑战杯"中国大学生创业计划大赛、全国大学生数学建模竞赛、全国大学生机械创新设计大赛、中国大学生服务外包创业创新大赛、全国大学生电子商务"创新、创意及创业"挑战赛等31+3项目,基本覆盖了我国高校大学生创新创业竞赛的重要活动。

二、湖北省高等学校创新创业教育改革存在的问题

尽管湖北省高等院校创新创业教育改革取得了显著成效,但仍然存在一些亟待解决的问题。从总体上看,湖北省高等院校创新创业教育改革存在明显的发展不平衡问题。

1. 湖北省高等学校对创新创业教育改革的认知不平衡

通过检索和调研,湖北省的中央部门所属高校、省属本科高等学校、高职高专院校,都根据国务院《关于加快高等院校创新创业教育改革的实施意见》精神及要求,制订了本院校的创新创业教育改革的实施方案。但是,由于对中央文件的学习理解深度不一,每所高等院校的具体情况不一样,湖北省高等院校的创新创业教育改革实施方案表现出明显的差异性。有些高等院校的创新创业教育改革实施方案,基本上是国务院《关于加快高等院校创新创业教育改革的实施意见》的缩微版,没有根据自己的实际情况,明显缺乏针对性和可操作性;有些高等院校的创新创业教育改革实施方案,在深入贯彻落实国家加快高等院校创新创业教育改革文件基础上,紧密结合自己的实际情况进行了创新。

2. 湖北省高等学校创新创业教育改革的区域不平衡

从湖北省高等学校创新创业教育区域发展看,武汉作为湖北省高等

学校最集中的城市，创新创业教育发展基础雄厚，创新创业教育改革发展最快、最好。相比较而言，因湖北省客观存在的高等学校区域布局不平衡问题，不仅宜昌、襄阳这两个湖北省副中心城市高等学校的创新创业教育发展受到影响，而且恩施、荆门、荆州、天门、潜江、孝感、鄂州、黄石、黄冈、咸宁等城市高等学校的创新创业发展受到一定限制。从湖北省高等学校创新创业教育改革发展与区域创新创业活力的相关性分析，创新创业教育改革发展与区域创新创业活力正相关。

3. 湖北省高等学校创新创业教育改革的层级不平衡

按照教育部高等学校分类有中央部门所属高校、省属本科高等学校、高职高专院校三个层级。从湖北省高等学校创新创业教育层级发展现状分析，中央部门所属高校创新创业教育发展领先，省属本科高等学校次之，高职高专院校再次之。客观而论，以武汉大学、华中科技大学、武汉理工大学等中央部门所属高校，在湖北省创新创业教育改革方面发挥了"关键少数"的作用，为省属本科高等学校、高职高专院校做出了示范。湖北省属本科高等学校和高职高专院校量大面广，具有创新创业教育改革发展的广阔空间。

4. 湖北省高等学校创新创业教育改革的进度不平衡

从湖北省高等学校创新创业教育发展的进度看，一批高等院校能够完全达到《国务院办公厅关于加快高等学校创新创业教育改革的实施意见》提出的时间表和路线图要求，圆满完成创新创业教育改革的阶段性任务；一批高等学校能够基本达到创新创业教育改革的时间表和路线图要求，基本完成创新创业教育改革的阶段性任务要求；一批创新创业教育发展相对滞后的高等学校，很难在规定时间内按照创新创业教育改革时间表和路线图完成阶段性任务。这种进度的不平衡影响了湖北省高等学校创新创业教育改革发展的整体水平。

5. 湖北省高等学校创新创业教育改革的绩效不平衡

从湖北省高等学校创新创业教育发展的绩效看，涌现出一批重视创新创业教育、取得创新创业教育成效的高等学校，尤其以武汉大学等中央部门所属高校为代表。武汉生物工程学院是湖北省第一所民营本科高校，通过创新创业教育的实践探索，取得了丰硕的创新创业教育成果，2015年被批准为首批"全国高校实践育人创新创业基地"，2017年入选"全国首批深化创新创业教育改革示范高校"，并跻身"全国创新创业典型经验高校50强"，也是首次进入"全国创新创业典型经验高校50强"的湖北省属本科高等学校。在同时获得"全国高校实践育人创新创业基地""全国深化创新创业教育改革示范高校""全国创新创业典型经验高校50强"的28所高校中，武汉生物工程学院是唯一的民办高校。值得注意的是，湖北省有一部分创新创业教育改革发展明显滞后的高等学校，这些高等院校成为湖北省创新创业教育改革发展的明显"短板"。

6. 湖北省高等学校创新创业教育改革的配套不平衡

按照《国务院办公厅关于加快高等院校创新创业教育改革的实施意见》，要"把深化高校创新创业教育改革作为推进高等教育综合改革的突破口"，表明国家明确将创新创业教育改革作为加快推进高等学习综合改革的重要抓手，涉及高等学校综合改革的方方面面，必须进行完善人才培养质量标准、创新人才培养机制、健全创新创业教育课程体系、改革教学方法和考核方式、强化创新创业实践、改革教学和学籍管理制度、加强教师创新创业教育教学能力建设、改进学生创业指导服务、完善创新创业资金支持和政策保障体系等方面的配套改革。从目前情况看，湖北省高等学校创新创业教育改革的配套力度不够，尚未释放综合改革的巨大潜能。

三、加快湖北省高等学校创新创业教育改革的对策建议

为加快湖北省高等学校创新创业教育改革，必须深入贯彻落实国务院《关于加快高等院校创新创业教育改革的实施意见》以及《省人民政府办公厅关于进一步深化高等学校创新创业教育改革的意见》，积极鼓励湖北省高等学校根据自己的实际情况进行实践探索和创新，特提出

以下对策建议。

一是进一步提高对高等学校创新创业教育改革的思想认识。湖北省高等学校应深入学习、贯彻落实《国务院办公厅关于加快高等学校创新创业教育改革的实施意见》《国务院关于推动创新创业高质量发展 打造"双创"升级版的意见》《省人民政府办公厅关于进一步深化高等学校创新创业教育改革的意见》等文件，不断提高对创新创业教育改革重要性的思想认识，充分认识加强高等学校创新创业教育改革的必要性、紧迫性和重要性，真正"把深化高校创新创业教育改革作为推进高等教育综合改革的突破口"，真正使创新创业教育成为管理者办学、教师教学、学生求学的理性认知与行动自觉。

二是进一步加强高等学校创新创业教育改革行动的统筹协调。湖北省是高等教育大省，高等学校多且层级覆盖面广，必须更好地发挥政府对创新创业教育改革行动的统筹协调作用，以发挥市场在配置创新创业教育资源方面的决定性作用。建议进一步建立、完善和发挥湖北省高等学校创新创业教育改革领导小组及专家指导委员会功能，尤其是注重发挥湖北省新型智库对创新创业教育改革与发展的重要支撑作用。通过进一步加强湖北省创新创业教育改革的统筹协调，实现高等学校创新创业教育改革与全社会创新创业的融合，充分释放高等教育综合改革的巨大潜能。

三是进一步实现高等学校创新创业教育改革方案的精准落地。《国务院办公厅关于加快高等学校创新创业教育改革的实施意见》以及《省人民政府办公厅关于进一步深化高等学校创新创业教育改革的意见》，明确要求各地区、各高等学校结合实际制定深化创新创业教育改革的实施方案，并按照隶属关系在政府教育管理部门备案后向社会公布。建议湖北省以完善各高等院校深化创新创业教育改革方案为着力点，坚持改革开放创新互促互动，努力做到知行合一，切实解决精准落地、精准施策、精准行动问题。

四是进一步提升高等学校创新创业教育改革活动的整体水平。目前，湖北省高等学校创新创业教育改革活动普遍开展，不论是活动频率、内容和形式，还是活动效果、影响力和参与度，都比前几年明显提高，但创新创业教育改革活动的整体水平有待进一步提升。建议切实加强湖北省高等学校创新创业教育改革活动的整体谋划，强化高等学校创新创业教育改革活动的质量，扎实开展"互联网+"大学生创新创业大赛等重要赛事活动，打造创新创业教育改革重点展示品牌，尽快提升高等学校创新创业教育活动整体水平。

五是进一步落实高等学校创新创业教育改革成果的共同分享。自湖北省高等学校普遍开展创新创业教育改革以来，已经在许多方面取得了显著成效，并在实践探索中形成一些具有分享价值的成果，尤其是宝贵的经验。建议建立和完善湖北省高等学校创新创业教育改革成果共享平台及共享机制，大力推广高等学校创新创业教育改革典型经验，积极应用高等学校创新创业教育改革共享成果，不断提升高等学校创新创业教育改革效率，争取早日实现国家确定的2020年高等学校创新创业教育改革总体目标，高质量完成湖北省高等学校创新创业教育改革的具体任务。

六是进一步强化高等学校创新创业教育改革实践的开拓创新。国务院《关于加快高等院校创新创业教育改革的实施意见》以及《省人民政府办公厅关于进一步深化高等学校创新创业教育改革的意见》对地方及高等学校提出了明确的创新要求，湖北省高等学校在创新创业教育改革方面进行了实践探索，并形成一些改革创新的典型，但也客观存在改革创新发展不平衡问题。建议深入实施创新驱动发展战略，充分发挥科技创新在全面创新中的核心地位和引领作用，不断强化湖北省高等学校创新创业教育改革的实践探索，努力激发创新创业教育改革主体的积极性、主动性和创造性。

七是进一步促进高等学校创新创业教育与专业教育有机融合。湖北省高等学校在创新创业教育与专业教育融合方面进行了积极探索，但由于高校类别多、学科覆盖宽、专业领域广，且涉及自然科学、技术科学、人文科学、社会科学等众多学科领域，专业教育已形成很强的稳定性，从而使创新创业教育与专业教育有机融合不够。建议不断深化对创新创业教育重要性的认识，大力促进创新创业教育与专业教育相向而行，努力探讨创新创业教育与专业教育有机融合的理论、方法、重点、路径和策略，并在创新创业教育改革实践过程中不断加以完善。

报告撰稿人：李　好　共青团武汉大学委员会副书记、博士

湖北省海外人才创业园区发展的实践探索
——以武汉留学生创业园为例

何科方

1997年,中共十五大报告指出:积极引进国外智力,鼓励留学人员回国工作或以适当方式为祖国服务。与此同时,武汉东湖新技术开发区光电子产业、生物产业等新兴产业发展迅速,迫切需要海外归国人才积极参与。在这种背景下,武汉市于1998年5月在东湖新技术开发区创办"武汉海外学子创业园",这是武汉留学生创业园前身,也是湖北省最早的海外人才创业园区。20多年来,武汉留学生创业园先后引进23个国家、2000多名留学归国人员,不仅是海归创业的首选地,而且是湖北省对外交流合作的亮丽名片和战略性新兴产业孵化培育的重要平台。武汉留学生创业园是科技部认定的"国家高新技术创业服务中心"、工信部批准的"国家级小型微型企业创新创业示范基地"、国侨办评选的"全国为侨公共服务示范单位"、国家发改委支持的首批"国家双创示范基地"建设单位之一。

一、武汉留学生创业园发展历程

回顾过去20年,武汉留学生创业园的发展主要经历以下几个阶段。

(一)初创阶段(1998—2002年)

在这个发展阶段,主要是组建园区管理团队,落实创业园场地(创业街),园区经营开始起步。1998年,武汉市政府批准成立海外学子创业园；1999年12月，欧美同学会确定武汉海外学子创业园为"中国武汉实验基地"；2000年1月，海外学子创业园被国家科技部确定为国家留学人员创业园"示范建设单位"；2000年9月，海外学子创业园被国务院侨办确定为重点联系单位；2001年6月，海外学子创业园被国家科技部、人事部、教育部、外国专家局共同确定为"留学回国人员创业示范建设单位"；2002年，武汉东湖新技术开发区管委会发文，武汉海外学子创业园更名为武汉留学生创业园。

（二）成长阶段（2003—2006年）

在这个发展阶段，武汉留学生创业园发展得到教育部、人事部、科技部、国侨办等单位支持，影响力提升，创业园规模开始扩大。2003年9月，武汉留学生创业园被中央组织部、宣传部、统战部和国家人事部、教育部、科技部共同授予"全国留学回国人员先进工作单位"；2003年9月，光电技术中心园区正式启用，这是武汉留学生创业园创办的第一个专业园区；2004年3月，中国光谷电子模拟飞行竞技国际邀请赛在武汉留学生创业园开幕，这是创业园成立以来举办的第一场国际重要赛事；2004年12月，国家人事部与武汉市政府共建"中国武汉留学人员创业园"，这是武汉市政府第一次与国家部委共建海外人才创业园区；2006年12月，武汉留学生创业园被国家科技部认定为"国家高新技术创业服务中心"，这标志着武汉留学生创业园获得国家级科技企业孵化器资质。

（三）发展壮大阶段（2007—2017年）

在这个发展阶段，武汉留学生创业园孵化场地不断扩大，高层次人才不断聚集，进入规范化、专业化、国际化发展阶段。2007年7月，全国留学人员服务体系建设专题座谈会在武汉留学生创业园召开，表明国家有关部门对武汉留学生创业园工作成绩的充分肯定。从2009年起，武汉留学生创业园软件中心、集成电路中心、生物技术中心、移动互联中心、人工智能中心等专业孵化器先后成立，形成"一园多中心"的发展格局。2015年11月起,武汉留学生创业园连续5年被湖北省科技厅评为全省"3A科技企业孵化器",并名列前茅。2017年,武汉留学生创业园相继获得国家工信部、国家外侨办、国家发改委的大力支持。

(四) 快速发展阶段 (2018年至今)

经过二十年的实践探索,武汉留学生创业园已进入快速发展阶段。

二、武汉留学生创业园发展现状

武汉留学生创业园现有光电中心、软件中心、生物中心、集成电路中心、移动互联中心、人工智能中心等6个孵化中心,孵化场地7万多平方米,在园企业198家,累计孵化毕业企业800多家。

(一) 孵化场地面积不断扩大

20多年来,随着武汉留学生创业园入驻企业不断增多,孵化场地不断扩大,从一栋楼到一个园区,从一个园区发展到六个园区。(见图1)。

(二) 留学人员创业人数不断增加

长期以来,武汉留学生创业园以海外人才引进为重点,成为湖北省海外人才最集中的专业园区之一。据统计,海外创业人才来自全球23个国家和地区。其中,美国、英国、加拿大、法国、德国人数最多,分别占武汉留学生创业园海外人才总数的41%、13%、10%、6%、5%(见图2)。

(三) 创业企业与湖北部分重点高校关联紧密

湖北省是科教大省,也是我国培养、吸引海外人才归国创业的主要省份。2018年武汉留学生创业园在孵的198家企业中,与在鄂高校院

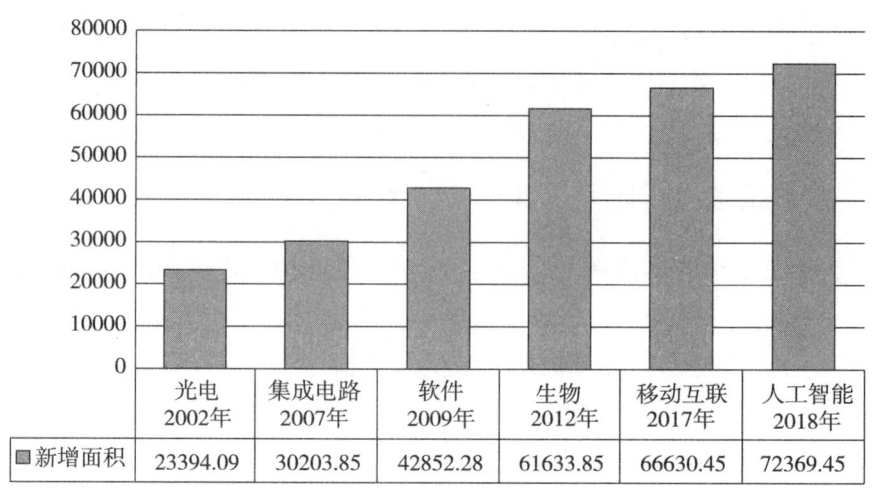

图 1　武汉留学生创业园孵化场地面积（单位：平方米）

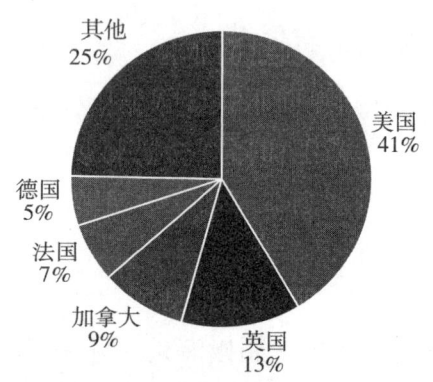

图 2　武汉留学生创业园海外人才国别分布

所关联的企业 97 家（主要股东为高校院所科研人员或校友）。其中：武汉理工大学 1 家、华中师范大学 3 家、中国地质大学（武汉）5 家、中国科学院武汉分院 6 家、华中农业大学 7 家、武汉大学 27 家、华中科技大学 48 家（见图 3）。

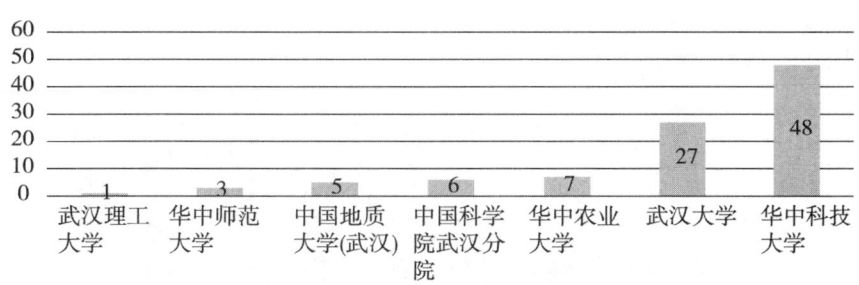

图 3　武汉留学生创业园企业来自高校院所情况

(四) 海外高层次人才日益密集

武汉留学生创业园在孵企业中,入选国家"千人计划"22人、入选湖北省"百人计划"50人、入选东湖高新区"3551人才计划"233人[①]。其中,自2009年东湖高新区启动该人才计划以来,面向海内外延揽高层次人才,武汉留学生创业园成为"3551人才计划"示范基地与重要载体之一,累计入选人数在东湖高新区科技孵化器中位居前列(见图4)。

(五) 孵化培育高技术企业的绩效不断提升

据统计,2018年武汉留学生创业园在孵企业产值6亿多元,企业获得投资超2亿多元,获得各类知识产权700余项,创造就业岗位近3000个。在武汉留学生创业园的扶持下,93家企业经国家认定为高新技术企业,占在园企业总数的47%;38家企业被评为光谷瞪羚企业,1家成功登陆IPO,13家挂牌新三板;3家入选光谷上市"金种子"企业、2家入选光谷科创板后备企业、1家入选光谷新物种企业。

---

① 资料来源:武汉留学生创业园发展报告(1998—2018)。

图 4　武汉留学生创业园入选 "3551 人才计划" 数量

三、武汉留学生创业园的实践探索

(一) 搭建创业平台,帮助人才圆梦

多年来,武汉留学生创业园以会为媒,集腋成裘,搭建海归人才创业平台。一是连续 18 次参与并承办"华人华侨创业洽谈会",成为"华创会"项目签约的主角之一;二是参加广州留交会、大连海创会、光博会、生博会等展会,持续宣传推介留学生创业园品牌,吸引来自美国、英国、德国、法国、日本、加拿大、韩国、瑞士等国家的留学人才;三是开展光谷-硅谷双创连线、中英光谷加速器、中日人工智能中心、中瑞技术转移孵化中心等国际合作平台搭建,帮助全球科创企业落户光谷。

武汉留学生创业园是留学生的港湾、创业者的家园,这里有攻克人脸识别关键技术、微模式公司创始人陈友斌博士;知名光纤通信技术专家刘德明教授转化成果,自主创业,此后,他的学生刘海、刘奇、胡进也成功地创办了 3 家公司;留学英国、加拿大、美国三个国家的张林涛博士，研发心血管内光学相干断层（IV-OCT）导管，创办了我国第一家拥有血管内成像和压力测量技术的公司；毕业于宾夕法尼亚州立大学的物理学博士、首批"城市合伙人"邓熙浩，以游戏方式首次将天文学研究成果商业化；专注于水生藻安植物无菌苗库及水生态修复技术，回国后离开北京选择武汉创业的李涛博士；获"黄鹤友谊奖"的美国水溶肥专家 Larry Metcoff，与助手 Mark 博士共同创办集土壤检测、配肥、服务于一体的科艾乐公司；还有晶丰电子封装材料（武汉）有限公司的杨钢、武汉鹰飞拓光电子有限公司的白燕、风脉能源（武汉）股份有限公司的叶毅等一批优秀海创企业家，蒋明、廉正刚、李则轩、陈敏、王浩、张远瑞、孙文泱、何华、唐旭海、魏君等一批年轻海归博士，聚集武汉留学生创业园实现其创新创业理想。

武汉留学生创业园先后获得"国侨办重点联系单位"等荣誉称号60多项，连续五年在全省AAA级科技孵化器评估中排名前列，是全省高层次人才最多、创新成果最丰硕的孵化园区之一。

（二）遴选创业幼苗，促进成果转化

多年来，武汉留学生创业园以支持科技人员创业为根本，以孵化硬科技为主攻方向，精挑细选科技创业幼苗。

近年来，武汉留学生创业园主要面向三类创业团队，即持国际一流成果的海归创业团队、省部级以上重点实验室可转化的科技成果研发团队、大企业离职的高管和技术团队。为了把好源头关，创业园先后举办32场项目评审会，严格筛选入驻对象，并确保留学人员企业比例不低于70%。

在武汉留学生创业园精心呵护下，初创企业往往从0起步，在众多技术创新成果产业化领域争创"第一"：

在生物医药领域，留学德国博士陈莉莉创办了体外诊断试剂及心电产品龙头企业——明德生物，十年磨一剑，公司于2018年5月在主板上市，这是武汉留学生创业园成功孵化的第一家生物医药上市企业。

在人工智能领域，留学瑞士的李淼博士创办了库柏特科技，成功研发全球第一款工业机器人智能操作系统，成立不到两年，公司获过亿元风险投资，估值翻了500倍。

在移动互联网领域，留学美国的博士曾承创办国内第一家虚拟医学诊疗云平台——治趣，成为行业内"准独角兽"企业。

在软件信息产业领域，园区孵化了白原科技、天灵互动、思高科技、益士天慧、虎客影像、小安科技、图歌信息、飞脉科技等一批科技"小巨人"。

在光电子与集成电路产业领域，园区培育了微创光电、长盈通、金顿激光、格林泰克、阿格斯、元生创新、博联众科、煜炜光学、飞流智能、天进科技、芯泰科技、海博睿芯等一批"隐形冠军"企业。

在武汉留学生创业园，还诞生了国内领先的医疗支付解决方案供应商、入选德勤光谷高科技高成长20强——默联股份；将"红外热成像测温技术"广泛应用的光电企业——格物优信；获"3551人才计划"创业投资重点支持、面向自动驾驶行业的人工智能后起之秀——小狮科技等一大批瞪羚企业。

（三）完善孵化功能，扶持企业成长

多年来，武汉留学生创业园不断创新和强化孵化功能，努力扶持科技创业企业及其创业者。

一是针对海归人才特点，提供系列服务。武汉留学生创业园二人与武汉市天使导师团共建"留学生创业之家"，帮助归国人才克服"水土不服"；成立湖北省首家创业自治组织——留创同学汇，协助初创企业开展商业运作；成立武汉首家校友创业孵化器——华农校友创业中心，形成校友互帮平台。在武汉留学生创业园的引导帮扶下，大量海归团队实现"8个一"，即种一棵树、交一群朋友、拜一位导师、参加一次大赛、申报一批专利、获得一笔风险投资、申报认定为一家高新企业、发展为一家高成长性的瞪羚企业。

二是员工下沉孵化点，提供贴心服务。一方面就近举办活动"建圈子"，仅在2017—2018年，组织举办项目申报答疑、大赛培训、金融对接、创业沙龙、产业峰会论坛等不同形式的活动五十多场，并成功承办2018光谷国际青桐年汇及青桐汇国际化专场等有影响力的活动，提升了孵化温度与服务深度。另一方面通过开展产学研对接"找点子"，组织参赛参展"搭台子"，落实优惠政策"省票子"，实实在在帮企业。

三是整合各种资源，提供专业服务。先后建立医疗器械、人工智能等技术创新联盟10个，聘请创业辅导老师21人，分门别类指导企业成长。同时，充分利用光谷投资平台优势，对在孵企业进行"拉网式"的排查走访，通过"投-贷-孵"联动，对优秀苗子跟踪服务、及时投资扶持。此外，邀请国内外优质投资机构、优秀中介服务机构对接园区企业，提供多元化的服务。

四、武汉留学生创业园创新发展经验与展望

过去20多年，武汉留学生创业园经历了改革发展的洗礼，其创新发展经验可以归纳为"五个坚持"：一是坚持服务为本，公益导向，以培育孵化科技型企业为己任；二是坚持围绕东湖高新区产业发展需要，打造专业型孵化器，逐步形成"众创-孵化-加速"链条；三是坚持人才优先，始终面向以留学生为主体的高端人才，为"武汉·中国光谷"人才特区建设作出重要贡献；四是坚持开放合作，以国际视野与大国、大学、大企业、大牌机构保持紧密合作；五是坚持党建引领，构建统一战线，保持留学生创业园持续稳定发展态势。

武汉留学生创业园也面临空间场地不足、服务能力有待提升、运营机制不够灵活等诸多问题。面临新形势，作为东湖国家自主创新示范区的一个重要创新载体，武汉留学生创业园急需从以下四方面发力：一是搭建信息化与大数据管理平台，提高留学生创业园运营管理效率；二是

探索"孵化+投资"模式，为优质创业项目提供更精准服务；三是推进国际合作，深入科研院所、对接全球选项目，以资本为纽带助推科技成果转化；四是拓展新空间，进一步开展武汉留学生创业园分园（中心）建设，发挥辐射带动作用，打造武汉留学生创业园升级版。

撰稿人： 何科方　武汉光谷金融控股集团　博士

加快打造"中国·武当"世界一流旅游品牌研究

李 光 乔亚兰

古往今来，武当山以"四大名山皆拱揖，五方仙岳共朝宗"之"五岳之冠"地位闻名于世。武当山瑰丽多彩的自然景观、山清水秀的生态环境、规模庞大的古建筑群、源远流长的道教文化、博大精深的太极武术、奇思幻想的神话传说、道法自然的生存智慧，形成国内外少有的高品质旅游资源富集。1994年，武当山古建筑群入选联合国教科文组织《世界文化遗产名录》；2006年，武当武术、武当宫观道乐入选我国首批《国家级非物质文化遗产名录》，武当山62处古建筑群被列为国家重点文物保护单位。武当山作为我国著名风景名胜区，先后获得"国家森林公园""国家地质公园""国家重点风景名胜区""国家5A级景区"等殊誉。

武当山旅游经济特区是湖北省唯一的旅游经济特区，以"创世界知名风景区，建中国山水园林城市"为宏伟目标。近年来，武当山旅游经济特区生态文化旅游取得了显著发展成效，社会知名度、关注度、满意度、美誉度和影响力日益提升，为打造武当山国际生态文化旅游目的地奠定了坚实基础。

2018年4月，习近平同志在湖北武汉召开的深入推动长江经济带发展座谈会上强调"生态优先、绿色发展"，"加强改革创新、战略统筹、规划引导，以长江经济带发展推动经济高质量发展"。习近平同志非常重视弘扬中华民族优秀传统文化，他明确提出"要加强对中华优秀传统文化的挖掘和阐发，使中华民族最基本的文化基因与当代文化相适应、与现代社会相协调，把跨越时空、超越国界、富有永恒魅力、具有当代价值的文化精神弘扬起来","中华优秀传统文化中很多思想理念和道德规范,不论过去还是现在,都有其永不褪色的价值,我们要结合新的时代条件传承和弘扬中华优秀传统文化,要让中华文化同各国人民创造的多彩文化一道,为人类提供正确精神指引"。湖北省作为国家长江经济带发展战略的重要支撑,应弘扬中华民族优秀传统文化,努力创造引领区域高质量绿色发展的典范,探索以打造世界一流旅游品牌加快武当山生态文化旅游特区绿色发展的新途径。

一、湖北省打造"中国·武当"世界一流旅游品牌取得的成效

(1) 湖北省重视武当山旅游发展品牌建设。2015年出台的《湖北省人民政府关于促进旅游业改革发展的实施意见》(鄂政发〔2015〕17号),明确提出:"加强旅游品牌建设,培育多元化的精品名牌体系。将长江三峡、武当山和神农架建设成为国际旅游目的地、全国生态文明建设示范区和国家级旅游度假区"。2016年发布的《湖北省旅游业发展"十三五"规划纲要》明确提出:"审视和挖掘湖北旅游优势和特色,进一步塑造湖北旅游品牌形象,丰富和拓展品牌内涵"。"仙山武当"是湖北省规划打造的十二个具体旅游品牌之一。规划明确提出:要将"武当·太极湖国家旅游度假区"建设成为"世界一流的山水养生区"。湖北省人民政府省长王晓东同志早在2013年就明确提出:"武当山当前正面临着一系列重要发展机遇,要切实增强责任感和紧迫感,努力走出一条特色发展的路子,努力把武当山旅游打造成世界一流旅游品牌。"

(2) 湖北省重视武当山旅游文化底蕴发掘和阐发。在湖北省目前拥有的10家国家5A级旅游风景区中,武当山传统文化底蕴最为深厚,具有独特魅力。2017年5月11日,国务院批准的"武当山第四届国际道教论坛"隆重举行,中共湖北省委书记、省人大常委会主任蒋超良同志在致辞中指出:"我们期望通过举办这次国际论坛,深入挖掘道教文化精髓,弘扬忠孝诚信的伦理道德、仙道贵生的人文情怀、上善若水

的道德品质、道法自然的生态理念、有容乃大的开放胸怀,进一步彰显道教现代价值,为破解全球性问题探索路径和方法,为构建人类命运共同体贡献智慧和力量。"

(3)湖北省武当山旅游经济特区建设取得显著成效。2017年,武当山旅游经济特区接待国内外游客超过888万人次,实现旅游收入52.5亿元,同比增长16.75%和22.09%。2018年,武当山旅游经济特区接待国内外游客超过977万人次,实现旅游收入70亿元,同比增长10%和33%。2019年,武当山旅游经济特区接待国内外游客将超过1000万人次。经过多年生态涵养和核心景区封闭式管理,武当山旅游经济特区基础配套设施面目一新。2008年以来,武当山先后举办"世界传统武术节""海峡两岸武当文化论坛""世界太极拳健康大会""武当国际太极拳联谊大会""中国武当国际旅游节""中国武当国际摄影大展"以及"武当太极文化与健身气功国际论坛""全国太极拳公开赛""武当369"道文化活动等。尤其是2012年举办的"武当大兴600年盛典"系列活动和2017年举办"武当山第四届国际道教论坛",可谓是宾朋满座、盛况空前。这些文化活动有效提高了武当山生态旅游、太极武术和道教文化的知名度,明显提升了"武当"的品牌价值及社会影响力。根据2018年7月发布的《中国旅游影响力调查2018》,十堰市武当山风景区在"湖北省最具影响力景区排行榜"中以91.7分排行第二位,仅次于宜昌市三峡大坝旅游区93.3分。

二、湖北省打造"中国·武当"世界一流旅游品牌存在的问题

尽管湖北省打造"中国·武当"世界一流旅游品牌取得了明显成效,但品牌带动效应较弱,尤其是"世界级品牌价值未充分发挥",武当山经济特区建设和生态文化旅游发展中仍存在一些亟待解决的问题。

(1)对打造"中国·武当"世界一流旅游品牌的战略意义认识不够。打造"中国·武当"世界一流旅游品牌必须有全球视野和国家意

识，必须充分认识打造"武当"世界一流旅游品牌的战略意义，必须知行合一将认识付诸积极行动。若以全球视野考察并与我国先进省份相比，湖北省对打造"中国·武当"世界一流旅游品牌的战略意义认识不够。

（2）对打造"中国·武当"世界一流旅游品牌的政策法规供给不够。近年来，湖北省及地方先后出台了一系列与武当山旅游经济特区及生态文化旅游发展相关的政策法规，在一定程度上促进了武当山生态文化旅游特区的建设。但对标我国品牌打造先进省份，湖北省这些政策法规的高质量供给不够，且产生的"特区事特办"实际效用不尽如人意。

（3）对打造"中国·武当"世界一流旅游品牌的优质资源整合不够。湖北省武当山拥有优质的自然资源、生态资源和文化资源，许多地标性资源具有稀缺性甚至在世界上独一无二。尤其是这种众多优质资源的聚集，客观上具有形成系统综合优势的基础和条件，蕴含生态文化旅游价值的巨大潜能，但湖北省对这些优质资源的整合明显不够。

（4）对打造"中国·武当"世界一流旅游品牌的区域形象设计不够。对"中国·武当"世界一流旅游品牌的关注度、认同度和美誉度，很大程度上取决于武当山生态文化旅游的区域形象设计。从武当山旅游经济特区形象设计现状看，尽管多年来进行了许多有益尝试，但明显缺乏基于区域优质生态文化旅游资源综合优势的大视野、大目标、大创意、大创新、大创造、大手笔。

（5）对打造"中国·武当"世界一流旅游品牌的文化活动组织不够。近年来，武当山旅游经济特区开展了一些有影响的生态文化旅游文化活动，在一定程度上提高了"中国·武当"的知名度和社会影响力，但这些生态文化旅游活动，尤其是太极武术和道教文化活动，存在组织频率低、规模小而散、集中度不够、国际知名度及社会影响力较弱等问题。

（6）对打造"中国·武当"世界一流旅游品牌的产业融合推进不够。国家积极倡导的"旅游+"具有战略性、基础性、平台性和公共性，基本覆盖了旅游产业能够融合的所有相关产业领域。武当山旅游经济特区具有旅游产业与文化产业、体育产业、健康产业、养老产业融合发展的优越条件，但基于"旅游+"的绿色产业融合推进不够。

三、湖北省打造"中国·武当"世界一流旅游品牌的紧迫性

湖北省打造"中国·武当"世界一流旅游品牌是贯彻落实国家发展战略的需要，是推进湖北省生态文明建设和高质量发展的需要，是加快鄂西山区扶贫攻坚和区域发展的需要，也是落实《湖北长江经济带绿色发展十大战略性举措》提出"推进创建旅游品牌、开展全域旅游示范行动"的需要。在我国大力发展生态文化旅游的背景下，面对河南、河北、福建等地竞相发展太极文化的行动，尤其是对标河南举全省之力弘扬少林武术文化、打造"世界功夫之都"品牌的所作所为，湖北省武当太极武术传统优势面临前所未有的压力和挑战，加快建设武当山国际生态文化旅游目的地、打造"中国·武当"世界一流旅游品牌已刻不容缓。

1. 河南省打造"世界功夫之都"

河南登封"少林功夫"与湖北十堰"武当武术"同时入选首批《国家级非物质文化遗产名录》。河南省明确提出弘扬"少林武术文化"、打造"世界功夫之都"省级战略，通过举全省之力创造发展条件，不断提高"少林武术文化"的国际知名度和社会影响力，使"少林武术文化"成为彰显河南魅力的世界一流旅游品牌。

通过实施打造"世界功夫之都"省级战略，河南坚持"国际化、特色化、品牌化"发展理念，加快提升郑州国际少林武术节、"禅宗少林·音乐大典"、中国鹿邑国际老子文化论坛等重大文化品牌活动。河南省大力支持登封市举办"中国郑州国际少林武术节"，迄今连续举办了12届，不断强化"少林功夫"的世界影响。2018年10月19日，为迎接第十二届中国郑州国际少林武术节，86000名学生在河南登封市长达8.2公里的展演路上，进行旗阵等十大武术阵列展示，可谓声势浩

大，令人瞩目。通过多年努力，河南省已形成不断延伸的"少林功夫产业链"，覆盖了少林功夫旅游、少林功夫演艺、少林功夫健身、少林功夫文化研修、少林功夫教育培训、少林功夫国际人文交流等方方面面。尤其是河南省登封市依托嵩山少林寺及"少林功夫"，大力发展少林武术教育培训产业，已形成少林武术从幼儿到小学、初中、高中、中专、大专的完整教育培训体系，拥有少林武术教育培训机构近50所，常年在这些机构学习少林武术的学生近10万人，成为中国乃至世界最大的武术教育培训基地。在国家体育总局等发布的《2018年全国优选体育产业项目名录》中，中国禅武文化国际研修中心、登封大型风洞实景演出《梦秀》&飞行体验项目入选。

值得注意的是，河南省着眼于全世界数以亿计的太极拳爱好者，坚持开展太极拳申请世界非物质文化遗产工作，并以登封嵩山少林寺和焦作陈家沟为依托，建设少林武术和太极拳展示体验园区，切实通过创新创意打造"世界功夫之都"世界一流旅游品牌。2017年9月1日，"2017世界百城千万人太极拳展演活动（中国·焦作）"在焦作市陈家沟拉开序幕，此次活动在国内外产生了广泛的社会影响。2019年3月30日，河南太极拳学院在焦作市温县陈家沟正式开工建设，这所全日制本科院校由当地政府与郑州大学体育学院合建，总投资6.7亿，占地512亩，规划总建筑面积18万平方米。河南太极拳学院按计划在2021年建成后，将对传承太极拳文化、提高太极拳人才培养质量发挥重要作用。

2. 河北省重视太极文化的传承和传播

河北永年"太极拳"与湖北十堰"武当武术"同时入选首批《国家级非物质文化遗产名录》。河北省积极争取国家体育总局、国家发展改革委、财政部、外交部、人力资源和社会保障部等方面的支持，争创国际太极拳交流中心，旨在发挥太极文化在服务国家外交战略的独特作用，促进太极拳和太极文化的国际传播与推广，并促进旅游业的联动发展。

邯郸市永年区广府镇作为杨式太极拳、武式太极拳以及派生出孙式太极拳和吴式太极拳的诞生地，长期坚持建设"太极拳之乡"和"太极圣地"，太极拳早已成为普及性、群众性的健身运动，特别是永年区大约有70%的民众常年习练太极拳。邯郸学院作为地方本科院校，2010年在我国率先创立了太极文化学院（邯郸太极文化学院），其办院宗旨是推进太极文化的科学化传承、国际化传播、社会化推广。产业化发展。该院在全国首先开设太极拳本科专业，2013年正式开始招收太极拳专业本科生，2014年获得双学位授予权。永年杨露禅太极拳学院地处邯郸永年广府太极小镇，在贵阳市、广州市、遵义市等地设立了分支院馆。

自1991年国际太极拳联谊会成立以来，河北省积极承办享誉世界的重大赛事——中国·邯郸国际太极拳运动大会，至今已连续举办十三届。2016年9月，第十三届中国·邯郸国际太极拳运动大会在永年广府古城隆重举行，大会以"中国梦·太极情·邯郸行"为主题，来自23个国家及地区的近2000名太极拳运动员和太极拳爱好者共襄盛会。第十四届中国·邯郸国际太极拳运动大会于2018年9月26日至29日在永年区广府镇隆重举行，有来自27个国家和我国30个省、市、自治区的数千名太极拳运动员及太极拳爱好者参与。2018年3月，河北省举行了首届永年广府太极拳交流大会暨永年广府太极拳圣地文化交流赛。2019年5月，邯郸永年区启动第19个"世界太极拳月"暨太极拳"进学校、进社区"活动，旨在进一步推广普及太极拳运动，助力"世界太极拳文化旅游目的地"建设。

3. 湖北省打造"中国·武当"世界一流旅游品牌刻不容缓

从武当山旅游经济特区成立以来的实践看，客观存在着生态文化旅游发展不快、发展不够现象，打造国际生态文化旅游目的地及"中国·武当"世界一流旅游品牌力度明显不够。

湖北省具有优越的"武当太极"武术文化资源，"天下太极出武当"可与"天下功夫出少林"相提并论，武当道士张三丰集《易经》《道德经》等古代经典与传统武术之大成创造的道家太极拳式广为流传。但是，如果湖北省不能充分利用这种源远流长、极其宝贵的传统武术文化资源,有可能弱化"武当太极"武术文化的地标性特征,有可能逐渐弱化"武当太极"文化的比较优势,有可能进而弱化"武当太极"蕴涵的道家贤哲思想,也无疑会大大降低武当山作为国际生态文化旅游目的地的重要价值。

打造"中国·武当"世界一流旅游品牌,必须充分发挥武当山生态文化旅游的综合优势及其潜在价值,必须强化"武当太极"文化及道家贤哲思想底蕴要素的重要支撑作用。从我国河南、河北多地围绕太极文化展开的竞争态势看,湖北省面临打造"武当"世界一流旅游品牌的机遇和挑战,迫切需要通过发掘民族优秀传统文化资源,整合多种优质自然资源和人文资源,释放综合生态文化旅游优势资源潜能,打造"中国·武当"世界一流旅游品牌已刻不容缓。

四、湖北省打造"中国·武当"世界一流旅游品牌的时机成熟

1. 打造"中国·武当"世界一流旅游品牌的资源禀赋优于河南"嵩山"

以实事求是原则客观分析"武当"与"嵩山"两地的生态文化旅游资源禀赋,湖北省打造"武当"世界一流旅游品牌的优势资源叠加富集,具有打造"武当"世界一流旅游品牌的比较优势。

(1) 武当山具有打造"中国·武当"世界一流旅游品牌的生态旅游资源优势。武当山以"亘古无双胜境,天下第一仙山"著称于世。勇者乐山,智者乐水,"问道武当山·养生太极湖",青山碧水名不虚传。客观而论,武当山比"嵩山"更青,水比少溪河及"卢崖瀑布墨浪流"之水更绿,比少水的"嵩山"拥有更多更优质的生态旅游资源。不仅如此,从生态旅游发展空间看,武当山生态旅游资源与神农架生态旅游资源、长江三峡库区生态旅游资源、恩施生态旅游资源等,共同组成各具特色又相互支撑的鄂西生态旅游群落。

(2) 武当山具有打造世界一流旅游品牌的"武当太极"传统武术

资源优势。中国武术在历史上有"北崇少林、南尊武当","天下太极出武当"之说。从武术的强筋壮体和修身养性功能看,"武当太极"比"嵩山少林"拥有更多来自全球的潜在社会需求。在"以用户为中心"的现代社会,"武当太极"客观上比"嵩山少林"拥有更多的潜在用户。尤其是武当太极内家拳具有"调心、调息、调身"功能,其习练者国籍不分中外,年龄不分大小,性别不分男女,职业不分白领蓝领,身体状况不分强弱,可谓是"太极修身养身、男女老少皆宜",具有超强的大众普及性和数百年长盛不衰魅力。中国古老的太极拳运动以太极的阴阳之理为依据,被美国《时代周刊》称为"完美运动",国际影响力不断增加。2017年,武当山"两拳一剑"(武当拳、武当太乙拳、武当剑)技术标准得到国家正式确定,这在武当武术史上具有里程碑意义,也意味着武当武术技术标准将被国家推广和普及。

(3) 武当山具有打造世界一流旅游品牌的综合交通资源优势。十堰市及武当山地区航空(民航及通用航空)、高铁、高等级公路立体交通网络日趋完善,已能够满足国际及国内生态文化旅游目的地的游客集散要求。尤其是西武高铁、十淅高速公路等投入营运后,将进一步为武当山生态文化旅游发展创造有利条件。不论是空中行程还是陆地行程,游客进出武当山地区都有满目绿色感观。相比较而言,登封"嵩山"地区的立体交通网络稍稍逊色,尤其是游客缺少绿色交通观感。

(4) 武当山具有打造世界一流旅游品牌的生态文化旅游资源集群优势。武当山往南是神农架生态旅游风景区、长江三峡库区生态旅游风景区和恩施生态旅游风景区,往东是襄阳市三国文化旅游风景区,能够将丰富而稀缺的生态文化旅游资源"串起珍珠成玉盘",实现自然景观和人文景观交相辉映、自然遗产和非物质文化遗产资源互补,共同打造世界级的鄂西生态文化旅游目的地。伴随着鄂西立体交通网的进一步改善,打造世界级的鄂西生态文化旅游目的地已有"梦想成真"的现实可能性。

2. 打造"中国·武当"世界一流旅游品牌的创新生态日益改善

近年来,国家及地方不断强化旅游业发展的战略性、支柱性和重要性，以高质量政策法规供给大力促进旅游业的创新发展。

（1）为贯彻落实国家科教兴国战略、人才强国战略、创新驱动发展战略、乡村振兴战略、区域协调发展战略、可持续发展战略、军民融合发展战略，尤其是深入贯彻落实健康中国战略、体育强国战略和文化强国战略，国务院有关部门围绕促进"五大幸福产业"（旅游产业、文化产业、体育产业、健康产业、养老产业）发展先后出台了一系列规划及产业政策，为湖北省打造"中国·武当"世界一流旅游品牌创造了前所未有的社会环境。2017年，我国旅游直接投资超过15000亿元，全国144支旅游产业发展基金总规模超过8000亿元；2018年，我国旅游直接投资继续保持良好发展态势。目前，我国旅游业已形成民营企业为主、国有企业和政府投资共同参与的多元主体投资格局。

（2）湖北省先后出台了一系列政策文件，致力于鄂西区域发展和主导产业振兴，大力促进武当山生态文化旅游发展，积极支持打造"武当"世界一流旅游品牌。近年来，政府引导社会资本关注和投资武当山旅游经济特区及生态文化旅游建设，努力适应现代社会的消费升级需求，尤其是以"旅游+"积极探索旅游产业与体育产业、文化产业、健康产业、休闲农业之间的绿色产业融合，已成长起以湖北武当山旅游开发有限公司、湖北武当太极湖旅游发展有限公司、十堰武当山旅游发展有限公司等为代表的市场主体。2018年，武当山大明峰生态文化旅游项目、武当山南神道景区项目、太极峡旅游区基础设施建设项目等，通过湖北省金融支持旅游扶贫优质项目评审论证。2019年1月，投资50亿的武当山太极文化古镇项目正式签约。

（3）湖北省在1997年11月18日举行武当山旅游经济特区成立大会及揭牌仪式，赋予武当山旅游经济特区县级管理权限，行政区划属于丹江口市。2003年6月17日，中共湖北省委、省政府在武当山召开现场会议，进一步明确在现有行政区划仍属于丹江口市的前提下，赋予武当山旅游经济特区独立行使一定的管理职能权限，实行封闭式管理；成立中共湖北省武当山旅游经济特区工作委员会、湖北省武当山旅游经济特区管理委员会，分别作为中共十堰市委、市政府派出机构。武当山旅游经济特区组织制定和实施《武当山旅游经济特区国民经济和社会发展第十三个五年规划纲要（2016—2020）》《武当山》以及《太极湖生态文化旅游区规划》等规划，并组织进行《武当山风景区总体规划》的修编完善，积极开展武当山2049发展战略规划研究。武当山旅游经济特区在建设"旅游度假示范区、生态文明先行区、健康养生体验区、武当武术展示区、全面小康样板区"的基础上，正在实施"完善新区、改造老区、建设湖区、提升景区"战略，努力将武当山建设成为"文化旅游健康养护高地"，打造成"东方国际休闲养生旅游目的地"。

3. 打造"中国·武当"世界一流旅游品牌的基础设施及条件不断完备

"十二五"期间，武当山旅游经济特区的基础设施及条件得到明显改善。按照正在实施的"十三五"综合规划及专门规划，打造"中国·武当"世界一流旅游品牌的基础设施及条件将更加完备。

（1）武当山民用航空更加完备。武当山机场距离武当山旅游风景区大约20公里，2016年2月正式投入营运后，当年旅客吞吐量39万人次；2017年旅客吞吐量达到88万人次，同比增长123.6%；2018年旅客吞吐量突破100万，达到119.4万人次，同比增长37.2%；预计2019年旅客吞吐量将超过130万人次。2017年，武当山机场旅客吞吐量提前3年达到2020年规划目标。截至2019年1月，武当山机场共开通23条航线，通达国内34个重要城市。根据高标准支线机场建设需要，武当山机场2017年开始机坪扩建等工程。航空作为影响21世纪世界经济发展的重要交通方式，将对打造武当山国际生态文化旅游目的地产生深远影响。通过加快建设国内一流的武当山生态旅游机场，武当山机场与神农架红坪机场、宜昌三峡机场、恩施徐家坪机场、襄阳刘集机场形成鄂西生态文化旅游空中廊道，尽快开辟我国港澳台地区和国际航线，拓展主要国际旅游客源地的直航线路，将满足更多国内外游客特别是高端游客的需要。

（2）武当山高速铁路更加完备。汉十高铁将于2019年12月正式通车，届时会大大缩短游客出行的路途时间，进一步提高武当山生态文化旅游目的地的通达性。"汉十城际铁路"是武汉至西安铁路客运专线（西武高铁）的重要组成部分，是国家铁路网"四纵四横"的重要补充。2015年武当山西站开工建设，2018年正式投入使用。西武高铁投入营运后，从武当山西站1小时内便可抵达古都西安、1.5小时可抵达江城武汉，将极大地改善武当旅游经济特区的大容量轨道交通条件，能有效带动特区的经济社会发展。

（3）武当山高等级公路网更加完备。特别是在十淅高速公路（湖北段）建设工程、福银高速公路互通改建工程竣工入网后，将大大提高武当山及周边地区的路网效率。2017年12月，十淅高速公路（湖北段）正式开工建设，计划2021年12月投入营运。十淅高速投入营运后，不仅把长江三峡和丹江口两大世界级库区连接起来，而且将湖北神农架、武当山和河南洛阳等风景名胜区串联起来，对促进鄂西山水一体化生态文化旅游发展，尤其是武当山国际生态文化旅游目的地建设具有重要意义。2018年1月，福银高速公路武当山互通改建工程正式动工，计划2019年建成通车，这意味着影响武当山生态文化旅游、特别是自驾游发展的交通瓶颈将不复存在。

（4）武当太极传统武术及道家贤哲思想底蕴得到更好的弘扬和传承。特别是2012年举办的"武当大兴600年盛典"系列活动和2017年举办"武当山第四届国际道教论坛"活动，堪称弘扬中华民族优秀传统文化活动的典范。武当山国际武术学院首届本科生于2018年7月毕业，标志着武当山以太极拳为特色的武术教育及培训进入一个新阶段。经过多年发展，武当山地区已经武当山道教学院等研习机构，初步形成太极拳武术养身、道家文化研修等教育培训社会服务体系。

（5）武当山生态文化旅游接待服务体系更加完备。通过政府积极引导社会资本关注和投资生态文化旅游产业，武当山旅游经济特区持续加强政府公共服务和旅游服务的"硬件""软件"建设，旅游接待服务能力、水平和质量不断提高。不仅按照国家旅游行业标准构建和完善旅游接待服务体系，而且根据武当山生态旅游、太极拳武术研修、道家文化游学等需要，正在形成差异化特色旅游所需要的民居客舍接待服务能力。基于武当道教文化优秀基因,精心开发和提供寻道、论道、问道、赏道、学道、养道、品道等生态文化产品。

五、加快打造"中国·武当"世界一流旅游品牌的重要举措

为实现湖北省成为"全国旅游经济强省""中部旅游的核心""长江旅游的中坚""中国旅游的支撑"规划目标,必须努力打造"中国·武当"世界一流旅游品牌,加快武当山生态文化旅游特区高质量发展,充分发挥特区改革开放创新互促互动、先行先试的引领示范作用,湖北省应积极采取一系列重要举措。

(1)湖北省应高度重视打造"中国·武当"世界一流旅游品牌的战略意义,明确打造"中国·武当"世界一流旅游品牌"特区事特办"的紧迫性。建议湖北省深入实施"生态优先、绿色发展"战略,突出武当山旅游经济特区的"生态"特征和"文化"特色,将关键词"旅游经济"升级为"生态文化旅游",举全省之力探索"武当山生态文化旅游特区"高质量发展的新模式。完成打造国际生态文化旅游目的地及其"中国·武当"世界一流旅游品牌的顶层设计,深入研究基于社会需求导向的"中国·武当"世界一流旅游品牌战略,制定《湖北省打造"中国·武当"世界一流旅游品牌战略规划》及行动计划,加强改革开放创新互促互动,尽快形成政府部门共同推进"武当"世界一流旅游品牌建设的合力,更好地发挥市场配置资源的决定性作用。以打造"中国·武当"世界一流旅游品牌的实践探索和先行示范,加快湖北省旅游整体品牌,尤其是"鄂西生态文化旅游"品牌塑造,促进鄂西生态文化旅游一体化大发展。

(2)湖北省应进一步加强打造"中国·武当"世界一流旅游品牌的高质量政策法规供给,必须坚持前瞻性、综合性、针对性、协调性原则,对打造"中国·武当"世界一流旅游品牌亟待解决的问题和潜在问题精准施策。建议湖北省尽快出台《关于加快打造"中国·武当"

世界一流旅游品牌的意见》，逐渐形成和完善促进武当山生态文化旅游发展的高质量政策法规体系，注重发挥省旅游发展协调领导机构落实政策法规的统筹作用，为武当山生态文化旅游特区"特区事特办"及高质量发展提供强有力的保障，以加快打造"中国·武当"世界一流旅游品牌推进鄂西生态文化旅游一体化大发展。

（3）湖北省应切实加强打造"中国·武当"世界一流旅游品牌的区域形象设计，以集成创新重塑特色鲜明的武当山国际生态文化旅游目的地新形象。通过深入发掘武当太极文化及其道家贤哲思想底蕴，大力弘扬中华民族优秀传统文化精髓，将地标性自然景观和人文景观、自然遗产和非物质文化遗产资源发挥到极致。积极推进鄂西生态文化旅游一体化发展，突出"武当"国家知名品牌区域形象的差异性和独特性。高度重视网络媒体、平面媒体全媒体传播，充分发挥旅游微营销目标客户精准、用户生成内容、交互性突出、成本低廉等特点，不断提高武当山生态文化旅游的关注度、知名度、满意度、美誉度和参与度，不断提升"中国·武当"世界一流旅游品牌价值及社会影响力。

（4）湖北省应精心谋划以武当山为地标的全国性、地区性、国际性重大文化活动，精益求精地选择和建设能够支撑"中国·武当"世界一流旅游品牌的重要平台，争取在武当山太极湖之滨打造具有广泛社会影响的全国性、地区性、国际性重大文化活动的永久会址。重点围绕武当太极武术、道家贤哲思想等优良传统文化精髓，尤其是弘扬太极拳强身健体、养生养心之国技，通过深入发掘、传承和弘扬创新，不断创新武当山生态文化旅游的重大文化活动形式、内容和科技含量，不断提高重大文化活动的关联性、协调性和系统性，不断提提升重大文化活动的国际关注度、知名度、满意度、美誉度、参与度和社会影响力。

（5）湖北省应积极争取与国家体育总局共建"中国武当武术学院"，努力探索新时期传统武术教育发展的新模式。根据社会需要及办学条件，适当扩大武当山国际武术学院招生规模，并积极吸收外国留学生，特别是"一带一路"沿线国家留学生。以武当山国际武术学院为依托，努力聚集和整合国内外相关优质资源，加快建设国家武当武术研究中心、武当武术文化国际交流中心、国际健身气功交流中心等公共平台，进一步加强"武当武术"的跨学科探索，夯实"武当武术"标准化基础，为高起点推广武当太极武术创造更好的条件，为发展高质量武当太极武术教育培训提供坚实支撑。

（6）湖北省应努力强化打造"中国·武当"世界一流旅游品牌的综合投入。打造"中国·武当"世界一流旅游品牌必须解放"投入"思想、转变"投入"观念、提升"投入"效率、提高"投入"质量，注重发挥对武当山生态文化旅游综合投入的整体效用。一是加强打造"中国·武当"世界一流旅游品牌的项目建设资金投入；二是加强打造"中国·武当"世界一流旅游品牌的学术研究投入；三是加强打造"中国·武当"世界一流旅游品牌的优秀人才投入；四是加强打造"中国·武当"世界一流旅游品牌的自然资源投入；五是加强打造"中国·武当"世界一流旅游品牌的精准政策投入；六是加强打造"中国·武当"世界一流旅游品牌的科技创新投入；七是加强"中国·武当"世界一流旅游品牌的时间投入。

（7）湖北省应大力推动武当山生态文化旅游特区及周边地区的产业融合，尤其是围绕生态文化旅游加快"五大幸福产业"融合，努力将其打造成为"生态优先、绿色发展"、现代产业有机融合的高效经济体。武当山生态文化旅游特区具有旅游产业、文化产业、体育产业、健康产业、养老产业等融合发展的优越条件，通过"旅游+"和"互联网+"强化产业融合理念、建设产业融合平台、形成产业融合机制、打造产业融合利益共同体、激励产业融合创新、拓展产业融合途径、实施产业融合项目，加速新旅游产品业态迭代更新，形成独具"中国·武当"生态文化旅游特区特色的高质量绿色产业发展模式。

（8）湖北省应优先选择及推广"'旅游+'与'互联网+'串联式"发展模式。伴随着新一代信息技术，尤其是大数据和人工智能的发展，"互联网+"将对人类的社会生产、社会生活、社会治理产生深刻影响，也渗透到旅游业发展的整个过程和每一个环节。运用"'旅游+'与'互联网+'串联式"发展模式，将"旅游+"与"互联网+"串联后再与相关融合产业并联,将大大提高旅游业与相关产业融合效率,提升旅游业与相关产业融合的科技支撑,更有效地促进旅游业与相关产业融合,有助于加快推进武当山生态文化旅游特区建设,加速打造"中国·武当"世界一流旅游品牌进程。

(9)湖北省应按照国家《"十三五"旅游业发展规划》《关于促进全域旅游发展的指导意见》(国发办〔2018〕15号)等重要文件,大力推进武当山核心风景区及相关地区全域生态文化旅游建设,着眼于提升生态文化旅游全要素效能和全产业链价值,高标准打造武当山国际武术健康小镇(集聚区),积极创建全国全域旅游示范区,建设和完善武当武术文化博物馆、武当武术健身馆、武当武术观摩研修中心、武当太极养生体验馆、武当道教文化美食工坊、武当宫观道乐坊、武当太极文化客居等一系列配套设施,并积极探索新型生态文化旅游社区社会治理体系及社会治理能力现代化,为打造"中国·武当"世界一流旅游品牌提供坚实基础支撑。

报告撰稿人: 李 光 武汉大学"珞珈杰出学者"、教授、博士生导师

乔亚兰 湖北艺术职业学院人文与社科学院院长、教授、博士

高质量建设湖北省物流示范园区的对策研究

余序洲　李　欢　曾　焱

随着经济全球化进程加快和社会分工的进一步细化，现代物流业在国民经济和社会发展中发挥着越来越重要的作用，其发展程度成为衡量一个国家现代化程度和综合国力的重要标志之一，被喻为促进经济发展的"加速器"。为了响应十九大报告中所提出的"大力发展物流等基础设施网络建设，推进物流降本增效，实现物流高质量发展"的要求，湖北省人民政府于2018年5月印发了《关于进一步推进物流降本增效促进实体经济发展的实施意见》，这份文件要求湖北省必须深入推进物流产业结构调整、培育经济发展新动能，从而提升物流业发展水平，促进实体经济健康发展，从整体上促进湖北由"物流大省"向"物流强省"迈进，开辟新时代湖北省物流发展新篇章。

现代物流业作为现代经济的重要组成部分和工业化进程中最为经济合理的综合服务模式，正在全球范围内得以迅速发展。作为包含实物流、信息流、资金流的物流业被认为是继劳动力、资源之后的"第三利润源泉"。物流业在由传统分散的物流活动经过资源整合形成现代物流系统的过程中，逐渐衍生出物流园区这一时代产物。物流园区的成功建设有利于丰富和拓展城市功能、促进城市产业布局和功能分区布局调整、舒缓城市交通拥挤、改善城市景观和环境质量、带动其他关联产业发展等多种社会功效。湖北省作为中部省份，虽具备先天物流优势，但在实际发展中并没有有效发挥物流的作用，与其他物流发达地区相比差距还较大。尤其是在物流园区的建设过程中涌现出许多问题亟待改进，本文通过实地调研，剖析了湖北省物流园区发展的主要问题，并提出相应的对策建议，旨在促进湖北省物流园区规范、健康、快速发展，为湖北省经济发展培育新动能。

一、物流产业及物流园区的内涵及特征

（一）物流产业的内涵

目前，关于物流产业的概念在国际上没有统一的标准，学术界也没有达成共识，存在较大分歧。在我国现行的国民经济行业分类管理中，还没有把物流产业作为一个独立的产业看待，但事实上物流产业已经客观存在。根据物流产业的涵盖范围，美国供应链管理专业协会（CSCMP）将物流产业定义为"铁路运输业、海运行业、航空运输业、多式联运业务、货运代理、仓储业、物流咨询业、港口业等相关产业的集合"。《中国现代物流大全》依据物流产业涉及相关主体及功能将物流产业定义为"包括公路、铁路、水路、航空等基础设施和工业生产、商业批发零售和第三方仓储运输及综合物流企业为实现商品的实体位移所形成的产业"。

事实上，现代物流产业早已不是简单地实现物资资料的位移，而是包含许多功能的一体化的服务产业。因此，本文将物流产业定义为：由供应链上各个专门提供物流服务的企业，在对运输、仓储、装卸、加工、整理、配送、信息等方面进行整合后，为用户提供物流需求预测、采购运输、仓储和客户服务等综合性服务的新型的跨行业、跨部门、跨区域、渗透性强的复合型产业。

（二）物流产业的基本特征

1. 网络化

物流服务是在一个开放的大系统、大网络中运作，并趋于实用统一的技术标准和技术装备。为了保证对产品促销提供快速、全方位的物流支持，现代物流需要有完善、健全的物流网络体系，物流信息需要在网

络中实现快速的流动。计算机及网络技术的突飞猛进使这一点成为可能,实现了物流和交通以及信息技术的紧密结合,物流企业可以参与社会再生产中从原材料供应、生产到销售全过程的各类物流服务。

2. 专业化

物流产业由于需要对各种物流要素进行优化组合和合理配置,从而实现物流活动效率的提高和物流总成本的降低。因而其行业有着特殊的技术要求:如机械电子技术、精密加工技术、交通运输技术、立体库技术、网络配送技术、物流标识与跟踪定位技术等;同时还采用了世界上最先进的物流系统,运用了 GPS(全球卫星定位系统)、卫星通信、射频识别装置(RF)、机器人,实现了自动化、机械化、无纸化和智能化。通过集成化的物流服务网络快速、准时、低成本地向客户提供保值增值服务功能。专业化的技术设施决定了其行业存在较高的进入壁垒,无法轻易取代。

3. 信息化

物流信息化是指物流企业对物流过程中产生的全部或部分信息进行采集、汇总、分类和跟踪等一系列处理活动,以实现对各个环节中物资流动的控制、降低成本、提高效率的管理活动。在物流产业飞速发展的今天,物资在流通领域的各种信息,包括物资的运送过程、时间节点及到达数量,对企业整个生产过程的管理和控制都将起到至关重要的作用。

4. 标准化

物流标准化是指将物流作为一个大的系统,制定内部设施、机械装备、物流信息标准,形成全国标准以及同国际标准接轨的体系。我国的物流产业发展得比较晚,尽管近些年来我国的标准化工作取得了一定的进展,但是随着各种不同类型的物流企业不断进入市场,且企业的背景不同以及对物流的认识不同,导致我国目前尚未形成统一的服务标准。若物流行业的标准化水平落后,将会降低物流运行的效率,严重阻碍我国物流进入国际物流市场,抑制了物流行业的快速发展。因此,加快推进物流产业的标准化是我国物流产业发展的重要任务。

5. 集约化和协同化

物流企业的集约化和协同化是现代物流发展的一个鲜明趋势，可以通过大力建设物流园区、兼并物流企业来实现。物流园区是不同类型的物流企业、物流设施在空间上的集中布局，形成具有一定规模和综合服务功能的物流场所。物流园区的建设一方面有利于提高物流企业的竞争程度，促进物流企业的规模化发展；另一方面能够发挥互补优势和整体优势；同时不同类型的物流企业通过专业化分工与协作，可以有效提高物流服务的专业化水平，通过实现产业运作的配套化和系统化来提高物流行业的资源利用效率，实现物流的集约化。

（三）物流园区的内涵

中国国家标准《物流术语》将物流园区定义为：为了实现物流设施集约化和物流运作共同化，或者出于城市物流设施空间布局合理化的目的而在城市周边等区域，集中建设的物流设施群与众多物流业者在地域上的物理集结地。

汪鸣（2002）将物流园区定义为是对物流组织管理节点进行相对集中建设与发展的具有经济开发性质的城市物流功能区域；同时，也是依托相关物流服务设施进行与降低物流成本、提高物流运作效率和改善企业服务有关的流通加工、原材料采购和便于与消费地直接联系的生产等活动的具有产业发展性质的经济功能区。作为城市物流功能区，物流园区包括物流中心、配送中心、运输枢纽设施、运输组织及管理中心和物流信息管理中心等适应城市物流管理与运作需要的物流基础设施；作为经济功能区，其主要作用是开展满足城市居民消费、就近生产、区域生产组织所需要的企业生产、经营活动。

综上所述，对于物流园区的理解不应该仅停留在单一封闭的物流集聚属性（强调地域概念），更重要的是要关注物流功能的集结点属性（强调功能概念）。因此，本文将物流园区定义为是由运输公司、配送中心、货物中转站、仓库、批发中心及流通加工厂等多个物流企业在空间上进行集中布局，并具备多式联运、分拨、综合服务功能于一身的物流集结点。

(四) 物流园区的功能

1. 基本功能

物流园区的基本功能包括运输、储存、装卸搬运、包装、流通加工、配送、物流信息处理等。

2. 互补集约功能

物流园区不但是囊括了现代物流技术、信息、设备、人才、服务、管理、资源、客户的集中地，而且是一个具有系统性和综合性的区域。作为产业链上的流通环节，物流园区上游与产地相连，方便生产领域的延伸，而下游则方便零售和消费的延伸。因而在一定程度上可以有效集合相关资源，实现资源的优化再配置。

3. 综合运作与转运衔接功能

综合运作与转运衔接功能是指把不同的功能进行分配，实现产业运作的配套化和系统化。例如深圳的平湖物流同区把市场信息、专业配送、多式联运、现代仓储、市场的展示和交易功能结合在一起，实现五位一体，从而在市场竞争中占据更大优势。综合运作也可以利用在运输工具的衔接上，如使用先进的技术和最好、最有效的管理方法把运输形式进行转换。

4. 辐射、拉动功能

一个综合性的物流园区，它不再局限于某个行政区域，根据它辐射广、可以拉动周边的经济的特点，它产生的影响范围可能到一个经济区域。

5. 新开发的功能

新型的物流园区还具有结算、需求预测、物流系统设计咨询、物流教育与培训、订单处理、协助商品的仓储、检验和报关、代理征税、开设货物运输紧急救援系统、利用信贷技术协助进行货物跟踪、通过仲裁系统帮助交易人处理纠纷以及为客户提供全方位的信息服务的功能。

二、湖北省物流业发展现状分析

现代物流产业作为一种先进的管理技术和组织形式，已经成为我国经济发展的支柱性产业之一。其作为国民经济基础产业，融合了道路运输业、仓储业和信息业等多个产业，涉及领域广，吸纳就业人数多，其发展不仅可以推动产业结构调整升级，而且还能增强我国的经济综合实力。

（一）物流业发展迅速，产业规模逐年扩大

随着我国物流专业化水平不断提升，物流市场规模加速扩张。按照中国产业信息网公布的数据显示，2011—2018 年，全国社会物流总额从 158.4 万亿元攀升至 283.1 万亿元，社会物流需求总体上呈增长态势，具体数据如图 1 所示。

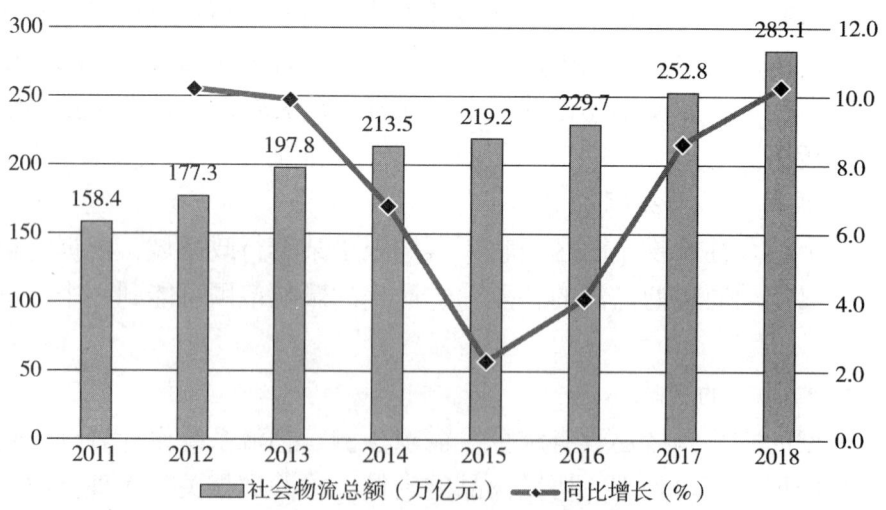

图 1　2011—2018 年中国社会物流总额及增速情况

在这种发展背景下，湖北省作为全国中部省份，在"十二五"规划及中部崛起战略的影响下，其物流业也呈现出强劲的发展势头。按照统计数据显示，2011—2017年湖北省社会物流总额由45919亿元攀升至87028亿元，物流产业规模逐年扩大，如图2所示。

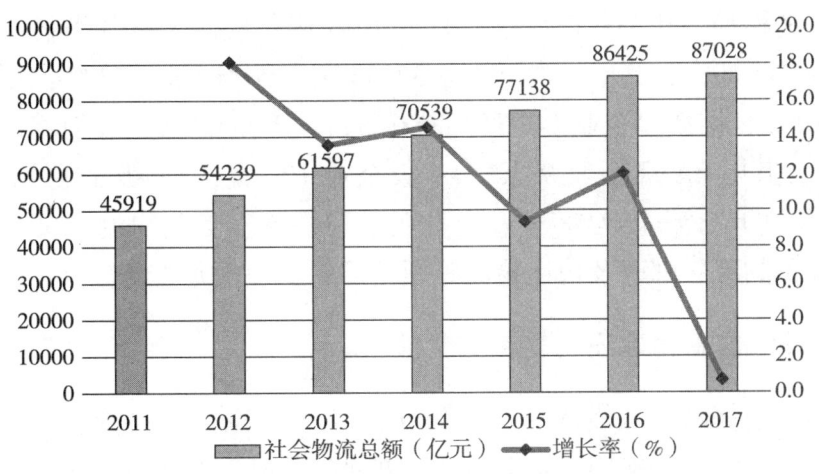

图2　2011—2017年湖北省社会物流总额及增速情况

（二）物流网络建设逐步健全

"十二五"期间，湖北省物流网络建设进一步健全。湖北省公路总里程位居全国第三，达到25.3万公里。一级公路里程从2210公里增长到5248公里；高速公路位居全国第四，达6204公里。"四纵四横一环"高速公路网络业已形成；全省25989个村全部实现"村村通客车"，新改建农村公路73184公里，进入全国第一方阵。新增高等级航道里程翻番，由新增60公里再增614公里。内河千吨级及以上航道位居长江沿线第一，达1738公里。港口吞吐能力达到3.1亿吨，集装箱吞吐能力从150万标箱提升到433万标箱。较为发达的铁路运输网络正在形成，铁路总营业里程达4060公里，较"十一五"末增加730公里。2015

年，中欧班列（武汉）增幅位居全国第一。航空运输方兴未艾，天河机场三期、武当山机场等加快建设。

（三）物流市场主体发展迅速，集聚效应开始显现

湖北省物流市场已基本形成"大、中、小、特"各种物流企业共同发展的格局。相关数据显示，截至 2015 年年底，全省各类物流市场主体为 37588 家，其中：内资企业 32144 家，外资企业 157 家，私营企业 5110 家，港澳台企业 147 家。全省通过国家认证的 A 级物流企业有 282 家，其中 5A 级企业 9 家，4A 级企业 102 家，3A 级企业 113 家，2A 级及以下物流企业 58 家。全省在医药物流、工业物流、农产品物流、商贸物流、邮政及快递物流等领域形成了一批龙头物流企业。

（四）信息化建设已呈良好势头

国家通信网"八横八纵"光缆干线网中的京广、汉渝、汉宁等 5 条干线贯穿湖北。连接国家交通部、湖北省政府、湖北省交通厅、地市交通厅的湖北交通信息网主体工程已基本完成。相关行业电子数据交换技术及地理信息系统的软件开发也走在全国前列。

另外一些大中型港口和大型航运企业也积极开展企业信息化建设，围绕运营管理、调度指挥、运输过程控制和企业内部事务处理等业务需求，开发了企业内部管理方面的信息系统，并通过国际互联网开展用户服务。此外，标准、规范、法规和制度建设都有不同程度的进展。配合应用系统的开发，制定完成了有关信息技术标准和代码，大大提高了行业的信息化服务水平。在建设物流信息平台的过程中，智能标签、条码、无线射频识别，以及自动分拣等技术，在大范围得到普及使用，而且相关行业的电子数据交换技术（EDI）及地理信息系统（GIS）的研发也处在全国前列的位置，这些技术的发展为现代物流业信息化建设提供了有力的支撑。

三、湖北省物流业发展中存在的主要问题

(一) 物流费用与 GDP 的比率较高，物流运行效率亟待提升

社会物流总费用这一指标衡量的是物流行业消耗的物流成本，其与 GDP 的比率表明了我国物流行业的运行质量和效率。按照国际发达国家的标准，这一指标应不超过 10%，而根据官方数据显示，2017 年我国社会物流总费用与 GDP 的比率仍然达到了 12.1%（见图 3），湖北省社会物流总费用与 GDP 的比率为 15.33%（见图 4），远高于全国平均水平。这表明湖北省目前的无效物流成本偏高，严重阻碍了物流运行效率的提升，促进物流提档升级已经迫在眉睫。

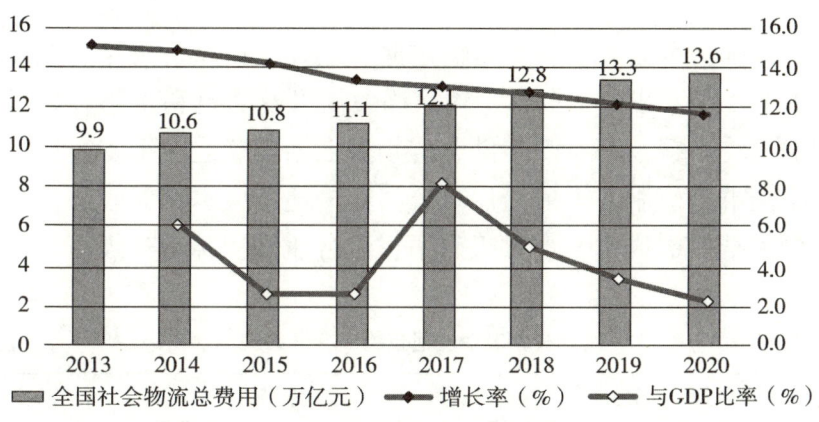

图 3　2013—2020 年中国社会物流总费用及其与 GDP 比率

(二) 物流运输结构失衡，资源利用率低

九省通衢、交通便利成为湖北省物流业发展的利好因素。然而，根据湖北省交通运输局公布的数据显示，湖北省在运输结构上更多依赖于公路运输的方式造成了物流运输结构失衡，降低了资源的利用率。根据

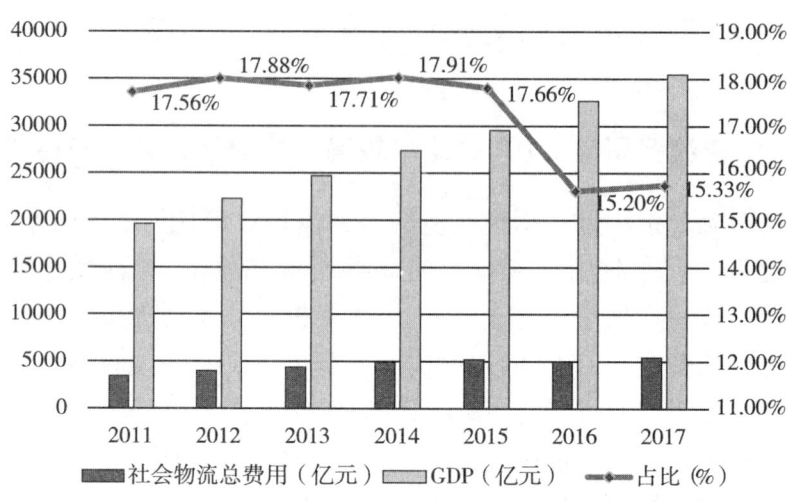

图 4　2011—2017 年湖北省社会物流总费用及其与 GDP 比率

表 1 中的数据,可以看出公路运输占据了 77%,铁路、水路及航空运输分别占据了 12%、8%、3%。运输结构失衡以及陆路和水路、海运、空运之间的衔接不畅,都反映了湖北省物流在多式联运、干支衔接、口岸服务等中高端物流服务上的滞后。公路运输耗费成本相对较高,进一步增加了物流行业的成本,严重阻碍了物流行业结构转型升级。

表 1　　　　　　　　湖北省物流业交通运输情况分布表

运输方式	公路	铁路	水路	航空
百分比	77%	12%	8%	3%

(三) 物流业态较为陈旧,亟待转型升级

从湖北省发展现状看,物流行业的功能较多停留在空间位移等基础功能,较少涉及智慧化仓储、信息共享的联运平台等现代物流的新业态,与经济发展的需求存在着较大的差距。物流业态创新以及新的物流

模式应用，成为湖北省物流行业快速发展的一大短板。传统物流只是简单的货物在空间上的送达服务，信息技术运用也只是局限于基础的内部信息的沟通和传递，与企业（客户）的生产经营过程的融合度非常低，物流信息游离于企业经营信息系统之外，缺乏与企业经营活动的协同。现代物流业强调以用户需求为导向，强调物流业与企业间的协同和关联。物流业与制造业和金融业之间的联动，成为物流产业结构优化与升级的主要途径。

在湖北物流行业发展过程中，我们发现现阶段湖北省物流业主要以传统的点到点、线到线的运输为主，运输方式单一且服务同质化。物流业与产业的融合度低，甚至是与产业的发展完全脱节，在产业价值链上，物流业的贡献率偏低。企业之间的协同普遍不受重视，以物流业串联起来的产业价值链发育不全。物流业态的创新不足和发展滞后，严重制约了区域产业价值链的提升。企业间的连通为物流创造了巨大的需求，物流形式的演进反过来也促成了产业高度聚集。专业物流、全程物流等中高端物流服务的缺失，是湖北省物流业，也是物流园区建设中面临的一个重大的现实困境，具备开发、经营、管理一体化的智慧物流，成为新时期物流服务的迫切需求，物流业态已从要素聚集升级到产业聚集，业态创新刻不容缓。

（四）物流市场主体"散、小、弱、低"，需要做大做强

湖北省物流市场主体发展水平滞后，集中表现为"散、小、弱、低"。一是"散"，就是主体分散、经营粗放、封闭运行、各自为政。全省56.4%的物流市场主体集中于武汉、襄阳和宜昌三个地区，而其余43.6%的物流市场主体则分散于14个市州。二是"小"，就是企业规模小。全省物流市场主体95%为中小物流企业，全省物流市场主体注册资金在5000万以上的只有995家，占比仅为3.7%；全省重点物流企业只有90家，占比仅为0.3%；A级物流企业只有187家，占比仅为0.7%。三是"弱"，就是市场主体竞争能力弱。全省12542家内资物流企业中，注册资本100万元以下的占59.9%；全省14221家私营物流企

业中，注册资本在 50 万元以下占 57.2%，车辆利用率在 90% 以上的企业只占 43%，大部分物流企业难以提供全程一体化物流服务。四是"低"，就是企业提供服务层次低、运作效率低。在企业主要从事的业务中，60% 以上的物流企业主要从事传统、单一的运输和仓储业务，而能提供信息服务、物流咨询与物流系统设计的现代物流综合服务的企业则分别仅占 22% 和 7%，由于服务功能单一，经营方式粗放，往往被动地满足客户需求，难以开拓市场。

四、湖北省物流园区发展现状分析

物流园区是综合交通运输体系的重要组成部分，是各种运输方式之间以及与城市交通之间实现有效衔接和多功能、一体化综合服务的关键节点。从"十二五"规划以来，湖北省安排了物流发展专项资金来支持物流园区的建设。截至 2018 年年底，湖北省现有货运枢纽（物流园区）项目 60 个，武汉、宜昌、襄阳、荆州、十堰等地均建有综合货运枢纽，全省公路货运枢纽（物流园区）公共服务设施网络布局和框架体系初步形成。

（一）物流园区数量稳步增长，开发建设步入正轨

根据《湖北省物流园区布局与规范发展报告》可知，2014 年湖北省共有物流园区 218 个，比 2012 年增长了 77 个，增长 54.6%（见图 5）。而且报告中还显示在建和规划中的物流园区占整个物流园区的 60%（见图 6），这表明各地政府已经认识到物流园区是物流业发展的支撑，把物流园区建设作为了物流业和当地经济发展的重要工作抓手。

（二）特色物流园区层出不穷，为园区发展提供新思路

在特色物流园区方面，湖北省一些物流园区开始走特色服务发展的道路，通过自身的特色定位和提供增值服务来提高园区的竞争力。例如宜昌长阳贺家坪物流产业园依托火烧坪"高山蔬菜"规划建设的，园

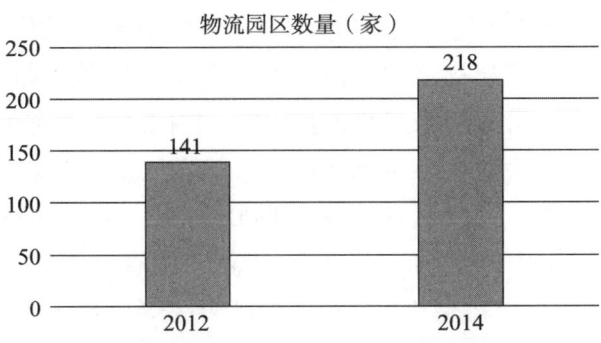

图 5　湖北省 2012 年和 2014 年物流园区数量情况

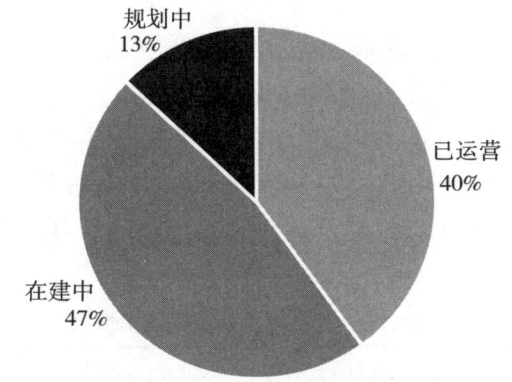

图 6　2014 年湖北省各类状态物流园区分布情况

区所有功能全方位为火烧坪"高山蔬菜"提供服务。此外，十堰东风商用车物流园、荆州两湖绿谷物流园、襄阳汽车物流园等都是极具特色的专业型物流园区。特色物流园区有助于园区明确自身定位，集中资源发展某一优势，而不是随大流没有自身发展特色。

（三）园区辐射能力增强，经济社会效益明显

在经济全球化、组织网络化的背景下，物流园区的服务范围逐渐扩大，并通过贸易不断向周边区域辐射。湖北省的东西湖物流园区、三峡物流园区等一批物流园区都形成了辐射全省乃至周边省市的分布格局，

呈现出明显的集聚性业态。据调查，湖北省物流园区的经济社会效益日益增强，武汉空港综合物流园、汉口北综合物流园等一批物流园区年上缴税收超亿元。荆州两湖绿谷物流园，全国有20多个省市近5000多家商户与其常年签约营销，与全国18个省市的100多个农产品基地建立了稳定的供货关系，直接从业人员10000多人，年交易额过200亿元。在就业方面，根据中国物流与采购联合会的调查，2009年平均每个园区新增800人、2010新增1271人、2011年新增1843人，显示出物流园区吸纳就业的作用越来越大。

（四）物流示范园区项目建设稳步推进，逐渐形成示范效应

"十三五"规划建设以来，湖北省交通物流发展效果显著。综合运输体系网络节点日臻完善，建成物流园区16个，开工建设71个项目，总开工率54%，新增货运吞吐能力2400万吨，并形成了两家国家级示范物流园区和七家省级示范物流园区，示范效应显著，为湖北省其他物流园区的建设提供了借鉴经验。详细情况如表1、表2所示：

表2　　　　　　　　　　湖北省国家级物流示范园区基本情况

园区名称	武汉东西湖综合物流园	宜昌三峡物流园
地理位置	武汉市东西湖区	宜昌市伍家区
建造规模	规划面积：18.7平方公里 实际运营面积：4.5平方公里	总投资18.8亿元 园区占地面积1154亩， 总建筑面积80.8万平方米
运营效益	2018年物流产值219亿元 2018年年货运量3亿吨 物流强度为1649万吨/平方公里	2018年年交易总额达到366亿元 年均吞吐量900多万吨
主要功能	保税仓储；国际采购、分拨和配送；国际中转；转口贸易；简单加工和增值服务；出口退税	仓储服务；冷藏服务；装卸搬运服务；进出口贸易；道路货物运输代理服务；商务信息咨询及中介服务；园区内市场、物业管理三大功能区： 农贸城、冷链仓储配送中心、物流信息交易中心

表3　　　　　　　　湖北省省级物流示范园区基本情况

	地理位置	规划面积	主要功能	运营效率	社会贡献
阳逻港综合物流园	阳逻经济开发区	总用地面积603.5公顷	钢材运输、大宗生产生活物资运输、转运、加工服务及集装箱多式联运港口物流	2015年集装箱吞吐量达到106万标箱，货物的进出量2618万吨	园区已入驻物流企业18家（其中运营11家，在建6家，拟建2家），完成投资57.55亿元，从业人数5000余人
江夏区金口物流中心	武汉市江夏区西北部	总面积288.29公顷，其中物流仓储用地面积124.52公顷	重点为汽车整车及其零部件、机电产品、装备制造业及其原材料配套件等提供综合性仓储分拨、包装加工、运输、信息处理、配送等物流服务	园区税收近5亿元	就业总人数已达5000人
宜昌东站物流中心	宜昌市伍家岗区	总用地面积368254平方米（552亩），总建筑面积422650平方米	物流信息交易、多式联运、电商快递、智慧仓储、物流装备服务	货物货运量120万吨；货物吞吐量210万吨；园区物流强度0.8万吨/亩	园区入驻企业总收入：约16.8亿元，人均劳动生产率：约420万；就业总人数约400人
四季青物流园	湖北省襄阳市伙牌镇	占地1500亩，总投资10亿元	仓储冷链物流、信息交易、汽车配送、交易办公、酒店餐饮	年货物吞吐量约达570万吨；年仓储量约49万多吨	入驻企业360家，入驻企业年总收入达50亿元，人均劳动生产率达79.25万元/（人·年）
十堰林安商贸物流园	十堰经济技术开发区	累计建设投资12.5亿元，建筑面积31万平方米	汽车汽配、仓储物流、新能源汽车、智能装备、工程机械	物流强度达到1220万吨/（平方公里·年），年货物吞吐能力达到305万吨	入驻物流企业84家，物流从业人员（含物流司机）962人，就业人数近3000人，入驻物流企业总收入107842.64亿元，人均劳动生产率112万元/（人·年）

续表

	地理位置	规划面积	主要功能	运营效率	社会贡献
金瑞物流园	湖北省荆门市京山县经济开发区	总投资28亿,项目占地941亩	物资集散、仓储、甩挂运输、多式联运、信息处理、城市配送、会展培训、配套服务等功能为一体的"第四方物流服务平台"	2016年货运吞吐量近216.4万吨;物流强度为2750万吨/(平方公里·年)	企业入驻率82.19%。园区入驻企业(含园区投建运营方)总收入超过15亿元,人均劳动生产率处于行业中等水平

五、湖北省物流园区发展中存在的主要问题

(一)物流园区规模偏小,基础设施配套不足

根据《物流园区服务规范及评估指标》(GB/T30334—2013)(以下简称《规范》),建议物流园区占地面积不小于0.5平方公里(750亩)。根据相关数据显示湖北省2016年满足国家标准的物流园区仅占2.8%。这表明湖北省物流园区建设存在着不规范、不符合国家标准、多而不精等现象(见表4)。

表4　　湖北省物流园区占地面积情况分布表

占地面积	100亩以下	100亩—200亩	200亩—300亩	300亩—400亩	400亩—500亩	500亩—600亩	600亩以上
百分比	47.3%	25.3%	8.4%	5%	8.4%	2.8%	2.8%

物流园区规模过小会导致基础设施配套不足,从而造成了城区内缺乏能够有效连接不同运输方式、集聚物流资源的大型综合货运枢纽和服务于区域经济的大型物流基地、物流中心等,难以对货物的集散、分拨、流通加工和配送进行综合化处理,无法形成资源集聚效应,不利于

物流产业链的形成和物流成本的降低。

（二）公、铁、水、空衔接不畅，多式联运水平较低

物流示范园的建立为多种运输工具的综合运用提出了明确的目标，也为多式联运提供了便利。同时，多式联运在园区的运行中，也可以利用园区的综合优势，根据客户的要求和货物的特点，合理选用不同的运输方式，利用园区的基础设施等优势在不同的运输方式间转换和分拨，极大地降低货物运输的成本，也有利于发挥园区的协同效应，更好地融入企业价值链中，在产品供应链中与价值链上的企业形成合力，降费增效。但是，在湖北省物流园区的建设中，多式联运的推广却是差强人意，运输方式较多依赖于成本较高的公路运输，铁、陆、水、空尚未做到有效衔接，整体运输效率不高，社会物流资源相对分散，高效顺畅的物流网络还未建成，降低了物流运输的效率，阻碍了物流园区服务能力的提升（见表5）。

表5　　　　　　　　物流园区交通运输情况分布表

运输方式	公路	铁路	水路	航空
全国	80.2%	10.9%	6.8	2.1%
湖北	77%	12%	8%	3%

（三）功能定位不合理，多数物流园区功能单一，难以提供全方位的全程物流服务

根据官方数据显示，湖北省目前提供增值服务功能的物流园区仅占38%，大多数物流园区仍以传统的仓储、运输、配送业务功能作为主导。而在流通加工、物流信息服务、库存管理、物流成本控制等增值服务方面，尤其在物流方案设计以及全程物流服务等更高层次的服务方面还没有全面展开，导致了园区功能相对单一，难以满足物流企业多样化的物流需求，也难以为企业提供全方位的物流服务。

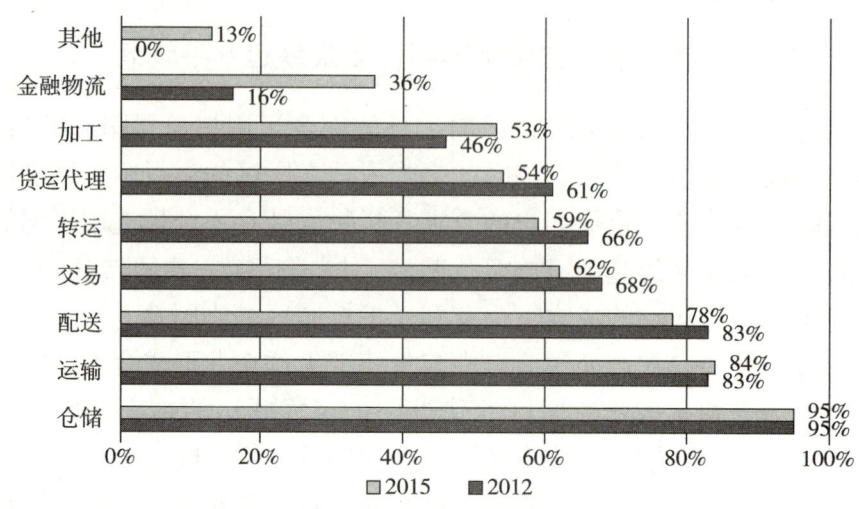

图7　物流园区主要业务功能分布图

表6　　　　　　　湖北省物流园区增值服务情况分布表

	未提供增值服务	提供增值服务
园区占比（%）	62%	38%

（四）园区信息化程度低，信息孤岛现象普遍

据有关统计显示，湖北省目前还有65%的物流园区未接入任何物流公共信息平台，接入省级公共信息平台的企业也仅有四分之一，信息化水平极端低下（见表7）。在接入到相关平台的园区中，信息利用的程度和信息普及程度也相对较低。在调查中，我们发现在现有的物流园区中，对信息的利用仅限于货运信息的匹配和货物配载等较低层面，在产业协同、智慧物流、供应链协同等高端物流领域，信息服务基本为零。物流园区信息化水平低下，信息获取、信息资源开发利用及信息管理能力差，信息化发展水平严重滞后。园区与园区之间，园区与所在地区之间，缺乏信息的交流和沟通，对信息资源的利用，没有一个设计合

理的信息共享机制,导致在园区间以及园区与物流企业间,形成了一个个信息孤岛,资源得不到合理的利用。

表7　湖北省物流园区接入社会物流公共信息平台情况统计表

接入物流公共信息平台情况	未接入国家或省市级物流公共信息平台	接入了省市级公共信息平台	接入了国家级公共信息平台	接入了电子口岸与通关平台
园区占比	65%	25%	7%	3%

物流园区作为物流信息最密集的产生地和输出地,物流园区没能充分利用信息,打造相应的公共信息平台,并且在园区企业信息接入过程中,各企业间缺乏统一的规范,无法实现企业间的相互合作,形成信息孤岛。园区的协同功能缺失,这使得园区与企业间只能是单纯的业务提供和租用关系,无法为企业提供动态性的监测、调整等功能,对企业而言,协同服务的缺失使其和物流园区的合作吸引力、合作黏性都大打折扣。

（五）物流示范园区分布不均衡,产业融合度不高

从物流示范园区分布看,湖北省现有物流示范区的分布城市主要是位于汉江物流带和长江物流带上的城市。依托于长江物流带,可以辐射带动长江沿岸及周边省市的物流发展；依托于汉江物流带,可以辐射带动汉江沿岸及周边区域的物流发展。目前,鄂西地区、鄂东地区缺乏物流示范区,往湖南江西方向的地理布局缺失。地理空间布局的不合理,使其辐射能力大打折扣,达不到与当地产业的高度融合要求。

物流园区不仅仅是交通运输的集中处理中心,同时是产业价值链各个环节中非常重要的节点和桥梁。园区的信息平台、运输作业、企业集聚平台、就业资源等,都是其资源禀赋优势,但湖北省目前园区的状况在地理位置、要素上制约了其向前大跨步发展,示范园区占比少、正常运营的园区占比少、园区给企业提供的附加值缺失、园区地理布局不合

理，都导致了物流园区无法在业态上起到其应有的引领行业发展的作用。

六、高质量打造湖北省物流示范区的建议

（一）依托城市物流圈带动区域物流协调发展

以黄冈、鄂州、黄石、咸宁等集中的鄂东地区，在当前经济和产业优势较弱的前提下，可以先依托于武汉这一国家级物流节点城市，构建以武汉为中心的物流圈。依托京广、福银、沿江三大物流大通道，服务武汉城市圈汽车、钢铁、化工、光电、装备制造、建材、生物医药、纺织、商贸、农业等产业，全面提升武汉物流圈物流产业的集群化、网络化、信息化和多式联运发展水平，依托于武汉城市圈来带动鄂东地区的物流业发展。

鄂西地区应重点构建以宜昌、襄阳（国家区域性物流节点城市）为中心的物流圈，辐射范围包含荆州、十堰、荆门、随州、恩施、神农架等重点物流节点城市。以宜昌为依托，带动荆州、荆门以及恩施自治州区域物流业发展，建成辐射川、湘、渝、贵等省市的鄂西南区域物流枢纽。以襄阳为依托，连接十堰、随州及荆门等地区的"汽车工业走廊"，建成辐射豫、陕、渝等省市的鄂西北区域物流枢纽。

（二）完善物流园区配套功能建设，提升物流园区服务管理水平

为了完善物流园区配套服务建设，进而满足企业多样化的需求，可以从以下两个方面提升物流园区的服务管理水平。一是增强物流金融服务业务，提供物流仓储抵押服务、物流授信金融服务、物流结算金融服务、物流供应链金融服务。二是创新产业链服务平台功能，在物流园区创新产业链服务平台，将生产商、供应商、制造商、零售商、经销商、终端客户集聚到产业链服务平台，实现信息交流、技术共享、交易透明、效率快捷。

(三) 引入物联网先进技术，构建物流园区信息管理平台

目前，物流园区的信息采集、交换和共享主要依托于互联网而展开，而第五代通信技术的发展所带来的物联网技术的应用将会为物流园区信息化发展提供新的契机。物联网时代是一个万物互联的时代，一旦在物流园区进行应用，就能在园区企业、运输公司、监管部门、银行保险等相关主体之间建立联系。主要应用场景包括利用计算机技术检测、跟踪和控制物流设备运行；使用条形码、传感器技术和视频识别技术追踪货物的运输全过程；采用物联网感知层各项技术对物联网物流园区物流操作进行系统信息化处理、采集、传输和处理，提高物流数据操作流程综合化管理。

构建信息管理平台从以下三步展开，首先要对区域的物流信息网络进行设计，分析系统的功能需求，确定功能模块、运行流程和规则。其次，使用互联网、物联网、大数据、云计算和区块链等新一代信息技术保障系统的技术实现，设置统一标准的信息化接口，保障节点间信息交换畅通。再次，需要建立标准统一的奖惩机制，保障平台运营过程中信息的质量和安全。

(四) 加强铁路专用线、港口及航运枢纽的建设，提升多式联运服务水平

为了加强铁路、公路与港口、航空货运枢纽、物流园区的衔接，湖北省应该着重推进这些基础设施的建设。鼓励主要港口疏港铁路延伸建设至码头前沿，减少港内转运环节。统筹全省港口功能布局和结构，推进港口一体化，重点提升武汉港货物集聚和辐射能力。加快推进鄂州机场即湖北国际物流核心枢纽项目建设，加强配套物流设施和联运体系的规划。新建、改造一批设施装备先进、服务功能齐全的多式联运专业站场。推进物流园区内铁路专用线的建设，促进公铁有效衔接。

为了提升不同运输方式之间转换的效率，应该着力提升设施装备技术水平。大力推广应用集装箱、厢式半挂车等标准化运载单元和货运车

辆。先行先试公铁适用的内陆集装箱，鼓励推广使用标准托盘。引导和鼓励各类物流台车、集装袋、物流箱等集装化装卸机具以及大型转运吊装设备、非吊装式换装设备在港口和站场的应用。支持企业研发公铁两用挂车等新型多式联运装备，引导企业申报国家、行业标准。鼓励企业建立智能转运系统，提高换装转运水平。

（五）推进"供应链物流"建设，助力物流业态提档升级

从发展现状看，湖北省绝大多数的物流园区仅仅是物流企业的集成，园区主要业务仅仅是仓储、运输、配送、加工等初级业务，园区内企业各自经营，企业间散乱缺乏管理，导致了物流业停滞不前。事实上，随着信息技术的进步，物流整合领域的不断扩大以及经济全球化的迅猛发展，传统物流已早向供应链物流的方向发展。

为了推动湖北省物流向"供应链物流"转型，可以适当在供应链物流系统中引入第四方物流，将企业从繁杂的物流活动中解放出来，使企业将更多精力集中在自己的核心业务部分。第四方物流则可以从供应链整合的角度出发，通过拥有的信息技术、整合能力以及其他资源为企业提供一套完整的供应链解决方案，从而提升整个供应链的运作效率。另外通过垂直或者水平整合物流功能，形成垂直方向的一体化物流或者是水平方向的规模化物流，可以促使物流功能专业化或者是物流资源规模化，进而优化配置各项物流资源，带来物流效率的提升或者是物流成本的下降。

（六）进一步做强物流市场主体，增强物流发展内生动力

应重点提高物流企业的社会化、规模化和专业化水平，着力培养、重组一批国家4A、5A级物流企业和一批能够主导地区市场的大公司、大集团，着力引进一批国内外领军物流企业、商贸企业、电子商务企业落户湖北，支持在湖北省发展总部经济，设立区域性总部。大力促进物流企业创新发展。鼓励物流企业向供应链上下游延伸服务，建设第三方供应链管理平台，为制造业企业提供供应链计划、采购物流、入厂物

流、交付物流、回收物流、供应链金融以及信息追溯等集成服务。加快发展具有供应链设计、咨询管理能力的专业物流企业,着力提升面向制造业企业的供应链管理服务水平,从而提升物流市场的活力,增强物流发展的内生动力。

报告撰稿人:余序洲　中南民族大学管理学院教授
　　　　　　李　欢　中南民族大学管理学院硕士研究生
　　　　　　曾　焱　中南民族大学管理学院硕士研究生

湖北省老年人长期照护保障机制研究
——基于不同国家和地区老年人长期照护保障实践经验

张欲晓　殷　潇

国际社会将"老龄化社会"定义为 65 岁以上人口数量占总人口数量的 7%。2000 年，我国 65 岁以上人口比例已达 7%，根据联合国标准正式步入了老龄化国家行列。随着经济社会的发展，我国人均寿命持续延长，不断向深度老龄化国家迅速迈进。到 2016 年，我国 65 周岁及以上已达到 15003 万人，占总人口 10.8%。根据人口预测，2050 年我国 65 周岁以上人口比例将达 24.41%。老龄化加剧伴随着越来越多失能人口的涌现，这意味着我国将在相当长一段时间面临"银色浪潮"带来的经济负担和社会问题。国家人社部办公厅于 2016 年出台了《关于开展长期护理保险制度试点的指导意见》，以指导各地方探索老龄化、失能老人比例上升所带来的一系列社会问题。

湖北省老龄办公布的《2016 年湖北省失能老人长期照护问题调查报告》显示，湖北省城乡失能老人有 81 万人，占 60 岁以上老年人口的 8.4%，其中城镇 37 万人，占城镇总人口的 0.8616%。报告预测：在未来 50 年人口老龄化快速发展进程中，失能老人数量将伴随人口老化速度同步较快增长。

应对老龄化带来的社会经济风险，湖北省还面临着一些具有省情特异性的挑战。一是高龄老年人多。在 1704 名接受调研的失能老人中，平均年龄为 76.8 岁，其中 76 岁以上的占 42.90%。二是女性老年人多，在 1704 名失能老人中，男、女性分别占比为 4∶6，女性多于男性的特征非常明显。三是丧偶老年人多，失能老人丧偶者占 51.39%，其中入住养老机构的失能老人"丧偶"者占67.6%,老伴健在者多居家照护。四是患病老年人多,失能老人多因疾病所致,占60.19%,且患有多种疾病。五是低收入老年人多,在1704名失能老人中,有固定离退休费的仅占33.26%,家庭收入较好的仅有176人,占10.3%。六是照护薄弱老年人多,长期缺乏规范的老年人护理机构运作,使许多老年人缺乏应有的照护。毫无疑问,建立科学长效的老龄化保障机制,减轻家庭照护的沉重负担,弥补现有老年照护体系的不足,是湖北省现阶段践行医疗保障探索、加强民生工程建设面临的重要任务。

如何应对老龄化不仅是中国的难题,也是世界上不同国家和地区面临的难题。为了降低失能老年人口带来的社会经济风险,一些发达国家和地区较早形成了老年人长期照护保障体系。本研究基于不同医疗保险制度筹资及机制的代表性,通过回顾不同典型医疗保障制度国家,如德国、日本、美国以及澳大利亚的老年人长期照护保障制度的发展沿革及政策核心,对其筹资体系、适用准入、服务模式等方面进行比较,解析及评述其优劣之处,为湖北省老年人长期照护保障制度的设计和完善提供经验借鉴。

一、不同国家和地区老年人长期照护制度沿革及规制设计

当今世界,不同国家和地区根据自己的实际情况,采取不同的医疗保障制度。

(一) 社会医疗保险保障制度国家

德国是典型的社会医疗保险制度国家,在此制度基础上形成的长期照护保障机制属于其社会医疗保险体系的重要子系统。德国1994年颁布的《长期照护保险法》是德国社会保险制度的"五大险种"之一。此后20余年间,随着德国社会医疗保险体系的发展和完善,长期照护制度所覆盖的人群愈加广泛,随之义务权利对等的保险法精神体现得更

加明确,并设置了参保激励机制鼓励更多的国民加入长期照护保险。这既体现了广覆盖的全面公平,也体现了权利义务对等的法理公平。此外,为避免社会经济差距带来的健康保障极度不平衡,德国2008年颁布了首部改革法案——《护理结构性继续发展法》,此次改革强制要求高收入者必须参保,同时对职业属性、收入类型进行严格划分。提高高收入参保人的给付标准,提高低收入人群的待遇标准,以保证基本医疗需求为主的社会医疗保险基金免受商业医疗保险过分冲击。同时规定每三年整体上调一次保费,以保障保险基金的支付能力以此维护社会医疗保险基金的可持续性。由此可见,德国长期照护发展制度设计及筹资体系始终将公平性与持续性作为其完善核心,注重法律法理依据,注重扩充保障人群范围,注重长期照护保险制度保障效果,注重阶段性法规完善调整。

(二) 全民医疗保险保障制度国家

1. 日本

日本是为数不多的保持较高水平的亚洲全民医疗保险制度国家。作为全世界人口老龄化最严重的国家之一,日本还面临着严重高龄少子化的突出问题。因此日本早在1989年就已经实施了老年人口健康福利十年战略,此后通过了《介护保险法》,让长期照护保险并列日本国内五大社会保险之一,确定了其由国家主导和承担照护费用的筹资类型。从2000年起,日本实行了介护保险制度,从人力培养、机构建设、服务模式到筹资补充细致系统地做出各项政策安排。虽然日本长期照护制度探索较早,但其面临的挑战也随老龄化的不断加深而更加艰巨。2016年日本婴儿出生人数不足98万人,出生人口首次跌破100万,日本人口平均寿命为83.7岁,实际已进入"超高龄超少子化"社会。为了减轻长期照护保险资金压力,日本政府从2004年开始在筹资补充上,创新地融合了"老年人就业促进政策",以探索根本上解决劳动力不足和照护基金不足的问题。日本长期照护制度发展历程中,同样高度强调了制度法规的保障作用,不断延伸和丰富服务内涵,鼓励照护从政府或社会的被动输出到被照护人群的主动维系。将照护服务从医疗服务中独立出来，是区别于西方福利模式的一种具有独特发展视角的新型亚洲福利供给类型。

2. 澳大利亚

澳大利亚是西方典型全民医疗保障制度国家，由政府承担主要卫生保障责任。1997年澳大利亚政府颁布《老年照护法案》，一方面提出了家庭照护和院所养老两种照护方式，另一方面以社区为单位，在家庭照护的基础上设立了社区居家照护和暂息照顾两项服务。作为典型的全民医保国家，澳大利亚老年人长期照护的发展以扩充照护人群和优化服务为核心。澳大利亚首先于2008年颁布了《老年照护修改法案》，通过对其不断调整，将无家可归者、退伍军人纳入家庭照护人群，提高了少数民族和偏远地区居民的保险待遇；在基础建设上，不断增加专业照护机构和设施数量，对照护机构发放"零利息"贷款，鼓励其升级建设服务设施；并通过增加护理人员待遇、对护理人员进行专业培训来支持照护行业的发展。经过十多年的努力，澳大利亚的老年照护体系逐渐趋于成熟，形成了包含老年住院护理、社区照护、多文化多语言特殊照护等照护服务的全面的服务体系，但近年庞大的照护任务给其医保基金带来负担日益沉重，政府频繁出台多项关于药物价格调控政策以降低基金风险。

（三）商业医疗保险保障制度国家

美国的长期照护保障制度隶属于其商业医疗保险体系，制度设计核心为"商业保险为主，政府保障补充"。政府将长期照护服务纳入全国医疗保险计划（Medicare）和联邦政府对各州医疗贫困残障人口援助计划（Medicaid）中。商业保险企业在提供给老人低于市场价格的保费服务的同时将会得到政府在税收、市场推广方面的优惠和补助，符合保障条件的老年人在自付费用部分享有相应的政府补贴。但这种以"保两头，舍中间"为核心的社会医疗保险，其子计划中往往具有严苛的保险条款约束，让大多数在贫困与赤贫间徘徊的老年人得不到适宜的照护保障。为进一步推进长期照护保险的改革，平衡政府、企业、保民间的利益分配，2010年奥巴马政府开始推行"社区生活援助服务和支持方案"（CLASS计划），该法案规定Medicare保险的运营完全依靠参保民众所缴纳的保费，政府不再给予额外的补贴，该法案强化了政府对于商业保险市场的干预，损害了保险公司的利益，又因为没有保险封顶线和起付线规定，且无法控制因预期寿命延长等不确定因素带来的保险基金管理风险，因此在各相关利益集团的诟病下，CLASS法案未能通过并实施。至今美国长期照护保障仍然因受制于其商业性的医疗保险制度，其公平性、广泛性有限。

二、不同国家和地区老年人长期照护保障机制比较

（一）适用人群及条件的比较

以上国家在适用人群及条件的准入机制上在技术标准、伦理原则上都各有侧重，其中日本与美国的差异最具代表性。日本侧重于以临床标准为核心作为长期照护待遇标准，美国则侧重以费用控制为核心。以卫生投入产出高效著称的日本，具备长期照护的丰富经验，将照护目标按年龄、病种分层，并采取动态的照护调节机制。在适用人群和条件上，从制度建立之初就进行了细化，规定市町村辖区范围内40岁至64岁的中老年群体，规定的15类疾病可进行保障。申请进入保障范围的人群经医疗审查委员会认定等级评估后，按照对应的评估等级给予相应的照护服务。市町村还组织专家委员会进行评议，标准化问卷考察申请者的身体条件和精神状况，按丧失日常生活能力的人群、认知功能障碍的老年人、经医生认证有护理需要以及正在住院治疗的老年人进行分类，从生理、心理、医疗、文化和社会五个方面对照护需求进行评估。日本此种建立在科学临床依据上的准入审核，既节约了国家医保资金、医疗资源，又保证了大部分具有确切需要的老人得到照护保障。

美国政府介入下的老年人相关的老年人长期照护计划包括 Medicare 和 Medicaid，实际以上两者仍由商业保险运营，前者保障范围包括年龄 65 岁以及 65 岁以下但身体患有残疾或严重疾病的人群，后者保障范围包括美国各联邦所认定的低收入和特殊疾病群体。但实际达到年龄标准的老年人群，还需符合 Medicare 对其工作期间所缴纳的税金以及缴纳年限的规定才能享受相应的照护待遇。其复杂的参保计划和严苛的服务项目界限，将相当一部分经济困难的老人排除在照护保障之外。虽然未达到 Medicare 保障待遇的低收入老年人群可转入 Medicaid 享受相关待遇，但后者由于各联邦经济发展差异，对于贫困程度认定不同，纳入保险内的人群标准实际差异较大。

（二）服务方式的比较

以工会互助理念建立社会医疗保障制度的德国，以及以商业保险为主导的美国，其长期照护服务内容的规定较为灵活，而有着长期"介护"传统的日本以及较早进入老龄化的澳大利亚，则对老年人长期照护内容进行了更为严格和细致的划分。

日本家庭照护服务由专业照护员上门提供，大部分项目一次性现金给付，病患可自由支配，自主选择护理提供方。服务范围主要包括家庭帮助服务、家访护理、康复服务，以及康复器具购置、无障碍设施安装的费用报销。社区养老提供个人照顾、家务助理、餐饮准备和园艺等服务；居家养老包括专职医疗和康复等医疗保健服务。日本的机构照护是当家庭照护难以满足参保人照护需求时的补充，根据临床专家委员会论证的服务标准，将照护机构分为老年人之家（生活完全不能自理）、老年保健机构（恢复期的慢性病患者）、指定医院（需要治疗服务的老年人）为三类不同类型人群服务。其服务内容涵盖住院照护、专业护理、康复服务到临终关怀系列需要。同时，也根据实际设计过渡性照护机构，以提高出院后的自理能力，减少住院时间，还有具有特色的暂息照护，为无人照顾的老年人提供暂时的居家照护服务。

(三) 筹资来源的比较

日本、澳大利亚作为典型的全民医疗保障制度国家,在长期照护机制建设中将政府职责放在第一位,政府财政收入是老年人长期照护保障的基本来源。如日本公共财政三分之一以上的医疗保险资金由国家医疗保险部门来支配管理。居家照护服务由三级财政体系保障,一般为中央政府负担25%,都道府承担12.5%,市町村负担12.5%;机构照护服务由国家负担20%,都道府承担17.5%,市町村负担12.5%。层次清晰地规定了各级政府负担额度。

美国对于老年人的长期照护虽有政府介入与补偿,但委托商业保险的市场化运营方式、层层报销的限制,以及对个人享受照护权益资质的严苛审核仍凸显个体对健康照护"自我负责、自我负担"的个人主义机制内核,其长期照护筹资仍主要来源于个人与商险、雇主。美国Medicare中的住院保险部分(Part A)资金来源于国家的薪金税和联邦政府财政,其中雇主雇员各承担50%,被保人无须额外缴费。但报销完保险所覆盖部分后,个人的自付部分由个人和国家各承担一半。高收入者需强制缴纳商业保险,低收入者自愿向长期照护保险项目缴费,失业者由联邦就业协会承担。Medicare中的补充医疗保险部分(Part B)下有若干不同的保险组合,这些组合免费保障部分极其有限。投保人可按需求选择不同层次保险项目,按月支付不同层次的保费。政府会给予投保人有限补贴。同时由于政府已给予了这些承担Medicare运营的保险商财税优惠,Meidicare保障范围内的投保人享有市场上同类型保险的保费优惠。此系列举措虽然一定程度上限制了低收入老年人得到全面照护的公平性,但激励了商业保险机构参与照护体系建设中的积极性,也促进了美国医疗商业保险行业壮大,更激发了相关健康产业市场的活力。

三、不同国家和地区长期照护保障实践中存在的主要问题

（一）保险基金运行不稳定，公平与效率难以兼得

总体来看，随着国际老龄化问题愈加突出，医药服务成本上涨，不同类型医疗保障制度国家都承担着愈渐增大的长期照护保险财务压力，面临着保险基金入不敷出的风险。如以"互助共济"的公平性为社会医疗保障核心的德国，其老年长期照护保险缴费率较低，基金基础薄弱。高收入者更倾向参加商业照护保险，不断进一步缩小保险税基。澳大利亚的长期照护制度经费完全来源于财政支出，尤其易受国民经济波动影响，各种医疗保障制度下的长期照护制度都面临着严峻的挑战。

（二）照护服务缺口凸显，供需平衡面临风险

虽然有的国家长期护理规制设计较早，已有较为完整的相关人力资源储备，但整体而言各个国家在长期护理人员上都存在缺口。一是绝对需求的上涨。需要接受照护的老年人口数量呈连年上升的趋势，专业照护的机构设施基础相对于以治疗为核心的综合性医疗机构就更加落后。二是照护专业人员培养机制不完善。除日本较早建立了照护员的培养机制，大部分国家长期护理服务人员缺乏专业护理知识和系统照护技能训练。即使具备专业照护人员基础的日本，近年由于护理工作强度大、周期长、责任重、社会地位不高，劳动价值压缩导致专业护理人员离职数量年年攀升，护理服务的供需矛盾愈加突出。三是激励机制不够，照护机构的高门槛、高要求和低产出收益、低能见效率的实际矛盾，促使社会力量不愿参与入公共医疗事务，导致专业照护机构的数量和床位数远不能满足实际需求。同时，照护服务的市场化让人力物力更多集中于商业保险投保群体，冲击了社会保险参保人的利益。虽然日本、德国等对商业照护机构的服务价格进行了限制，激励企业参与政府主导的长期照

护计划,但被动向社会医疗保险提供服务的企业,往往倾向降低服务质量以控制成本,忽视老年人真正照护需要,参保人权益切实保障有限。

(三) 照护服务理念未形成,定位与机制存在困境

在理念层面,普遍缺乏"未病先防"的管理意识,例如德国,长期照护保险并不注重"预防保健"的重要性,造成被保险人健康管理意识薄弱,过度医疗造成保障服务的滥用。在服务定位层面,未形成清晰完整的服务内容框架,例如澳大利亚,一方面现行的家庭和社区照护不能为一些需要高级护理的老年人提供有效的专业照护服务,另一方面制度缺乏个性化设计。大多数国家没有为不同失能类型和程度的老人制定相应的服务项目和标准,从而导致整体服务缺少个性化、针对性,民众服务获得感低。在机制层面,社会多元参与的活力尚未激发,照护服务门槛和支出设置也有较大差别,不同州(郡)、不同级别医疗机构越照护保险费差异大,地方自主调整待遇门槛普遍存在,实际进一步加大了地区之间照护质量、健康水平差异。

四、不同国家和地区长期照护保障经验给湖北省带来的启示

(一) 以规制建设保障长期照护制度的实施发展

国际上老年人长期照护保障发展历程都呈现一个共同特征,那就是长期照护制度首先由政府从法律、规制层面进行保障。我国现阶段尚未完成专门针对老年人的长期照护保障法规建设,对失能和半失能老人要进行补贴和照顾仍存在于《老年人权益法》的法理原则上,缺乏长期照护机制从筹资安排、准入标准到服务模式的完整的顶层设计。国务院总理李克强代表国务院向十三届全国人大二次会议作政府工作报告时提出:"扩大长期护理保险制度试点,让老年人拥有幸福的晚年。"2017年7月,人力资源社会保障部办公厅印发《关于开展长期护理保险制

度试点的指导意见》公布了15个长期护理保险制度的试点城市名单，鼓励试点地方充分探索不同筹资方式、服务模式因地制宜建设长期照护制度，在确保基金安全和有效监控前提下，积极发挥具有资质的商业保险机构等各类社会力量的作用。湖北省可以此为契机，综合国际及试点地方经验，始终明晰制度目标，以失能人员及其家庭经济负担减轻、失能老人专业化、规范化的护理服务可获得性增加、促进老年护理服务市场形成为三大核心目标，尽早探索适合省情的顶层设计和规制安排。

（二）以多元化筹资维系长期照护的稳定与持续

近年来，湖北省经济社会实现稳步发展，但也面临着居民家庭收入积累时间短、人均收入水平低，尤其中年人群面临的教育、养育、赡养负担重的普遍问题。从不同国家和地区长期照护保障实践经验分析，完全依靠个人筹资实现长期照护将为中青劳动人口及家庭带来沉重负担，对经济持续发展和社会稳定和谐带来风险因素，筹资多元化探索已成为国际趋势。另一方面，我国近年来出台的各项围绕大病救助、缓解因病致贫的若干重大举措，在全面提升人民健康公平性同时，各地医保基金已面临了较大负担与风险。

应对人口老龄化是一项系统工程，为确保全体人民健康而老、富足而寿，除了做好养老、健康、医疗等工作外，亟须做好平衡各方利益、维护好医保基金稳定性的中长期安排。国务院办公厅2017年印发《关于加快发展商业养老保险的若干意见》明确提出，以应对人口老龄化、保障和改善民生为导向，坚持专注主业，深化商业养老保险体制机制改革，激发创新活力，增加养老保障产品和服务供给。根据现阶段的国际选择和省域医保基金实际压力，湖北省可参考美国各州在商业保险机构力量引入上的经验，对信誉度高、综合实力强的商业机构进行长期照护保障委托遴选，予以税收、宣传、"以市换价"等优惠政策，激励其以"保费让利"方式参与老年人照护保障体系建设中，以政府补助、个人和单位缴费、社会共济方式多渠道筹集资金，为长期失能人员的基本生活照料和与基本生活密切相关的医疗护理提供稳定的资金、服务保障。

(三) 以明确机构及待遇层次保证长期照护的科学有序

为保证长期照护覆盖的公平性以及服务保障的高效性，日本、德国等以政府主导、承担长期照护职责的国家，一直不断探索实施长期照护服务供给侧的结构性改革，以优化有限资源，提高服务质量。从各国实践和长期照护的研究中都可发现，重度失能丧失治疗价值的老人，在医院接受护理服务会徒增家庭和社会的负担。将长期照护和医疗服务区分开，是避免医疗资源浪费，优化医疗服务质量的必然趋势。但随着社会整体经济水平的提升，老年人对长期照护服务质量和服务内容多元化需求也会相应提高，单纯的长期照护难以满足老年人在康复保健和医疗服务上的综合需求。因此我国在长期照护保险试点推广同时，可向日本等国学习，一是在照护标准建设方面，以临床科学角度建立细致的临床标准，明确年龄、失能程度门槛。明确服务项目门槛，将门诊慢性病目录中的项目向医疗护理保险目录转移，切实将长期照护保险从医疗保险中逐渐分离。二是在待遇准入方面，参考德国权利义务对等的保险法理坚持，适时调整照护项目类的保险费用，不同收入类型人群调整缴费层次，维护长期照护机制的可持续性。三是在机构设置方面，实行长期照护服务机构分级制，将政府补贴等优惠政策与等级挂钩，倒逼相关照护机构改进服务质量，提高服务专业化水平，探索以 PPP 模式理念吸引健康产业企业参与建立长期护理体系中来，如泰康等湖北省内龙头医养企业等。四是在服务质量监管方面，做好机构信息联通工作，推进商业保险公司与此类照护服务机构的定点合作力度，探索"全人全责"的德国以及青岛模式。五是在服务内容统筹方面，整合长期生活照料、功能维护、临终关怀等照护服务内容，逐渐融合老年人长期照护相关的健康产业碎片化市场，构建适合湖北省情的政府、社会、企业各主体共参与、机构层次分明的照护体系。

(四) 以优化人员队伍提升长期照护服务质量

照护人员是长期照护制度发展的基础，湖北省可学习借鉴日本经验。在氛围引导上，要加大社会宣传，形成舆论导向。在培训跟进上，实施补助制度，鼓励专业技术人才转岗长期照护行业，鼓励家政服务人员等相关专业高校毕业生参与到长期照护服务供给端来。在规范资质上，要建立护理员持证上岗制度，稳定现有人员队伍，加强长期照护服务人员在职培训和职业技能鉴定工作。建立统一的资质管理制度，将长期照护服务人员学历及培训经历、任职资格、从业年限、服务对象评价、投诉处罚等情况纳入卫生人员管理及社会信用评价体系。在维系照护人员发展和管理上，要尽快建立健全长期照护服务人才培养机制。在公立医疗和医养结合养老机构，支持选派优秀照护人员进行国际与国内的交流与研讨。不断提升照护人员综合素质，发掘照护行业生力军。

报告撰稿人：张欲晓　武汉大学健康学院讲师、博士、博士后
　　　　　　　殷　潇　武汉大学健康学院博士生

湖北省地球空间信息产业现状与对策研究

武汉科学技术情报中心·武汉知识产权保护中心联合课题组

地球空间信息产业是我国各地竞相发展的重点，也是湖北省重点产业创新链之一，湖北省专门制定了地球空间信息产业技术创新路线图。为加快湖北省地球空间信息产业高质量发展，必须审时度势，迎接挑战，把握机遇，并采取一系列对策措施。

一、地球空间信息产业

（一）地球空间信息产业的界定

地球空间信息技术也称"3S"技术，由地理信息系统（GIS）、全球定位系统（GPS）和遥感测绘技术（RS）三大技术构成。地球空间信息及应用服务产业（简称地球空间信息产业）是以地球空间信息技术等现代信息技术为基础，以地球空间信息资源开发利用为核心，从事地球空间信息资源获取、处理、应用的高技术服务业。主要包括遥感遥测、地理信息系统和卫星定位与导航的研发、生产和服务等产业领域，也包括以地球空间信息技术和产业为基础，融合其他相关技术与产业所产生的各类新应用、新服务和新业态。产业链上游主要从事空间信息数据的获取；中游主要对所获取的数据处理、加工和分析；下游主要是对数据资源的应用和运营服务。地球空间信息产业与国民经济、社会发展和民生服务等紧密相连，是信息产业的重要组成部分，也是当前最具成长潜力的战略性新兴产业，产业发展正呈现极强的增长性和带动性。目前,地球空间信息产业已广泛应用于各国国土、交通、通讯、水利、电力、城建、环保、公安、农业、规划、气象等领域,已经成为衡量一个国家经济、社会、军事和科技发展水平的重要标志之一。

(二) 地球空间信息产业的特点

1. 知识技术密集

地球空间信息学是多学科的交叉与渗透,涵盖"3S"技术、通信技术、计算机技术等现代信息技术。地球空间信息产业运用先进、复杂的科学技术知识、手段实现空间数据的采集、存取、处理、应用,属于知识技术高度密集型产业,其对知识、技术和智力要素的依赖远超其他生产要素。地球空间信息产业的发展需要依靠巨大的人才资源,尤其是高素质的技术和管理人员。

2. 应用广泛

地球空间信息产业是新一代信息技术产业的重要组成部分,其产业活动包括核心技术、数据信息、工程应用与信息服务等,具有较长的产业链。上游带动地球空间信息数据的采集和"3S"技术的快速发展,中游带动地球空间信息工程应用,促进软硬件服务和技术服务快速发展,下游带动测量、路径规划、LBS(基于位置的服务)、地图服务等发展。随着全球经济进入万物互联的信息时代,地球空间信息产业的重要性日益凸显,对经济增长影响显著,关联效应极高,被广泛应用于社会经济各个领域,以满足政府、企业、公众对地球空间信息技术及其产品日益增长的需求。

3. 高投入创新

信息技术相较其他技术来说,更新速度快,生命周期短。地球空间信息技术是信息技术的重要组成部分,与信息技术的更替紧密相连,这使得地球空间信息产业具有高创新性。高创新型产业的本质就是持续的技术创新,而技术的快速更新和变动需要高投入来支撑,包括资金的投入和智力的投入。

二、国内外地球空间信息产业发展现状

（一）国际地球空间信息产业发展现状

随着科学技术进步和经济发展，国际地球空间信息产业从早期的美国一枝独秀发展到现在的百花齐放、各具特色的地球空间信息强国。根据地理信息世界论坛对全球50个国家的地球空间信息服务能力排序，美国、加拿大作为发展起步早、产业规模大、主导技术和专利多的强国代表占据第一梯队，英国、日本凭借核心科技、政府扶持占据第二梯队，中国、俄罗斯、印度凭借科研实力和价格优势处于快速扩张的第三梯队。

美国是地球空间信息领域的技术超级大国，起步早、技术发展快，早期处于垄断地位，在卫星定位与导航领域，美国主导的技术和专利拥有量遥遥领先，拥有目前技术最成熟、占据全球应用95%以上的GPS系统，同时也拥有数字地球、ESRI、Trimble等多个地球空间信息龙头企业，如今美国在地球空间信息领域仍占有统治地位。近年来，欧洲地球空间信息产业发展迅速，欧盟主导的Galileo系统已实现组网，旨在打破GPS系统垄断地位，此外英国地球空间信息产业处于成熟稳定阶段，拥有相对优越的地球空间信息产业发展环境，尽管总体规模不大，但影响经济指数远超过美国、加拿大等国家。俄罗斯作为传统技术优势国家，拥有可全球服务的GLONASS系统和世界上先进的空间站，近年来俄罗斯政府已采取开放政策来改善GLONASS系统在商业上落后于GPS系统的局面。

（二）国内地球空间信息产业发展现状

20世纪90年代，中国地球空间信息产业产生萌芽，2010年开始发力，进入快速增长期，年产值以20%的年均增速高速发展，其中2011—2013年增长率超过30%，实现产值翻倍，2014年后年增长率稳

定在15%～20%，产业规模稳定持续增长。地球空间信息企业也处于高速成长期，根据中国地理信息产业协会的统计，截至目前从业单位数量超过9.5万家，较2010年在数量和质量上都有了显著提升。在技术创新方面，中国地球空间信息科技自主创新成果显著，据不完全统计，"十二五"期间，共开展科研项目4300余项，其中国家级科技项目300余项、省部级科技项目800余项，形成科技成果近1000项，在生产中转化应用600余项。

在科技创新平台方面，已挂牌成立国家测绘工程技术研究中心，认定航空遥感数据获取与服务等5个国家级产业技术联盟，在全国多地设立长江经济带地理信息协同创新联盟、智慧中原地理信息技术协同创新中心、地信梦工场（浙江）等一批区域协同创新中心，为区域经济社会发展提供了重要科技支撑力量。在产业集群发展方面，北京目前是中国最大的地球空间信息产业集聚区域，中国地理信息产业百强企业中有25家总部位于北京，且排名前十的企业中有8家位于北京，据自然资源部统计，北京测绘地理信息行业服务总值排名全国第一，占全国总产值10%以上，远高于其他省市，此外，从技术传播的角度来说，北京在基础设施、产业技术、人才资源、技术创新能力、市场规模等方面都具备有其他城市难以比拟的强大优势，是中国地球空间信息产业资源的重要集散地，是地球空间信息技术重要的扩散源头。①

三、湖北省地球空间信息产业发展现状

（一）政策环境持续利好产业发展

随着中国工业化、信息化发展的不断深入，政府部门逐步完善地球

---

① 数据来源：中国地理信息产业协会.2010—2018年中国地理信息产业大会报告［EB/OL］. http：//www.cagis.org.cn/Lists/index/cid/95.html.

空间信息产业政策体系，自2007年国务院出台的《关于加强测绘工作的意见》明确提出要加快地理信息产业以来，国务院先后出台各项政策文件和规划战略扶持地球空间信息产业发展，2014年国务院出台地球空间信息产业纲领性文件《关于促进地理信息产业发展的意见》，同年还印发《国家地理信息产业发展规划（2014—2020）》，并在十三五期间，先后发布多个专项规划确认了地球空间信息产业作为国家战略新兴产业的重要地位，并明确指出了产业发展方向和重点。湖北省科技厅将地球空间信息列为全省18条重点产业创新链之一，制定了产业技术创新路线图。武汉市政府出台了支持地球空间信息产业发展的指导意见和实施方案，倾斜支持地球空间信息产业发展。

（二）高校创新活跃带来产业创新发展优势

湖北省产业创新主体类型丰富，既有武汉大学、华中科技大学、中国地质大学（武汉）等地球空间信息领域顶尖高校，也有高德地图、武大吉奥、梦芯科技等国内知名企业，产业创新能力在全国占据优势地位。通过分析2006—2016年湖北省地球空间信息产业的专利数据可以发现，湖北省该产业创新活动呈现以下特点：一是创新活跃度较高，专利年申请量从32件（2006年）增长至560件（2016年），增长了16.5倍，年增速明显高于全国整体水平；二是创新成果在全国范围内占据重要地位，通过对比2006—2016年湖北省及全国该产业的专利申请量，可以发现湖北省专利申请量占全国该产业的专利申请量的比重呈现稳步上升趋势；三是创新主体以高校院所为主，通过对2006—2016年湖北省地球空间信息产业专利申请人进行统计分析，申请量排名前列的申请人中，7家为高校及研究院所，专利申请量在6%以上的全部为高校，企业的专利申请量均不超过3%，可以看出高校和研究院所在该领域的技术创新能力远超过本土企业，是湖北省该产业技术创新的主要力量（见图1）。

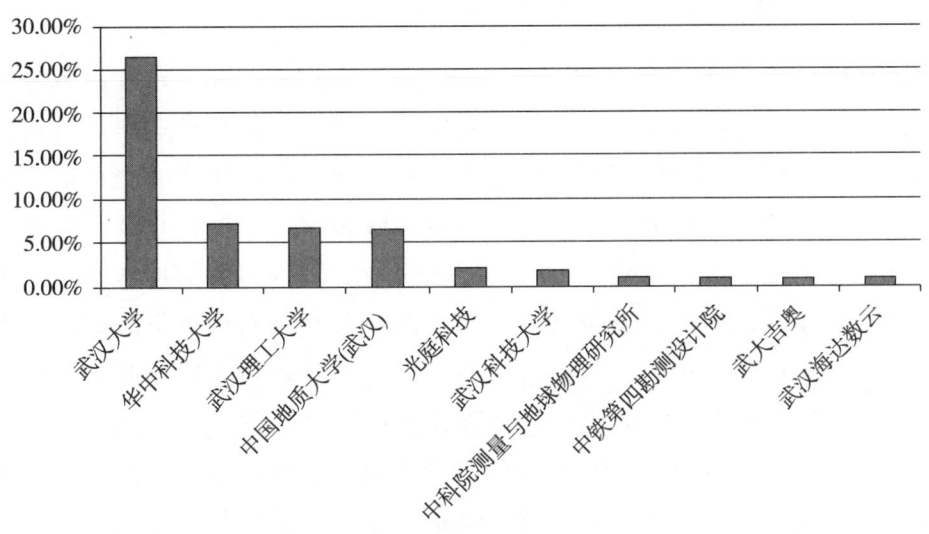

图 1 湖北地球空间信息产业主要专利申请人排名图

(三) 产业分支领域创新分布差异明显

湖北省地球空间信息产业在地理信息系统（GIS）、全球定位系统（GPS）和遥感测绘技术（RS）三个领域均有布局，但从专利数据来看，在分支领域创新发展方面存在着明显差异：一是分支领域创新均呈现稳定上升趋势，其中 GPS 领域增速最快，GIS 领域次之，RS 领域增速较慢；二是分支领域中，GPS、GIS 领域的创新活跃度较高，每年专利申请量达到全省地球空间信息产业专利申请总量 80% 以上，RS 领域专利申请占比逐年减少；三是分支领域中 RS 领域属于技术优势领域，通过将湖北省地球空间信息产业各分支领域历年专利申请量与全国该产业分支领域的历年专利申请量进行对比，可以发现 RS 领域的专利申请量占全国该领域专利申请量比重尽管逐年下降，但是稳定在 5% 以上，GIS 和 GPS 领域的专利占比尽管有所上升，但基本在 2%~3% 之间，可以看出，在三个分支领域中 RS 领域在全国范围内具有技术优势。

(四) 集群试点建设为产业发展提供基础

2013年，东湖高新区成为国家863计划地球观测与导航领域全国唯一对接地，同年东湖地球空间信息及应用服务创新型产业集群被科技部列入全国首批创新型产业集群试点之一。通过创新型产业集群试点建设，集群规模不断扩大，相关企业达到400多家，集群核心企业总收入超过250亿元，企业总收入年增长超20%成为国内领先的地球空间信息及应用服务创新型产业集聚地。目前已形成包括上有地球空间信息数据获取、中游数据处理加工与运营服务、下游系统集成及应用服务等在内的相对完整的产业链。除以国家层面建设的遥感、导航、通信等卫星系统，以及移动、电信、联通等电信运营商为主的支撑层外，湖北省在基础构件层拥有梦芯科技、导航院、华正空间、适普软件、高德地图等骨干企业，在平台终端层拥有武大吉奥、依迅电子、烽火众智、珞珈德毅、航天远景、光庭科技、湖北地信集团等骨干企业，在应用服务层拥有立得空间、卓越科技、中科通达、智城科技、海达数云、无线飞翔、出航测控等骨干企业。

(五) 产学研合作深入提升产业技术创新能力

为促进产学研有效对接和技术成果转移转化，武汉市政府与武汉大学、中国地质大学（武汉）等高校共同发起成立遥感与空间信息、导航与位置服务、地质资源环境等3家工业技术研究院，打造包含技术研发、科研服务、企业孵化为一体的协同创新平台，导航与位置服务研究院已累计完成高校及企业科技成果转化项目28个，科技成果转化金额8509万元，完成iGNSS精密数据处理与分析、北斗地基增强系统两个公共服务平台建设。2016年，导航与位置服务研究院发起实施的"北斗广域精密定位系统建设及湖北省应用服务示范工程"项目，总投资5000万元，旨在研发工程化的广域精密定位服务平台，开拓多种服务模式，打造中国自主的北斗广域精密定位服务体系，开展地区和行业示范应用。

(六)服务模式创新拓展产业应用市场

以市场应用为导向,以技术融合为驱动,以终端产品和服务为主要载体,湖北省产生了"北斗及时判"警保联动系统、"车来了""停哪儿"智慧停车、"车主360"、北斗无人船、北斗渣土车管理系统、桥梁形变监测系统等一批新型业态和模式,促进地球空间信息技术在国土、规划、环境、农业、交通、电力、物流、地下管网、文化遗产保护等领域的行业应用。北庭科技基于北斗定位系统研发的"光谷梦"无人驾驶平台已在多个领域开展广泛应用;依迅电子开发的"互联网+北斗"智能监控云平台已应用于武汉市渣土车管理。

四、推进湖北省地球空间信息产业创新发展的对策建议(见图2)

(一)提升专利产出质量,创造支撑地球空间信息产业发展的高价值专利

在新时代背景下,高价值专利技术是培育新兴产业、实现产业升级、促进经济转型发展的强有力支撑。2006—2016年,湖北省地球空间信息产业的专利申请量增速一直高于国内整体增速,且呈上升趋势,专利申请开始由劣势向优势转变,专利优势逐渐形成。但湖北省国内专利申请量在全国属于第三梯队,仅占据了约3%的比重,与前面的省市,尤其是北京还有不小的差距,未来发展空间较大。湖北省应鼓励各类主体依靠发明创造推动产业发展,充分利用在地球空间信息产业方面的技术积累,在提升专利产出数量的同时,也要注重专利的质量和价值,培育出一大批对科技进步和地球空间信息产业发展作用明显的高价

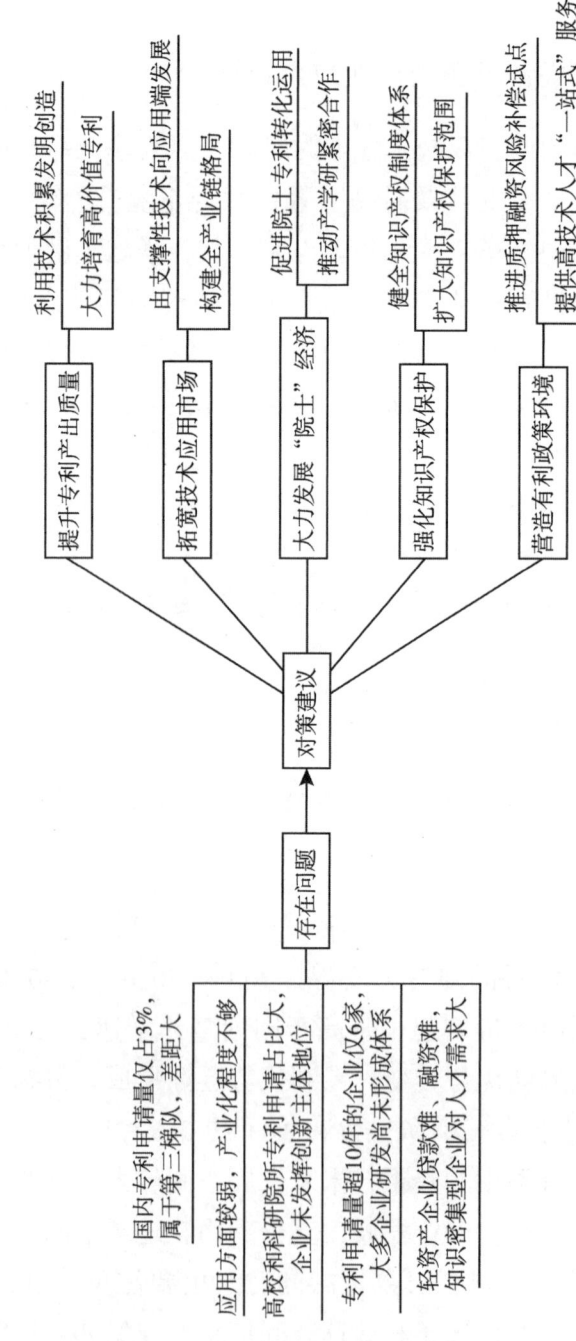

图2 推进湖北省地球空间信息产业创新对策建议图

值专利。

（二）拓宽技术应用市场，构建打破产业内部发展壁垒的全产业链格局

湖北省地球空间信息产业三大分支领域中，GPS 专利申请量最多，GIS 其次，RS 专利申请量最少。而与全国总申请量相比时，结果却恰巧相反，相对于 GPS 和 GIS，RS 专利申请量占全国总申请量比重最大，区位优势明显，远高于地球空间整体水平，导航和 GIS 两个分支区位优势却均不明显，与地球空间整体水平相当。由此可知，湖北在地球空间信息产业基础研究和原始创新优势大，而应用方面较弱，产业化程度还不够。目前，湖北省绝大多数重点企业的技术储备布局在支撑性技术方面，并有相当优势，未来可抓住与互联网企业合作共赢的机遇，向应用端发展，实现技术输出。此外，地球空间信息是湖北省最具特色的高新技术产业之一，虽然目前已形成了相对完整的产业链条，但未来还应进一步打破产业内部发展壁垒，强化下游产业链，形成产业集聚效应，使整个产业链纵向衔接、横向协调，实现全产业链一体化运营。

（三）大力发展"院士经济"，搭建助力科技成果落地转化的产学研合作平台

湖北省拥有以 8 位院士为核心的地球空间信息方向人才和技术优势，得天独厚的院士资源使得地球空间信息产业发展具有先天优势。在当前以创新驱动为特征的经济环境下，"院士经济"已成为地方科技引领产业创新的重要驱动力，对促进地方抢占产业发展制高点发挥着举足轻重的作用。目前，湖北省高校和科研院所是专利申请的主体和核心研发机构，企业并没有发挥创新主体地位。应充分发挥院士的技术引领作用和对产业的强大集聚效应，利用院士"才"富，不断促进上述院士团队已有重点核心专利的转化和运用，使更多的院士团队将自身科技成果与企业合作，通过企业将科技成果转化为现实生产力，推动产学研紧密合作,助力科技成果落地转化。

(四)强化知识产权保护,培植提升产业创新能力的核心竞争力

湖北省地球空间信息企业专利申请量普遍都不高,个别企业成立时间和专利申请时间间隔较长,大多企业研发尚未形成体系,而战略性新兴产业的竞争在很大程度上是知识产权的竞争,重视知识产权保护,就是重视和鼓励创新。湖北省应健全知识产权制度体系,依法严格保护知识产权,加大专利行政执法力度,营造尊重知识产权的良好氛围,保护所有权者的合法权益;积极引导和支持地球空间信息领域企业形成和加强知识产权保护,重点指导企业建立、完善高新技术知识产权保护制度,充分发挥知识产权在激励人才、保护创新、引领发展方面的作用。此外,湖北省地球空间信息领域企业主要集中在软件服务方面,知识产权除专利权外,还涉及版权、商标权、软件著作权等。因此,强化知识产权保护也要进一步扩大知识产权保护范围,增加对专利权、版权、商标权和软件著作权等的保护力度。

(五)营造有利政策环境,全面激发地球空间信息企业的科技创新活力

地球空间信息领域企业是知识密集型企业,且多为轻资产企业,贷款难、融资难问题尤其突出,在发展过程中也会遇到各种问题,对政策环境的依赖性极大,需要政府发挥统筹协调、政策引导和监督管理的作用,在知识产权保护、园区建设、融资机制、人才激励等方面制定层次清晰、涵盖广泛的政策。此前,湖北省已将地球空间信息产业列入"十二五"重点发展战略性新兴产业,提出了明确的产业发展指导性意见。以"地球空间信息产业、北斗产业"为主题的科技产业园区——武汉国家地球空间信息产业化基地一期项目也已建成投入使用。下一步,可制定一系列政策吸引优质企业入园,激发科技创新活力。如完善知识产权质押融资机制,深入推进质押融资风险补偿试点,引导和鼓励银行和融资机构针对入园企业的高价值专利提供更多优质、定制化的专利融资产品和融资服务；鼓励入园企业高薪引进高技术人才，政府在税收减免、落户居留、医疗保险和子女入学等方面给予支持，提供"一站式"服务，创造一个少数尖子人才与众多高技术产业人才共同成长的环境。

联合课题组成员：
朱　巍　田思嫒　安　然　姚　艳　武汉科学技术情报中心
胡华涛　刘莹佳　夏　嫒　武汉知识产权保护中心

武汉：以多元主体协同共治推进东湖治理

黄 涛 等

本报告立足于武汉市东湖治理现状，运用多元主体协同共治的理论，分析政府职能界定不明和社会各"涉湖"主体功能定位不清在东湖治理过程所产生的负面影响，构建政府（Administration）、企业（Companies）、新闻媒体（Classical & New media）、环保组织（Environmental groups）、公众（Public）、科研院所（Technical support institutes）的ACCEPT"六元"主体的协同共治体系，并基于此体系提出武汉市东湖治理的优化路径。一方面，政府要明确职能，从宏观布局和规划的角度，理顺东湖管理体制，完善东湖环境准入体系，建立东湖生态补偿机制，健全东湖监督执法制度；另一方面，社会各方要承担起保护东湖环境的责任，企业主动践行绿色经营模式，新闻媒体正确引导社会舆论，环保组织发挥"政社"间的"桥梁"作用，公众积极维护东湖生态权益，科研院校努力提高湖泊保护成果转化率。通过"六元"主体协同共治，健全东湖治理合作网络，积极探索湖泊治理新模式。

一、多元共治视角下武汉市东湖治理的现状分析

武汉市东湖作为中国第二大城中湖，发挥着雨水调蓄、生态调节、景观娱乐、渔业养殖和工业水源等多种功能。随着武汉城市建设的扩展，大量居民生活污水和工业废水在未经净化处理的情况下直接排入湖中，加之与外江的天然联系被阻隔，湖泊污染问题日趋严重。为保护东湖生态环境，武汉市启动东湖治理工程。从整体上来看，武汉市湖泊治

理工作取得明显的成效，东湖水质逐年转好。

（一）武汉市东湖污染的演变

武汉市倚湖而兴、拥湖而美、因湖而名，素有"百湖之城"的美誉。位于武汉市中心城区的东湖，水域面积广阔，是国家重点风景名胜。东湖原为开放性水系，处于不受人为干扰的自然状态，湖水循环规律，水质清澈。20世纪50年代起逐渐在人工干预下成为的半封闭型湖泊，江湖水体交换效率缓慢。20世纪60年代后期，东湖突出了渔业养殖功能。随后武汉市经济和城镇化进程的加速发展，周边居民和沿湖工业制造企业私挖排污口现象严重，致使生活污水和工业废水未经处理直接排入湖中，造成水体腥臭、蚊蝇滋生、底泥淤积。20世纪70年代中期，东湖已由"草型湖泊"转变为"藻型湖泊"，水体透明度从原有的200厘米降至100厘米以下。20世纪70年代后期至80年代，东湖生态环境加剧恶化，夏季湖水中藻类滋生，东湖爆发大规模的水华（这种现象原本只在子湖出现），湖水呈现重富营养化趋势。到20世纪90年代，居民生活废水和工业废水排放量持续增长，东湖周边27个排污口每日汇集的污水量超过30万吨。至此，东湖的供水功能基本丧失。

（二）武汉市东湖治理的多元合作状况

1. 武汉市政府对东湖环境的治理

东湖严峻的生态问题引起政府和社会的重点关注。武汉市政府将东湖治理纳入"八五"建设计划，并于1985年启动东湖治理工程。武汉市政府在东湖治理工程主要涉及以下方面。

增加治污基础设施建设。20世纪90年代在政府财政支持下，东湖周边相继建成并投入运行沙湖（一期）、沙湖（二期）、二郎庙、龙王嘴污水处理厂及配套污水收集主干管网，从而很大程度地减少了入湖污染量。

出台湖泊保护法规、政策。为解决东湖环境问题，武汉市政府制定了一系列法规、条例来限制湖泊污染、破坏的行为。其中，2002年3

月1日，市政府发布的《武汉市湖泊保护条例》最具有代表性和重要性。该条例依据有关法律、法规，立足本市实际，针对湖泊的保护、防止填占、污染湖泊、维护生态环境等制定了约束条款。2012年，湖北省颁布并实施《湖北省湖泊保护条例》，进一步明确政府是湖泊治理的执法主体，对武汉市东湖乃至全省湖泊治理提出了更加严格的要求。

政府各职能部门进行了一系列联合行动。2006年，政府市政府、水务局、环保局等多个部门联合实施"清水入湖"计划，在多个污染情况较为严重的子湖域实施清淤截污，加强对水体点源污染的控制。2012年，武汉市各职能部门加强监管力度，展开了"楚天天网""楚天剑兰"等联合执法活动，重拳打击填湖、污染湖泊等违法行为。

制定科学的东湖生态保护规划。2009年，武汉市政府启动"大东湖生态水网工程"，积极构建可持续发展的水网体系以改善湖泊生态环境，实现湖泊水体功能达标，促进滨水旅游产业的发展。2012年武汉市政府在出台的《武汉市中心城区湖泊"三线一路"保护规划》中表示，为锁定东湖湖岸线、抑制湖域面积萎缩，要在划定湖泊水域保护"蓝线"的基础上，进一步划定绿化范围的"绿线"和建设控制线的"灰线"。

在全市范围推行"湖长制"。政府为东湖各子湖域设立湖长，由所在区相关负责人担任总湖长、分管湖长、湖段长。这意味着一旦东湖出现水质污染、违法填湖、私挖排污口等问题，所在湖域的"湖长"就将被追责，相应的绩效考核也会受到影响。

2. 社会各主体参与东湖治理的情况

社会多元主体在政府的引导下参与到东湖治理中。在武汉市政府的督促下，武汉市多家企事业单位承担起湖泊保护保护责任。华电青山热电有限公司专设环保基金，投入大量经费建设治污工程。在政府投资建成梨园医院污水排放站后，梨园医院主动承担污水站日常运行开支。长江日报、武汉电视台、荆楚网等地方新闻媒体每年都会结合"3·22"世界水日、中国水周和"12·4"全国法制宣传日等主题开展东湖治理专题讲座、环保咨询服务。在湖北省水利厅支持下组建的湖北省湖泊保护协会，专门从事湖泊保护研究的专家学者定期会对东湖湖水的监测数据进行分析，为政府决策提供专业建议的同时，定期向社会公众发布权威湖泊环境报告，普及环保知识。社会环保公益组织"绿色江城"发起"爱我百湖"活动，通过对东湖排污口先后进行了五期现场调查，督促政府关闭东湖团湖14个排污口，启用闲置两年的半侧山排污设施，从而大大减少了排入湖中污水量。武汉市民群众湖泊保护的队伍不断壮大。"民间湖长"通过听取群众意见、实地察看东湖排污现状、走访沿湖工厂等，代表群众向"官方湖长"反映东湖治理中存在的问题和群众关注的焦点。此外，武汉市民踊跃报名参加武汉"爱我百湖"志愿者公益活动，用实际行动动员全社会保护湖泊环境。

3. 武汉市东湖治理的实践

(1) 政府治理的实践。

为了更好地彰显滨水城市特色，武汉市政府对东湖环境保护政治意愿强烈，管理的手段也越来越严格。在立法管理方面，武汉市相继出台了《武汉市湖泊保护条例》《武汉市湖泊整治管理办法》《武汉东湖风景名胜区管理条例》等一系列地方性法规，还有《武汉市城区中心湖泊保护规划》《武汉湿地保护政策》等几十余涉湖政策规划。依据《武汉市湖泊保护条例》，东湖被列入保护名录，严禁围湖建设、填湖开发等行为。为配合水务执法，武汉市组建了隶属于市水务局的湖泊管理局，作为专门负责湖泊环境保护和监督"用湖"行为的执法部门。在行政管理方面，武汉市政府启动湖泊保护责任书制度，推行"湖长制"，将湖泊的水质、污染防治等治理指标与主要领导干部的年度绩效考核挂钩。在规划管理方面，中共武汉市东湖生态旅游风景区工作委员会与武汉市东湖生态旅游风景区管理委员会合署办公，统一行使东湖风景名胜区规划和管理职能。同时，武汉市政府贯彻实施国家"三同时"制度，要求对影响东湖环境的所有基本建设项目、技术改造项目和区域开发建设项目，其防止污染和生态破坏的设施必须与主体工程同时设计、同时施工、同时投产使用。

在实践中，武汉市政府在东湖治理起着决定性主导作用。政府通过加强对立法、行政、监督执法等方面制度、法规建设，更多的是强调自身对东湖湖泊事务的"管制"权力；在管理、决策上较少与企业、新闻媒体、环保组织、公众、科研院校等社会主体进行民主协商，多元主体协商合作机制建设落后，在一定程度上剥夺了社会各主体的"发言权"和"表决权"。

(2) 社会各主体参与东湖治理的实践。

相对政府部门的包揽全局，在武汉市东湖治理框架体系中，社会治理和公众参与在东湖治理中的影响力相对有限。沿湖企业中的中小型企业，在逐利本质驱使下，常常不愿意承担政府征收的排污管网建设费用。尽管新闻媒体在政府部门的支持下对东湖环境保护进行了积极宣传，但是舆论引导力仍存在不足。作为东湖治理的关键社会主体，武汉市环保社会组织还处于发展的初级阶段，不仅组织数量少，而多数环保组织经费有限、专业性不强，开展的东湖治理活动效果有限。武汉市一流科研院校云集，科技人才的绿色创新能力强，湖泊治理创新成果丰富，但湖泊保护类科技成果推广和应用的效率较低。此外武汉市多次开展"我爱百湖"公益活动，武汉市民积极参与到包括东湖在内的管理中，行使监督权，但是由于此类活动开始时间较短，并没有调动全城市民参与。

可以看出，当前社会各主体的东湖保护责任主体意识还不明确，参与东湖治理的自愿性较差，多数时候是"被动执行"政府下达的湖泊保护"任务"，使得各方的优势难以充分发挥，从而影响社会合力的最大化。

二、武汉市东湖治理存在问题及成因

从多元共治视角出发，现实中武汉市"管制型"湖泊行政无法做到充分尊重各参与主体应当拥有的湖泊事务的管理权和参与权，一定程度上阻碍了各主体明晰自身在治理活动中应具备的职能和作用，合力优势难以发挥，湖泊治理效率较低。因此，分析各主体在参与武汉市东湖治理过程中存在的问题,是探寻出一条科学有效的治水道路的前提和基础。

(一) 政府：治理职能定位模糊,宏观把控力不足

湖泊治理要求政府转变管理范围、管理模式和管理方法,实现"政社"分开。政府在湖泊事务管理方面的基本职能应该是组织"公共物品"供给,运用法律、行政和经济手段,由"管制型"湖泊行政向"服务型"湖泊治理转变。然而,在实际工作中,政府对自身治理职能定位模糊,东湖管理体制、东湖环境准入体系、东湖生态补偿机制、东湖监督执法制度存在缺陷。

1. 东湖管理体制不合理

(1) 管理主体单一。

在近半个世纪的东湖湖泊环境管理过程中,政府都处于行政主导地位。在管理范围上,政府部门几乎包揽了一切湖泊管理事务;在管理模式上,政府在制定政策、法规上优先考虑全社会整体经济利益,忽视或者牺牲部分社会主体的利益。在管理方法上,政府更多的是运用行政手段,主导湖泊事务的决策。这种管理模式确实满足了单一利益主体和简单社会结构的合法性诉求。然而,随着社会结构复杂化和多元利益的产生,管理主体和主导模式僵化的弊端显而易见。一方面,单一公共权力完全控制湖泊保护领域,使得社会各主体只能服从政府管理而丧失了应有的协同管理职能,即政府管制功能越强,社会自治功能就越弱;另一方面,自上而下的行政主导模式,缺乏民主协商和多元互动,限制了社会各主体发表利益诉求的权利,打击了社会各方参与湖泊治理的积极性,甚至造成相关利益主体抵制和逃避湖泊保护政策。

(2) 湖泊治理协调机制不健全。

一方面,从事东湖生态保护的相关部门职能界定不清。东湖治理涉及城乡规划、环境保护、农业、城管等众多部门,但政府对于这些部门的职能界定并不是十分完整,导致武汉市政府在东湖治理过程中经常出现多个部门交叉管理的现象。以东湖湖泊执法为例,湖泊管理局、城管

执法队、渔政、公安等组建的湖泊执法队伍分别接受水务局、城管局、农业局、公安局等职能部门调动和管理。重复建设执法队伍不仅消耗了财政经费，造成了社会资源的浪费，还加大了协调统一执法的难度。另一方面，社会经济活动中"先污染再治理"的发展模式可能会对东湖的湖泊资源造成不可逆伤害。然而，在日常管理中各职能部门缺乏必要的信息交流和沟通，实时水情监控和污染物指标、执法问责情况以及沿湖建设项目"三同时"执行情况等重要湖泊治理信息不能够及时共享。湖泊保护部门往往在污染问题出现或相关违法违规行为被曝光后才进行"事后"协同执法，"事前"协调防控机制难以发挥作用。

（3）湖泊综合政策法规体系缺失。

目前，在国家层面的涉水法律法规较丰富，如《水法》《水污染防治法》《水土保持法》《防洪法》及《河道管理条例》等；在省级层面上，湖北省湖泊治理的政策法规依据主要是2012年出台的《湖北省湖泊保护条例》。在这些法律法规指导下，武汉市政府根据管辖区域内湖泊特点和湖泊治理现状制定了《武汉市湖泊保护条例》《武汉市湖泊政治管理办法》等湖泊管理政策，并专门制定了《武汉东湖风景名胜区管理条例》《武汉市东湖水域保护办法》《武汉湿地保护政策》系列保护东湖的政策。从整体上来看，武汉市湖泊治理的相关法规条例原则性较强，操作性较弱，没有兼具专业性和综合性的湖泊治理法规体系支撑，政府对东湖乃至全市湖泊的协调管理权难以有效实现。较大的监督、执法、问责的自由裁量空间降低了法规权威性，存在着"按需落实""按人执法"的现象。

2. 东湖环境准入体系不完善

（1）环境准入的标准化水平有待提高。

一方面，针对东湖湖域及湖泊污染物的相关指标缺乏依据。虽然当前环境指标的确立有相关法律法规文件作为参考，如国务院下达的《建设项目管理环境保护管理条例》《规划环境影响评价条例》以及武汉市政府发布的《武汉市总体规划（2010—2020）》《武汉市湖泊保护条例》《武汉市2015年主要污染物总量减排年度实施计划》《武汉都市发展区 1 : 2000 基本生态控制线规划》等，但这些文件都是针对整个武汉市以及武汉市主要污染物的相关规定，缺乏专门针对东湖湖域污染物种类、排放量和污染程度的具体控制标准和要求。另一方面，湖泊环境影响评价标准调整与湖域实际污染状况不同步。环境影响评价的目的在于明确相关项目是否具备"用湖"建设资格，并对不符合标准的开发项目提出整改意见，从而减少湖泊资源污染问题发生。武汉市早在2006年出台了《武汉市环境影响评价实施办法》，时至今日，东湖乃至全市各类环境问题日趋复杂化，但环境影响评价办法未根据现时情况做出调整。过时的环境评价标准不利于政府职能部门在项目审批时做出严格科学的决策。此外，湖泊环保审批程序较为复杂烦琐。例如，在建设项目环境影响文件审批环节，企业需要提交环境影响报告书、环境影响报告表、环境影响登记表等多项材料；各项材料要经湖北省投资行政主管部门、武汉市东湖生态旅游风景区、武汉市东湖新技术开发区分局审批、核准、备案，各个环节从受理到公告的承诺期限为5至20天，单个建设项目的审批周期较长，环评效率需要提高。

（2）科技人才激励管理机制不健全。

湖泊环境准入机制和湖泊环境影响评价标准的建立都需要高素质、高水平人才和强大创新力的支撑。然而就现实情况来看，湖北省在东湖治理领域的人才较匮乏、创新力较弱。首先，专门的人才聘任制度有待加强。尽管湖北省高校、名校众多，培育了大量科研人才，但由于政府政策迟滞及本省人才待遇普遍偏低，导致人才流失情况严重。其次，湖泊治理的培训系统待完善。湖泊治理涉及水利科学、城市建设、公共管理等多个学科，且知识更新周期较快，科研人员应具备较高的综合素质。目前湖北省政府对本省东湖治理人才队伍展开的跨学科知识讲解和政策法规教育宣传频率较低。当各学科专业人员参与到湖泊资源利用规划工作时，全面分析判断能力较弱，形成的治理方案不够全面。配套激励评价机制待强化。在实践中，政府主要以申报专利、课题、项目等数量作为考核科研人员研究成果的指标，激励制度简单。科研人员过度追求科研成果的数量，缩短前期考察调研周期，理论脱离实际，难以保证创新成果的质量。

3. 东湖生态补偿机制建设滞后

武汉市政府为保护生态环境，在环境资源生态补偿方面进行了多种尝试和实践。2013年武汉市推出了全国首个"湿地生态补偿机制"，对湿地保护区内生态补偿的主体、标准、资金来源及管理等方面进行了详细的说明规定，为武汉市东湖生态补偿机制的建立积累了经验。然而，武汉市对于湖泊生态补偿的理论研究和实践运用尚处于探索阶段。

（1）补偿资金来源渠道和补偿方式单一。

目前，国内各种生态补偿主要依靠于政府提供的财政支持，武汉市也不例外。在武汉市政府发布的《武汉市基本生态控制线区域生态补偿实施意见》中，生态补偿资金主要依靠地方财政转移支付，而企业投入、优惠贷款、社会捐赠等渠道明显缺失。这种直接提供资金进行"输血型"补偿方式，无法从根本上解决东湖湖域萎缩、水体污染等问题，更不利于东湖治理的长远发展。实际上，东湖的生态补偿除了需要资金补偿，还需要政策补偿、项目补偿、实物补偿、智力补偿等"造血型"补偿方式。

（2）补偿工具使用存在明显不足。

就武汉市东湖治理的现状来看，政府在生态补偿机制建设中的作用是主要的，而政府在补偿工具使用上存在着明显的不足。第一，在东湖治理领域的税、费等监控手段缺位。由于水、湿地、湖泊等这些生态资源长期在税收控制范围之外，给沿湖工业企业、居民过度开发和利用湖泊资源提供了可乘之机。第二，政府财政转移方面多为纵向转移支付，即上级政府对下级政府的财政转移支付，缺少必要的财政横向转移支付，即同级政府间财政转移支付。东湖湖域广阔，喻家湖、汤菱湖、小潭湖等多个子湖域分布在武汉市武昌区、江汉区、黄陂区等辖区。横向转移支付制度的缺乏不利于各辖区间协调利益关系，使得生态补偿政策难以落实。第三，湖泊资源市场管理处于探索阶段。尽管在西方国家市场化管理湖泊资源的模式已经取得成功，但在我国诸如水权交易制度、排污权交易制度仍处于理论研究阶段，仅在部分城市进行试点。

(3) 配套的基础性技术有待完善。

一方面，东湖生态补偿标准体系、环境监测评估体系及生态服务价值评估核算建设滞后。当下武汉市各环境保护职能部门在东湖生态影响评估标准上未达成统一，各部门在监测评估湖泊环境时缺乏权威指标体系和测算方法。另一方面，湖泊资源生态领域的监测评估力量分散。在实际工作中，这些专业人士往往分散在不同职能部门，难以形成合力，阻碍了科学核算体系的建立。比如，在规划东湖生态红线区域、拟定分级生态补差标准时，政府人员由于不了解生态补偿标准与水资源服务价值间的相互关系，制定的东湖生态影响评估标准缺乏对东湖保护成本、武汉城市经济发展的机会成本等关键因素的全面考量。与此同时，计量经济技术方法在东湖生态补偿机制构建上的应用基本缺失。

(4) 湖泊资源产权管理制度建设滞后。

武汉市现行湖泊保护法规政策虽明确了政府享有湖泊管理权，但应以何种形式参与湖泊保护以及行使何种权力解释模糊，资源补偿主体和客体定权责定义不明。东湖生态补偿的主体主要是湖泊污染、破坏者或湖泊资源开发利用者，补偿客体主要是湖泊的保护者。然而，由于缺乏专门的湖泊产权管理机构和对管理主体职能的界定，工业企业过度开发湖泊资源却没有承担相应费用，沿湖居民为保护东湖环境付出了一定的代价却只得到较低的补偿，湖泊保护积极性受到打击。补偿资金主体与客体的权责落实不到位，一定程度上使湖泊资源产权管理形同虚设。

4. 东湖监督执法制度不健全

(1) 监督执法运行机制低效。

首先，东湖环境监督执法不规范。在政府人员监督执法过程中，加强对污染湖泊的企业尤其是地方产值和纳税大户的执法和监管需要投入更多的湖泊保护成本、提高招商引资中生态保护标准。这势必会降低引资速度，影响武汉市经济总量增长和政府税收。因此，在"政绩优先"的目标驱动下，政府有时会利用行政特权作出一些"经济利益优先"的决策，一定程度上使得地方湖泊环境监管和执法丧失独立性。例如，由于排污企业缴纳的排污费能够增加政府执法收入，故而某些执法部门消极行使监督权,甚至希望排污企业多排污以获得更多收入。

其次,东湖监督执法基础设备较为落后。在监督执法工作过程中,能够实时监测的先进仪器配备不足,对违法行为的取证困难成为普遍存在的问题。

再次,湖泊污染问题的"因""果"联系复杂,没有科学研究的支持很难进行责任追究和损害补偿的评估。当前武汉市东湖治理的研究多限于现状分析,较少追踪溯源,并通过综合多学科估算各类湖泊污染和湖泊资源滥用问题对长远生态效益的影响。

(2) 监督执法保障机制不成熟。

一是湖泊监督区域与行政管理区域相互不匹配。为了东湖湖泊生态环境的长远发展,由武汉"六湖连通"构建的"大东湖"水网分布在武汉市下辖的多个区。基于政治因素的湖泊监督区域划分没有充分考虑湖泊系统的分布,使得监督执法权分散,增加了各部门协调共同监督湖泊环境的难度。各部门以本部门利益为出发点所指定的监督执法指标造成统一考核工作的难度。

二是问责机制不完善。武汉市湖泊问责工作起步较晚,到2017年才在全市范围内推行"河湖长制"。尽管市政府及市水务局等部门制定了各类责任考核机制,但考评重点主要是行政首长,忽视了对党政主要领导治水工作的考评。东湖作为武汉市重点保护湖泊之一,上级湖长对下级湖长考核的纵向问责制度建设迟滞。

三是职能部门间信息资源不共享,不能及时披露违法企业名单和违法行为信息,造成重复执法,影响监督效率。

四是湖泊违法行为举报和公开制度不健全。近年来频发的湖泊问题暴露出政府监督举报和信息公开制度存在弊端。举报渠道不通畅,投诉流畅不便利,不利于社会公众参与积极性的提升和企业湖泊保护重视度的增强。

(二) 企业:湖泊保护责任意识待强化

企业,特别是工业企业是湖泊资源破坏的主要制造者,也是湖泊污染的主要产生者，因而在东湖治理和保护中肩负着不可推卸的责任。企业湖泊治理责任涉及污染减排、执行清洁生产制度、湖泊环境损害修复等多个方面。结合企业所有制、产业规模及行业特征分析，企业参与东湖治理的整体自愿性待提升。

1. 不同所有制成分企业湖泊治理主动性存在差异

经济效益最大化与生态环境保护之间的矛盾冲突是所有企业面对的共性问题，但从所有制成分出发来分析企业参与湖泊治理的主动性，公有制企业整体优于私有制企业，国有企业领先于民营企业、外资企业。导致东湖富营养化、水质污染的重要污染源之一就是工业废水。早期东湖中的工业废水绝大部分来源于北部隶属于武钢热电厂（现湖北华电青山热电有限公司）。进入21世纪，在国家环保政策扶持、引导、监管下，华电青山热电有限公司建立健全了治污减排指标、监测和考核三大体系，并制定与之配套的治污减排管理制度。而民营企业和外资企业自身资本有限和追求利润最大化的本质使得其承担治污责任的意愿较弱，频繁出现将未达标处理的废水直接排除湖中的现象。

2. 不同规模企业湖泊治理参与程度存在差异

在依赖东湖自然风光和湖泊资源生存和发展的企业中，国有控股企业、中外合资公司等大型企业，对自身在东湖治理中的主体责任有着客观认识。由于环保部门经常性地对企业截污减排进行检查，对东湖生态环境保护进行宣传，使得这些企业对东湖治理的必要性和迫切性有着清晰的认识。大型企业在雄厚的企业资本和强有力的政策扶持下，基本按照国家法律要求安装有排污监测设备，配合环保部门的工作，按时缴纳排污费。相比之下，中小型企业成为污染物排放监测的盲区。例如，东湖子湖庙湖和官桥湖沿岸的风光村内，虽然大型的排污口已经被堵住，但一个个违法私挖的排污口仍随处可见。在这里的企业大部分为个体经营，经营企业主要来自农村，对东湖治理情况漠不关心，缺乏必要湖泊保护知识。同时，中小型的工业企业，如造纸厂、有色金属加工等企业，尽管有一定资本积累，能够引入监测设备和污水净化系统，但为了压缩生产成本，在制定企业章程和确立发展目标时常常对履行湖泊保护责任避而不谈。即便设置了参与湖泊治理方面的规定，在实际经营中的工作往往也形同虚设。除此之外，违法成本较低使得沿岸中小型企业更加不重视湖泊环境保护。低违法成本和违法暴利让许多中小企业铤而走险。

（三）新闻媒体：舆论引导力不足

所谓舆论引导是指各种媒体通过组织、选择、解释、处理和生产相关的环境信息，促使处于耗散状态的舆论向着积极的方向发展的社会过程。新闻媒体作为舆论影响的重要力量，其传递湖泊环境保护信息的质量高低直接影响社会舆论环境和受众心理，甚至不利于维护社会的和谐健康发展。

1. 媒体部门对舆情引导作用的重要性认识不足

作为国家 5A 级旅游景区，东湖对于武汉经济、文化、旅游等发展有着重要意义，武汉市媒体行业也越来越重视东湖保护的宣传教育和重大突发湖泊污染事件的报道。但在舆论引导策略上仍存在问题。武汉市媒体新闻报道内容同质化现象较为严重。比如，各主流媒体争相针对"武汉市湖泊填占、污染问题严重""武汉东湖水污染严重致 5 万公斤死鱼翻塘"等湖泊污染问题进行报道，但相关内容和观点评论基本一致，导致新闻受众对媒体的信任度和关注度下降。

2. 互联网媒体利用效率低

随着"全媒体"这一概念的提出，互联网成为新闻媒体与社会公众交流的重要平台。与传统新闻媒体的"我说你听""你问我答"单一化、灌输式报道模式不同，互联网让更多的人参与到新闻舆论环境中。事实上，诸如长江日报、武汉广播电视台这类在全市乃至全省具有影响力的传统媒体，都顺应时代潮流和市场需求，拓展了新媒体业务。但在新闻稿件基本上沿用过去刻板严肃的报道形式，媒体语言使用上未进行适时的转化，无法满足多元化受众的个性化需求。同时，网络评论留言平台的管理混乱，存在不适当、不真实信息未及时删除和无法发表个人评论的两种极端情况。

3. 媒体舆情引导过程管理不全面

在新闻报道前，缺少合理的议程设置。从过往东湖环境问题的报道中可以看出，尽管众媒体报道迅速，但在制定议程时忽视对公众关注焦点的思考，致使中心议题与公众难以达成共识。在新闻报道中，缺少权威解读和分析。由于信息不对称，一项湖泊环境问题被报道后往往伴随着谣言、流言等谬误言论。传统媒体受到其传播周期的制约，常常存在事件解读滞后的情况。而荆楚网、长江日报官方网站等网络新闻媒体虽然设有专家辟谣平台，但辟谣及时性不高。同时，对新闻报道者言论的约束也不够。虽然新闻报道者享有言论自由的权利，但部分新闻报道过度强调个人观点将影响受众的判断，甚至有可能扭转舆论导向。并且，在新闻报道后，缺少相关后续追踪报道，影响舆情引导效力的持续发挥，被曝光的湖泊破坏者们待社会舆论消减后，继续违法违规经营，消极对待东湖治理。

（四）公众：东湖环境保护意识薄弱

环境保护意识反映了人与自然环境和谐发展的新的价值观。东湖沿岸居民的湖泊环境保护意识相对于东湖环境问题的严重程度而言还存在较大差距。

1. 公众湖泊保护的公共责任感较低

作为城市共有资源，湖泊同时具有非竞争性和非排他性两种特征。这使得所有公众都拥有使用权，同时无法阻止他人对湖泊资源的滥用，最终导致"公地悲剧"。对东湖沿岸居民破坏湖泊环境的案例进行分类，主要分为过度围网养鱼、滥投药物养殖、生活废水直排入湖以及直接将垃圾倒入湖中等方式。湖泊环境破坏者在消费湖泊资源以满足自身利益需求后，却不愿意支付使用湖泊资源的代价，逃避保护责任，致使东湖湖域面积不断萎缩，湖泊功能日益下降，富营养化程度加剧恶化。

2. "退渔还湖"积极性低

意识到湖泊在调节江河流量、维持生态平衡等方面的作用后，武汉市在东湖启动"退渔还湖"工作。"退渔还湖"涉及政府财政补偿、移民安家和再就业等方面的工作。东湖渔场曾经是东湖养鱼的"主阵地",有养殖水面2.4万亩,年产食用鱼约120万公斤,是武汉市八大渔场之一。受"靠水吃水"传统思想的影响,在东湖沿岸农民、渔民眼中,从原劳动生产地转移不仅会阻断其获取主要生活来源、打乱其生活习惯,还可能会破坏"风水"、影响家族运势等。正因如此,一旦某项转移工作的安排措施与受影响居民的个人预期不相符,这部分居民对转移工作态度则较为消极。

(五) 环保组织:"桥梁"作用发挥有限

环保组织具有非利益相关性、价值中立性与专业性,能够在环境冲突的化解中做到公正客观,是为社会公益服务的第三方组织。我国环保组织的发展起步较晚,但经过政府和社会的共同努力,其职能与作用在社会发展中日渐重要。以武汉市环保组织在东湖治理中的表现来说,环保组织在介入湖泊环境冲突和引导群众湖泊保护行动中的主动性较差,在"政社"之间的沟通反馈作用发挥有限。

1. 环境保护组织整体上力量仍然弱小

据国家民政部统计的数据,整个湖北省登记在案的社会组织超过15000个,但其中环保组织数量较少,以东湖保护或湖泊保护为目标的社会组织就更少了。相较于近年东湖的湖泊污染、湖域缩减、湖泊功能衰减等问题发生的频率和数量来说,武汉市环保组织难以顾全所有治理活动。同时,环保组织自身的专业性也待加强。环保组织向社会解释、宣传政府政策的前提是充分了解政府相关决策意图;而在向社会各方提供湖泊保护咨询服务和维权服务时,专业水平的高低决定了服务质量的好坏。武汉市大多数湖泊环境保护组织内部尚未建立专业培训制度,组织成员虽有环境保护的信念和热情,却缺乏相关理论知识,不仅难以承担起化解环境冲突重任,更有可能降低湖泊环保组织的公信力。

2. 东湖环境保护组织群众基础较弱

湖泊保护组织群众基础薄弱主要是两个方面造成的。一方面,部分湖泊保护组织过于行政化。在发生湖泊保护利益冲突下,多数社会组织只重视与政府的合作关系,成为政府的"发言人",较少整合群众声音,以群众意见的代表身份与政府部门进行交流沟通。过度行政使得这些湖泊环境保护组织"独立人格"缺失,一定程度上影响了其在政府与社会各方间保持中立性。另一方面,存在过度精英倾向。例如,湖北省湖泊保护协会的会员主要为从事湖泊保护、管理、研究专家和学者。在发展较好的湖泊保护组织的成员构成中,高校学生、教师、专家学者、行业精英占多数。然而各类精英在湖泊保护上讨论的议题可能与普通群众所关注的焦点存在一定距离。普通群众参与度低极大地限制了环保组织社会功能的发挥。

3. 环境保护组织参与东湖治理的主动性差

在经费支持上,由政府部门发起或支持的湖泊环境保护组织本应该更有条件在重大湖泊事件的事前、事中、事后发挥作用。但现实是这些组织大多在"末端"参与,处于被动位置。比如,在治理东湖污染的过程中,往往是在群众举报、媒体曝光、政府介入调查,环境保护组织才作为智囊团协助政府制定对策、向社会分析政府政策。

(六) 科研院校:湖泊保护成果转化效率低

武汉市拥有令人瞩目的国内一流高等学府、科研院所,拥有大量不同学科背景的科研技术人员。然而,当前武汉市科研院校在湖泊治理方面的科研选题、科研绩效评价、科研技术成果转移等方面存在弊端,致使相关科研成果转化率低。

1. 湖泊保护类科研项目缺乏市场适应性

第一,科研院校封闭运作,选题申报前缺少与政府、企业的沟通。科研选题常常脱离生产实践和东湖治理的客观需求,很难形成绿色生产力。第二,湖泊保护类的技术开发、成果转化类课题立项少。科研选题立项评审所邀请的评审专家主要是来自高校和研究所的学术型专家学者。这些专家针对这类选题中绿色技术的构想及保护东湖环境的价值给出的评价往往侧重于学术价值,大多青睐湖泊治理领域的前沿问题研究或理论型研究,湖泊保护技术应用类选题的立项率较低。第三,存在重立项、轻结项倾向。一些科研院校对科研项目日常管理的人员、经费的配备不足,相关管理制度松散,科研项目的结题方式主要限定在论文、专利产出数量,缺少对湖泊保护成果类项目产业化的可行性评估,造成环保科研成果产出低和实用性差。

2. 绿色科研绩效评价制度较落后

国内科研院校考核科研人员主要看重其所拥有的科研项目的数量、发表学术论文的多寡,特别是被国内外权威期刊收录的论文数量以及由此争取到的科研经费的多少。在科研绩效评价制度,绿色技术创新成果转化以及其对社会产生的效益仅为次要考核指标,所占权重较轻。在这种考评办法和与之相挂钩的职称晋升制度的压力之下,科研人员一方面在科研中仅重视研究出的技术成果的经济效益,忽视技术对生态的影响;另一方面,科研人员为完成科研任务,只追求研究成果数量上的累积,而忽略研究成果应用、二次开发,搞一些"短平快"的项目,开展低水平的重复研究。落后的科研绩效评价制度不利于激励科研人员投身湖泊环境保护技术成果开发与应用研究,制约了绿色科技成果的产出和转化。

三、以"六元"主体协同推进武汉市东湖治理

基于ACCEPT共治体系,优化湖北省湖泊治理既需要政府部门明确其职能,又需要企业、新闻媒体、环保组织、公众、科研院所等做好正确定位。同时,还需要政府与社会各主体达成保护东湖环境的共识,建立高效的"六元"主体合作网络。

(一) 政府:做好宏观布局与规划

1. 理顺东湖管理体制

(1) 实行湖泊保护综合管理体制。

首先,重视多元主体协同参与。政府部门要重新定位其职能,更多地为各利益主体提供民主协商的平台,保障各主体在东湖治理决策中的

"发言权"。其次，学习德国"博登湖模式"中的流域统一管理方法，在划分东湖管理空间时，政府要从整个生态系统着眼确定东湖管理空间范围，改变以往以行政区域划分东湖及其子湖的管理范围的机械式划分方法，在充分考虑东湖水生态系统的各组成要素的相互作用后做出合理划分和协调利用。在明确政府"服务"职能的基础上，建议武汉市政府可以借鉴合肥市"巢湖模式"中的"一龙治水"模式，分别在市级层面和区级层面设立由发改委、环保局、水利局、湖泊局和东湖生态旅游风景区管理委员会等相关部门主要领导组成东湖治理领导小组，对东湖治理工作进行协调、监督和管理；并在领导小组下设办公室，作为处理日常事务的机构。设立一个由专家组成的技术咨询委员会，为领导小组提供专业的技术支持。

（2）构建完整的东湖环境信息公开制度。

坚持"一湖一策"的治理方针，武汉市政府应专门就东湖的特殊水文特征、沿岸工业发展状况、水质污染状况等，构建东湖环境信息公开制度。

首先，政府作为东湖管理和规划政策的制定者，在制定相关政策时可以学习日本"琵琶湖模式"中的经验，将制定的政策初稿及时通过政府官方网站、主流新闻媒体、新闻发布会等多种渠道向社会公示，保障社会各主体知情权；同时，政府部门应将从各大信息平台收集而来的反馈建议进行统计分析，采纳其中的合理意见，并将修改后的政策终稿再次公之于众，进行接受社会公众的监督。

其次，武汉市环保局、湖泊管理局、环境监测中心等湖泊环境监管部门应加强对东湖环境关键定量指标披露的引导。要提高企业对环境信息披露动力，相关职能部门要做好以下三点：一是要加强如废水排放量、废水中重金属含量与种类等关键定量指标的引导，进一步对现有指标引导政策加以细化并严格执行；二是根据不同行业环境责任议题和监督管理重点，针对东湖沿岸大、中、小型企业的发展现状，制定符合行业特点的具有可操作性的环境信息披露政策方法；三是要兼顾社会热点，优先公布社会关注度高、对企业形象的树立影响较大的环境评价信息，如东湖沿岸工业企业的工业废水净化达标率、污水排放量等指标。

（3）建立长期稳定的东湖保护资金投入机制。

在加大政府纵向转移支付的同时，促进各区之间的横向转移支付；通过如社会捐助、发行福利彩票等方式，积极筹措社会资本参与到东湖保护事业之中。合理分配湖泊生态补偿资金。

（4）构建和完善湖泊保护的相关法规政策。

进一步明确东湖相关管理部门所拥有的权责，强化湖泊主管部门的权威；根据东湖水文特征、湖泊环境现状、污染物特点和治理进展等情况，制定有针对性的东湖专门保护法规政策；明确东湖湖泊管理体制下各政府职能部门分工与权限范围划分的基本原则以及协同执法的基本程序等法律要素。

2. 完善东湖环境准入体系

政府首先应该制定科学的东湖环境准入标准。广泛听取社会各方意见，鼓励具备专业能力的学会、商会和技术联盟制定满足兼顾市场与创新需要的标准，提高标准制定工作的公开性，确保标准技术指标的科学性，提高标准的有效供给。同时，建立东湖环境标准实施的推动机制，充分考虑提升湖泊环境标准化服务能力，支持各级各类标准化科研机构、标准化技术委员会及归口单位参与到东湖环境标准化服务能力建设中。

3. 建立东湖生态补偿机制

（1）建立多元化稳定投入机制，多渠道筹措资金。

第一，完善东湖湖泊资源有偿使用收入的征收管理办法，通过经济手段限制东湖的过度建设开发，鼓励企业和个人提高资源利用率，同时还可以积累维护东湖环境的生态补偿资金；第二，成立东湖生态补偿专项基金，通过建立东湖生态补偿捐助机构，吸纳金融机构、环保组织、企业、个人等治理主体的物质性捐助，拓展补偿资金的融资渠道；第三，推进排污权交易机制在东湖湖域内的建立；第四，建立东湖环境生态保证金制度，通过对沿岸重污染企业和可能对湖泊环境造成危害的高耗能企业征收生态补偿保证金，规范企业生产经营方式，促进企业履行保护和修复东湖环境的"三同时"责任。

（2）建立完善的东湖湖泊资源产权制度。

确立湖泊资源生态补偿的主体和客体，明确补偿主体即湖泊开发利用中的受益者应当向湖泊环境保护者和做出一定牺牲的个体支付生态补偿。

（3）配套基础性技术同步发展。

统一东湖生态补偿标准是政府进行东湖生态补偿工作的前提。各湖泊保护部门应根据理论和实践，对东湖污染的各项指标，如重金属含量、有害化学物质含量所对应的湖泊环境影响，达成共识并确立一套具有权威性的补偿标准和测算方法。然后，通过对原有生态补偿管理体制的改革，由环保局、水务局、财政局、东湖生态旅游风景区管理委员会等多部门湖泊治理领导牵头，组建一个由各部门优秀治湖人才和科研专家组成的技术研发和咨询联合体，负责东湖生态补偿方面的研究，并为政府治湖工作提供专业技术咨询服务。此外，政府应强化科技支撑，鼓励不同工作、学术背景的专业人才协同合作，深化生态保护补偿理论和生态服务价值等课题研究。

4. 健全东湖监督执法制度

（1）提高监督执法运行机制效率。

规范湖泊环境监督执法程序，严格把控监督执法人员进出入门槛；建立严格具体的考核和追责机制，对监督执法人员的业务完成情况进行评定；定期对东湖环境监督队伍的所有执法人员进行素质拓展教育和业务培训。

（2）完善监督执法保障机制。

各湖泊管理部门要转变原有功利主义的行政思维，强化全局观点，联合执法；完善问责机制，做到"湖长制"真正落实为"首长负责制"；实现湖泊信息的互通；完善湖泊违法违规行为举报制度和公开制度。充分利用诸如官方微信公众号、微博、邮箱等现代互动交流平台，拓展多元化举报渠道，并优化投诉程序，有效借助公众力量实现对湖泊环境的监督保护。

（二）企业：主动践行绿色经营模式

工业企业是东湖湖泊资源的利用者和湖泊污染的产生者。按照生态补偿相关理论的规定，工业企业应对其产生的污染、损害负有治理和改善的责任。工业企业作为湖泊污染、损害的责任方和实施方，应转变原有的以污染为代价的粗放型生产模式，将一切经营活动与湖泊保护结合起来，实施绿色经营模式。

1. 树立绿色发展战略指导思想

东湖沿岸企业特别是中小型工业企业经营者必须尽快提高绿色经营管理水平，树立绿色战略指导思想。首先，这些企业的领导者在制定企业经营战略方针时把保护东湖生态效益作为企业发展的立足点，确立湖泊保护为企业长远的发展方向。其次，沿岸企业决策部门应深化对绿色经营的认识，在制定企业绿色发展规划时，分析自身发展现状、存在问题，针对企业绿色经营的薄弱环节，确定和实施切合实际的绿色战略目标、绿色技术创新战略、绿色市场战略、绿色产品战略等。同时，沿岸企业应重视对员工绿色生产技术和东湖环境保护知识、政策宣传，积极营造企业绿色经营文化氛围以确保绿色发展经营战略的实现。

2. 构建企业治污减排管理体系

其一，完善企业污染物排放定额指标制度，规定企业各生产工序在一定生产周期内的污染物排放总量和浓度指标，并逐级分解至各生产部门，将治污减排的任务落实到企业基层。

其二，建立企业治污减排监测制度，定期至企业污水处理站、总排污口抽检工业废水净化处理情况，任意指标不符合国家标准即判定水质净化处理不合格。企业应当按照环保部门的政策要求，引入排污监测设备，有条件的企业还可以安装在线排污监测系统，实现对企业生产排污的全过程监测。

其三，完善企业治污减排的绩效考核制度。为了明确企业各级领导在治污减排中所承担的责任，企业应要求各级领导签订年度污水净化治理和减排责任书，并在年末对领导负责人进行工作绩效考评时实行

"一票否决制"。

3. 走绿色合作互助的道路

绿色合作互助可以在企业间展开。一方面，大型企业间可以实行强强联合，共享科技人才、绿色技术设备，可以促进绿色环保技术研发与应用。同时，大型企业可以发挥其技术优势和管理经验，为东湖沿岸的中小型企业提供治污减排的技术咨询和专业服务。绿色合作互助也应在企业与科研院校间进行。

（三）新闻媒体：引导正确社会舆论

1. 综合新老媒体传播优势

新闻媒体发挥舆论引导作用时应该将新老媒体的优势联合起来，主动把握正确新闻舆论的主动权和控制权。

2. 强化新闻媒体舆情引导的过程管理

首先，及时捕捉舆情热点，增强对东湖热点问题的预见性。通过对东湖环境保护方面的舆情热点形成、发展的规律分析，新闻媒体可以总结出公众关注东湖问题的焦点，相关舆情热点出现的规律，并根据以往经验做出合理的预测。其次，在东湖治理领域出现舆情热点的初期，本地新闻媒体应该主动为该舆论"设定议程"，通过正面宣传挤压各种负面的、偏激的言论生存空间。

（四）环保组织：发挥"政社"间的"桥梁"作用

1. 建设环保组织联盟，壮大湖泊保护力量

组成武汉市环境保护联合会或者公益联盟组织，将各环保组织、团体所积累的分散的社会力量汇聚在一起，扩大武汉市环保组织的社会影响力。建立定期志愿者培训机制，提升整个东湖保护组织人才队伍的综合素质。

2. 加强公信力建设，扩大群众基础

制定科学的组织运作章程以规范组织成员的行为，并健全组织内部

运作机制和监督机制以确保相关规章制度的有效执行,积极与公众沟通交流,通过微博、公众号等宣传媒介,定期上传东湖保护知识,及时更新组织的相关环保行动和回复网友留言,普及湖泊保护知识;也可以通过设立"东湖保护日",与武汉市中小学和沿湖社区合作,吸引更多公众加入东湖保护行动中,实现推广组织的愿景。

3. 优化环保组织与企业之间的互动关系

环保组织应充分发挥其专业优势,在企业申报涉湖建设项目前,为企业提供环保政策咨询服务,预审涉湖建设项目计划方案,提供项目可行性和环境影响评价分析报告。同时,深入到东湖沿岸企业开展环保政策分析报告、座谈会,定期与企业负责人交流,了解企业践行绿色经营中获得的经验和存在的阻碍,并将相关数据整合、反馈给政府部门以便政府部门及时做出相应调整。

(五) 公众：积极维护东湖生态权益

武汉市民维护东湖生态权益主要有两种途径:一是通过学习湖泊保护的理论,了解自己作为东湖治理中的主体之一所应承担的责任,培养湖泊保护的责任感;二是通过社会实践,参与东湖志愿者公益活动,积极践行东湖保护理念,为推进东湖治理出力。

在理论知识学习上,市民可以通过诸如校内课堂、新老媒体、环保组织开展的知识讲座等多样化渠道认识东湖环境现状、东湖资源损害程度、东湖保护的重要性等,明确东湖资源是一种特殊的公共产品,所有受益于东湖的人都应该相应地履行保护义务。相应地,对待填湖、过度围网养鱼、向东湖排放污水等行为,人人享有监督和举报的权利。

在实践上,首先,武汉市民应当充分发挥法律所赋予的参与权。武汉市政府每年定期会召开听证会,向全社会征集治湖意见。市民可以通过听证会向政府反馈东湖沿岸的污染水质、破坏环境的行为、事件,发表对政府东湖治理工作的意见和建议。其次,当个人经济利益与社会生态利益相冲突时，东湖沿岸居民应当配合政府在科学发展观指导下制定的"退渔还湖"政策。公众可以加入环保组织，将理论与实践相结合，成为东湖环境保护公益活动的志愿者，在环保实践中巩固理论知识，进一步强化东湖环境保护意识。

（六）科研院所：提高湖泊保护成果转化效率

1. 重视绿色技术

首先，树立环境保护意识。科研院所在确定湖泊保护类选题方向时，不仅要考虑自身学术专长，还要积极与企业交流。其次，支持湖泊保护类科研技术开发、成果转化类课题立项。在科研选题立项评审时，邀请相关涉湖企业代表加入评审专家团。再次，健全科研课题结项管理制度，拓展出多元化课题结项形式。鼓励绿色科研，对湖泊保护类技术应用型科研课题，要求结题时必须出具权威单位提供的环保影响评价报告、可行性分析报告，以确保这些科研技术成果在发挥经济效益的同时兼顾生态效益，能够真正投入到企业治污减排的生产活动中，实现绿色产业化。

2. 改革科研绩效评价制度

科研院所在制定科研绩效评价制度时，应转变"唯论文数量论"的评价思想，分别以合适的标准考核科技研发人员和专门从事绿色科研成果转化管理人员。在对科技研发人员考核时，将科研创新成果的环保性、实用性和推广可行性作为评价指标纳入科研绩效评价之中；在对科研成果转化管理人员考核时，应该更加看重其推广绿色环保科研成果的业绩、绿色环保科研技术成果应用的实际情况及产生的经济效益、生态效益。

3. 建设绿色科研技术成果转移制度

首先，科研院所要明确科研技术成果转化部门的职责和权利，重视科研管理团队的建设，吸收具备擅长团队管理和技术产品营销推广的专业人员，强化部门的经营式开发功能。其次，东湖沿岸企业作为湖泊保护类科研成果的应用主体，科研院所应加强与这些企业的技术交流沟通。

东湖治理的好坏不单取决于政府治理能力、社会多元主体的功能发挥，更取决于整个社会在湖泊环境共治上的认同度。东湖环境保护的合作意识对于东湖治理的良性发展具有能动作用。毫无疑问，"六元"主体要想建立信任与合作伙伴关系，就要培养保护东湖环境的公共精神和社会认同感。这一方面要求政府从公共性的价值理念出发，利用政府官网、听证会、新闻媒体等沟通渠道了解社会各协同主体的利益诉求，不断扩大政府与其他各类协同主体的利益交汇点，从而形成与公共生态利益方向一致的行政方向，最终求得利益分享、共赢互利。另一方面，企业、新闻媒体、环保组织、公众、科研院所要在广泛参与湖泊保护的活动中，明确自身在东湖治理中的"主人翁"地位，不断提升多元合作意识和公共责任感。例如，企业与科研院所的合作交流，促进湖泊保护成果转化，实现企业绿色经营；新闻媒体与环保组织共同搭建"政社"交流平台，各自利用自身专长与优势，实现东湖治理进程、民意民声的实时反馈；公众可以通过参加科研院所校的专题讲座、加入环保组织的东湖保护活动等与其他主体协同合作，积极维护东湖生态权益。

为提高"六元"主体协同治理的有效性，实现合作网络的有效衔接就要做到以下三点。一是在分别定位"六元"主体职能与作用的同时，也要明确各主体能力的限度。在东湖治理合作网中强调社会各方的参与主体地位，但也不可否认政府在宏观把控治理发展方向上的主导作用。要在政府主导、多元主体参与的指导下，从多个层面对"六元"主体进行合理分工，避免不同社会主体共同工作时造成协同负效应，出现职责交叉或空白的紊乱情况。二是在制度上，要建立多元主体协商机制。不同主体不仅有着不同的利益诉求，在管理规则、互动模式和行为模式上也存在着差异化。在这种情况下，"六元"主体在东湖治理上的高效合作就通过民主协商来解决矛盾冲突。例如，建立东湖治理会议协调制度，通过具体的会议主题邀请"六元"主体专门就东湖治理事务发表各自观点，达成合作目标。三是在技术方面，要利用互联网技术搭建协同主体共享信息资源平台，提高湖泊信息传播的及时性和利用效率。

  课题负责人： 黄 涛 武汉科技大学文法与经济学院教授、博士生导师
  课题组成员： 张世恒 中国大地财产保险股份有限公司湖北分公司
       杨 炎 武汉大学发展研究院博士研究生
       胡雅洵 武汉大学发展研究院博士研究生
       易江格 武汉科技大学文法与经济学院硕士研究生

武汉：建设国家中心城市迫切需要高质量新型智库

武汉大学发展研究院课题组

当今世界，现代智库对一个国家或地区发展的重要作用日益凸显。无数事实表明，无论是国际性城市建设、国家中心城市建设，还是超级城市群、超级大都市建设，都需要高质量智库提供必不可少的决策咨询支撑。2019 年发布的《全球智库报告 2018》明确提出：技术进步带来不确定性与国际社会的频繁冲突，使得全球处于混乱状态，为了给亟待解决方案的各国政府提供政策支持，需要智库更机智、更优秀、更迅速、更能动。为适应经济全球化向纵深发展，智库也在不断改革和发展之中。

一、武汉建设国家中心城市需要高质量新型智库支撑

建设国家中心城市是历史赋予武汉的战略使命，需要战略统筹、规划引导、多目标决策和过程管理，需要高质量智库提供高质量的决策咨询研究。事实上，智库兴起与大城市发展具有密切联系和互动关系。从海外一流智库看，美国国际战略研究中心、布鲁金斯学会、法国国际关系研究所、伦敦国际战略研究所、斯德哥尔摩国际和平研究所、日本野村综合研究所等智库，都地处首都及大城市；从我国一流智库看，中国现代国际关系研究院、中国社会科学院、中国国际问题研究院、国务院发展研究中心、北京大学国际战略研究院、中国与全球化智库（CCG）、上海国际问题研究院等智库，都在首都和大城市。根据 2019 年发布的《全球智库报告 2018》，美国有智库 1871 家，位居世界第一；

印度有智库509家，位居世界第二；中国有智库507家，位居世界第三；英国有智库321家，位居世界第四；阿根廷有智库227家，位居世界第五；德国有智库218家，位居世界第六；俄罗斯有智库215家，位居世界第七；法国有智库215家，位居世界第八；日本有智库128家，位居世界第九；意大利有智库215家，位居世界第十。将《全球智库报告2018》与《全球智库报告2017》进行比较，美国智库数量从1872家下降到1871家，排名仍位居世界第一；我国智库数量从512家下降到507家，世界排名从第二位下降到第三位；印度的智库数量从444家增加到509家，世界排名从第四位上升到第二位。从世界上众多智库的地域分布看，几乎全都在所在国的首都和其他重要城市。从我国507家智库地域分布看，几乎全都在我国的直辖市、省会城市和计划单列城市。

从世界范围看，智库对不同国家、不同地区的经济社会发展影响十分深刻。从中美之间的贸易战看，其实质可以说是中美智库之间的一种较量，也是中美智库决策咨询能力、水平和影响力的较量。根据《全球智库报告2018》数据，在2018年全球顶级智库TOP10中，美国就有布鲁金斯学会、卡耐基国际和平基金会、国际战略研究中心、传统基金会、兰德公司等5家；我国迄今没有智库综合排名进入全球顶级智库TOP10，入选2018年全球智库TOP100的最好名次是第30位——中国现代国际关系研究院。从国内城市竞相发展看，特大城市发展竞争日趋激烈，尤其是面对区域发展的竞争性博弈，一个城市能够有效利用的智库资源，一个城市的智库决策咨询研究能力、水平和影响力，将对城市发展决策产生重要影响。从武汉建设国家中心城市的迫切需求看，不论是建设现代化大武汉、国际化大武汉、生态化大武汉，还是打造全国经济中心、高水平科技创新中心、商贸物流中心和国际交往中心，所涉及的重大决策都需要高质量智库支撑；不论是建设武汉长江中游航运中心，还是打造"武汉·世界光谷"及"芯屏端网"产业集群，或者承办第七届世界军人运动会等重大国际赛事，所涉及的决策咨询都需要高质量智库。显而易见，武汉建设国家中心城市迫切需要高质量智库，迫切需要地处武汉的高质量智库，因为海内外一流智库是不可能长期、系统地为武汉提供全方位决策咨询服务的。从武汉智库发展现状看,地方智库尚未形成对决策咨询服务的坚实支撑,尤其是缺少长期专注武汉、系统研究武汉、全方位服务武汉的高质量新型智库群落,不能完全适应武汉建设国家中心城市的迫切需要。

二、武汉建设高质量新型智库拥有比较优势

武汉是全国著名科教强市,科技资源丰富,科技创新能力强,科技综合优势明显。武汉不仅自然科学、技术科学、人文科学、社会科学基础雄厚,而且跨学科决策咨询研究基础雄厚,在全国大城市中拥有建设高质量智库的丰富资源、比较优势和巨大潜能。

(1)武汉拥有重视决策咨询研究的优良传统。早在1983年,就成立了"武汉市人民政府决策咨询委员会"。此后,中共武汉市委、市政府专门聘请了一批"市领导联系专家",就有关重大决策问题听取专家咨询意见。2013年9月,在武汉市人民政府第七届决策咨询委员会一次会议上,时任武汉市市长亲自向82位决策咨询委员颁发聘书。多年来,武汉在智库建设方面进行了一些有益的实践探索和创新,如创建"武汉智库联盟"和加强重点研究基地建设等。

(2)武汉拥有建设高质量新型智库的社会需求。武汉肩负国家战略使命,复兴大武汉、建设国家中心城市任重道远,不论是发展战略选择和发展规划制定,还是发展多目标决策和协同发展过程管理,或者是经济社会重大项目的实施,尤其是支撑城市经济的产业创新和企业发展,都切实需要高质量新型智库的坚实支撑。伴随着武汉国家中心城市建设进程加快以及国际化大武汉建设,国际交流与合作将不断加强,对高质量地方智库以及决策咨询研究的社会需求更为迫切。

(3)武汉拥有建设高质量新型智库的有利条件。经过多年建设,武汉已基本形成相对完整智库体系及决策咨询研究队伍。一是武汉拥有地方城市少有的国家高端智库,武汉大学国际法研究所是我国首批25家国家高端智库之一;二是武汉初步形成地方智库群落,既有政府决策

咨询委员会，也有众多高校智库、科研机构智库和民间智库；三是武汉高校智库在全国有较高知名度和影响力，尤其是拥有一批教育部人文社会科学重点研究基地。

（4）武汉拥有培育高质量新型智库人才的学科领域。武汉高等院校数量，尤其是国务院部委所属高等院校数量位居全国前列，在校大学生及毕业生数量全国第一。特别是以武汉大学和华中科技大学为代表的重点高校，自然科学、技术科学、人文科学、社会科学等学科门类齐全，不仅具有以问题为导向的跨学科决策咨询研究优势，而且具有培育高质量智库人才的雄厚基础和有利条件。近年来，基于学科综合优势，武汉已向国内外输送了许多优秀决策咨询研究专门人才。

三、武汉建设高质量新型智库存在的主要问题

从目前情况看，相对于中共湖北省委及省政府、在汉国务院部委所属高等院校以及湖北省社会科学院等新型智库建设行动而言，武汉市高质量智库建设工作存在一些亟待解决的问题。

（1）新型智库建设资源整合问题。武汉地区拥有丰富的智库建设资源，尤其是作为智库建设资源重中之重的国务院部委所属高等院校多达七所，但武汉市未"近水楼台先得月"，充分"为我所用"。武汉作为国家中心城市、中部地区中心城市、长江中游唯一特大城市、湖北省省会城市，应充分发挥重要的聚集和辐射功能，形成具有决策研究和决策咨询比较优势的战略要地，并成为高质量智库的聚集地。从武汉地区智库发展现状看，优质智库建设资源富集但条块分割，潜能巨大却未能充分释放，武汉市对智库建设资源整合利用明显不够。

（2）新型智库建设资金投入问题。近年来，无论是中共湖北省委及省政府，还是在汉国务院部委所属高等院校，都明显增加了智库建设资金投入和决策研究、决策咨询项目资助，已形成了中共湖北省委重大调研课题基金项目、湖北省人民政府智力成果采购项目、湖北省新型智库咨询研究项目、湖北思想库项目、湖北科技创新智库项目、湖北省科

技计划软科学项目等决策研究和决策咨询资助体系。相比较而言，武汉作为湖北省首位度极高的中心城市，在智库建设资金投入，尤其是决策咨询研究项目资助明显不够，不仅资助项目种类少而且项目资助强度小。

（3）新型智库建设积极行动问题。为贯彻落实中央关于加强新型智库建设的工作部署，中共湖北省委及省政府明确提出新型智库建设要求，并采取一系列积极行动。为加强重点新型智库建设，中共湖北省委选择在武汉大学、华中科技大学等高等院校及研究机构建立一批新型智库；为发挥重要新型智库的重要作用，湖北省人民政府确定与一批重点新型智库"建立联系机制"，并明确湖北省人民政府咨询委员会的"政府核心智库"地位；为激励决策研究和决策咨询者，中共湖北省委及省政府坚持定期评选"湖北省优秀调研成果奖"和"湖北发展研究奖"。相比较而言，武汉新型智库建设积极行动及创新明显不够。

（4）新型智库研究成果转化问题。为加强新型智库研究成果转化，中共湖北省委及省政府在加快推进科技成果转化的同时，注重拓展不同决策研究和决策咨询成果的转化通道，构建不同层级的直报和专报网络。通过中共湖北省委及省政府的《参阅件》《决策参考》《内部参阅》《建言》《决策调研》《咨询参考》等，以及湖北省相关部门的《领导参阅》《科技思想库决策参考》《要文摘报》等有效通道，许多新型智库研究成果发挥了决策咨询研究效用。相比较而言，武汉市在推进科技成果转化方面可谓是不遗余力，但在着力推进新型智库研究成果转化方面明显不够。

四、加快建设武汉高质量新型智库的对策建议

面对复兴大武汉、建设国家中心城市的巨大社会需求，为切实加快武汉高质量新型智库建设，特提出以下对策建议。

（1）深刻认识高质量新型智库的重要作用。进一步贯彻党的十九大关于"加强中国特色新型智库建设"精神，切实解放思想、转变观

念,真正从思想上认识高质量新型智库对复兴大武汉、建设国家中心城市的重要意义,真正视决策咨询研究与自然科学、技术科学研究同样重要,真正重视在汉高等院校的决策咨询功能,尤其是国务院部委直属高等院校的科技库、人才库和思想库(智库)重要作用,努力为高质量新型智库发展创造优越的社会环境。建议中共武汉市委及市政府适时出台《关于促进武汉市中国特色新型智库建设的意见》,为武汉高质量新型智库建设定向开路。

(2)认真制定高质量新型智库发展规划。近年来,尽管武汉制定了众多科技、经济、社会发展综合规划和专项规划,但至今没有系统研究和制定武汉新型智库发展战略规划。为加快建设中国特色新型智库,武汉必须进行高质量新型智库建设的顶层设计,尽快启动《武汉市高质量新型智库发展战略规划》研究及编制工作,适时出台高质量新型智库建设阶段性行动计划以及相关配套政策,并明确党政对口高质量新型智库服务及管理责任部门,积极有效地统筹、指导和推进高质量新型智库建设。

(3)加快整合高质量新型智库建设资源。针对武汉智库发展过程中客观存在的条块分割、资源分散、封闭低效等问题,尤其是在新一轮新型智库建设中出现的新问题,必须充分发挥地域优势,花大力气整合武汉地区新型智库建设资源。特别要重点整合在汉国务院部委所属高等院校智库资源以及湖北省智库资源,并努力创造武汉高质量新型智库优秀人才"近悦远来"的良好生态,更有效地聚集和利用国内外优质智库资源。通过"加强改革开放创新互促互动",进一步明确政府职能和社会中介组织功能,充分发挥市场机制在配置新型智库资源中的决定性作用,不断提高武汉新型智库建设资源利用效率和效益。

(4)切实增加高质量新型智库建设投入。根据高质量新型智库发展的社会需求,要切实增加武汉高质量新型智库建设及决策咨询研究投入。一是发挥政府对高质量新型智库建设及决策咨询研究投入和奖励的引导作用;二是参照政府科技投入增长适当比例,确保高质量新型智库建设及决策咨询研究投入与时俱进;三是激励在汉国务院部委所属高等院校争取国家新型智库建设及决策咨询研究投入；四是积极引导社会资本，尤其是通过"资智回汉"校友及汉商建立"武汉高质量新型智库发展基金"；五是加强政府及社会对优秀高质量新型智库及其成果的专项奖励；六是强化政府投入对高质量新型智库决策咨询成果转化的有效激励。

（5）积极构建和完善高质量新型智库联盟。武汉要着眼于提升高质量智库决策咨询研究竞争力，重视在汉国务院部委所属高等院校新型智库的核心支撑作用。通过建立高质量新型智库建设综合协调机构，发挥其综合协调功能，积极构建武汉新型智库联盟利益共同体，充分发挥其对高质量新型智库发展的指导、规范和协调作用。不断优化武汉高质量新型智库结构，努力实现综合性智库与专业性智库、核心智库与联盟智库、高端智库与一般智库、地方智库与国内外一流智库互补，在发挥不同新型智库专业特色的同时，积极组织针对武汉综合性重大决策咨询问题的协同创新。

（6）有效激励高质量新型智库成果落地应用。武汉地区决策咨询研究在全国具有重要地位，必须探索决策咨询研究成果转化规律及有效途径，切实加强高质量新型智库优秀成果转化，使决策咨询研究需求者与供给者成为真正的利益共同体。尤其是在汉国务院部委所属高等院校智库，每年要承担大量由国家、部委办以及湖北省委托的决策咨询研究课题，许多决策咨询研究成果都有在武汉转化应用的可能性和可行性。建议采取后资助导向方式，积极引导其中一部分确有落地应用价值的决策咨询研究成果，经过深化对策研究在武汉"第二次"精准落地，形成宏观政策和微观对策研究的相互支撑，努力实现新型智库决策咨询研究者与需求者共赢。

（7）高度重视高质量新型智库人才培育。武汉无疑是全国高等教育强市，尤其是在汉国务院部委所属高等院校以学科门类齐全、师资力量雄厚、人才培养质量高而著称，不仅具有培养高级专门人才的综合能力，而且具有培育高质量新型智库人才的明显优势。根据服务国家战略及地方发展需要，武汉要尽快制定高质量新型智库及决策咨询研究人才发展规划，明确高质量新型智库人才培育目标、计划及任务。通过深化改革开放，不断创新高质量新型智库专门人才培育方法，不断探索高质量新型智库人才培养模式，不断为地方、国家乃至世界输送决策咨询研究人才。

（8）大力推进高质量新型智库信息平台建设。武汉地处我国中部腹地，为突破高质量新型智库发展的地域性约束，必须充分利用大数据、云计算和人工智能等新技术，大力推进武汉高质量新型智库信息平台建设，使其成为权威的数据平台、便利的学习平台、开放的互动平台、有效的创新平台。按照高质量新型智库及高水平决策咨询研究需求，政府应尽可能加快数据开放，将大数据作为社会资源和政府资产进行有效管理，努力实现决策咨询供需信息资源共享，以迭代方法提升高质量新型智库的决策咨询研究效率和效益，并强化政府基于大数据的高质量新型智库治理及服务职能。

（9）精心打造高质量新型智库知名品牌。一是整合武汉市人民政府决策咨询委员会、研究室、参事室等机构，明确其"政府核心智库"地位并强化职能；二是进一步发挥武汉大学等高等院校"大学智库"的重要功能和作用，不断提高其学术权威性、社会知名度和国际影响力；三是大力支持武汉光谷创新发展研究院等民营"社会智库"发展，积极培育咨询市场及咨询产业；四是以全球视野精心谋划和组织"武汉·长江经济带智库论坛""东湖国际智库峰会""珞珈智库论坛"等地标性活动；五是切实加强高质量新型智库传播体系建设，不断创新决策咨询研究成果传播及社会影响方式，形成高质量新型智库与政府、企业、社会公众之间的供需互动和相互理解。

课题负责人及报告撰稿人： 李　光　武汉大学发展研究院教授、博士生导师

湖北省 2018 年国民经济和社会发展主要指标

	单位	2017 年		2018 年	
		实际数	增幅（%）	实际数	增幅（%）
生产总值（当年价）	亿元	36 522.95	7.8	39 366.55	7.8
其中：第一产业增加值	亿元	3 759.69	3.6	3 547.51	2.9
第二产业增加值	亿元	16 259.86	7.1	17 088.95	6.8
规模以上工业增加值	亿元	—	7.4	—	7.1
第三产业增加值	亿元	16 503.40	9.5	18 730.09	9.9
全社会固定资产投资	亿元	31 872.57	11.0	—	11.0
社会消费品零售总额	亿元	17 394.10	11.1	18 333.60	10.9
出口总额	亿元	2 064.1	20.2	2 253.2	9.2
实际使用外资（2017 年统计口径为：外商直接投资）	亿美元	109.94	8.5	119.41	8.6
地方公共财政预算收入	亿元	3 248.44	8.4	3 307.03	8.5
城镇常住居民人均可支配收入	元	31 889	8.5	34 455	8.0
农村常住居民人均可支配收入	元	13 812	8.5	14 978	8.4
居民消费价格指数	上年=100	101.5	1.5	101.9	1.9
城镇化率	%	59.3	—	60.3	—
全员劳动生产率	万元/人	10.09	13.8	10.95	8.5
人口自然增长率	‰	5.59	—	4.54	—

* 数据来源：湖北省 2017 年、2018 年国民经济和社会发展统计公报。

（易晓波　摘编）

后 记

《湖北发展研究报告》是湖北省教育厅和武汉大学共同发起、由湖北省普通高校人文社会科学重点研究基地武汉大学发展研究院承担的专项任务。从 2003 年开始,《湖北发展研究报告》由武汉大学发展研究院组织、研究和编辑出版多年。武汉大学为更好地服务地方经济社会发展,2011 年成立了武汉大学湖北发展问题研究中心。从 2012 年开始,《湖北发展研究报告》由武汉大学湖北发展问题研究中心与武汉大学发展研究院共同组编。

《湖北发展研究报告》的宗旨是:关注湖北省科技、经济和社会发展中的重大问题,分析湖北省经济社会的运行状况,探索湖北省可持续发展战略及其重要举措,提出有助于湖北省高质量发展的对策建议。《湖北发展研究报告》力求具有科学性、探索性、创新性、时效性和实用性。《湖北发展研究报告 2003》《湖北发展研究报告 2004》《湖北发展研究报告 2005》《湖北发展研究报告 2006》《湖北发展研究报告 2007》《湖北发展研究报告 2008》《湖北发展研究报告 2009》《湖北发展研究报告 2010》《湖北发展研究报告 2011》《湖北发展研究报告 2012》《湖北发展研究报告 2013》《湖北发展研究报告 2014》《湖北发展研究报告 2015》《湖北发展研究报告 2016》《湖北发展研究报告 2017》《湖北发展研究报告 2018》已先后由武汉大学出版社出版。

在深入贯彻落实中国共产党第十九次代表大会及全会精神、努力实现中华民族伟大复兴的实践中,湖北省肩负"建成支点、走在前列"的国家战略使命和高质量发展的重要任务,正在全面实施"一芯驱动、两带支撑、三区协同"区域和产业发展布局。《湖北发展研究报告2019》积极适应国家及湖北省高质量发展的需要，并重点研究湖北建设经济强省、湖北省深化"互联网+放管服"改革、科技创新促进湖北省高质量发展、持续推进湖北长江经济带绿色发展、湖北创新型省份建设、湖北省防范化解金融风险、统筹推进湖北省扶贫攻坚和乡村振兴路径、湖北省制造业发展绩效、湖北省高新技术产业开发区创新驱动发展、湖北省物流示范园区建设、湖北省海外人才园区建设、湖北省地球空间新兴产业建设、湖北省科技信用体系建设、打造湖北"中国·武当山"世界一流旅游品牌、湖北省老工业城市转型发展、湖北省高等学校创新创业教育发展、湖北省老年人长期照护保障机制、武汉高质量新型智库建设、以多元主体协同推进武汉东湖治理等问题。《湖北发展研究报告2019》包括20篇研究报告，这些报告分别由武汉大学、华中科技大学、中南民族大学、武汉科技大学、江汉大学、中共湖北省委研究室、湖北省社会科学院、湖北省科技信息研究院、武汉光谷创新发展研究院等单位的专家学者完成。《湖北发展研究报告2019》的特点是：紧紧围绕湖北省深入实施创新驱动战略和促进科技、经济、社会高质量发展，力求观察问题的全面性、分析问题的透彻性、研究问题的系统性和解决问题的建设性。《湖北发展研究报告2019》是在湖北省普通高校人文社会科学重点研究基地建设基金、武汉大学人文社会科学发展基金资助下完成的。《湖北发展研究报告2019》中所陈述的只是课题组及撰稿人的看法，并不代表任何部门以及他们所属机构的观点，观点是否得当、数据正确与否均由他们自己负责。由于《湖北发展研究报告2019》是以跨学科、跨部门方式集体完成的，文字风格等不尽一致，加之时间紧迫，虽然几易其稿，最终又由《湖北发展研究报告2019》统筹人、武汉大学发展研究院李光教授统稿，但仍有许多不尽如人意之处，敬请读者不吝指教。

从《湖北发展研究报告》开始策划起，就得到中共湖北省委、省政府及其教育厅等职能部门以及武汉大学领导的关心和大力支持。在《湖北发展研究报告2019》的研究及编撰过程中，武汉大学党委书记韩进、校长窦贤康更是为之倾注了心血，多次提出具有指导性和建设性的意见。《湖北发展研究报告2019》的面世，蕴含着多方面的关心和支持，也凝结着众多人的辛勤劳动，在此一并致以衷心的感谢和诚挚的敬意。

从2003年至2019年，《湖北发展研究报告》已经组编出版了17年。我们期待《湖北发展研究报告2019》的读者提出建设性意见，以便进一步完善我们的组编工作，并使《湖北发展研究报告》更好地成为展示湖北省发展研究成果的公共平台。

组编者

2019年7月

图书在版编目(CIP)数据

湖北发展研究报告.2019/武汉大学湖北发展问题研究中心,武汉大学发展研究院组编.—武汉:武汉大学出版社,2019.8
ISBN 978-7-307-21127-8

Ⅰ.湖… Ⅱ.①武… ②武… Ⅲ.区域经济发展—研究报告—湖北—2019 Ⅳ.F127.63

中国版本图书馆 CIP 数据核字(2019)第 186090 号

责任编辑:唐 伟　　责任校对:李孟潇　　版式设计:马 佳

出版发行:武汉大学出版社　(430072　武昌　珞珈山)
　　　　　(电子邮箱:cbs22@whu.edu.cn　网址:www.wdp.whu.edu.cn)
印刷:武汉图物印刷有限公司
开本:720×1000　1/16　印张:25　字数:356 千字　插页:2
版次:2019 年 8 月第 1 版　　2019 年 8 月第 1 次印刷
ISBN 978-7-307-21127-8　　定价:78.00 元

版权所有,不得翻印;凡购我社的图书,如有质量问题,请与当地图书销售部门联系调换。